utb 4859

Eine Arbeitsgemeinschaft der Verlage

Böhlau Verlag · Wien · Köln · Weimar
Verlag Barbara Budrich · Opladen · Toronto
facultas · Wien
Wilhelm Fink · Paderborn
A. Francke Verlag · Tübingen
Haupt Verlag · Bern
Verlag Julius Klinkhardt · Bad Heilbrunn
Mohr Siebeck · Tübingen
Ernst Reinhardt Verlag · München · Basel
Ferdinand Schöningh · Paderborn
Eugen Ulmer Verlag · Stuttgart
UVK Verlagsgesellschaft · Konstanz, mit UVK/Lucius · München
Vandenhoeck & Ruprecht · Göttingen · Bristol
Waxmann · Münster · New York

Grundstudium Erziehungswissenschaft

herausgegeben von
Sabine Seichter

Roland Reichenbach

Ethik der Bildung und Erziehung

Essays zur Pädagogischen Ethik

Ferdinand Schöningh

Der Autor:
Roland Reichenbach ist Professor für Allgemeine Erziehungswissenschaft an der Universität Zürich. Seine Arbeitsschwerpunkte betreffen die Bildungsphilosophie, die Pädagogische Ethik, die Politische Bildung und Fragen von Verhandlungs- und Einigungsprozessen.

Die Herausgeberin:
Sabine Seichter ist Professorin für Allgemeine Erziehungswissenschaft an der Universität Salzburg. Ihre Arbeitsschwerpunkte sind Geschichte und Theorie von Erziehung und Bildung, Anthropologie und Pädagogik der Person.

Online-Angebote oder elektronische Ausgaben sind erhältlich unter **www.utb-shop.de**

Bibliografische Information der Deutschen Nationalbibliothek

Die Deutsche Nationalbibliothek verzeichnet diese Publikation in der Deutschen Nationalbibliografie; detaillierte bibliografische Daten sind im Internet über http://dnb.d-nb.de abrufbar.

Internet: www.schoeningh.de

Herstellung: Brill Deutschland GmbH, Paderborn
Einbandgestaltung: Atelier Reichert, Stuttgart

UTB-Band-Nr: 4859
ISBN 978-3-8252-4859-8

Vorwort der Herausgeberin

Thematisch und konzeptionell angelehnt an das für das universitäre Studienfach Erziehungswissenschaft definierte Kerncurriculum der Deutschen Gesellschaft für Erziehungswissenschaft wird mit dieser neuen Reihe von Lehr- und Lernbüchern eine umfassende und fundierte Orientierung für das gesamte Bachelor-Studium Erziehungswissenschaft vorgelegt.

Die für das Studium der Erziehungswissenschaft erforderlichen Basisthemen werden in den einzelnen Bänden systematisch und adressatenorientiert aufbereitet und geben jeweils den aktuellen Forschungsstand der Disziplin wieder. Alle Themen werden methodisch aus drei Perspektiven problembezogen aufgearbeitet: *historisch, systematisch* und *empirisch*. Jeder Band erhebt den Anspruch, sowohl die Heterogenität und Pluralität der Disziplin Erziehungswissenschaft als auch die sich daraus ergebende Vielfalt pädagogischen Handelns in erkenntnis- und wissenschaftstheoretischer sowie in problem- und professionsorientierter Perspektive anschaulich aufzuzeigen. Alle Bände eint – und das ist eine der Besonderheiten dieser Lehrbuchreihe – ein durchgängig geistes- bzw. kulturwissenschaftlicher Themenzugang.

Die Studienbücher zeichnen sich neben der fachlichen Expertise der AutorInnen vor allem dadurch aus, dass mit den Büchern auch selbstständig gearbeitet und gelernt werden kann. Das garantieren – über die gut verständliche Vermittlung von theoretischen, historischen, systematischen und empirischen Grundlagen hinaus – ein Glossar-Teil, ein Frage-Antwort-Teil und weiterführende Literaturhinweise.

Ziel der gesamten Buchreihe ist es, die Studierenden in die durch das Ineinander von Theorie und Praxis gegenstandsbedingte Komplexität ihrer Disziplin unterstützend einzuführen, sie orientierend zu begleiten sowie für den unabdingbaren Zusammenhang theoretisch-systematischen Denkens und konkret-praktischen Handelns im Kontext einer praxeologischen Wissenschaft zu sensibilisieren.

Sabine Seichter,
Salzburg

Inhalt

Danksagung und Erläuterung

Ohne den beherzten Einsatz von Anne-Katrin Wintergerst wäre dieses Buch noch lange nicht erschienen. Das an Makeln reiche Manuskript, das ich während ein paar Jahren mit mir herumschleppte bzw. vielmehr immer wieder während Monaten herumliegen ließ, hätte den Tag seiner Veröffentlichung ohne diese gründliche Bearbeitung vielleicht auch überhaupt nicht mehr erlebt. Ich möchte Anne-Katrin Wintergerst für ihre so wertvolle wie auch professionelle Hilfe und Mitwirkung, die stets von Gelassenheit geprägt gewesen sind, an dieser Stelle herzlich danken!

In der Schlussredaktion hat zusätzlich Frau Selina Schoch unter zeitlich engen Bedingungen große Mitarbeit geleistet. Dafür möchte ich ihr an dieser Stelle ebenfalls meinen herzlichen Dank aussprechen!

In diesem Buch beziehe ich mich immer wieder auf einige Vorarbeiten, die teilweise als Beitrag im einen oder anderen Sammelband erschienen sind. Ich habe dies nicht an jeder Stelle so deutlich gemacht, wie es den akademischen Gepflogenheiten entsprechen würde. Das hängt – um wenigstens eine Entschuldigung anzubringen – auch damit zusammen, dass diese Versatzstücke in den letzten Jahren zahlreiche Überarbeitungen erlebt haben, so dass ich zunehmend selber nicht mehr genau wusste, zu welchem Anlass ich was und wo geschrieben hatte, insbesondere wenn es sich um Variationen von Vortragsmanuskripten handelte. Ich bin mir bewusst, dass ‚Selbstzitationen' manchmal sogar als Plagiate verhandelt werden. Das habe ich nie ganz verstanden (außer natürlich im Falle von Veröffentlichungen in Zeitschriften, die zu Recht eine Originalitätserklärung einfordern bzw. stillschweigend davon ausgehen, dass der eingereichte Beitrag bisher noch unveröffentlicht ist).

In dieses relative Chaos hat Anne-Katrin Wintergerst eine Ordnung geschaffen, die Sprache poliert, Unklarheiten getilgt, überflüssige Wiederholungen gestrichen und viele weitere wichtige Hinweise gegeben, sodass sich das Buch m.E. nun sehen lässt.

Roland Reichenbach
Zürich, März 2017

Vorbemerkungen: Was dieses Buch (nicht) ist... und zum Verständnis von ‚Ethik'

Pädagogische Ethik

Dieses Buch ist keine systematische Einführung in die Pädagogische Ethik. ‚Systematisch' könnte ein Zugang genannt werden, der – auf mehr oder weniger ‚systematische' Weise – unterschiedliche ethische Theorien oder Prinzipien auf pädagogische Fragestellungen ‚anwendet' oder aber ausgehend von klar definierten pädagogischen Problemstellungen nach ethischen Voraussetzungen oder Kriterien fragt, die darüber Aufschluss geben, wie die Problembehandlung bewertet werden könnte. Solche Systematiken sind sehr voraussetzungsreich und vermögen daher in concreto kaum zu überzeugen, da die beiden Bereiche – Ethik und Pädagogik – so große Diskursfelder darstellen, gewissermaßen komplexe Landschaften der Theorie und Praxis, dass eine überzeugende Kartografie kaum möglich ist. Bescheidenere Ansprüche sind daher gefordert.

Pädagogisch bedeutsame ethische Prinzipien

Natürlich wäre es aber möglich gewesen (und entspricht auch durchaus einschlägiger Praxis), sich *einem* zentralen Prinzip der philosophischen Ethik zu widmen, das für pädagogische Praxis und Theorie von elementarer Bedeutung ist, und dann aus dieser Perspektive die Rationalität von Bewertungs- und/oder Handlungsoptionen zu diskutieren. Ein solches Prinzip bzw. eine entsprechende ethische Grundorientierung kann etwa im *Glück* gesehen werden, um zunächst einen ersten, seit der Antike diskutierten Bezugspunkt zu nennen. Die Thematik des (menschlichen) Glücks hat traditionell zu sehr unterschiedlichen und teilweise schon widersprüchlich anmutenden Ansätzen des ethischen Denkens und seiner pädagogischen Implikationen geführt. So wird Glück im Eudämonismus als Resultat von Tugendhaftigkeit gesehen; Glück kann in dieser Sicht nicht erfolgreich um seiner selbst willen gesucht und gefunden werden, sondern stellt sich quasi – wenn überhaupt – als Nebenfolge des richtigen Tuns und Handelns ein. Eine andere Facette der Philosophie des Glücks wird im sogenannten Hedonismus hervorgehoben – wonach menschliches Verhalten vor allem durch ein Streben nach Lustgewinn geprägt ist –, der durchaus ethische Relevanz besitzen kann. So kann man sich durchaus vorstellen, dass das Hauptmotiv für ein ehrenamtliches Engagement einfach darin liegen kann, dass diese Tätigkeit ein

Glück

persönliches Vergnügen darstellt, Befriedigung bzw. ‚Spaß' bereitet. Einen prinzipiellen Gegensatz zwischen hedonistischen Motiven und sozialem Engagement zu sehen, ist sicher wenig überzeugend (auch wenn diese Gegenüberstellung in Alltagsgesprächen verbreitet zu sein scheint). Eine weitere, historisch bis heute äußerst wirksame ethische (und nota bene auch politische) Theorie ist der Utilitarismus. Weniger wird beachtet, dass auch er im Kern eine ethische Gefühls- und Glückstheorie darstellt, wie allein mit dem Hinweis auf das fundamentale ethische Kriterium des Utilitarismus deutlich wird, nämlich das Maximieren von Glück bzw. Wohlbefinden und gleichzeitig das Minimieren von Leiden. Die ethische sowie pädagogische Bedeutung des Wertes Glück ist evident. Dennoch ist das Glück in den folgenden Ausführungen nur an einigen Stellen zentral.

Gerechtigkeit

Eine weitere, sicher ebenso würdige Kandidatin mit dem Potenzial, aus ihr das Leitprinzip der Ethik, Pädagogik und/oder Pädagogischen Ethik zu formulieren, ist die *Gerechtigkeit*, sei sie als personale Tugend gedacht und/oder als Prinzip des sozialen Entscheidens und Handelns. Immer wieder geht es im Bereich der angewandten Ethik (zumindest im Hintergrund) etwa um Fragen der austeilenden Gerechtigkeit: Wer soll die Ersatzniere erhalten? Ist die Quotenregelung im Bereich der Bildung gerechtfertigt, um die Minderheit der Inuit in Kanada besser zu schützen? Ist es moralisch überzeugend, eine Frauenquote in den Verwaltungsräten der Großkonzerne zu fordern? Ist es richtig, dass Höherqualifizierte mehr verdienen? Letztlich geht es dabei meist um die Frage, welchem Kriterium der austeilenden Gerechtigkeit der Vorzug gegeben werden soll: dem Kriterium (1) der Gleichheit (jedem/jeder das Gleiche; etwa als sogenanntes Menschenrechtsprinzip kaum bestritten), jenem (2) der Leistung (Leistungsprinzip: Wer mehr leistet, soll entsprechend mehr erhalten, besser entlohnt werden und/oder andere Vorzüge genießen können) oder jenem (3) der Bedürfnisse (beispielsweise das Sozialstaatsprinzip: Menschen in Armut muss geholfen werden). Neben Fragen der austeilenden Gerechtigkeit interessiert seit der Antike die Bedeutung der Vertragsgerechtigkeit und der Verfahrensgerechtigkeit. Verträge sollen eingehalten werden – dieser elementare ethische Grundsatz gilt freilich auch heute noch. Der sogenannte Kontraktualismus hat auch in den zeitgenössischen pädagogischen Diskursmoden seinen Einfluss – im Guten wie vielleicht auch im weniger Guten –, wie die Rede vom ‚learning contract' oder auch ‚educational contract' andeutet. Dabei kann gefragt werden, wie überzeugend es ist, die Akteure im Bereich der Erziehung und Bildung als gleichberechtigte und gleichermaßen verpflichtete Vertragspartner zu sehen. Sind Kinder Vertragspartner? Oder in Bezug auf was und wann sind sie es? Auch hier bleiben die Fragen der sinnvollen Anwendung meist virulent. Unter dem Prinzip der Gerechtigkeit werden weiter auch Fragen der Fairness sowie der Solidarität diskutiert. Doch auch das Prinzip der Gerechtigkeit bildet ebenso wenig wie jenes des Glücks die zentrale Leitidee der folgenden Ausführungen, wiewohl es freilich auch hier an einigen Orten von grundlegender Bedeutung ist.

Freiheit

Eine dritte und letzte hier erwähnte Kandidatin ist die *Freiheit*. Gerade in liberalen Gesellschaften könnte in ihr das fundamentale Prinzip der Ethik und allenfalls auch der Pädagogik gesehen werden; so kann man nicht grundlos argumentieren, dass die primäre pädagogisch-ethische Aufgabe in der Befähigung des Einzelnen zu liegen habe, freie Entscheidungen treffen und danach handeln zu können. Freiheit wird traditionell als (1) Praxis diskutiert (Handlungsform), das Gebot der (2) Willkürfreiheit spielt eine zentrale Rolle, aber auch die Bedeutung der sogenannten (3) Wahlfreiheit oder (4) Handlungsfreiheit. Die Diskussionen und Erwägungen zur ethischen Bedeutsamkeit der Freiheit sind stark von der Gegenüberstellung von Fremdbestimmung (Heteronomie) und Selbstbestimmung (Autonomie) geprägt; und dieser Gegensatz hat große Auswirkungen auch auf das pädagogische und didaktische Denken in der Moderne, während bildungstheoretisch vor allem die Frage interessiert, wie Willensfreiheit und die sogenannte Selbstbindung an Vernunft bzw. vernünftige Prinzipien überhaupt denkbar seien und in der (pädagogischen, sozialen) Wirklichkeit gefördert werden können. Auch dieses Prinzip, aus welchem eine ganze Ethik und Pädagogik formuliert werden kann, interessiert hier nur an einzelnen Stellen.

Keine systematische Pädagogische Ethik

Ebenso wenig wird (systematischen) Fragen nachgegangen, welche pädagogischen Pflichten und Aufgaben ethisch geboten sind, wie sie sich zur rechtlichen Situation verhalten und wer welche Verantwortung in Bezug auf welche Tätigkeiten und Ziele zu übernehmen habe sowie was es überhaupt bedeuten soll, ‚Verantwortung' zu übernehmen, welche Instanzen zu bezeichnen und unterscheiden wären, gegenüber denen Menschen zur Verantwortung ‚gezogen' werden können (oder müssen), usw. usf. Es interessiert weiter auch nicht die Gewichtung der Motive, wie sie manchmal in der Gegenüberstellung von gesinnungsethischen und verantwortungsethischen Argumentationen diskutiert wird. Was als moralisch ‚guter' Grund fungiert und was nicht, interessiert im Folgenden auch recht wenig, wiewohl es freilich nicht unbedeutsam ist, ob ethisch relevante Positionen mit Bezug auf Tatsachen, Gefühle, Konsequenzen, Vorschriften, Autoritäten oder beispielsweise das Gewissen begründet werden.

Damit sollten nur einige Beispiele angedeutet sein und die Auflistung hier abgebrochen. Die Verwendung solcher und anderer theoretischer Bezugspunkte könnte das Attribut ‚systematisch' für entsprechende Vorhaben rechtfertigen; in unterschiedlichem Ausmaß werden solche mehr oder weniger systematisch zu nennenden Interessen verfolgt (vgl. beispielsweise Beutler & Horster, 1996; Günzler, Kerstiens & Mauermann, 1988; Hügli, 1999; Ladenthin & Schilmöller, 1999; Löwisch, 1995; Meyer-Drawe, Peukert & Ruhloff, 1992; Oelkers, 1992; Peters, 1966). Für die Kapitel dieses Buches trifft dies nun aber ganz und gar nicht zu, was bedauert werden kann oder auch nicht. Als ‚Pädagogische Ethik' widmet es sich auch nicht einer übergeordneten Thematik oder einem fokussierten Problemfeld, beispielsweise der Ethik des Erziehens (vgl. z.B. Fuhr, 1998) bzw. des Erziehers (etwa Brumlik, 2004), der Lehre der Ethik als Begründung für Pädagogik (z.B. Zirfas, 1999) oder aber der Ethik des Lehrens (Carr, 2000); und vor allem versucht es nicht, ethisch erbaulich zu pädagogisieren (vgl. von Hentig, 1985). Weiter stellt es übrigens auch keine Theorie der moralischen als demokratischen Erziehung dar (z.B. Gutmann, 1987; Nucci, 2001; Oser, 1998; Reichenbach, 2001).

Natürlich gibt es zahlreiche weitere Festlegungen dafür, was dieses Buch *nicht* ist. Die Leserin oder der Leser möchte aber nicht nur ex negativo informiert werden, sondern vielleicht wissen, was für ein Buch sie oder er in den Händen hält. Die Antwort fällt kurz aus: Das Buch stellt eine Sammlung von Essays dar, die das Gebiet der Pädagogischen Ethik betreffen. Die essayistische Form ermöglicht dem Autor mehr Freiheit als in der Disziplin normalerweise erwünscht oder erlaubt. Das scheint für die Thematik bzw. die Thematiken nicht nur angemessen, sondern sogar geboten zu sein. Die Freiheit von methodischen und/oder systematischen, allzu engen Zwängen bedeutet ja nicht, dass nun also undisziplinierten Begründungen und Behauptungen das Feld überlassen wird, sondern eher, dass die Geltungsansprüche, die mit den vorgetragenen Äußerungen vielleicht dennoch verbunden werden, weniger apodiktisch vertreten werden, in einem gewissen Sinn eher fragend vorgetragen werden. Essayistisch sind die Ausführungen in ihrem Selbstverständnis, weil sie eben nicht auf Wahrheit und Geltung pochen, sondern vielmehr Ausdruck von Denkanstößen darstellen, die hier und dort erfahren worden sind; gleichsam freie Versuche, eine Thematik von einer bestimmten, vielleicht nicht immer erwarteten Seite her zu denken, wiewohl andere Perspektiven sicher ebenso berechtigt oder gar überzeugender gewesen wären und möglicherweise zu ganz anderen Implikationen geführt hätten. Der Essay will nicht sagen, wie es sich verhält, sondern schlichter eine Sichtweise nahebringen, die von Interesse sein könnte, aber sich noch nicht hat durchsetzen können (und möglicherweise auch nicht durchsetzen wird).

Kein priorisiertes ethisches Prinzip

Die hier vorgelegte Themenvielfalt ist vergleichsweise groß und die gewählten Zugänge und Perspektiven fallen daher auch recht vielfältig aus. Es erscheint so unmöglich wie auch völlig unnötig, aus einer ethischen Großperspektive allein die zentralen pädagogischen Fragestellungen zu Bildung und Erziehung diskutieren und beantworten zu wollen. Es leuchtet nicht ein, warum einem Prinzip, etwa dem Glück oder der Freiheit oder aber der Gerechtigkeit, etwa der Vorrang vor den anderen eingeräumt werden müsste. Eine solche priorisierende Voreinstellung kann m.E. im Feld der Erziehung und Bildung nur willkürlich sein und hat daher letztlich vielleicht überhaupt keinen systematischen Wert, wiewohl die Vorgaukelung von Systematik zunächst manche zu überzeugen vermag.

Verständnis von Ethik

Trotz oder vielleicht auch wegen der essayistischen Ausrichtung der folgenden Ausführungen seien nun einige Bestimmungen zum möglichen Verständnis von ‚Ethik' vorbemerkend vorgetragen.

Das altgriechische Wort *ethos* meint bekanntlich den ‚gewohnten Ort' des Lebens bzw. ‚Sitte', aber auch ‚Charakter' (sozusagen als Gewohnheiten des Denkens, Fühlens und Sich-Verhaltens). Die Anfänge der Ethik als einer philosophischen Disziplin werden in der Regel bei Aristoteles verortet, der seinerseits Ansätze der Sophisten, Sokrates' und natürlich Platons, seines philosophischen Lehrers, aufgreift. Der Anlass für ethische Reflexion kann im „Verlust der selbstverständlichen Geltung überkommener Lebensweisen und Institutionen" gesehen werden (vgl. Höffe, 1986, S. 54); die Hoffnung, die mit diesen ethischen Denkbemühungen realisiert werden soll, besteht in der Idee, das richtige bzw. sinnvolle Leben auf ‚methodischem Wege' bestimmen zu können, d.h. ohne letzte Berufung auf politische, religiöse oder andere Autoritäten (ebd.).

Verhältnis von Ethik und Moral

Ethik meint damit ‚Moralphilosophie' und weist (wie auch schon der Begriff *ethos*) sowohl auf eine enge als auch auf eine umfassende Bedeutung hin, d.h. Moralphilosophie als das gute Handeln der Person (engere Bedeutung) und/oder ‚praktische Philosophie' in ihren sozialen, politischen und ökonomischen Dimensionen (umfassendere Bedeutung). Sowohl das griechische *ethos* wie auch das lateinische *mores* verweisen auf Phänomene der kulturellen Gewohnheiten bzw. Sitten; und wenn heute zwischen Ethik und Moral scheinbar klar unterschieden wird, so ist dies nicht inhaltlich zu rechtfertigen, sondern einer komplexen Begriffsgeschichte geschuldet. In diesem Sinne wird Ethik heute oft als *Theorie* der Moral verstanden, während mit ‚Moral' mitunter (bloß) der „Bereich tatsächlicher, inhaltlich herrschender Regeln für ein Handeln" gemeint wird, „das dem Anspruch, gut, redlich, wahrhaftig, menschenwürdig zu sein, entsprechen soll" (Löwisch, 1995, S. 6). Moral in diesem Verständnis wird denn auch als „historisch, gruppenspezifisch, interessengebunden, (...) immer inhaltlich" sowie „unmittelbar zum Handeln" verstanden (ebd.). In diesem Zusammenhang ist auch die Unterscheidung zwischen *deskriptiver* und *normativer* Ethik bedeutsam. Deskriptive bzw. empirische Ethik untersucht die (tatsächlich vorkommenden) Phänomene von Moral und Sitte in Institution(en) und Kultur(en). Die akademischen bzw. wissenschaftlichen Disziplinen, die sich Fragen der deskriptiven Ethik widmen, sind beispielsweise die Geschichte, die Ethnologie, die Psychologie oder die Soziologie. Im Unterschied dazu geht es der normativen Ethik als einer philosophischen Disziplin, die sich der Moralkritik widmet, primär um die *Begründung* der Formen und Prinzipien des richtigen Handelns. Zur ethischen Theorie gehört weiter auch die Metaethik, d.h. vor allem die kritische Analyse der sprachlichen Elemente und Formen moralischer Aussagen, Argumentationen und Methoden (vgl. Höffe, 1986, S. 54). Ethik (als Ethik- bzw. Moral-*Theorie*) ist also „der prinzipielle Grundlagen- und Argumentationsbereich, der Legitimationsbereich für Moralität und der Bereich der Moralkritik" (Löwisch, 1995, S. 6). Sie ist in der Regel „allgemein, universal, formal, kritisch, argumentativ" und fragt als „Reflexionstheorie der Moral" nach den „Gründen moralischer Urteile und nach den Kriterien für die Richtigkeit solcher Urteile" (ebd.). Deskriptive Ethik fragt nach dem *Sein* der Moral (Tatsachen, Aussagen, Genese, natürlichen Handlungsantrieben etc.), normative Ethik fragt nach dem *Sollen* von Moral (Normen, Forderungen, Geltung, moralischen Handlungsantrieben).

Deskriptive und normative Ethik

Werte und Wertbindungen

Sei es normativ oder aber deskriptiv, ethische Fragestellungen vermögen zu interessieren, weil sie unsere *Wertbindungen* – letztlich unsere *affektiven* Bindungen zur Welt – betreffen, d.h. etwas darüber aussagen, was uns wichtig ist (vgl. Heller, 1979), und damit: wer wir sind (Taylor, 1996). Wenn nun gefragt wird, was ein ‚Wert' ist, so können umständliche oder auch weniger umständliche Definitionen präferiert werden. Zu den ersteren gehört sicher diese: Ein Wert ist ein „kulturell und sozialdeterminiertes (und geltendes), dynamisches, ichzentrales, selbstkonstitutives Ordnungskonzept als Orientierungsleitlinie, die den Systeminput einer Person (Wahrnehmung) selektiv organisiert und akzentuiert sowie ihren Output (Verhalten) reguliert, mithin eine ichdirigierte aktive Planung und Ausrichtung des Verhaltens über verschiedene Situationen hinweg ermöglicht" (Kmieciak, zit. nach Lilge, 1980, S. 51). Überzeugender ist aber die letztere: „Werte sind explizite oder implizite Auffassungen von Wünschenswertem" (ebd.). Werte müssen daher nicht *moralische* Werte sein, aber sie können als moralische Werte gelten oder aber, weil sie Werte sind (sprich: Menschen wichtig sind), ethische bzw. moralische Relevanz besitzen. Zu diesen Werten gehören sicher u.a. das (bloße) Leben, die Freiheit, der Frieden, die Seelenruhe, die Gerechtigkeit, die Solidarität, die Wahrheit, die Bildung und das Wissen, die Liebe, die Gesundheit, vielleicht auch die Ehre und die Schönheit. Es ist sicher nicht abwegig, fundamentale Werte mit den Basisbedürfnissen (*basic needs*) des Menschen in Verbindung zu bringen. Zu denselben gehören etwa das Bedürfnis nach Sicherheit, nach wirtschaftlichem Auskommen, nach (sozialer) Zugehörigkeit, nach (sozialer) Anerkennung, nach Selbstbestimmung, möglicherweise auch nach Kompetenzerleben. Werte können nicht ‚erfunden' oder beliebig ‚bestimmt' werden. Sie bilden den affektiven Hintergrund, vor welchem wir unser Denken, Handeln und Fühlen *bewerten*. Manche Werte werden als so bedeutsam erachtet, dass sie die sozialen Normen bestimmen: etwa das Lügeverbot, das den Wert der Wahrheit schützen soll, das Diebstahlverbot, das sich auf den Wert des Eigentums bezieht, usw. usf.

Normen

Sucht man nach einer Definition von ‚Norm', so überzeugt vielleicht die folgende: „Unter Normen versteht man die Einstellungen, Meinungen und Verhaltensweisen, die von einer Gruppe vertreten werden. Der Prozess der Normenfestlegung kann unterschiedlich geschehen. Normen geben dem Einzelnen Orientierung, welches Verhalten gut und richtig ist, und welches Verhalten abgelehnt wird" (Nawratil & Rabaioli-Fischer, 2010, S. 171). Es werden mitunter Typen von Normen unterschieden; so sind fundamentale moralische Normen (z.B. das Tötungsverbot) von lokalen Regeln (z.B. Bräuchen und Traditionen) oder sogenannten neutralen Normen (z.B. Verkehrsregeln, Spielregeln) zu unterscheiden. Gemeinsam sind ihnen jedoch die Funktionen der Erhöhung bzw. Schaffung von Verhaltenssicherheit für die Handelnden, von Erwartungssicherheit (Berechenbarkeit der anderen), d.h. Vertrauen im weitesten Sinne. Als ethische Normen schaffen sie zudem moralische *Orientierung* und schützen individuelle Güter und Gemeinschaftsgüter.

Orientierung und Identität

Die Orientierungsfunktion ist konstitutiv für Identität, natürlich auch pädagogische Identität. Über (personale) Identität ‚verfügen' heißt, wissen, was einem wichtig ist und was weniger oder nicht wichtig; wissen, was man anstrebt; wissen, was man achtet und was man verachtet; wissen, was man tolerieren kann und was man nicht tolerieren darf. Wissen wir etwas über entsprechende *Wertungen* eines Menschen, dann wissen wir damit zugleich, wer er ist. Die These, wonach für menschliches Handeln konstitutiv ist, dass Menschen ihr Leben innerhalb eines Horizontes führen, der durch starke qualitative Unterscheidungen geprägt ist, wurde von Charles Taylor in *Quellen des Selbst* (1996) ausformuliert. „Wissen, wer ich bin", schreibt er, „ist eine Unterart des Wissens, wo ich mich befinde" (S. 55; vgl. Kapitel 5.4). Das Streben nach Sinn oder einer gewissen Fülle des Lebens, d.h. der Versuch, möglichst nahe an den für gut gehaltenen Orientierungen zu sein, den richtigen Standort im Verhältnis zum Guten einzunehmen, kann aber auch vollzogen werden, ohne dass der Person dies bewusst bzw. zum Problem wird. Nach Taylor liegt dies aber auch nur daran, „dass sich ihr Gefühl für Wert und Sinn bruchlos in ihre Lebensgestaltung einfügt" (S. 89). Wenn es einem relativ gut geht, scheint das Organ für die Wahrnehmung des Guten bei manchen schnell zu verkümmern.

Da menschliche Existenz jedoch geschichtlich, d.h. von Veränderung geprägt ist, sind wir dennoch immer wieder gezwungen, uns die Frage nach unserem relativen Standort zu dem, was wir für gut und richtig halten, zu stellen. Deshalb geht es nicht nur um die Frage, wo wir uns befinden, sondern auch, wohin wir unterwegs sind. Während die Frage nach dem Standort in Begriffen des Mehr oder Weniger beantwortet werden kann, ist die Frage nach dem Wohin eher in Kategorien des Ja/Nein zu beantworten (Taylor, 1996, S. 93). „Das ist der Grund, weshalb unsere relativen Fragen stets im Rahmen einer absoluten Frage stehen" (S. 93-94). Die Frage nach der Richtung stellt sich mit anderen Worten schon allein deshalb, weil wir uns verändern und weil unser Sinn für das Gute in das Verständnis unseres sich entfaltenden und vergehenden Lebens, d.h. in eine Geschichte, eingeflochten werden muss.

Mit diesen Bemerkungen sollte auf die enge Verzahnung von pädagogischem und ethischem Denken, pädagogischer Identität und moralischer Orientierung bzw. moralischem und pädagogischem Wissen hingewiesen werden. Wie in der Einleitung aber zu zeigen sein wird, entspräche es wohl einem Irrtum zu glauben, Ethik ‚liefere' vor allem Antworten, ‚fixiere' sozusagen inhaltliche Orientierungen. Vielmehr scheint ihre Relevanz für Erziehung und Bildung in ihrer Sensibilität für *Fragen* und *Probleme* zu bestehen: Sie löst weniger Probleme, als dass sie Probleme vor Augen führt.

Einleitung: Zwei Prämissen, die nicht weiterführend zu sein scheinen

Ungehorsam als Beginn der Menschwerdung

Vielleicht muss man von vorne anfangen, bei Adam und Eva. Die beiden sind also im Paradies. Sie sind glücklich, aber im Grunde bewusstlos. Die Differenz von Sein und Bewusstsein ist ihnen fremd. Sie sind ‚bildungsfern', aber glücklich. Man ahnt schon dunkel: Bildung und Glück wollen nicht so richtig zusammenpassen. Im Paradies steht auch der Baum der Erkenntnis über das Gute und das Böse. Warum hat ihn Gott da hineingestellt? Wer vermag dies zu wissen? Die ganze Anlage ist nicht ohne bedenkliche Komponente. Es ist wohl eine Art Experiment, der Untersuchungsgegenstand heißt sehr viel später *Reaktanz*-Phänomen (vgl. Brehm, 1966). Es passt uns einfach nicht, in unserer Wahlfreiheit eingeschränkt zu werden. Und die verbotenen Früchte sind attraktiv. Wenn sie nicht attraktiv wären, müssten sie auch nicht verboten werden. Die Ausgangslage für ein dauerhaft glückliches Leben ist also ungünstig. Auf der anderen Seite ist der Baum der Erkenntnis ein machtvolles ‚Bildungsangebot', das vielleicht nur so tut, als sei es ein Verbot; die göttliche Strategie, Interesse zu wecken, pädagogisch geschickt arrangiert. Und Eva hat es gut gemacht. Die Menschwerdung beginnt mit Ungehorsam, d.h. mit Freiheitspraxis, darauf hat Erich Fromm (1982) hingewiesen. Der Preis für diese Praxis ist hoch: die Vertreibung aus dem Paradies, aus der Sorglosigkeit, die eingehandelte Sterblichkeit, zahlreiche Ängste, Krankheiten und der Schmerz. Im Gegenzug erwirbt sich der Mensch die Möglichkeit, Einblick in das Gute und das Böse zu haben. Vertriebene können und müssen ethisch reflektieren.

Auch im griechischen Schöpfungsmythos wird die Entstehung der menschlichen Zivilisation auf Ungehorsam zurückgeführt. Hier ist es Prometheus, ein Halbgott, der den Göttern das Feuer stiehlt und damit die Grundlage für die Menschwerdung schafft. Natürlich muss er für seinen Ungehorsam bestraft werden, ohne drakonische Strafe geht es in den Mythen der Menschwerdung gar nicht. Prometheus aber ist stolz, er will lieber ewig an einen Felsen gekettet als der ‚gehorsame Diener der Götter' sein. Das ist der Unterschied zu Adam und Eva, die dem Paradies jetzt nur nachtrauern können. Daher ist Prometheus zumindest für Karl

Marx der „Schutzheilige aller Philosophen" (Fromm, 1982, S. 46). Prometheus ist der *Vorausdenkende*, sein Bruder Epimetheus der *Nachherbedenkende*. Ethische Praxis heißt, vorausdenken und nachbedenken.

Sorge als anthropologische Konstante

Die 220. Fabel des römischen Dichters Gaius Julius Hyginus, die sogenannte Cura-Fabel, ist für Johann Wolfgang von Goethe ebenso wie für Martin Heidegger und natürlich Hans Blumenberg von Bedeutung gewesen, hier werden die menschliche Daseinsform und die Sorge gleichgesetzt. Die Fabel im Wortlaut:

> „Als einst die Sorge über einen Fluss ging, sah sie tonhaltiges Erdreich, sinnend nahm sie davon ein Stück und begann es zu formen. Während sie bei sich darüber nachdenkt, was sie geschaffen, tritt Jupiter hinzu. Ihn bittet die Sorge, dass er dem geformten Stück Ton Geist verleihe. Das gewährt ihr Jupiter gern. Als sie aber ihrem Gebilde nun ihren Namen beilegen wollte, verbot das Jupiter und verlangte, dass ihm sein Name gegeben werden müsse. Während über den Namen die Sorge und Jupiter miteinander stritten, erhob sich auch die Erde (Tellus) und begehrte, dass dem Gebilde ihr Name beigelegt werde, da sie ja doch ihm ein Stück ihres Leibes dargeboten habe. Die Streitenden nahmen Saturn zum Richter. Und ihnen erteilte Saturn folgende anscheinend gerechte Entscheidung: ‚Du, Jupiter, weil du den Geist gegeben hast, sollst bei seinem Tod den Geist, du, Erde, weil du den Körper geschenkt hast, sollst den Körper empfangen. Weil aber die Sorge dieses Wesen zuerst gebildet, so möge, so lange es lebt, die Sorge es besitzen. Weil aber über den Namen Streit besteht, so möge es homo heißen, da es aus humus (Erde) gemacht ist." (Heidegger, 2006, S. 197-198)

Solange die Menschen leben, werden sie der Sorge gehören. Man muss sich sorgen um die menschlichen Angelegenheiten und macht sich Sorgen, um sich und um die anderen. Man hat Kummer und muss sich kümmern. Man kümmert sich nicht, wenn man den Kummer nicht kennt, man sorgt sich nicht um sich selbst und um andere, wenn man die Sorge nicht kennt. Erwachsenwerden heißt daher, zunehmend sorgend und besorgt zu sein. Angelegt ist in dieser Sicht auch, dass der Mensch das trostbedürftige, wenn auch vielleicht tröstungsunfähige Wesen ist (Blumenberg, 2014).

Diese wenigen mythologischen Herleitungen lassen die Notwendigkeit und Begrenztheit des menschlich Möglichen erahnen, die Angewiesenheit der Menschen auf Einsichten in das Gute und Böse oder Schlechte, und gleichzeitig ihr Unvermögen, das Gute dauerhaft zu realisieren.

Zwei Prämissen des Ethischen

Zwei eher unangenehme Prämissen des Ethischen sind damit verbunden: zum einen, dass sich die Hoffnung auf die Problemlösekraft der Ethik als grundlos erweist, zum anderen, dass man sich in ethischen Fragen regelmäßig nicht einig wird.[1] Diese Unvermögen oder Unzulänglichkeiten sind allerdings nur auf den ersten Blick zu bedauern; in ihnen zeigt sich auf den zweiten Blick, worin der Preis oder ein Preis für die Möglichkeit der Freiheitspraxis zu liegen scheint, ohne welche Fragen der Ethik gar nicht interessieren könnten.

Prämisse 1: *Ethik löst keine Probleme, sondern sie schafft Probleme. Ethik ist sogar die Problemproduzentin par excellence.*

Probleme zu haben ist menschlich, keine Probleme zu haben ist unmenschlich. Wer keine Probleme mit sich und der Welt hat, wird früher oder später selber zum Problem werden, meistens für die anderen. Ethikkommissionen sind Verbände der Ratlosigkeit – sie scheinen vor allem aus einem Grund zu existieren: weil die ethischen Probleme unserer Lebensführung und unseres Zusammenlebens nicht einfach oder überhaupt nicht zu lösen sind. Sich die damit verbundene Ratlosigkeit anzueignen, ist manchmal vordringliche Aufgabe. Wenn man nicht mehr weiß, was zu tun ist und was richtig und falsch ist, ist man vielleicht eher auf dem richtigen Weg als ohne dieses Wissen. Erst dann, in der eingestandenen Ratlosigkeit, übernimmt man – auf personaler Ebene – vielleicht so etwas wie Verantwortung. Nicht dass man im Einzelnen wüsste, worin sie besteht, aber man merkt, sie muss übernommen werden (vgl. Danner, 1985; Kilchsperger, 1985).

Ethik als Praxis

Zwar ist Ethik eine Disziplin, wird als Fach gelehrt, aber primär ist sie eine Praxis. Zumindest zielt sie auf Praxis, ohne Praxis ist sie nichts. Praxis bedeutet am Ende immer: Man tut es oder tut es nicht. Wie entscheiden? Auf welcher Grundlage? Und natürlich wollen heute alle ganz schnell ihre Ethik. ‚Ethik' klingt besser, moderner und klinischer als ‚Moral'. Sowohl das lateinische *mores* als auch das griechische *ethos* bedeuten zunächst einfach *Sitte*. Ethos meint (daher) auch Lebensführung und Stil, die Art und Weise, wie man sich gibt, den gewohnten Ort, das heißt auch, den durch Übung und Repetition gefundenen und selbstverständlich gewordenen Ort. Ethische Praxis muss geübt werden. Kant spricht in der *Metaphysik der Sitten* sogar von „ethischer Gymnastik" (Kant, 1797/1990, S. 123-124 [AA 6]).

---

[1] Die Textpassagen zu diesem Teil sind wesentlich Reichenbach (2013) entnommen.

Moderner Bruch zwischen Moral und Sitte

Modern kommt es zum Bruch zwischen Moral bzw. Ethik auf der einen Seite und Sitte auf der anderen Seite. Wir halten reine Konventionen (etwa Höflichkeitsformen) für weniger wichtig als z.B. das Tötungsverbot, Gerechtigkeit für wichtiger als Pünktlichkeit. Wir halten einen ‚guten' Menschen für besser und wichtiger als etwa ein ‚gutes' Messer. Doch dass wir Bilder, Theorien, Lieder und Bücher, aber auch Schusswaffen oder mobile Telefone als ‚gut' bezeichnen und bewerten, also mit einem gleichen – moralischen – Wort, wie wenn wir von ‚guten' Taten, ‚guten' Menschen und ‚guten' Anliegen sprechen, zeigt an, dass hier ursprünglich eine Einheit gewesen ist, die offenbar verloren gegangen ist. Das muss nicht bedauert werden. Doch so haben es Sitte und Konvention heute schwer, sich neben Moral und Recht zu behaupten. Doch Sitte und Konvention sind im Normalbereich und Alltag die entscheidenden Größen, meist nicht Moral oder Recht. Dennoch: Die meisten Probleme sind alltägliche Probleme, und die Ethik wird es heute auch hier nicht mehr richten, wenn denn nicht mehr klar ist – wenn auch vielleicht nur vermeintlich –, was oder wo der gewohnte Ort ist. Daher machen auch ‚gute' Menschen vieles falsch. Um es in Anlehnung an Hannah Arendt (2006a) zu sagen: Daher haben ‚gute' Menschen ein schlechtes Gewissen, während ‚schlechten' Menschen das schlechte Gewissen zu fehlen scheint. Nun soll hier nicht darüber sinniert werden, was das Gewissen ist, sondern mit Sokrates bloß angedeutet sein, dass es dieser Geselle ist, der einen erwartet, wenn man nach Hause kommt (vgl. Karl, 2014).

Denken zerstört Gewissheiten

Es gibt keine Ethik ohne Nachdenklichkeit, Denken ist eine Praxis, nicht primär eine Kompetenz. Denken hat auch weniger mit Intelligenz zu tun, als man vielleicht denkt, d.h. man kann sehr intelligent sein, aber denkt doch nicht nach, man kann wenig intelligent sein und dennoch über sich und das Leben nachdenken. Doch warum denken, wenn es meist so wenig bringt? Ja, es bringt noch weniger als wenig, es zerstört vielmehr manches noch: Denken und Diskurse stören die Gedankenlosigkeit und sie zerstören die Gewissheiten. Denken ist nach Hannah Arendt immer ein einsames Geschäft, denn beim „Denken ist man nicht dort, wo man wirklich ist; man ist nicht von Sinnesgegenständen umgeben, sondern von Vorstellungsbildern, die sonst niemand sehen kann" (Arendt, 1998b, S. 91). Jeder geistige Akt beruht vielmehr darauf, „dass sich der Geist", welcher „lautlos", aber niemals „stumm" ist, „etwas vergegenwärtigen kann, was den Sinnen nicht gegenwärtig ist" (S. 81). In diesem Sinne ist das Aufhören zu denken ein „Verschwinden des Unsichtbaren"

Denken als Vergegenwärtigung von Abwesendem

(S. 92). Der Geist ist zwar unsichtbar, aber dennoch diskursiv, und er wird durch den Diskurs geweckt. Die Gedankenlosigkeit entspricht fehlendem oder aber zur bloßen Routine gewordenem Denken. Die nicht mehr reflektierte Denkgewohnheit. „Gedankenlosigkeit ist nicht Dummheit; sie findet sich auch bei hochintelligenten Menschen, und ihre Ursache ist nicht ein schlechtes Herz", doch: „wahrscheinlich kann umgekehrt Schlechtigkeit durch Gedankenlosigkeit entstehen" (S. 23). „Die Gedankenlosigkeit", so Arendt an anderer Stelle, „ist freilich ein mächtiger Faktor im menschlichen Leben (...), nicht nur im Verhalten der vielen, sondern im Verhalten aller. Gerade die Dringlichkeit, die a-scholia, der menschlichen Geschäfte verlangt vorläufige Urteile, das Sich-Stützen auf Sitten und Bräuche, also auf Vorurteile" (S. 77).

Gedankenlosigkeit

Diese wenigen Hinweise sollen – mit Hannah Arendt – zur folgenden Behauptung führen: Ethik löst keine Probleme, sondern sie schafft vor allem Probleme. Das Denken „schafft keine Werte; es sagt nicht ein für alle Mal, was ‚das Gute' sei; anerkannte Verhaltensregeln bestätigt es nicht, sondern es löst sie auf" (Arendt, 1998b, S. 190). Denken ist „notwendigerweise zerstörend, unterminierend auf alle verfestigten Kriterien, Werte, Maßstäbe für Gut und Böse, kurz, auf die Sitten und Verhaltensregeln, die Gegenstand der Moral und Ethik sind" (S. 174).

Mäeutik

Und die berühmte Hebammenkunst des Sokrates, die – als Mäeutik – pädagogisch meist sehr ‚nett' interpretiert wird, wiewohl Sokrates eben nicht nur ‚Hebamme', sondern auch ‚Stechfliege' und ‚Zitterrochen' genannt wird, diese Hebammenkunst hilft nicht in erster Linie das Gute zu gebären, sondern vielmehr falsche Meinungen zu entbinden. Es handelt sich um eine Ausräumkunst. Nicht das Gute wird geboren, sondern das Falsche entbunden, könnte man sagen. Das ist zumindest die *aporetische,* nicht aber mäeutische Seite des Sokrates (bzw. Platon). Sokrates, so Hannah Arendt (1998b, S. 172), „war ‚unfruchtbar' wie die griechischen Hebammen, die über das gebärfähige Alter hinaus waren." Doch die „ausräumende Seite des Denkens", die Hebammenkunst eben, „die die Konsequenzen ungeprüfter Meinungen herausarbeitet und diese dadurch zerstört – Werte, Doktrinen, Theorien und sogar Überzeugungen" –, ist „mittelbar politisch (...). Denn die Zerstörung wirkt befreiend auf ein anderes Vermögen, das Vermögen der Urteilskraft, das man mit einiger Berechtigung das politischste der geistigen Vermögen des Menschen nennen kann" (S. 191).

Diskurse stören die Gedankenlosigkeit und die Gewissheit, sodass der ‚Wind des Denkens' zu wehen beginnt. Sehr schön paraphrasiert Arendt (1998b, S. 174-175) Sokrates mit den Worten: „(...) wenn dich der Wind des Denkens, den ich jetzt in dir erwecken werde, aus dem Schlaf geweckt und völlig wach und lebendig gemacht hat, dann wirst du erkennen, dass du nichts in der Hand hast als Ratlosigkeit, und das Beste ist immer noch, sie zu unserer gemeinsamen Sache zu machen."[2]

Prämisse 2: *Man kann sich in ethisch bedeutsamen Fragen nicht einigen.*

Die Frage ist daher nicht, wie man zu ethischem Konsens kommt, sondern wie mit ethischem Dissens umgegangen und gelebt werden kann. Max Planck hat übertreibend formuliert: „Es gibt Dinge, über die wir uns einigen können, und wichtige Dinge", und im Bereich des Ethischen lässt sich mit Gutmann und Thompson (1997, S. 361) sagen: „Moral disagreement is here to stay". Da wir nicht mit Konsens rechnen können, stimmen wir am Schluss ab. Mit „Mehrheit statt Wahrheit" brachte es Hermann Lübbe (2004) auf eine kurze und prägnante Formel. Demokratie ist jene Lebensform, die nicht mit Konsens rechnet. Sie ist die geschwätzigste Staatsform (Jacob Burkhardt), und mitreden zu können ist fundamental, aber auch nicht mitreden zu müssen ist fundamental. Deshalb sind die Distanzierungsrechte gleichermaßen bedeutsam wie die Partizipationsrechte; deshalb sind Konsenskompetenzen zwar sehr bedeutsam, aber am Ende nicht ausschlaggebend. Ausschlaggebend ist die Fähigkeit, mit Dissens zu leben. Das entspricht weniger einer Kompetenz als vielmehr einer Tugend, einer Bereitschaft, einer Aufgabe und einer Mühsal. Toleranz heißt daher nicht etwa, für anderes und andere ‚offen' zu sein, sondern vielmehr, Zustände und Verhaltensweisen zu erdulden, die man im Grunde ablehnt. Toleranz kann nicht ein für alle Mal gelernt werden und dann hat man sie; sie entspricht in jeder einschlägigen Situation einer neuen Leistung, die schwer zu erbringen ist – darin liegt der große Unterschied zur Kompetenz! Das ist typisch insbesondere auch für die pädagogisch bedeutsamen Tugenden, etwa die so schwer zu erwerbende Geduld.

Mehrheit statt Wahrheit

Fähigkeit, mit Dissens zu leben

Ungleiche und Gleichberechtigte

Pourrons-nous vivre ensemble? Égaux et différents heißt ein Buch des französischen Soziologen Alain Touraine (1997), der am

[2] Es ist, so Arendt (1998a, S. 47) mit Kant, allein „das ‚bloß Negative' (...), ‚welches die eigentliche Aufklärung ausmacht'. Aufklärung meint (...) Befreiung von Vorurteilen, von Autoritäten, meint einen reinigenden Vorgang", sie meint den Gang aus der „Höhle der Meinungen" (S. 76). Ethik löst keine Probleme, sie hilft Ansichten zu verunsichern und zu stören, die der aufklärerischen Kritik nicht standhalten. Das ist alles; zwar nicht wenig, aber weniger, als man sich wünschte.

Schluss nur eine Ermöglichungsbedingung für das Leben unter Ungleichen und Gleichberechtigten kennt, die er – auch im Französischen – *Bildung* nennt. Am Schluss rekurrieren immer alle auf ‚la Bildung', ‚the German Bildung' oder etwas in der Art, während die Deutschen ihre Bildung lieber durch das Konzept der Kompetenz gerade vollständig ersetzt haben wollen.

Phronesis als soziale Praxis

Wenn gesagt wird, man müsse Verantwortung übernehmen, nicken alle mit dem Kopf; wenn man fragt, was Verantwortung ist und worin sie im konkreten Fall bestehe, kann man sich nicht einigen. Typischer Fall – der Konsens lautet: Verantwortung ist gefragt; der Dissens: Wir wissen nicht, was zu tun ist. Nun, was hilft bei dieser allgemeinen Ratlosigkeit? Vielleicht kollektive Deliberation, gemeinsame Erwägungspraxis, Beratungs- und Fragegemeinschaft. Das sind die Modi, möglichst kluge, möglichst situationsangemessene Lösungen zu finden, die zwar nie ideal sind, nie definitiv richtig: Phronesis als soziale Praxis.

Ethische Dilemmata

Ethische Dilemmata sind nicht lösbar, oder sie sind keine Dilemmata. Ein Dilemma, das ethisch zu lösen ist, ist kein Dilemma. Der Mensch im moralischen Dilemma hat ein Problem, er wird es nicht lösen können, er wird – aus seiner Sicht – sicher einen ‚Fehler' machen. Nur moralische Wesen stecken in dilemmatischen oder gar trilemmatischen Situationen – sie stecken deshalb in einer Zwickmühle, weil sie die dahinterliegenden und im Konkretfall widerstreitenden Werte, Wertungen oder Verpflichtungen als ihre eigenen schon lange verstanden haben, d.h., weil sie moralische Selbste sind. Sie haben ein Problem. Sie sind moralisch überfordert. Moral – wiewohl sie selber eine Kapitulation vor hoher Komplexität darstellt (vgl. Eilingsfeld, 1994) – überfordert immer wieder: zu viel Sollen, zu wenig Können, zu viel des Guten, zu wenig des Möglichen. Daher gilt die meta-ethische Regel, dass Sollen Können implizieren muss; man kann nicht mehr von uns verlangen, als das, wozu wir fähig sind. Nur jeder für sich allein kann mehr von sich verlangen, als er kann; nur jeder für sich ist berechtigt, sich zu kritisieren, wenn er es der Welt und sich nicht recht machen kann (Vossenkuhl, 1997).

Sollen muss Können implizieren

Doch dauernd müssen und sollen wir mehr, als wir können. Das ist die normative Überdetermination der modernen Situation; der moderne Mensch sollte mehr tun und anders handeln, als er kann: Er sollte z.B. politisch tätig sein, sich mehr Zeit für die Familie oder Partnerschaft nehmen, viel mehr Zeit, aber er sollte auch in seiner Karriere vorwärtskommen, etwas für seine ästhetische Bildung tun, auch mehr Zeitung lesen, überhaupt lesen, er sollte die sogenannten Sozialkontakte verstärkt pflegen und mehr

Sport treiben, vor allem sollte er Prioritäten setzen können und wissen, was wichtig ist im Leben und was nicht so wichtig ist. Er steht unter Systemzwängen, überall muss er sich anpassen, er wird verändert, verändert selber aber kaum etwas. Das ist normal, sozusagen typisch für den Bereich der Erziehung und Bildung. Zwischen den Systemanforderungen der (Aus)Bildung und dem ethischen Anliegen, jedes Kind, jeden Menschen nach seinen Möglichkeiten und Bedürfnissen zu fördern und zu unterstützen, gibt es Widersprüche.

Gleichheit

Die Schule ist unfair und sie wird unfair bleiben. Chancengleichheit gibt es nicht, und wenn sie realisiert werden könnte, so wäre ihr Resultat dennoch ambivalent. Das Ideal der Gleichheit trifft auf eine unfaire Welt. Es ist aus der Empörung über die Erfahrungen mit der Ungleichheit der Menschen und der Ungerechtigkeit der Ressourcenverteilung entstanden. Ideale sind kontrafaktisch, menschliche Bemühungen, dieser Welt etwas entgegenzusetzen, sich mit ihrem Zustand nicht zufriedenzugeben, sie zu verändern. Dies ist der Impetus des jüdisch-christlichen Interventionismus: sich im Jammertal nicht gleichgültig zu verhalten. Stoisch wäre es vielleicht, die Unveränderbarkeiten zu ertragen, womöglich buddhistisch, sich gegenüber dem Anliegen der Weltveränderung zu ‚vergleichgültigen'. Auch in der säkularisierten Welt spielen – zum Beispiel in den Professionen – beide Motive eine Rolle. Die fehlenden oder geringen oder unsicheren Veränderungsmöglichkeiten sind zu ertragen. Die entsprechende Professionstugend heißt Gleichmut. Gleichmut ist nicht Gleichgültigkeit, aber Patienten sterben, Prozesse werden verloren, die Therapie schlägt nicht an, und die Systemveränderungen haben Nebenwirkungen, die zu neuen, großen, manchmal noch größeren Problemen führen.

Gleichmut versus Gleichgültigkeit

Weder Souveränität noch Herrschaft

Daher gibt es in ethischen Belangen weder Souveränität noch Herrschaft. Auch das ist ‚normal'. Das weiß jeder, der nachdenkt und zuschaut und sich für die Welt interessiert. Die unterkomplexe Moralisierung der problematischen Entscheidungsmöglichkeiten in den pädagogischen Diskursen hilft nichts, sie ist nicht edel, eher ein Übel.

Funktionen der Schule

Nun möchte man meinen, die Schule sei eine pädagogische Institution, und man wüsste doch, was ethisch und pädagogisch gefordert ist, die hier genannten Prämissen könnten für die Institution der Schule nicht oder nur in geringerem Ausmaß zutreffen. Doch in Wahrheit ist schon die Auffassung strittig, was die Schule ist, und noch strittiger, worin ihre Aufgabe und ihre Qualität bestehen. Die Schule ist nur bedingt eine pädagogische Institution – sie wird von gesellschaftlichen Kräften geprägt, die dem pädagogischen Ethos teilweise widersprechen, ohne dass die Widersprüche aufgelöst werden könnten. Zum *pädagogischen* Sinn der Schule gehört u.a. die Förderung des Gemeinsinns und – noch fundamentaler – der Zivilität (vgl. Reichenbach, 2013).

Die Schule hat viele Funktionen und Aufgaben, die teilweise miteinander in Konflikt stehen. Diese Konflikte abzuleugnen, ist naiv. Zu dieser problematischen Vielfalt gehört, dass die Schule eine

- Eingliederungsanstalt (Sozialisationsinstanz),
- Legitimationsanstalt (Instanz politischer Integration),
- Bildungsanstalt (Personalisationsinstanz),
- Ausbildungsanstalt (Qualifikationsinstanz),
- Ausleseanstalt (Selektionsinstanz/soziale Reproduktionsinstanz),
- wirtschaftliche Anstalt (ökonomische Institution),
- Verwaltungseinrichtung (administrative Institution),
- verselbständigte und selbständige Anstalt (autozentrische und autonome Institution),
- Zwangsanstalt und eine
- Aufbewahrungsanstalt

darstellt.

Ethische Überstrapazierung der Schule

Heute scheinen viele zu glauben, die Schule soll es richten. Sie soll die außerschulischen Probleme lösen oder zumindest lösen helfen. Das ist verständlich. Doch die meisten gesellschaftlichen Probleme sind weder durch die Schule verursacht, noch können sie von ihr gelöst werden. Diese ethische Überstrapazierung der Schule steht nicht immer im Dienste ihrer Verbesserung und sowieso nicht immer im Dienste der Förderung des einzelnen Kindes und Jugendlichen.

Bildung und Ungleichheit

Noch nie sei Bildung so wichtig gewesen wie heute, heißt es gerne. Bildung scheint die Lösung für alle Probleme zu sein. Daher müssen alle und sollen alle so gut wie möglich von Bildung profitieren können. „No child left behind!" Dieses Pathos ist so großartig wie simpel. Alle sind wir gleichberechtigt, und natürlich sind wir aber ungleich, aber Heterogenität ist zu bejahen. Die Sprache für die Benennung der Unterschiede zwischen den Menschen wird immer ärmer, peinlicher, man merkt, wir ertragen Ungleichheit nicht mehr, sie wird nicht mehr abgedeckt und relativiert durch die Naturordnung, die göttliche Ordnung, die Sozialordnung. Alle haben ja nur ein Leben. Nur ein diesseitiges. Das Jenseits vermag uns nicht mehr zu trösten, die Ungerechtigkeit und Ungleichheit in der Welt ist nicht zu dulden. Ohne Herrgott oder Transzendenz ist es schwierig, im Käfig der Immanenz gerade darin Sinn finden zu können, dass wir ungleich sind.

Jargon der Gemeinsamkeit

Unterschiede sollen nicht sein, vor allem nicht in der vertikalen Dimension (oben – unten), sondern nur in der horizontalen Dimension. Soziale Macht ist suspekt, Andersartigkeit darf es nicht sein. Und so gibt es keine Untergebenen mehr, sondern nur noch Mitarbeiter; keine Patienten, sondern nur noch Klienten; keine Schüler, sondern Kunden. So entstehen die neuen Peinlichkeiten der politischen Korrektheit. Der Chef sagt zu den Mitarbeitern: „Das müssen wir gemeinsam tragen, da müssen wir gemeinsam Verantwortung übernehmen!" Die Mitarbeiter wissen: Wenn's klappt, ist er ‚verantwortlich', wenn es aber schiefgeht, werden wir zur Verantwortung gezogen. Sie misstrauen diesem Jargon der Gemeinsamkeit. Sie kennen die Macht, die vertuscht wird mit der symmetrischen Kommunikation auf der Oberfläche der menschlichen Bezüge. Die Krankenschwester fragt: „Wie geht es uns heute?" Der Patient denkt: Uns? Aber er ist ja Klient, man bespricht mit ihm den Eingriff. Doch schauen wir ihn uns an: Er sieht nicht gut aus! Er leidet und muss noch lernen, das Leiden zu ertragen, zu erdulden, denn er ist ein Patient. Jedenfalls sieht er nicht wie ein Klient aus. Leidende und Sterbende sind weder Kunden von Dienstleistungen noch Klienten von Professionellen. Was bedeutet es, wenn solch deviante Namengebungen für fortschrittlich gehalten werden? Und die Schülerinnen und Schüler, diese ‚Kundinnen und Kunden'? Wenn sie denn etwas Bestimmtes unbedingt lernen müssen, dann heißt das heute mitunter ‚Pflichtangebot'. Man stelle sich vor, als Kunde im Supermarkt vor einem Regal mit dem Schild ‚Pflichtangebot!' zu stehen. Man weiß: Wenn ich das nicht kaufe, kann ich den Laden nie mehr verlassen.

SchülerInnen als ‚Kunden'

Eigenverantwortlichkeit und selbstreguliertes Lernen

Was mag es heißen, wenn wir nur noch gemeinschaftlich, partnerschaftlich, sozial, kooperativ und gleichberechtigt miteinander umgehen sollen? Und immer eigenverantwortlich. Der Schüler sei für sein ‚eigenes' Lernen verantwortlich, heißt es neuerdings, das er möglichst selbstreguliert kontrolliere; zuvor hat er womöglich einen *learning contract* und einen *educational contract* unterschrieben. Und er muss sich natürlich an den Vertrag halten. Denn seit der Antike wissen wir: Verträge sind einzuhalten. Noble Idee des Kontraktualismus. Gedacht als politische Idee für die Einsicht in die Gleichheit als Maßstab, Rousseaus *Contrat social* (Gesellschaftsvertrag). Doch sehen wir uns dieses Kind und diesen Jugendlichen an: Sieht es oder er aus wie ein Vertragspartner? Kaum. Er sieht so aus, als ob er von uns erwartet, dass wir ihm etwas zeigen, nicht etwas ‚bieten', sondern das zeigen, was uns wichtig ist und nötig erscheint. So sieht er aus. Er muss nichts unterschreiben. Es sollte klar sein, was er zu lernen hat. Eigenständiges Lernen, selbständiges Lernen, selbstreguliertes Lernen und all diese Vokabeln: Sie zeigen, dass hier eine ältere Generation der jüngeren mitteilt: „Wir sind es dann nicht gewesen, wir haben dir die Möglichkeiten gegeben, du hast daraus nichts oder zu wenig gemacht!" Das ist die Verschiebung von Verantwortung, vertuscht und kaschiert im Kleid der Gleichheit und Gleichberechtigung. So, d.h. in etwas anderen Worten, hat es Hannah Arendt in ihrem Beitrag zur *Krise in der Erziehung* schon 1958 vorausgeahnt (siehe Arendt, 1994).

Pädagogische Panik

Was beunruhigt den pädagogischen Geist? Warum erscheint er so verunsichert? Dass er nicht mehr zu wissen scheint, was zu zeigen ist, sondern meint, das Kind oder der Jugendliche müsse es letztlich selber wissen? Basil Bernstein sprach in diesem Zusammenhang von ‚pädagogischer Panik' (vgl. Kapitel 6.1).

Kritik an der Schule

In dieser Situation der Verunsicherung, die offenbar vor allem eine ethische ist, wird Schule schnell und leicht kritisiert von Autoren, die es offenbar besser wissen und gar nicht verunsichert sind. Der Inhalt der beiden hier genannten Prämissen ist ihnen fremd, so scheint es. Einschlägige Kritik, etwa reformpädagogische, kritisch-emanzipative und antipädagogische Kritik, spielt eine gewisse Rolle, wesentlich mehr hingegen die ‚Laienkritik', die sehr viel populärer und bekannter ist (aus der ‚Politik', der ‚Medizin', der ‚Hirnforschung' und neuerdings auch der ‚Philosophie' [Reichenbach, 2014]). Gemeinsam sind diesen Schulkritiken fünf Punkte:

1. Die Schlichtheit, d.h. die Ignoranz gegenüber der Komplexität des Bildungssystems;
2. der Reduktionismus, diese rein personalistische bzw. mikrosystemische Sicht (die Lehrperson, das Kind, das Hirn,...);
3. ein Romantizismus, d.h., etwa die Dichotomisierung von ‚Schule' und ‚Leben', von (sinnhaftem) kindlichem bzw. lebensweltlichem Lernen und (sinnfreiem) schulischem Lernen;
4. der Fokus auf Verfügungswissen: Es geht immer vorwiegend um Praxisrelevanz, Nützlichkeit, Kompetenzorientierung (der Feind: ‚träges', ‚unnützes' Wissen);
5. der Mythos der intrinsischen Motivation, denn Lernen soll Spaß machen, wie von alleine passieren...

Ambivalenz des institutionalisierten Schulwesens

Doch es gilt auch, mit einer gewissen Nüchternheit die Vorteile und Nachteile des institutionalisierten Schulwesens moderner

Gesellschaften in ihrer *Ambivalenz* zu erkennen. Zu den Vorteilen gehören wohl:

1. Die Sicherung der Langfristigkeit, Systematik und Kumulativität des Lernens;
2. das Reflexionsniveau (d.h., Schule „eröffnet einen primär reflexiven Zugang zu unterschiedlichen Lebensbereichen. Reflexivität und der Primat des Kognitiven sind wahrscheinlich ein der Schule inhärenter Schutz gegen Indoktrination" [Baumert, 2002, S. 6]);
3. der empirisch mittlerweile gut belegte Zusammenhang von Bildung und Demokratie.

Zu den Nachteilen gehören sicher:

1. Schulisches Lernen ist (meist) aus dem Alltagszusammenhang herausgelöst;
2. die Herstellung von Motivation bzw. persönlicher Bedeutsamkeit ist unsicher.

Die Schule wird ambivalent bleiben, die populäre und wirksame Schulkritik weiterhin unterkomplex. Wer die Komplexität versteht, den wird der enge Fokus auf das Kind, das Hirn, die Begabung, die Motivation usw. usf. nicht mehr überzeugen.

Doch die Aufgaben und Phänomene, die wir mit ‚Erziehung' und ‚Bildung' verbinden, lassen sich nicht auf Schule reduzieren. Die Schule wird in den folgenden Ausführungen auch nur in wenigen Kapiteln einen zentralen Stellenwert aufweisen. Bildung und Erziehung auf Schule und Ausbildung zu beschränken, ist selber ein ethisch relevantes Problem.

1. Erziehung als Einführung in das unvollkommene Leben

Erziehung: ein strittiger Begriff

Wie jeder gesellschaftlich zentrale Begriff (z.B. Identität, Gerechtigkeit, Liebe) ist auch der Begriff der Erziehung strittig. ‚Strittig' heißt nicht ‚schwammig', d.h., man kann durchaus auf kohärente Weise über Fragen der Erziehung diskutieren, wiewohl man sich schließlich vielleicht dennoch nicht darüber einig wird, was nun Erziehung ‚wirklich' und welches jetzt günstiges oder das richtige Erziehungshandeln sei. Zwar wird die Definition von Bokelmann (1970, S. 185) zu Recht immer wieder neu zitiert, danach ist Erziehung „dasjenige Handeln, in dem die Älteren (Erzieher) den Jüngeren (Edukanden) im Rahmen gewisser Lebensvorstellungen (Erziehungsnormen) und unter konkreten Umständen (Erziehungsbedingungen) sowie mit bestimmten Aufgaben (Erziehungsgehalten) und Maßnahmen (Erziehungsmethoden) in der Absicht einer Veränderung (Erziehungswirkungen) zur eigenen Lebensführung verhelfen, und zwar so, dass die Jüngeren das Handeln der Älteren als notwendigen Beistand für ihr eigenes Dasein erfahren, kritisch zu beurteilen und selbst fortzuführen lernen." Nur, über nahezu jedes dieser Merkmale lässt es sich auf begründete Weise streiten. In demokratischen Gesellschaften hat auch die Wissenschaft nicht das letzte Wort bei der Bestimmung von Begriffen, aber die Wissenschaft hat die Aufgabe, Begriffe zu erhellen, vorzuschlagen und zu kritisieren. Dabei sind Unterscheidungen von fundamentaler Bedeutung.

Eine Definition

Intentionale versus funktionale Erziehung

Eine traditions- und folgenreiche Unterscheidung ist in der deutschsprachigen Pädagogik jene zwischen intentionaler und funktionaler Erziehung. Formal betrachtet kann Erziehung als soziales Handeln von Erwachsenen bestimmt werden, welches sich auf das Lernen im Allgemeinen bzw. auf dauerhafte Verhaltensveränderungen (Auf- und Abbau von Verhaltensdispositionen) und die Förderung von Handlungs- und Urteilsfähigkeit der heranwachsenden Generation im Besonderen richtet. Während der Handlungsbegriff intentionales und bewusstes menschliches Tun impliziert und Erziehung demzufolge meist als ‚intentionale' Tätigkeit verstanden wird, bezieht sich die sogenannte ‚funktionale' Erziehung auf andere sozialisatorische Einflüsse, welche das Lernen und die Entwicklung der Kinder und Jugendlichen in fast jeder Hinsicht (moralisch, politisch, religiös, ästhetisch,...) prägen. Die Begrifflichkeit der ‚funktionalen Erziehung' wurde 1922 von Ernst Krieck in *Philosophie der Erziehung* (Krieck, 1930) eingeführt.[3] In diesem Werk hebt Krieck die erzieherische Wirkung auch der Gleichaltrigen und der sozialen Gemeinschaft, der Gruppen und Generationen hervor. Nicht allein die ältere Generation erziehe die jüngere, sondern die Tatsache, dass Menschen – unvermeidbar – Mitglieder von Generationen, Gruppen und Gemeinschaften sind, habe erzieherische Implikationen. Diese meist unbeabsichtigten Einflüsse auf das Lernen und die Entwicklung der Menschen werden heute vornehmlich sozialisationstheoretisch analysiert, wobei der Fokus eben nicht auf die intentionalen, präskriptiven, reflexiv begründeten und normativ legitimierten, sondern auf mehr oder weniger unbeabsichtigte Einwirkungen gerichtet wird. Mit der begrifflichen Differenz von intentionaler und funktionaler Erziehung bahnte sich an, was später die ‚realistische Wendung' in der pädagogischen Forschung heißen sollte (Roth, 1962). So untersucht Sozialisationsforschung heute im pädagogischen Bereich kaum noch die konkreten Formen und Tätigkeiten des Erziehungsprozesses, sondern – wohl weil wissenschaftlich leichter, wenn auch immer noch nicht leicht zugänglich – familiäre, schulische und außerschulische Sozialisationsbedingungen, insbesondere auch in ihrem Wandel.

Wirkung von Erziehung

Interessant ist sicher die Frage, welche Wirkungsunterschiede wissenschaftlich belegt werden können: Ist die Wirkung von intentionalem Erziehungshandeln gegenüber den vielfältigen, Lebensphasen und Lebensbereiche übergreifenden Sozialisationseinflüssen nicht letztlich zu vernachlässigen? Oder sollte man davon ausgehen, dass das pädagogische Handeln sich gerade um die Verbesserung der Sozialisationsbedingungen bemühen sollte? Die Erwartung der Wirkung von intentionaler Erziehung mag von *Ohnmachts*fantasien (Erziehung bewirkt letztlich nichts oder ihre Wirkungen sind sowieso nicht voraussagbar...) bis hin zu *Allmachts*fantasien (der ‚neue' und bessere Mensch kann willentlich geformt werden, die Menschheit kann als ganze durch Erziehung verbessert werden...) geprägt sein. Die Annahmen und Hoffnungen der Wirkung erzieherischen Handelns können sicher auch teilweise als Reaktionen auf die gesellschaftliche und politische Situation und wahrgenommenen Interventionsnotwendigkeiten und möglichkeiten interpretiert werden. Als solche stehen

[3] Krieck mauserte sich später zu einem der zentralen pädagogischen Ideologen des nationalsozialistischen Regimes. Allerdings erörterte Krieck die Differenzierung zwischen funktionalen und intentionalen Aspekten der Erziehung noch in einem Werk, das sich grundlegenden pädagogischen Fragen widmete.

sie mit der Erziehungswirklichkeit u.U. nicht in engem Kontakt. Giesecke hatte in seinem Pamphlet *Das Ende der Erziehung* (1985) die Thesen vertreten, (1) dass man sich in der Erziehung nicht mehr um die Zukunft des Kindes kümmere, sondern immer zunehmend noch um seine gegenwärtigen Bedürfnisse, (2) dass das Generationenverhältnis diffundieren bzw. verschwimmen würde, die dominanten Sozialisationserfahrungen vor allem gegenwartszentriert seien, d.h., sich vorwiegend auf Konsum und Freizeit bezögen, und (3) dass die Erziehungswissenschaft schließlich nicht mehr Erziehungsprozesse, sondern allein noch Sozialisationsprozesse beschreiben bzw. untersuchen würde. Ein Vierteljahrhundert später bestätigen sich nicht alle, aber doch zentrale Aspekte der genannten Thesen.

Im Folgenden seien ethisch bedeutsame Aspekte des Phänomens hervorgehoben, mit welchen ein Verständnis von Erziehung nahegebracht werden soll, welches dieselbe als elementare Kommunikation zwischen Alt und Jung auffasst, die von einem Mangel an Kontrollierbarkeit und Souveränität gekennzeichnet ist. In dieser scheinbar negativen ‚Definition' steckt gerade die ethische Brisanz und Aufgabe der erzieherischen Tätigkeiten.

1.1 Die letzten ‚Agogen': Erziehung als Führung?

Pädagogik als Führungsaufgabe

Es gibt bzw. gab drei Sorten von ‚Agogen' – die Demagogen, die Mystagogen und die Pädagogen. Gemeinsam ist ihnen das ‚agogein' – die selbstauferlegte oder die von ihnen erwartete Führungsleistung bzw. Führungsaufgabe. Die Ersten führen das Volk, die anderen führen in die Mysterien hinein und die Dritten führen Kinder und Jugendliche. Gemeinsam ist den Agogen oder Agogikern ebenfalls, dass sie in der Krise stecken. Die Demagogen sind zu Recht verrufen, wer die Mystagogen sind oder waren, das weiß kaum noch einer, und die Pädagogen schließlich haben schon immer selber dafür gesorgt, sich mit Selbstzweifeln in die Krise zu manövrieren. Es gehört aber auch zu ihrer eigentlichen Aufgabe, sich als Pädagoge oder Pädagogin überflüssig zu machen.

Asymmetrie der Führungsbeziehung

Gemeinsam ist Dema-, Mysta- und Pädagogen – da sie für Führung stehen – die Abhängigkeit vom Glauben oder Gehorsam der Geführten; sie sind abhängig davon, dass es überhaupt andere gibt, die sich offenbar führen lassen wollen oder führen lassen müssen. In der Asymmetrie der Führungsbeziehung steckt immer auch die Schwierigkeit, dass zwischen Führen und Verführen, zwischen Führern und Verführern nicht immer überzeugend unterschieden werden kann – vor allem nicht aus der Sicht der Ge- bzw. Verführten. Im Bereich des Wissens und der Vermittlung von Wissen ist der Modus des Glaubens unabdingbar: Die jüngere Generation muss der älteren vertrauen können; denen, die mehr wissen, muss geglaubt werden können. Im Bereich des Handelns und Verhaltens sind Dema-, Mysta- und Pädagogen auf den Gehorsam und die Folgsamkeit der Geführten angewiesen. Die Bereitschaft, zu gehorchen und zu folgen, ist evolutionsbiologisch, menschheitsgeschichtlich, kulturgeschichtlich sowie ontogenetisch, also für die Entwicklung des Einzelmenschen, funktional und wahrscheinlich auch notwendig. Dennoch ist der Gehorsam vor allem politisch prekär und insbesondere zwischen Gleichfreien sollte er nicht zu häufig vorkommen. Hannah Arendt hat im Zusammenhang mit dem Eichmann-Prozess und mit Rekurs auf Immanuel Kant behauptet, dass niemand ein Recht habe, zu gehorchen.

Gehorsam

Nun ist ‚Gehorsam' ein Wort, das aus dem offiziellen pädagogischen Vokabular, ebenso wie ‚Disziplin' und ‚Disziplinierung' und ‚Autorität', gestrichen worden ist. Wenn Begriffe, die der Beschreibung menschlicher Interaktion gedient haben, tabuisiert werden, verschwinden die sozialen Phänomene, für die sie gestanden haben, natürlich nicht im gleichen Zug. Wenn aus Schülerinnen und Schülern ‚Kundinnen und Kunden' werden, so bleibt deren Kaufkraft im Schulhaus dennoch ziemlich gering, und die ‚Erbringer' von ‚Lehr- und Wissenstransferdienstleistungen', die ‚Begleiterinnen von Lernprozessen' und ‚Architekten von Lernumwelten' – also Lehrerinnen und Lehrer – merken, dass ihre Kunden nicht freiwillig im Geschäft der Schule stecken und dass man ihnen im Grunde immer wieder sagen muss, was sie zu tun haben.

Symmetrische Vokabeln für asymmetrische Beziehungen

Mit anderen Worten: Wir haben uns daran gewöhnt, auch asymmetrische und rollenkomplementäre Beziehungen in symmetrischen Vokabeln zu beschreiben und zu begreifen: ‚gleichberechtigt', ‚partnerschaftlich', ‚gemeinsam', ‚gesprächsbereit', ‚offen', ‚aufeinander zugehend', ‚in wechselseitigem Einvernehmen' etc. ... Es ist immer interessant zu erfahren, was es schließlich bedeutet, wenn ‚Ungleiche' etwas ‚gemeinsam entscheiden', wenn die Vorgesetzten das ‚Gespräch suchen' und der Vater zu seiner Tochter sagt: „Wir müssen da was besprechen"...

1.2 Symmetrie und Asymmetrie

Pädagogische als asymmetrische Beziehungen

Die Beziehung zwischen Eltern und ihren Kindern oder auch zwischen Lehrpersonen und den Schülerinnen und Schülern ist (zum Glück) nicht nur von pädagogischen Intentionen oder Notwendigkeiten geprägt, und sie besitzt deshalb auch nicht nur ein asymmetrisches Wesen. Doch als dezidiert pädagogische handelt es sich doch um eine asymmetrische Beziehung: Die eine Seite fühlt sich – in diesen Situationen – offenbar berechtigt und auch verpflichtet, auf die andere einzuwirken, während von dieser erwartet wird, sich von solcherlei pädagogischen Handlungen beeinflussen und beeindrucken zu lassen. Insbesondere emotionale Eindrucksfähigkeit ist eine Ermöglichungsbedingung pädagogischer Wirksamkeit. Auch wenn pädagogisches Handeln wahrscheinlich seltener vorkommt als angenommen, ist die Beziehung zwischen Alt und Jung und Groß und Klein doch maßgeblich von Machtasymmetrien geprägt, die man bejahen, ablehnen, kritisieren, problematisieren, aber auch nur zu beschreiben und zu verstehen versuchen kann. Zu den Eigenheiten des pädagogisch und politisch korrekten Diskurses gehört ironischerweise eine negative, zumindest aber ambivalente Einstellung zur Macht, deren pädagogische (oder auch politische) Produktivität unterschätzt oder dämonisiert wird. Ohne Machtasymmetrie wären Fragen der Pädagogischen Ethik hinfällig; die Idee der ‚pädagogischen Verantwortung' entsteht aus dem Faktum der Macht, deren vielleicht wichtigste pädagogische Formen in der Belohnungsmacht und der Macht des Verzeihens gesehen werden können. Wem die Macht des Belohnens und des Verzeihens in der einen oder anderen Weise zugebilligt wird, verfügt – in der einen oder anderen Weise – über Autorität.

Macht und Autorität

Belohnen: Zukunft

Die Fähigkeit, zu belohnen bzw. Belohnungen glaubhaft in Aussicht stellen zu können, ist mit der Praxis des Versprechens verwandt. Welchen Sinn sollte es machen, im Bereich des Handelns und Verhaltens eine Person als Autorität anzuerkennen, die nichts zu versprechen hat und auch nichts versprechen kann? Die Zukunft der Autorität steht offensichtlich mit der Autorität der Zukunft in einem engen Zusammenhang (Steiner, 2006). Versprechen können heißt, künftiges Handeln erwartbar zu machen, unsichere Zukunft ein Stück weit kontrollieren zu können. Der Macht des Versprechens steht die Macht – und damit auch die Ethik – des Verzeihens (Margalit, 2000) gegenüber: Sie ist eine kommunikative Leistung, in welcher die handelnden Personen die Macht über die Vergangenheit – ein Stück weit – wiederge-

Verzeihen: Vergangenheit

Zeitliche Dimension von Autorität

winnen (vgl. Arendt, 1996, S. 300ff.). Ohne die zeitliche Dimensionierung ist nur schwer zu verstehen, was die Anerkennung von Autorität pädagogisch bedeuten soll, was sie leistet und was es heißt, die Möglichkeit zu schaffen, über die Vergangenheit und die Zukunft Macht zu erringen.

Autorität ist nicht mit Macht gleichzusetzen, aber die Möglichkeit der Machtausübung bzw. des Machteinsatzes scheint Bedingung zumindest vieler Formen von Autorität zu sein (vgl. Peters, 1960, S. 21). Die Figur des Vaters – zunächst auch: Gottes – steht prototypisch für diese Möglichkeit. Nach Peters wurden die Menschen bis in das 17. Jahrhundert hinein in allen Lebensbereichen von der Vaterfigur dominiert (S. 25). Der ‚Vater' ist die erste und vielleicht die älteste Chiffre für die menschliche Autorität (vgl. Kojève, 2004): Er kann belohnen und bestrafen. Wer weder belohnen noch bestrafen kann, von dem muss man sich nichts ‚sagen lassen', man muss ihm das Ohr – das Sinnesorgan des Fürchtens und Gehorchens (vgl. Herzog, 2002, S. 509, mit Rekurs auf Schleiermacher) – nicht leihen.

Ambivalenz von Führung

Die sozialbehavioristische Sicht auf asymmetrische Beziehungen drückt einen basalen Sachverhalt und nicht ganz einfache Wahrheit aus. Vor vielen Jahren hat der Soziologe und Austauschtheoretiker Peter Blau die Ambivalenz der erfolgreich zu erfüllenden Aufgaben stabiler Führung treffend beschrieben:

> „Stabile Führerschaft beruht auf der Macht über andere und auf deren legitimierenden Anerkennung dieser Macht. Das Dilemma der Führung besteht darin, dass der Erwerb der Macht und der Erwerb der sozialen Anerkennung widersprüchliche Anforderungen an die Person stellen. Um Macht über andere zu gewinnen, muss man nicht nur Leistungen erbringen, von denen diese abhängig sind, sondern man muss selber unabhängig bleiben von möglichen Gegenleistungen. Aber um die Position von Macht und Führerschaft zu legitimieren, muss die Führungsperson sich um die Anerkennung der Geführten kümmern, d.h. sie kann nicht völlig unabhängig von ihnen bleiben." (Blau, 1964, S. 203, Übers. R. R.)

Autorität als Eigenschaft von Beziehungen

Mit anderen Worten: Führungs- und Autoritätsverhältnisse sind von asymmetrischen Abhängigkeiten geprägt, Führung und Autorität sind keine Eigenschaften von Einzelpersonen, sondern von Beziehungen, in denen die Interaktion von rollenkomplementären Verhaltensmustern wechselseitige Abhängigkeiten ausdrückt, deren Wesen gerade nicht bzw. nur teilweise symmetrisch sein kann. Symmetrie ist vielmehr die Eigenschaft zwischen Gleichfreien bzw. Gleichunfreien, also genau nicht von pädagogischen Verhältnissen. Die Rede von der Aufhebung des pädagogischen

Bezugs als Ziel der Erziehung – so Nohl mit Bezug auf Schleiermacher – ist denn auch Ausdruck des Symmetrieideals und -gebotes bzw. der personalen Autonomie als Ziel der Erziehung und Bildung.

1.3 Die Zumutung des Erziehens

Wünsche zweiter Ordnung

Erziehung zielt auf das moralische Selbstverständnis und Selbstverhältnis des Individuums. Im Sinne Harry Frankfurts (1971) ließe sich argumentieren, dass sich Erziehung auf die Entwicklung von Wünschen zweiter Ordnung bezieht. Mit Wünschen zweiter Ordnung lässt sich die Wünschenswertigkeit der eigenen Wünsche (erster Ordnung) befragen; Wünsche zweiter Ordnung sind – Charles Taylor (1992) zufolge – in einem kontrastiven Vokabular verfasst (feige/mutig, gläubig/ungläubig, schön/hässlich, gut/böse etc.). Auf dieser Ebene geht es um den Streit der Selbstinterpretationen. Dieser Streit ist erzieherisch bedeutsam, geht es doch überhaupt darum, dass ältere Kinder und vor allem Jugendliche zu Selbstbefragungen einen Zugang entwickeln, dass sie sich irritieren lassen von der Frage nach der Wünschenswertigkeit ihres Verhaltens und Handelns. Der Erziehungsprozess ist oft nichts anderes als der Versuch, eine Interpretation (bzw. eine Diskursart) aufzudrängen (quasi: du sollst dich bzw. dein Verhalten, deine Wünsche und Affekte auch in moralischen Begriffen zu beschreiben lernen).

Erziehung als eigenständige Praxis

In einer zu kritisierenden pädagogischen und psychologischen Diskurskultur, für welche Macht in jedem Fall einen Teufelsbegriff darstellt und welche es sich auf politisch korrekte Weise abgewöhnt hat, Fragen der Macht von Fragen der Gewalt zu unterscheiden, muten diese Äußerungen wohl wie eine wiederholte, konservative Aufforderung zum ‚Mut zur Erziehung' an. Doch eine solche Les- oder Hörart entspräche einem Missverständnis, welches heutzutage leicht provoziert wird. ‚Mut' ist seit jeher eine Kardinaltugend des Politischen, das Erzieherische aber ist mit dem Politischen nur über Umwege verwandt. Erziehen ist wie Politik eine menschliche Grundpraxis (vgl. Fink, 1970; Benner, 1991), und das heißt erstens, dass Erziehung nicht auf eine andere menschliche Praxis zurückführbar ist, und zweitens eben, dass sie eine relativ eigenständige Tätigkeit darstellt. Aus diesem Grund ist Klaus Prange (2005, S. 139) zuzustimmen, wenn er meint, dass eine Pädagogische Ethik ihre eigene Qualität erst dadurch gewinne, dass und „wie sie den Gesichtspunkt der Erziehung in sich zur Geltung bringt". Pädagogische Ethik ist demzufolge keine Allgemeine Ethik für Pädagogen und „schon gar nicht als pädagogische Begründung der Allgemeinen Ethik" (ebd.) zu verstehen.

Pädagogische Leidenschaft

Wenn hier zumindest implizit der Verlust einer genuin pädagogischen Sprache für das Erziehungsgeschehen beklagt wird, so nicht, weil behauptet würde, es fehle den Menschen heute der Mut zur Erziehung, sondern vielmehr, es fehle an einer pädagogischen Leidenschaft, d.h. einer Leidenschaft für die Welt, welche ja immer eine Sorge für die Welt ist und damit genau das Gegenteil dessen darstellt, was man als die bloße Sorge um ein sorgenloses eigenes Leben bezeichnen könnte (vgl. Reichenbach, 2000). Doch wer sich vom sorgenlosen Leben so angesprochen fühlt, der erhofft sich wohl auch vom Erziehungsprozess, dass dieser möglichst reibungslos ablaufen möge. Das Ideal der Friktionslosigkeit, das so überhaupt nicht unser Leben widerspiegelt, entspricht einer Kultur, in welcher nicht mehr gekämpft wird, weder für das Gute noch für das Schlechte, weder für eine gerechtere Zukunft noch für eine bessere Gegenwart, einer Kultur also, in welcher vielen nicht mehr klar zu sein scheint, ob es im Leben und Zusammenleben überhaupt noch Prioritäten zu setzen gibt.

Erziehung als Kränkung

Dass niemand – zumindest freiwillig – erzogen werden will, könnten eigentlich alle wissen, die tatsächlich etwas mit Kindern und Jugendlichen zu tun haben und, sofern sie es sich erlauben, dieses elementare pädagogische Faktum akzeptieren. Denn das Erzogenwerden, so Klaus Prange, führt „immer auch eine mehr oder minder fühlbare Kränkung mit sich (...); unvermeidlich enthält sie die unerfreuliche Unterstellung und das unausdrückliche Eingeständnis, etwas nicht zu können und nicht zu wissen, Defizite zu haben und auf andere angewiesen zu sein, um sie zu beheben" (1999, S. 14). Die elterlichen und institutionalisierten ‚Erziehungsangriffe' kränken den freiheitlich-vitalen Junggeist des Kindes und des Jugendlichen. Doch wie konnte es kommen, dass Pädagoginnen und Pädagogen heute alles sein wollen, nur nicht typische Pädagoginnen und Pädagogen, und dass selbst das Wort ‚Erziehen' so seltsam veraltet, ja marode und morbid anmutet? Das trifft freilich nicht allein für die Praxis und die PraktikerInnen zu, sondern auch für das Feld der Erziehungswissenschaft. Auch in dieser Hinsicht lässt sich Prange zustimmen, wenn er an anderer Stelle schreibt: „Zu den Seltsamkeiten der Erziehungswissenschaft gehört, dass sie ihr Kernthema: Erziehung und Kindheit wie eine fremde Provinz behandelt und sich angestrengt bemüht, das Erziehen durch andere Veranstaltungen zu ersetzen und beschwichtigend lieber von ‚Amikation' und ‚Begleitung', ‚Hilfe' und ‚Aushandlung' zu sprechen, als sei das Erziehen etwas Peinliches, von dem man nur durch die Blume eines Ersatzjargons sprechen darf" (Prange, 1999, S. 113).

1.4 Das Kind vor der Welt, die Welt vor dem Kind schützen

Doppelte pädagogische Verantwortung

Hannah Arendt, die nur einen einzigen Aufsatz der Frage der Erziehung widmete, schreibt darin einsichtig: „In der Erziehung übernehmen sie [die Eltern, Anm. R. R.] die Verantwortung für beides, für Leben und Werden des Kindes wie für den Fortbestand der Welt. Diese beiden Verantwortungen fallen keineswegs zusammen, sie können sogar in einen gewissen Widerspruch miteinander geraten" (1994, S. 266-267). Und: „Das Kind bedarf einer besonderen Hütung und Pflege, damit ihm nichts von der Welt her geschieht, was es zerstören könnte. Aber auch die Welt bedarf eines Schutzes, damit sie von dem Ansturm des Neuen, das auf sie mit jeder neuen Generation einstürmt, nicht überrannt und zerstört werde" (S. 267). Im Grunde muss also nicht nur das Kind vor der Welt, sondern auch die Welt vor dem Kind geschützt werden. Diese doppelte pädagogische Verantwortung erst macht einsichtig, dass pädagogische Tätigkeit weder (allein) bedeuten kann, einem vermeintlichen Gang der Natur im Kind zu folgen und diesen nicht zu stören, noch das Kind einer vermeintlichen Logik der Welt allzu früh auszusetzen. „Alles Lebendige", schreibt Arendt, „nicht nur das Vegetative, kommt aus einem Dunkel, und wie sehr es in seiner Natur liegen mag, in ein Helles zu streben, so braucht es doch die Geborgenheit eines Dunkleren, um überhaupt wachsen zu können" (ebd.). Ein Teil der Zumutung des Erziehens besteht auch darin, dass das Symmetriegebot aus fürsorglichen Gründen verletzt werden muss; das fällt all jenen schwer, die sich lieber als beste Freundin oder bloßer Lebensabschnittsbegleiter des Kindes sehen denn als dessen ErzieherIn. Doch der Preis für solche Pseudosymmetrie ist das Verschwimmen der lebensphasentypischen Aufgaben, Pflichten, Freiheiten und Selbstinterpretationen. Emotionale Überforderung und moralische Unterforderung gehen ebenso Hand in Hand wie die Behandlung der Kinder als kleine Erwachsene mit der Infantilisierung des Erwachsenenalters, dieser peinlichen Verdammung zur lebenslänglichen Post-Adoleszenz, mit welcher wir leider nur allzu gut vertraut sind. Wer nicht mehr weiß, was Kinder und Jugendliche eigentlich sind, was von ihnen erwartet werden kann

Pseudosymmetrie

und was ihnen zugemutet werden darf, der weiß eben am Schluss auch nicht mehr, was es heißt, erwachsen zu sein.

Kapitulation und Flucht vor den Zumutungen der Erziehung

Mit diesen Überlegungen soll nicht suggeriert sein, die Bedingungen des Erziehens seien allein eine Einstellungssache. Natürlich gibt es eine objektive Lage, welche das Erziehen ebenfalls zu einer Zumutung macht. Prange übertreibt nicht unplausibel, wenn er schreibt: „Kinder sind der Anachronismus schlechthin; sie passen überhaupt nicht in die Welt, wie wir sie uns eingerichtet haben; sie passen nicht zu unseren Terminierungen, ‚Lebensentwürfen' weiblich oder männlich, nicht zu der Art, wie wir wohnen, wie wir arbeiten und uns erholen" (1999, S. 25). Das nicht gerade souveräne Geschäft der Erziehung hat es heute besonders schwer, angemessen benannt zu werden. So erstaunt es wenig, dass die einen inoffiziell kapitulieren, indem sie sich geistig davonmachen und sich schon lange nicht mehr als ErzieherInnen definieren, während die anderen nette Träume von reibungslosen Erziehungsprozessen träumen, welche sie von Anhängern unterkomplexer Psychologien vorgeträumt bekommen. Unabhängig davon: Es bleibt der Umstand, dass man immer wieder gezwungen ist, Dinge zu tun, die man keineswegs beherrscht. Doch dies sollte eigentlich auch nur jene stören, die glauben, das Wesentliche am Leben sei souverän zu gestalten; die nicht sehen wollen, dass es das Nicht-Souveräne und Dilettantische am Menschen ist, dem er seine Freiheitspraxis verdankt.

1.5 Der nicht-souveräne Erziehungsprozess

Prekäre Bedingungen pädagogischen Handelns

Wird das Phänomen der Erziehung gleichzeitig aus mehreren gleichberechtigten Perspektiven beleuchtet – Kultur und Natur, Person und Gesellschaft (vgl. Helsper, 2010, S. 31) –, so wird offenkundig, dass pädagogisches Handeln immer unter nicht-idealen, intransparenten und kritischen Bedingungen stattfindet. Allein schon das Faktum der Pluralität, wonach Erziehung mindestens zweier Menschen bedarf, deutet auf ein prinzipiell nie souveränes Geschehen hin. Denn würde Erziehung ausschließlich im ‚handwerklichen' Sinn verstanden werden können (Bollnow, 1959, S. 125), wäre sie kausalgesetzlich zu begreifen und nicht bloß als je „subjektive Technologie" (vgl. Luhmann & Schorr, 1982, S. 19), dann wäre sie genau nicht, was sie modern zu sein vorgeben muss, nämlich ein Geschehen zwischen Subjekten (Fink würde sagen: zwischen Freiheiten). Das Pathos des pädago-

Autonomie als Ziel der Erziehung

gischen Diskurses zielt jedoch seit Kant gerade auf Selbstbestimmung; das Individuum soll nämlich tatsächlich ‚autonom' werden durch Erziehung, es soll tatsächlich zur Herrschaft über sich selber gelangen durch die aufgeklärte Anleitung zur Selbstprüfung in praktischen Fragen. Wenn die „Vorstellung vom Subjekt als eines selbstbestimmten, in seinen Handlungen freien Akteurs" auch eine „metaphysische ‚Fiktion'" sein mag (Bruder, 1993, S. 83), so bildet sie doch einen zentralen Bestandteil etwa unseres Rechtssystems oder der Bereitschaft, Verantwortung für eigenes Handeln zu übernehmen. Kurz: Auf den Autonomiegedanken kann im demokratischen Kontext nicht verzichtet werden. Doch das heißt weder, dass Autonomie eine faktische Kompetenz des Menschen sei, noch unbedingt, dass sie erziehbar sei. Nun kann immer der bekannte Ausweg aus der Problematik gewählt werden, indem behauptet wird, Erziehung diene der Ermöglichung von Autonomie bzw. der günstigen Entwicklung des autonomen Subjekts. Aber auch eine solche Argumentation setzt ohne jede Skepsis voraus, dass Autonomie in diesem psychologischen Sinne mehr sei als ein Begriff ohne empirische Entsprechung. Bescheidener ist es, Erziehung zur Autonomie so zu denken, dass die Anerkennung als autonomes Subjekt nach einer intrasubjektiven Entsprechung verlangt, die einfach darin besteht, dass das Individuum sich selbst Autonomie unterstellt und deshalb z.B. bereit ist, für die negativen Konsequenzen seines Handelns Verantwortung zu übernehmen (vgl. Böhme, 1996). Autonomie würde also nicht als faktische Kompetenz – auch nicht als Ziel oder Ideal der Kompetenzentwicklung – gedacht, sondern als bloße Selbstunterstellung. Erziehung handelt in diesem Sinne von der Zumutung an den ‚Zögling', zunehmend so zu handeln, als ob er autonom wäre.

Nicht-Souveränität von Erziehung

Es ist aber ganz ausgeschlossen, dass solche erzieherische Tätigkeit souverän sein kann. Jedes erzieherische Zumuten und Fordern ist selber ein Risiko, welches mit Maß und Besonnenheit angegangen werden muss. Doch das richtige Maß kann auch im konkreten Fall nicht im Voraus mit Sicherheit angegeben werden. Zur Routine gewordenes ‚erzieherisches Tun' unterscheidet sich nicht von bloßer Sozialisation, von einem nicht (mehr) reflektierten und nicht (mehr) personalen Geschehen. Erziehung gehört aber umgekehrt mit gutem Grund zu jenen Gebieten, die „am wenigsten tief" von „Rationalisierungsprozess[en]" ergriffen werden können (Bernfeld, 1994, S. 15). Ein rein sozialtechnologischer Umgang als ein Verwalten von kindlicher und jugendlicher Entwicklung ist zwar prinzipiell möglich und möglicherweise ‚wirksamer' als jedes pädagogische Handeln; doch es entspräche einem Fehlen von Erziehung, weil es nicht auf einem (pädagogischen) Bezug zwischen Subjekten aufbauen würde, der immer auch ein „leidenschaftliche[s] Verhältnis" impliziert (vgl. Nohl, 1970, S. 54).

‚Pädagogische' Begegnungen

Mit der ‚Bisubjektivität' verschwindet die Souveränität. Dieser Sachverhalt ist im pädagogischen Diskurs am ehesten noch von der sogenannten ‚Begegnungspädagogik' aufgenommen worden (vgl. Bollnow, 1959, S. 87-131; 1983, S. 60-64), an deren Quelle sich die existenzialistischen Arbeiten von Buber, aber auch etwa von Guardini finden. Eine ‚pädagogische' Begegnung ist nicht nur nicht planbar oder willkürlich herbeiführbar (Bollnow, 1983, S. 63), sondern auch nicht möglich, weil die Erzieherin und/oder der Zögling in der Situation der Begegnung buchstäblich ‚aus der Rolle' fällt/fallen (vgl. Loch, 1969, S. 404) und sich und/oder die anderen – je nach Art und Gegenstand der Begegnung – zu einer Neuinterpretation der Situation zwingt. Mit dem Begegnungsbegriff wird das Nicht-Souveräne des Pädagogischen thematisiert und das pädagogische „Desiderat der Zufallsbeseitigung" (Rang) in einem gewissen Sinne bloßgestellt. Damit wird keineswegs impliziert, dass auf Paternalismus verzichtet werden könnte oder sollte (vgl. Oelkers, 1992, S. 123, 129), aber auch nicht, dass berechtigte paternalistische Ansprüche die Nicht-Souveränität in irgendeiner Weise vermindern würden. So viel ist klar: Der ‚Paternalist' setzt eine von ihm als (absolut) gültig erachtete Norm auch ohne die Zustimmung des Zöglings und (potenziellen) Missetäters durch; der (absolute) Gültigkeitsanspruch besagt gerade, dass es auf die Meinung des Einzelnen nicht ankomme. Erziehung meint aber das Umgekehrte: dass es nämlich genau auf den Willen, die Einsicht und/oder das Verstehen der Einzelperson ankomme. Deshalb erscheint auch die Hoffnung auf die moralisch bildende Wirkung der Strafe so wenig begründet, und Strafe mit dieser Hoffnung zu begründen, als Heuchelei. Wird die Strafe in der kritischen Erziehungssituation prinzipiengeleitet – souverän – vollstreckt, dann geschieht sie ‚kaltblütig', als ob es kein pädagogisches Verhältnis gäbe; wird sie im Affekt erteilt, so ist sie dilettantisch und bezeugt die Schwäche des Erziehers oder der Erzieherin, welcher bzw. welche sich dafür schämen wird. (Gute Menschen haben ein schlechtes Gewissen, schlechte Menschen haben kein schlechtes Gewissen, um es mit Arendt zu sagen.)

Paternalismus

1.6 Die Scham der Erziehenden

Unvermeidbares Versagen

Weil das Erziehen so reich an Inkompetenz und Dilettantismus ist, so reich an Situationen, in denen die eine Seite oder beide dieses Prozesses ‚aus der Rolle fallen', ist es auch zugleich reich an Schamgefühlen. Gemessen an ihren Erwartungen an sich selbst versagt die erziehende Person zu oft. Dieses Versagen ist in die Struktur der Erziehungssituation eingebaut. Die Erzieherin sieht sich verantwortlich für etwas, das sie nicht kontrollieren kann: die Freiheit des kindlichen Subjekts. Insofern sie jedoch für die Scham ihrer Inkompetenzerfahrungen und diejenigen der anderen offen ist, d.h. sie ertragen kann, ohne dabei aufzuhören, sich schämen zu können, insofern sie sich aber immer wieder irritieren lassen kann, scheint sie ihre ‚Aufgabe' als Erzieherin zu erfüllen. Die Scham der Erziehenden ist für die Entwicklung des Bewusstseins der menschlichen Inkompetenz aufseiten der zu Erziehenden konstitutiv: Die ‚Neuankömmlinge' wachsen so mit einem gewissen Verständnis für die bedürftigen Erzieherinnen und Erzieher ins große Reich der menschlichen Inkompetenz hinein. Deshalb ist, was an der Erziehung menschlich und schätzenswert ist, zugleich auch so dilettantisch, und die Einsicht in den eigenen Dilettantismus eine gute Voraussetzung für die Akzeptanz der unverbesserlichen anderen.

Scham als Reaktion auf den eigenen Dilettantismus

Scham erlaubt die unangenehme Vergewisserung, dass das eigene Verhalten, die eigene Leistung, eine Sprechhandlung oder Denkhandlung etc. offensichtlich Aspekten der Selbstinterpretation widerspricht, mit denen sich die Person gerne sehen möchte (vgl. Wurmser, 1981; Lewis, 1992; Nathanson, 1992). Diese muss erkennen, dass es zwischen den Facetten ihrer Selbstinterpretation unangenehme Diskrepanzen gibt, die das Selbst nicht nur in seinem Einheitsgefühl empfindlich stören, sondern mitunter degradieren und demütigen. Scham ist eine Reaktion in jenen sozialen Situationen, in denen der eigene Dilettantismus offensichtlich wird. Der dann als Illusion entlarvte Glaube an die eigene Souveränität macht dem Erleben eigener Kleinheit, Unverbesserlichkeit, Selbstsucht und/oder Naivität etc. Platz. Dies sind Erlebensqualitäten, die naturgemäß nicht lange ausgehalten werden – permanentes Schamgefühl entspricht einer bedauernswerten Pathologie.

Bedeutsamkeit der erzieherischen Nicht-Souveränität

Erziehung als inter-subjektives Geschehen ist notwendig mit Erfahrungen des Dilettantismus und der Inkompetenz verbunden. Mit der Begegnungsthematik wurde angedeutet, inwiefern Erziehung gerade als scheiternde Erziehung ihre besondere Bedeutung beweisen kann. Dieses ‚Scheitern' impliziert ein Aus-der-Rolle-Fallen der Erziehungsperson, was deren fehlende Souveränität bezeugt. Die entblößten Schwächen der Erziehungsperson werden schnell ‚erkannt', weil sie das erzieherische Handlungssystem für einen Augenblick oder länger blockieren. Die in ihrer Nicht-Souveränität ertappte Erziehungsperson weist sich in den Augen der Kinder oder Jugendlichen aber dadurch aus, dass sie offensichtlich nicht auf ihre Rolle reduzierbar ist. Dies mag je nach Umständen besonders ‚menschlich' oder aber besonders ‚peinlich' anmuten. Fraglos erwerben die Kinder und Jugendlichen mit diesen sich wiederholenden, ja unvermeidbaren Erfahrungen der erzieherischen Nicht-Souveränität relevantes Wissen sowohl über die Welt der Erwachsenen, das Zusammenleben der Menschen generell als auch über sich selbst. Sie lernen nämlich, dass das Wissen und Können der Erwachsenen begrenzt ist, dass die Welt zwischen den Menschen unvollkommen ist und dass die eigene Präsenz andere verletzlich macht. Sie lernen, dass in einer unvollkommenen Welt ‚verhandelt' werden muss, d.h. dass die Dinge und die Beziehungen zwischen den Menschen nicht so klar sind, wie vielleicht vermutet oder erhofft wird. Sie lernen, dass die Erwachsenen im Prinzip schnell an den Rand plausibler Selbstlegitimationen gedrückt werden können, weil sie selber inkonsistent sind (obwohl sie Konsistenz fordern), selber inkohärent sind (obwohl sie Kohärenz verlangen) und so oft nicht ganz aufrichtig argumentieren (was sie selber pädagogisch kritisieren). Früher oder später wird damit gelernt, dass auch der Erwachsene letztlich ein abhängiges und verletzbares Wesen ist und im Grunde eine gewisse Sorge und Nachsicht nötig hat. Der Erwerb dieses Wissens gehört zur Psychologie der Anerkennung: Es geht um dieses auch befreiende Moment, das sich mit der Einsicht in die Schwäche des anderen einstellt, und schließlich die damit verbundene Erfahrung, dass das Gute fragil ist.

Nicht-Souveränität als Quelle menschlicher Freiheit

Zwar ist jede Erziehung eine Einführung in das unvollkommene Leben und in die Fragilität des Zusammenlebens der Menschen. Die Nicht-Idealität der menschlichen Situation wird früher oder später, in der einen oder anderen Weise, sowieso gelernt. Dass sie gelernt wird, ist trivial; die relevante Frage aber ist, wie sie bewertet wird. Es kommt auf die Bewertung der Nicht-Souveränität an. Hierin liegt die spezifische Leistung der Erziehung. Es geht darum, die Nicht-Souveränität des Menschen und zwischen den Menschen, die sich als Dilettantismus oder als bloße Inkompetenz entpuppen kann, zugleich als Quelle der Freiheit zu thematisieren. Das ist keineswegs selbstverständlich, könnte die

Nicht-Souveränität doch gerade auch behavioristisch als Unfreiheit des Menschen gedeutet werden oder als unzweideutiges Indiz, dass er noch einen weiten Weg bis zur Souveränität gehen muss. Erziehung ist so gesehen schon von Anfang an ein ‚schamvolles' Projekt: denn ohne Freiheitsunterstellung kann es auch kein Schamgefühl geben; dieses setzt vielmehr ein Scheitern an selbst gesetzten (bzw. einverleibten) Maßstäben notwendig voraus.

Souveränitätsillusion moderner Pädagogik

Die Souveränitäts- und Kontrollillusion moderner Pädagogik scheint mitunter so übersteigert, dass sie für Unverfügbarkeiten nur eine verarmte Sprache besitzt und die Bedeutung derselben nicht mehr als konstitutiv für pädagogisches Handeln erkennen kann. Eine dieser unveränderlichen Unverfügbarkeiten besteht etwa im Faktum, dass die Menschen als Säuglinge nicht nur unfreiwillig zur Welt kommen, an Orten, zu Zeiten, zu Menschen und in eine Welt, die sie nicht gewählt haben, sondern darüber hinaus immer klein und hundertprozentig ausgeliefert anfangen müssen, als Fremdlinge, ‚Immigranten', wie Arendt sagt, die nicht nur die Welt, sondern auch sich selbst noch nicht kennen.

Sorge für und um die Welt

Erziehung ist der bewusste Teil jener Praktiken, durch welche die ‚Neuankömmlinge' mit sich und der Welt nicht nur immer vertrauter werden sollen, sondern auf eine bestimmte Weise vertraut werden sollen, nämlich so, wie es ihnen von der älteren Generation gezeigt wird, so, wie sie die ältere Generation gerne sehen möchte, und zwar unabhängig davon, ob die Wirklichkeit der Welt ganz anders ist. Denn Erziehung handelt von der Sorge für die Welt und damit auch von der Empörung, wenn sie sich unwürdig und ungerecht präsentiert. „In der Erziehung", so noch einmal Arendt – freilich nicht ohne Pathos –, „entscheidet sich, ob wir die Welt genug lieben, um die Verantwortung für sie zu übernehmen und sie gleichzeitig vor dem Ruin zu retten, der ohne Erneuerung, ohne die Ankunft von Neuen und Jungen, unaufhaltsam wäre. Und in der Erziehung entscheidet sich auch, ob wir unsere Kinder genug lieben, um sie weder aus unserer Welt auszustoßen und sich selbst zu überlassen, noch ihnen ihre Chance, etwas Neues, von uns nicht Erwartetes zu unternehmen, aus der Hand zu schlagen, sondern sie für ihre Aufgabe der Erneuerung einer gemeinsamen Welt vorzubereiten" (1994, S. 276). Doch eine Pädagogik, die sich nur noch für Ausbildung und fachliche Weiterbildung interessiert, also Bereiche, in denen Kompetenz und Souveränität tatsächlich erworben werden können, eine Pädagogik, die sich mit ihrer lachhaft gewordenen, ja peinlichsten und zugleich wertvollsten Seite nicht mehr ernsthaft beschäftigen mag, nämlich mit der Freiheit des Menschen, eine solche Pädagogik also verfehlt gewissermaßen das Anliegen einer jeden allgemeinen Menschenbildung, welche darin besteht, dass die ältere Generation der jüngeren zugleich die Sorge um die Welt und die zum Handeln immer nötige Zuversicht weiterzureichen versucht.

Fragen

1. Erklären Sie den Unterschied zwischen *intentionaler* und *funktionaler* Erziehung!
2. Worauf verweist die Etymologie des Wortes *Pädagogik*, dessen zweiter Teil vom griechischen *agogein* abgeleitet ist – und welche Implikationen ergeben sich daraus?
3. Inwieweit ist die zeitliche Dimension (Vergangenheit – Zukunft) von Bedeutung, was die Anerkennung von (pädagogischer) Autorität angeht?
4. Was sind ‚Wünsche zweiter Ordnung' (Harry Frankfurt) und in welchem Verhältnis steht die Erziehung zu diesen?
5. Inwiefern ist die ‚Nicht-Souveränität' bzw. das ‚Scheitern' von Erziehung von wesentlicher Bedeutung für dieselbe?

Weiterführende Literatur

Arendt, Hannah (1994): Die Krise in der Erziehung. In: dies.: Zwischen Vergangenheit und Zukunft. Übungen im politischen Denken I. Hrsg. von Ursula Ludz. München/Zürich: Piper, S. 255-276.

Brumlik, Micha (2004): Advokatorische Ethik. Zur Legitimation pädagogischer Eingriffe. Berlin/Wien: Philo.

Fuhr, Thomas (1998): Ethik des Erziehens. Pädagogische Handlungsethik und ihre Grundlegung in der elterlichen Erziehung. Weinheim: Beltz/ Deutscher Studien Verlag.

Günzler, Claus/Kerstiens, Ludwig/Mauermann, Lutz (Hrsg.) (1988): Ethik und Erziehung. Stuttgart: Kohlhammer.

Hügli, Anton (1999): Philosophie und Pädagogik. Darmstadt: Wissenschaftliche Buchgesellschaft.

Oelkers, Jürgen (1992): Pädagogische Ethik. Eine Einführung in Probleme, Paradoxien und Perspektiven. Weinheim/München: Juventa.

Peters, Richard S. (1966): Ethics and Education. London: Northumberland Press.

2. ‚Schöner Schein': Die Übernahme von Konventionen

Sitte und Anstand

Die Bedeutung des Anstandes bzw. des anständigen Benehmens für das demokratische, aber auch gesellige Zusammenleben wird in aufklärerischer und nach-aufklärerischer Perspektive tendenziell unterschätzt, wiewohl die Gründe für den Primat von Recht und Gerechtigkeit vor jeder – ja immer ‚nur' kontingenten – Sitte freilich weiterhin zu überzeugen oder wenigstens zu bestechen vermögen. Mit den folgenden Bemerkungen soll allerdings zunächst im ersten Teil die Idee gestützt werden, wonach basales ziviles Verhalten – welches sich auch als Sitte und Anstand verstehen lässt, wiewohl diese Begrifflichkeiten sicher nicht deckungsgleich sind – nicht nur ein im Grunde überflüssiges Surplus darstellt, sondern vielmehr als Vorbedingung von Moral, Recht und Politik verstanden werden kann. Während es zweifellos Sitten und Bräuche gibt, die kaum jemandem fehlen, wenn sie einmal verschwinden, d.h. überflüssig und sogar dysfunktional werden können, so ist doch gerade unter strukturgenetischer Perspektive evident, dass konventionelles Urteilen und entsprechendes Verhalten dem moralischen Urteilen und Verhalten entwicklungstheoretisch vorausgehen, auch wenn schon Kinder zwischen Moral und Konvention unterscheiden können (wenn sie ‚richtig' – oder in eine bestimmte Richtung – befragt werden).

Täuschung versus Wahrhaftigkeit

Während das zivile und anständige Verhalten – der Abstand vom allzu authentischen und spontanen Gefühlsausdruck – einerseits ein bestimmtes Täuschungsethos im gesellig-gesellschaftlichen, aber auch gemeinschaftlichen Zusammenleben impliziert bzw. erfordert, so trifft doch andererseits auch zu, dass speziell demokratische Politik und Subpolitik nicht ohne die Anerkennung von fundamentalen Wahrheiten – insbesondere Tatsachenwahrheiten – und ohne die Tugend der Wahrhaftigkeit bestehen können, wiewohl Wahrheitsansprüche gerade nicht im politischen Prozess erörtert und getestet werden können und die Wahrhaftigkeit auch nicht zu den politischen Tugenden gehört. Auf diese Argumentation sei im zweiten Teil des Kapitels eingegangen.

2.1 Bloß konventionell?

Zivilität und Anstand

Während auf die Kategorie der Zivilität im kompetenztheoretisch dominierten Diskurs um Bildung und Demokratie vielleicht nicht an erster Stelle rekurriert wird, so scheint die Kategorie des Anstandes im gleichen Zusammenhang mindestens ebenso arbiträr und peripher zu sein. Vielleicht ist sie auch nicht gerne gesehen, da konservativ anmutend, bieder und altbacken. Allerdings sind die beiden Begriffe verwandt und ihre Geschichte ist vielfältig und verschlungen (vgl. Elwitz, 1973). Doch als im 18. Jahrhundert egalitäre Ideale ‚aufzudämmern' begannen und der höfische Bezugsrahmen, „auf den die ständisch differenzierte Gesellschaftsethik mit ihrer Etikette schielte" (Vec, 2004, S. 98), zunehmend suspekter wurde, interessierten eher Moral und Recht, und der „Verlust der guten Sitte" (Schneiders, 1985) konnte durchaus hinnehmbar erscheinen. Nicht nur der gemeinsame Ursprung von Moral, Recht und Sitte, sondern auch der bestehende innere Zusammenhang von Sitte und Moral sowie die Funktion der Sitte für Moral konnten in aufklärerischer Manier, sozusagen enthusiastisch-vorausschauend ignoriert werden. Sicher ist es übertrieben, es wie folgt zu formulieren, aber dennoch: „Das Jahrhundert der Aufklärung hinterlässt keine Gedächtnisspur" (Vec, 2004, S. 98). Doch ‚Zivilität' kann heute und im Anschluss an Norbert Elias' viel zitierte Untersuchungen zum ‚Prozess der Zivilisation' (1969) auch als eine besondere Form der Mäßigung und der Selbstbeherrschung begriffen werden, die ihrerseits dem gewaltfreien Umgang zwischen den Menschen dienlich sind (Alheit, 2000, S. 12; Döbler, 2000). Insofern ist ‚Zivilität' demokratietheoretisch, aber auch demokratiepädagogisch attraktiv oder sollte es sein, während ‚Anstand' mitunter abschätzig als ‚bloß' konventionell beurteilt wird, als ob diese Kategorie und das mit ihr Gemeinte zwar dem angenehmen Leben dienlich sei, aber nicht von ebenso fundamentaler Bedeutung wie Recht und Moral sein könne.

Thomasius' Decorum-Theorie

Der Anstand – lateinisch *Decorum* (Vec, 2004, S. 75) – betrifft eine Kategorie von Normen, „die potenziell auf jeden menschlichen Lebensbereich Anwendung finden können" (S. 76); ihre Quellen mögen jeweils diffus bleiben, aber sie weisen einen kollektivistischen Charakter auf (S. 79). Mit dem Recht teilt die Sitte (das anständige Leben) die Funktion, dem äußeren gesellschaftlichen Frieden zu dienen (S. 83). Die Ursachen des Umstandes, dass die Sitte – Decorum, Anstand (die Begriffe können an dieser Stelle austauschbar verwendet werden) – heute nicht den gleichen Stellenwert aufweist, d.h. nicht als ein gleichberechtigtes Gebiet neben Recht und Moral steht, hat Vec in seiner Diskussion der Theorie des Christian Thomasius analysiert, der seine Schriften gegen Ende des 17. und Beginn des 18. Jahrhunderts verfasst hatte und sich der Problematik sehr bewusst gewesen sei. Der Sitte würde nun einmal nicht die inhaltliche Würde des Rechts und der Moral anhaften: „Gebote, den Nächsten zu lieben oder nicht zu töten, haben ein ganz anderes materielles Pathos als die Konvention einer bestimmten Anredeformel“ (S. 91). Das Decorum vermag nur „mittleres Übel“ zu verhüten und „mittleres Gutes“ zu fördern (so Grunert, zit. nach Vec, 2004, S. 92), es ist also schlicht weniger wichtig. Darüber hinaus sei das Decorum auch vom intellektuellen bzw. theoretischen Standpunkt wenig attraktiv. Allerdings könne gerade die Decorum-Theorie des Thomasius im Grunde als eine frühe, nämlich schon in der Vormoderne entworfene Theorie der sozialen Normen betrachtet werden (S. 96). Das Decorum ist, und dies habe Thomasius erkannt, „zugleich Norm und Normerfüllung“ und hat deshalb für die Staats- und Gesellschaftsordnung eine „stabilisierende Funktion“ (S. 94). Gleichzeitig aber sei schon für Thomasius einsichtig gewesen, dass sich die Sitten wandeln, die Stabilität der Sitte also begrenzt und Sitte dadurch dynamisch wirksam ist: „Die ständisch differenzierten Sitten sind bei Thomasius nichts als die vorübergehenden Erscheinungsformen einer sich wandelnden Gesellschaft“ (S. 94). Gerade die Nachahmung der Sitten der vornehmeren Stände bewirk(t)e, dass „sich die Bürger eben nicht am Verhalten strikt standesgleicher Mitmenschen ausrichten, sondern nach dem Habitus höher stehender Personen streben. Die soziale Distinktion wird auf diese Weise geradezu zum Innovationsantrieb“ (S. 95).

Trennung von Privatheit und Öffentlichkeit

Allerdings handelte es sich um Innovationen mit vielleicht etwas zweifelhaftem oder zumindest ambivalentem Ausgang. Richard Sennett (1986) illustrierte auf überzeugende Weise, wie die Öffentlichkeit des 18. Jahrhunderts in Europa von gesellschaftlichen Konventionen begleitet war, die das menschliche Verhalten bestimmt haben. Diese Konventionen, die heute als steif, einengend oder künstlich beurteilt werden, ermöglichten eine Distanzierung der Gefühlswelt (Intimität) von der Öffentlichkeit, in welcher Weltbürgertum und Höflichkeit gefordert waren (S. 71-171). Die klare Definition öffentlicher Rollen (S. 92-121) führte keineswegs nur zu einer gewissen Steifheit, sie ermöglichte vielmehr auch, dass fremde Menschen – auch ungleichen Standes – in der Öffentlichkeit ohne Weiteres in geselliger – und ‚anständiger‘ – Weise ins Gespräch kommen konnten, ohne sich aufgerufen zu fühlen (fühlen zu müssen), sich nach einer bestimmten

Zeit die tiefinnersten Geheimnisse zu enthüllen (vgl. Lasch, 1979). Die strikte Trennung von Öffentlichkeit und Privatsphäre bildete nicht einen Gegensatz, vielmehr waren die

> „(...) Formen öffentlichen und privaten Ausdrucks (...) gleichsam zwei Atome eines Moleküls. In der Öffentlichkeit begegnete man dem Problem der gesellschaftlichen Ordnung, indem man Zeichen schuf; in der Privatsphäre begegnete man dem Problem der Versorgung der Kinder, indem man auf transzendentale Prinzipien zurückgriff. Die Impulse, welche die Öffentlichkeit beherrschten, waren Wille und Kunstgriff; die Privatsphäre dagegen war vom Impuls bestimmt, alles Künstliche abzustreifen und auszuschalten. Das Öffentliche war ‚Kreation', das Private ‚Kondition' des Menschen." (Sennett, 1986, S. 133-134)

Prinzip der Mäßigung

Die Balance zwischen den beiden Sphären ist mit einer Qualität aufrechterhalten worden, die wir heute als das ‚Unpersönliche' bezeichnen würden. Der „individuelle Charakter" sei weder für die eine noch die andere Sphäre regulativ gewesen. Beschränkt waren die gültigen Konventionen der Öffentlichkeit nur durch die „natürlichen Sympathien". Die heute abstrakt und gestaltlos gewordene Idee natürlicher Rechte ist als Prinzip der Naturordnung und damit als Mäßigung verstanden worden, auf die hin die gesellschaftlichen Konventionen überprüft worden sind, wenn diese „ein Übermaß an Leiden und Schmerz" hervorgerufen haben (Sennett, 1986, S. 134).

Freiheit

Nachdem jedoch im 18. Jahrhundert damit begonnen wurde, „mit dem Begriff der Freiheit zu experimentieren", sei eine Idee in den Umlauf gekommen, die nicht dem Prinzip der Mäßigung unterlegen habe: „Freiheit als Prinzip oder Struktur gesellschaftlicher Beziehungen ließ sich weder mit der Idee der Konvention noch mit der Idee der natürlichen Sympathien begreifen" (Sennett, 1986, S. 134). Der Begriff der Freiheit habe das „Molekül aus Öffentlichkeit und Privatsphäre" gesprengt, welches vorher nur deshalb habe zusammenhalten können, „weil der individuelle Charakter nicht die Grundlage der Gesellschaft bildete" (ebd.).

Schauspielmetapher

Mit der Forderung nach Freiheit begann – Sennett zufolge – das Selbstverständnis des damaligen Menschen als ‚Schauspieler' und ‚Darsteller', als *public man*, abzubröckeln, da die Identität als Schnittpunkt „zwischen dem, was eine Person sein will, und dem, was die Welt ihr zu sein gestattet", nun zur offenen Frage geworden war (Sennett, 1986, S. 143). Den damaligen Öffentlichkeitsmenschen müsse man sich keineswegs ‚emotionslos' vorstellen, vielmehr hätte er als ‚Schauspieler' Emotionen dargestellt, d.h.

ausgedrückt. Davon zeuge der alte Vergleich des Lebens mit dem Theater oder mit einer Theaterbühne, und die Begriffe, die für Bühne und Straße in gleicher Weise benutzt werden: Rolle, Szene, Drama, Akt, Tragödie etc. (S. 143-161). Die Schauspielermetapher meint auch nicht, dass der Öffentlichkeitsmensch des 18. Jahrhunderts ein ‚unechtes' Leben voller Täuschung gelebt hätte. „In einem System", so Sennett, „in dem Ausdruck die Darstellung von Emotion bedeutet, verfügt (...) der Mensch in der Öffentlichkeit über eine Identität als Schauspieler und Darsteller, und diese Identität erzeugt eine soziale Verbindung zwischen ihm und den anderen" (S. 144). Die Identität des Öffentlichkeitsmenschen als Schauspieler beruht auf der Umsetzung des Ausdruckes in Darstellung. Ein kultureller Wandel, der zur Folge hat, dass das erzählte Erlebnis nicht mehr dramaturgisch umgesetzt werden muss und demzufolge jedes „erzählte individuelle Erlebnis expressiv erscheint", lässt die Funktion des ‚Öffentlichkeitsmenschen' immer mehr unnütz und sinnlos erscheinen – der Öffentlichkeitsmensch verliert seine Identität (ebd.). Im Gegensatz dazu erhoffte sich der Mensch im ‚theatrum mundi' noch eine neuere, glücklichere Sinnlichkeit, als Schauspieler war der Weltbürger weder an die Natur noch an „christliche Glaubensverpflichtungen" gebunden – er schöpfte seine Lebensfreude aus dem Verkehr mit den anderen (S. 146).

Tyrannei der Intimität

Die politische Tyrannei und die Sehnsucht nach ‚individueller Authentizität' sind keine Gegensätze, darin besteht die bedeutsame These Sennetts. Sie gehen vielmehr Hand in Hand. „Das ist der Kern von Rousseaus Prophezeiung, und darin hat sie sich erfüllt. Und wenn die Menschen zu Schauspielern werden, um Ruhm zu erlangen, um anderen gefällig oder einfach, um freundlich zu sein, dann kommen sie schließlich an den Punkt, wo keiner mehr ‚eine Seele' hat. Auch diese Anschauung hat sich heute erfüllt" (Sennett, 1986, S. 160). Sennett weist darauf hin, dass der Begriff der Tyrannei in seiner ältesten politischen Bedeutung synonym mit ‚Souveränität' gebraucht worden sei. Damit sei die Vorstellung eines (souveränen) Herrschers impliziert, der die Gesellschaft (mit einem Prinzip) ‚tyrannisiert' (S. 424). Ein solches Prinzip müsse nicht „roher Zwangsgewalt" entspringen, ebenso gut könne es auf „Verführung" beruhen. Auch müsse dieses Prinzip nicht unbedingt von einer Person, dem Tyrannen, ausgehen, sondern könne in einer Institution liegen, die „zur alleinigen Quelle von Autorität", oder aber in einer allgemeinen Grundüberzeugung, „die zum einzigen Maßstab der Realität" werde (S. 425). Genau um Letzteres handele es sich bei der ‚Tyrannei der Intimität'. Sie lege in den „Köpfen der Menschen" ein „einziges Wahrheitskriterium" als glaubwürdig fest, „mit dem die gesamte soziale Wirklichkeit in ihrer Komplexität beurteilt wird" (ebd.): Es handelt sich dabei um die ausschließliche Beurteilung der Gesellschaft mit psychologischen Kategorien. „Und in dem Maße, wie sich diese verführerische Tyrannei durchzusetzen vermag, erleidet die Gesellschaft Deformationen" (ebd.). Mit der Intimität als Selbstenthüllungsaufforderung würden (alle) zwischenmenschlichen Beziehungen in eine bestimmte Perspektive gerückt und ganz bestimmte Erwartungen formuliert: die Erwartung nämlich, zwischenmenschliche Beziehungen immer lokaler finden zu können, und damit verbunden die Erwartung, dass Nähe auch Wärme erzeuge. Diese Erwartungen der von der Intimität tyrannisierten Menschen würden jedoch enttäuscht: „Je näher die Menschen einander kommen, desto ungeselliger, schmerzhafter, destruktiver werden ihre Beziehungen zueinander" (ebd.). Moderne Menschen – so das Fazit – setzen einander unter Druck, die Barrieren von Sitte, Regel und Gestik, die der Offenheit und Freimütigkeit entgegenstehen würden, aus dem Wege zu räumen (ebd.). ‚Wahre' zwischenmenschliche Beziehungen werden fortan als ‚Enthüllungen' von ‚Persönlichkeit' zu ‚Persönlichkeit' verstanden (S. 427) – nur so scheint der moderne Mensch seinem Wunsch nach Authentizität in der Anonymität der Massengesellschaft nachkommen zu können.

2.2 Anstand ist Abstand

Der richtige Abstand

Yveline Fumat (2000) interpretiert Zivilität als die Kunst des richtigen Abstandes. Die kalkulierte Unaufmerksamkeit in den scheinbar unwichtigen Begegnungen von Individuen, etwa auf der Straße im urbanen Umfeld, ist eine erste wichtige Form von Zivilität (S. 104). Man muss körperliche Zusammenstöße vermeiden, den direkten Blick, jegliches Anstarren und Überinteresse, ebenso zu große und zu sensible Nähe, im physischen wie im übertragenen Sinn: Der andere muss sein Gesicht wahren können, Diskretion ist angesagt. Man muss dem anderen nicht alles mitteilen, was man über ihn weiß oder denkt (es ist nicht nötig und kann destruktiv sein). Es gehört aber auch zum anständigen Menschen, dass er nicht nur kein Wahrheitsfanatiker, sondern auch fähig ist, manchmal ‚Fünfe gerade sein zu lassen', manchmal ‚ein Auge zudrücken' zu können, die Dinge nicht immer ins grelle Licht zu zerren. Manchmal geht es darum, dass bestimmte

Dinge besser im Dunkeln verbleiben; manchmal geht es darum, sie in einem bestimmten und vielleicht nicht hellsten Licht erscheinen zu lassen. Ein ‚anständiger' Mensch weiß also, dass die Wahrheit nicht nur aufklärt, sondern auch zerstört – und dass das, was sie zerstört, keineswegs nur ‚falsches Meinen' ist, sondern es können durchaus produktive bzw. „positive Illusionen" (Taylor, 1993) sein, also Vorurteile, die das Leben menschlicher machen. Die Annahme, dass völlige Vorurteilslosigkeit die Welt menschlicher machen würde, ist selber nur ein Vorurteil, eines zweiter Stufe (ein Vorurteil über oder gegen das Vorurteil). Die Urteilskraft, sofern sie ohne Einbildungskraft nicht wirksam sein kann, ist im Grunde immer auch eine Vor-Urteilskraft. Wie dem auch sei, jedenfalls muss der „Wahn der Wahrhaftigkeit (...) manchmal der Normalität des Nichtwissens und dem Halbdunkel der Diskretion" weichen (Hondrich, 2002, S. 163).

Gefahr des Verlusts von Zivilität und Anstand

Zivilität ist nicht Moral, aber ihre Vorstufe und Vorbedingung (Hondrich, 2002, S. 107). Zivilität ist Ausdruck der Tatsache der fundamentalen Anerkennung, dass der andere existiert, einen potenziellen Interaktionspartner darstellt, dass er ein menschliches Wesen ist mit unterschiedlichen Bezügen und Möglichkeiten. Der moralisch-ethische Bezug kann nur auf Zivilität aufbauen. Dies stellt auch keine Politik dar, aber durch das Bezugsnetz der intersubjektiven Beziehungen, das sie kreiert, kann sie als Basis des politischen Lebens fungieren (ebd.). Zivilität meint auch nicht Gemeinsinn und zielt auch nicht auf Gemeinsinn: Die Individuen begegnen sich, gehen einander aus dem Weg, kontrollieren sich und ihre Begegnungen mit Höflichkeitsfloskeln, die sie beherrschen und die ihnen vorgegeben sind. Und unabhängig davon, ob sie dies wollen oder nicht, kreieren sie mit diesen Umgangsweisen eine gemeinsame Welt, eine vorrechtliche Ordnung, ohne die Recht und Institution undenkbar wären. Aus diesem Grund ist der Verlust an Zivilität und Anstand, wie ihn etwa Peyrat (2005) beobachtet und sofern er valide diagnostiziert wird, zu Recht zu beklagen. Das zivile Wissen mag vorwiegend impliziter oder latenter Natur sein, es wird aber in den Situationen, in denen fundamentale Anstandsnormen missachtet werden, (zumindest kurzweilig) explizit oder manifest. „Die Art, wie wir auf die Verletzung unbefragter Basisannahmen des wechselseitigen Respekts reagieren", so Alheit (2000, S. 11), „zeigt, wie tief ein ziviler Habitus in unserer Einstellung zur Welt verankert ist". Man ist bei dieser Feststellung an Goffman und seine Einsicht erinnert, dass Konventionen der Höflichkeit bloß als ‚Konventionen' wahrgenommen werden, quasi kontingent und fast schon überflüssig, dass aber ihr Fehlen einen alarmierenden Effekt hat. Dass es ohne Zivilität keine Sicherheit geben kann, keine Moral, kein Recht und keine Politik, weiß man. Doch dieses Wissen gehört unter anderem im pädagogischen Bereich zu den ignorierten und missverstandenen Selbstverständlichkeiten (wie neuerdings wieder die politisierte Debatte um die Bedeutung der Disziplin in der Pädagogik zu illustrieren scheint). Die öffentliche Schule ist nebst der Familie ein geeigneter Ort, um Zivilität, das gewaltfreie Nebeneinanderherleben von Menschen, die sich nicht füreinander interessieren, zu lernen und einzuüben. Die Schule hat nicht primär Gemeinschaft zu sein, und wenn sie es ist, dann ist sie kein Modell für die demokratische Gesellschaft. Die Schule ist auch keine Polis, die ihrerseits nur zwischen Gleichfreien zustande kommen kann, sondern vielmehr eine Zwangsanstalt, in der gelernt werden kann, sich anständig zu benehmen.

Die Schule als Übungsfeld für Zivilität

2.3 ‚Von dem erlaubten moralischen Schein'

Vollkommene Transparenz und Gerechtigkeit

Popitz (2006) zitiert in seinem Essay Über die Präventivwirkung des Nichtwissens aus einer alten Glosse von William Makepeace Thackeray, die den Titel *On Being Found Out* trägt und in welcher der Autor eindringlich und ironisch vor einer Gesellschaft warnt, in der jeder, der ein Unrecht begeht, entdeckt und entsprechend auch bestraft werden könnte bzw. sollte:

> „Wie froh bin ich, dass wir *nicht* alle entdeckt werden; (...) ich protestiere dagegen, dass wir bekommen, was wir verdienen. (...) Was für eine wundervolle, eine schöne Fürsorge der Natur, dass das weibliche Geschlecht meist nicht geschmückt ist mit der Begabung, uns zu entlarven. (...) Möchten Sie, dass Ihre Frau und Ihre Kinder Sie so kennen, wie Sie sind, und Sie präzis nach Ihrem Wert würdigen? Wenn ja – mein lieber Freund: Sie werden in einem tristen Hause wohnen, und frostig wird Ihr trautes Heim sein." (Thackeray, 1869, zit. nach Popitz, 2006, S. 159, kursiv wie im Original)

Während Popitz ausführt, warum eine solche Gesellschaft aus soziologischer Sicht unmöglich ist, soll hier der Umstand interessieren, dass eine vollkommen transparente und gerechte Welt unmenschlich im doppelten Sinn wäre: dem Menschen nicht gemäß und inhuman.

Zivilität als Täuschung

Zivilgesellschaften gründen, so die schon oben vertretene These, auf Zivilität. Diese kann zwar mit Carter (1998) als die Summe der Opfer verstanden werden, die wir für das Zusammenleben erbringen müssen. Doch Zivilität heißt zunächst vor allem Anstand, Abstand und schöner Schein, d.h. auch Täuschung. Man mag sich am Begriff der Täuschung stoßen und vorschlagen, lieber *mimesis* (griechisch ‚Nachahmung', eigentlich ‚Vorahmung') oder *imitatio* (lateinisch) zu gebrauchen, aber diese Begrifflichkeiten, die in zeitgenössischen Täuschungstheorien auch nicht benutzt werden, bringen die moralisch-ethische Ambivalenz kaum zum Ausdruck, die mit ‚Täuschung' einhergeht und für den vorliegenden Kontext bedeutsam ist. Selbst Kant, der gerne und gewiss nicht ohne Grund des moralischen Rigorismus bezichtigt wird, konnte der Täuschung vergleichsweise positive Seiten abgewinnen. In seiner Anthropologie in pragmatischer Hinsicht schreibt er unter dem Titel *Von dem erlaubten moralischen Schein*: „Die Natur hat den Hang, sich gerne täuschen zu lassen, dem Menschen weislich eingepflanzt, selbst um die Tugend zu retten, oder doch zu ihr hinzuleiten" (Kant, 1798/1977, S. 443-444). Und: „Der gute ehrbare Anstand ist ein äußerer Schein, der anderen Achtung einflößt (...) – Überhaupt ist alles, was man Wohlanständigkeit (decorum) nennt, von derselben Art, nämlich nichts als schöner Schein" (S. 444). Es ist wahrscheinlich nicht an den Haaren herbeigezogen, zwischen dem moralischen und dem gesellschaftlichen ‚Kant' zu unterscheiden. Der letztere ist sozusagen anders gepolt: Sich gegenseitig täuschen, ohne zu lügen und zu betrügen, das macht für Kant die gesittete Gesellschaft aus, die gerade aus dem Spiel der Täuschung heraus die Kraft zur ‚Verbesserung' zieht:

> „Die Menschen sind insgesamt, je zivilisierter, desto mehr Schauspieler: sie nehmen den Schein der Zuneigung, der Achtung vor anderen, der Sittsamkeit, der Uneigennützigkeit an, ohne irgend jemand dadurch zu betrügen; weil ein jeder andere, dass es hiemit eben nicht herzlich gemeint sei, dabei einverständigt ist, und es ist auch sehr gut, dass es so in der Welt zugeht." (Kant, 1798/1977, S. 442)

Freilich muss Kant – wiewohl seine vorsoziologische Rollentheorie überzeugt – dann doch wieder die Moral in das Zentrum der Betrachtung rücken:

> „Denn dadurch, dass Menschen diese Rollen spielen, werden zuletzt die Tugenden, deren Schein sie eine geraume Zeit hindurch nur gekünstelt haben, nach und nach wohl wirklich erweckt, und gehen in die Gesinnung über." (Kant, 1798/1977, S. 442-443)

Trügerisches Ideal der Authentizität

Dennoch: Voll- und daueraufrichtige Gesellschaften wären unfreundliche, barbarische Verbände von authentischen Antipathie-Molekülen, wahrscheinlich gar keine Verbände. Offenheit und

Wahrhaftigkeit halten im Grunde überhaupt nichts zusammen, vor allem keine modernen Gesellschaften. Die Authentizität ist ein Ideal für intime Beziehungen und keines für institutionelle Verhältnisse.

Vorzüge der Verstellung

In höflichen Verbänden ‚weiß man', dass es nicht immer um das Gute, das Schöne und das Wahre geht, sondern manchmal v.a. um das Schickliche, Gefällige und Angemessene, d.h. um sozialverträgliche Arrangements unter suboptimalen Ausgangsbedingungen. Der fanatischen Suche nach Wahrheit und schnellen persönlichen Verurteilung Einzelner wird hier misstraut. Der „zivilisierte Mensch", so Sennett (1994, S. 111) mit Blick auf das 18. Jahrhundert, „legt Wert auf ‚Unpersönlichkeit' und gebraucht eine Sprache, die den Rekurs auf die Identität der Sprecher vermeidet". Die „Vorzüge einer gewissen Verstellung" (S. 109) liegen bzw. lagen darin, der „Außenwelt einen spezifischen Eigenwert zu verleihen", sie von „obsessiver Innerlichkeit" zu befreien (S. 111). Während die „Maske der Tugend" den Vertretern der Aufklärung als „Symbol für die Falschheit der Zivilisation" (ebd.) gegolten habe, musste in den Nachwirren der Französischen Revolution festgestellt werden, welch „fatale Folgen" die „Strategie wider die Oberflächlichkeit" – wider den schönen Schein – aufweisen konnte (S. 114). Es galt nun, seine ‚wirklichen Anschauungen' und seine ‚wahre Identität' preiszugeben, sein ‚wahres Selbst' zu entblößen. Gefährliche Zeiten: „Die Makel zivilisierter Vergangenheit, Spuren der Befangenheit, Höflichkeit, Ironie, konnten zum gesellschaftlichen Todesurteil werden" (ebd.).

Das politische Subjekt konstituiert sich per Negation

Die aufklärerische Geringschätzung der gesellschaftlichen Umgangsformen ist ein altes Thema und ein weites Feld, in welchem u.a. der Unterschied zwischen der ‚Ethik der Konversation' und der ‚Moral der Kommunikation' (Casale, 2005, 2006) interessiert, aber auch hinterfragt werden müsste. Die Frage ist, ob und wie der anständige Umgang und die demokratische Lebensform heute noch miteinander verbunden sind. Vielleicht ist es eine Form der Unbildung, vielleicht aber auch nur ein allgemein psychologischer Effekt, dass das als garantiert, selbstverständlich und gesichert Geglaubte, also die basalen Ermöglichungsbedingungen demokratischen Zusammenlebens, einmal etabliert, bald nicht mehr geschätzt wird. Da Bürger zu sein immer auch heißen können muss, dagegen zu sein, bzw. da das politische Subjekt sich nur per Negation konstituiert – „Être citoyen, c'est d'abord être contre" (Nivat, 2006, S. 205) –, ist es vielleicht nicht ganz verkehrt, dass Marquard in seiner Apologie der Bürgerlichkeit von einer Art ‚Modernitätsverdrossenheit' spricht, einer „Neigung zur

Nostalgie und Verweigerung der bürgerlichen Welt" (2003, S. 257). Das Argument ist das folgende: Wenn es der Welt (in Wirklichkeit) nicht so schlecht geht, dann wird unsere demokratisch-bürgerliche Negationsbereitschaft „arbeitslos" und „sucht – übelstandsnostalgisch – neue Beschäftigungen und findet sie auch, selbst wenn sie sie erfinden muss" (ebd.). Kurz: Je besser es den Menschen geht, desto schlechter würden sie genau das finden, wodurch es ihnen besser geht (ebd.). Ganz aristotelisch bevorzugt die liberale Bürgerwelt – sofern es sie noch gibt – nach Marquard „das Mittlere gegenüber dem Extremen, die kleinen Verbesserungen gegenüber der großen Infragestellung, das Alltägliche gegenüber dem ‚Moratorium des Alltags' (...), das Geregelte gegenüber dem Erhabenen, die Ironie gegenüber dem Radikalismus, die Geschäftsordnung gegenüber dem Charisma, kurzum: die Bürgerlichkeit gegenüber ihrer Verweigerung" (S. 258-259). Trotz und dank der selbstverständlich scheinenden Lebensvorteile der bürgerlichen Welt sei diese nicht sehr aufregend, ja eher langweilig.

Rasender Stillstand

Vielleicht geht es weniger um Langeweile oder – um es mit Finkielkraut (1999) zu sagen – die Undankbarkeit gegenüber den Errungenschaften und Kämpfen früherer Generationen, die heute als Ermöglichungsbedingung eines relativ sicheren Lebens fungieren, sondern um ein Phänomen, welches Hartmut Rosa (2007) und vor ihm Paul Virilio (1998) als das Zusammenspiel bzw. die Gleichzeitigkeit von „Beschleunigung und Erstarrung" (Rosa), das Gefühl des „rasenden Stillstandes" (Virilio), beschrieben haben: Alles ist in Bewegung, aber es passiert nichts. In einer Welt, welche die Verbindung von Vergangenheit und Zukunft nicht mehr mit der Fortschrittsmetapher zu strukturieren vermag, sondern nur noch einer eigenartig substanzlosen Innovationsrhetorik folgt (vgl. Kapitel 4.1), ist vielleicht eine besondere Form von Zivilität gefragt, eine Haltung von Gelassenheit, die man jedem Hamster wünschen möchte, der sich in seinem hässlichen Plastikrad stupide abmüht und lebenslang nicht von der Stelle kommt.

Fortschritt versus Innovation

Anstand als Abstand gegenüber sich selbst

Der leidenschaftslose Mittelweg mag demoralisierend, und die Philosophie der Lauheit (vgl. Garnier, 2002) ein Luxus sein. Aber Anstand ist auch Abstand gegenüber sich selbst. Es geht, um es mit Gracián (2004, S. 144-145) zu sagen, einerseits darum, zu „handeln, als würde man gesehen", andererseits aber darum, weder „ganz sich noch ganz den anderen an[zu]gehören" (S. 124) – sondern beiden nur so viel wie nötig. Dass die Höflichkeit momentan wieder zu interessieren beginnt – insbesondere im pädagogischen Bereich –, ist vielleicht symptomatisch für eine Welt, in der sich die Menschen am liebsten ganz besitzen und bestimmen wollen und schließlich merken, dass sie sich in diesem Streben ganz verlieren und die Abständigkeit zu ihren eigenen Wünschen und Impulsen nur noch tyrannisch oder überhaupt nicht mehr praktizieren können.

Relevanz der Moral

Harry Frankfurt (2005a, S. 10) hielt fest: „Wir müssen moralische Fragestellungen ernst nehmen, das bedarf kaum einer Erwähnung. Dennoch denke ich, dass die Relevanz, die der Moral für unsere Lebensführung zukommt, tendenziell überbewertet wird. Die Moral ist weniger einschlägig für die Bildung unserer Präferenzen und die Orientierung unseres Verhaltens, sie gibt uns weniger Auskunft über die Fragen, was wir schätzen und wie wir leben sollen, als man gemeinhin annimmt. Außerdem kommt ihr nicht so viel Autorität zu, wie man meint. Selbst wenn sie Wichtiges mitzuteilen hat, hat sie nicht notwendigerweise das letzte Wort.“

Zivilität versus Moral

Zivilität ist nicht Moral, gerade auch, weil sie ein Element des Täuschens aufweist, welches moralisch ambivalent bleiben muss. Täuschungstheoretiker wie Nyberg (1996) oder Buller und Burgoon (1996) haben da weniger Probleme. So schreibt Nyberg: „To live decently with one another we do not need moral purity, we need discretion – which means tact in regard to truth“ (1996, S. 202). Täuschung ist danach ein wichtiges Mittel nicht nur des Überlebens, sondern auch des Lebens und Gutlebens: „Deception is an essential component of our ability to organize and shape the world, to resolve problems of coordination among individuals who differ, to cope with uncertainty and pain, to be civil and to achieve privacy as needed, to survive as a species, and to flourish as persons“, so Nyberg (S. 187).

Täuschungsstrategien

Zu den Täuschungsstrategien gehören Buller und Burgoon (1996) zufolge: (1) Verfälschen und Irreführen (*falsification*), (2) Verschweigen und Verbergen (*concealment*) und (3) zweideutiges, ausflüchtiges Reden bzw. Wortverdrehen (*equivocation*). Die Gründe für moralisch legitime bzw. nicht unbedingt illegitime Täuschungsmanöver sind vielfältig: Während der Glaube an Unwahres nicht nur nicht immer schadet, sondern sogar positive Wirkungen haben mag, kann die Kenntnis der Wahrheit destruktive Wirkungen haben, deren Vermeidung manchmal ethisch vertretbar ist.

2.4 Unaufrichtige Bürgerinnen und Bürger: Wahrheit und Demokratie

Paradigmen moderner Demokratietheorie

Reduziert man die drei wesentlichen Paradigmen moderner Demokratietheorie – Liberalismus, Republikanismus und Deliberation – auf je einen zentralen Mechanismus der Sicherung des politischen Gemeinwesens, so kann behauptet werden, dass liberalistische Positionen vor allem auf den Nutzen von politischen und rechtlichen Institutionen verweisen, republikanische Positionen auf die Tugendhaftigkeit der Bürgerinnen und Bürger, die sich als Gemeinschaft verstehen und des Mitgefühls fähig sind, und deliberative Positionen schließlich auf Prozeduren, die letztlich im Dienste eines argumentativen Konsenses stehen (Schaal & Heidenreich, 2006, S. 192). Dies sind Akzentuierungen: Institutionen, Tugenden und diskursive Verfahren schließen einander ja nicht aus. Im Unterschied zur liberalen Perspektive heben aber republikanische und deliberative Positionen besonders die Bedeutung demokratischer Partizipationsformen hervor (vgl. auch Gerhart, 2007). Unter politischer Partizipation kann die Teilnahme, Herstellung und Aufrechterhaltung einer öffentlichen Sphäre verstanden werden. Ihr Komplement oder Gegensatz ist der Rückzug in die Sphäre des Privaten oder Intimen.

Politische Partizipation

Das Öffentliche und das Private

Privatisierung der politischen Sphäre

Spätestens mit Habermas' *Strukturwandel der Öffentlichkeit* (1990) oder auch Sennetts *Fall of Public Man* (1977) wurde das Verschwimmen der Grenzen zwischen diesen beiden Sphären diagnostiziert und insbesondere die ‚Privatisierung der politischen Sphäre' kritisiert. Beispielsweise hat Benjamin Barber später in seiner kritischen Betrachtung des geheimen Wahlrechts den Gang zur Urne bzw. in die Wahlkabine mit dem Gang zur Toilette verglichen:

> „Our primary electoral act, voting, is (...) like using a public toilet: we wait in line with a crowd in order to close ourselves up in a small compartment where we can relieve ourselves in solitude and in privacy of our burden, pull a lever, and then, yielding to the next line, go silently home. Because our vote is secret – ‚private' – we do not need to explain or justify it to others (or, indeed, to ourselves) in a fashion that would require us to think publicly or politically." (Barber, 2003, S. 188)

Der Gang zur Toilette steht für eine privatistische Demokratieauffassung und demokratische Gewissenlosigkeit. Am Ort der politischen Entscheidung gibt es keinen Rechenschaftszwang, jeder mag hier dem Gemeinwohl nach seinem Gusto schaden. Die öffentliche Angelegenheit transformiert sich im Augenblick der Entscheidung in einen privaten Akt, der wohl eher von Erwägungen der individuellen Nutzenmaximierung als vom Gemeinsinn geprägt ist (vgl. Schaal & Heidenreich, 2006, S. 166).

Pseudo-Partizipation

Nun ist die ‚starke' kommunitaristisch-partizipatorische Demokratie nicht nur in Bezug auf die Utopie von dauerhaft ‚lebendigen Diskursgemeinschaften', sondern auch hinsichtlich des suggerierten Symmetrie- und Gemeinschaftsideals zu kritisieren. Das kratologische Moment – also das Machtmotiv aller Politik – kommt nicht vor. Von Patemans (1970) Analyse der Pseudo-Partizipation, in die jede Partizipationseuphorie gerät, ist nichts zu merken. Herrschende und Beherrschte sind identisch bzw. sollten es sein. Pabst (2003, S. 9-33) hat auf die irreführende Lesart hingewiesen, wonach Demokratie schon vom Namen her Volksherrschaft heißen würde und eine ebensolche sein sollte; das griechische *kratein* meint aber ‚Macht ausüben' und nicht ‚Herrschaft haben' – dies im Unterschied zu *archein* (wie in ‚Oligarchie'), welches ‚herrschen' bedeutet (in ‚Oligarchie' als die ‚Herrschaft der Wenigen', die ja als die Hauptfeindin der Demokratie betrachtet werden kann). In der Demokratie besitzt der *demos* die Macht (über die Regierung bzw. die Regierenden), aber das Volk herrscht nicht. Demokratisches Wissen wäre auch als Machtwissen zu verstehen und kompetente Demokraten wären weltlich orientierte Kratologen (Machtexperten), politisch Gebildete wüssten nicht nur, wie es um die Macht des Volkes steht, sondern würden auch konkrete Machtpraktiken kennen, die sie anwenden können. Die politische Bildung wäre vielleicht insgesamt attraktiver, würde sie auch machttheoretisch vertreten und verstanden – allerdings zöge sie vielleicht noch mehr Menschen mit eher befragenswerten Motivlagen an.

Stellenwert der Wahrheit

Im Unterschied zu dieser Einschätzung scheinen politische Partizipation ohne Lüge und Täuschung und kollektives Entscheiden ohne Strategie und Hinterhältigkeit für die Gemeinschaftstheoretiker des Politischen nicht nur geboten, sondern auch möglich zu sein. Hannah Arendts Einschätzungen liegen dazu quer. In *Wahrheit und Politik* (2006b) schreibt sie: „Niemand hat je bezweifelt, dass es um die Wahrheit in der Politik schlecht bestellt ist, niemand hat je die Wahrhaftigkeit zu den politischen Tugenden gerechnet" (S. 9). Dennoch ist und bleibt natürlich die Frage virulent, wie es denn um die Wahrheit überhaupt stehen könne, wenn sie sich gerade in der öffentlichen Welt als so ohnmächtig erweise. Im politischen Diskurs geht es um Tatsachen und Meinungen – über Meinungen kann man diskutieren, über Tatsachen nicht. Neben mathematischen, wissenschaftlichen und philosophischen Wahrheiten weist Arendt auf die politisch bedeutsamen und unterschätzten Tatsachenwahrheiten hin, ohne deren Kenntnis die Zusicherung der sogenannten Meinungsfreiheit eine Farce sei (S. 23). Die Tatsacheninformationen inspirieren das politische Denken und halten es in Grenzen (ebd.). Es ist für den politischen Diskurs zentral, ob als Tatsache gilt, dass es einen Völkermord an den Armeniern gegeben hat, oder ob man genauso gut sagen kann, die Armenier hätten die Osttürkei überfallen. Da Tatsachen nicht verhandelbar sind, „stehen [sie] außerhalb aller Übereinkunft und aller freiwilligen Zustimmung", und so trägt der Meinungsaustausch über sie „zu ihrer Etablierung nicht das Geringste" bei (S. 27). Während man sich mit unwillkommenen Meinungen auseinandersetzen, sie verwerfen oder Kompromisse mit ihnen schließen kann, sind nach Arendt gerade die „unwillkommenen Tatbestände (...) von einer unbeweglichen Hartnäckigkeit, die durch nichts außer der glatten Lüge erschüttert werden" können (ebd.).

Soziale Perspektivenübernahme

Arendt räumt einem kommunikativen Begriff von Wahrheit keinen Platz ein (Nanz, 2006, S. 70). Dennoch besteht das politische Denken für sie in der Fähigkeit, sich „die Perspektivität der Welt zu vergegenwärtigen und die verschiedenen Blickwinkel zur Kenntnis zu nehmen, aus denen eine Sache beurteilt werden muss" (S. 71). Diese Fähigkeit nannte Kant die ‚erweiterte Denkungsart' – sie wird in unserer ‚Soft Skills'-Demokratie als Kompetenz der sozialen Perspektivenübernahme verstanden, was nicht das Gleiche sein muss, denn die Frage bleibt offen, ob man unterschiedliche Perspektiven – imaginär – einnimmt, um dem näherzukommen, was man (moralische) Wahrheit nennen könnte, oder um den anderen und seine Bedürfnisse und Interessen besser zu verstehen (sei es für ihn oder gegen ihn). Jedenfalls vertrat Arendt die Ansicht, dass die Grundlagen des politischen Lebens, nämlich die Urteils- und Handlungsfähigkeit der Bürgerinnen und Bürger, durch das die Massen erfassende Lügen, das sie in der modernen Politik zu erkennen meinte, zerstört werden (S. 73).

Wahrheit als das, was sich nicht ändern lässt

Gegenwärtig sieht man sich einer Politik gegenüber, die offiziell keinen ‚Ideologien' oder ‚Weltanschauungen' mehr folgt, sondern scheinbar rationale ‚Methoden' der Problemlösung, aber auch der Kriegsführung anwendet und auf Wissenschaft, Marketing und *image making* setzt. „Wie die Werbefachleute, so leben auch die in der amerikanischen Politik einflussreichen Systemanalytiker und Spieltheoretiker in einer realitätsfernen Welt“, bemüht, die sperrige Wirklichkeit an die behaupteten wissenschaftlichen Gesetzmäßigkeiten der Politik anzupassen (Nanz, 2006, S. 73). Man hat sich im Grunde an manipulierte und selektive Berichterstattung ein Stück weit gewöhnt, wiewohl die Unterbindung einer unabhängigen Presse zuerst die freie Meinungsbildung angreift und dann die Urteilskraft und den Sinn für die Wahrheit schwächt oder zerstört. Doch während der politische Raum zwar groß und von Machtpraktiken und dem Wunsch nach Veränderung geprägt ist, so ist er doch auch begrenzt und umfasst nicht die Gesamtheit der menschlichen Existenz. Was ihn nach Arendt (2006b, S. 61-62) begrenzt, „sind die Dinge, die Menschen nicht ändern können, die ihrer Macht entzogen sind und die nur durch lügenden Selbstbetrug zum zeitweiligen Verschwinden gebracht werden können.“ Wahrheit kann so definiert werden „als das, was der Mensch nicht ändern kann“ (S. 62).

Lüge versus ‚Bullshit'

Mit Harry Frankfurt (2005b) könnte man etwas drastisch formulieren, dass Kulturen, in denen der Unterschied zwischen Wahrheit und Humbug nicht mehr interessiert, prekärer sind als Lügekulturen. Während der Lügner – auch der politische Lügner – wenigstens noch mit der Wahrheit in Kontakt steht, ist der Humbug-Produzent – sagen wir mit Frankfurt: der Bullshitter – nur auf Wirkung bedacht. Wahrheiten sind für ihn persönliche Ansichten, die man haben kann oder eben auch nicht; sie sind Meinungen über Wahrheiten, die als subjektive Produkte höchstpersönlicher Lernprozesse zu akzeptieren sind. Während wir in konstruktivistischer Manier festhalten können, dass Bullshitter XY in Interaktion mit seiner Umwelt, die vielleicht nicht nur günstige Entwicklungspotenziale offerieren konnte, seine ‚eigene' Sichtweise der Welt kreiert und in ‚individuellen' Adaptations- und Lernprozessen erworben habe, würde der sogenannte gesunde Menschenverstand eher formulieren, dass XY überhaupt nichts gelernt habe und Humbug erzähle. Die Gleichgültigkeit gegenüber dem Versuch, Wahrheitsansprüche auf ihre Verallgemeinerbarkeit zu überprüfen, macht das Wesen einer modernen Humbugkultur aus, die den Pragmatismus bis in die Prinzipienlosigkeit hineintreibt.

Fragen

1. Was meint Richard Sennett, wenn er von der ‚Tyrannei der Intimität' spricht?
2. Inwiefern kann Zivilität bzw. Anstand auch als die Kunst des ‚richtigen' Abstandes verstanden werden?
3. Durch welchen je zentralen Mechanismus der Sicherung des politischen Gemeinwesens sind die drei demokratischen Paradigmen *Liberalismus*, *Republikanismus* und *Deliberation* gekennzeichnet?
4. Welche dieser drei Paradigmen betonen besonders die Bedeutung demokratischer Partizipationsformen – und was kann unter ‚politischer Partizipation' verstanden werden?

Weiterführende Literatur

Reichenbach, Roland (2007): Anstand als Kategorie der Politischen Bildung. In: Crotti, Claudia/Gonon, Philipp/Herzog, Walter (Hrsg.): Pädagogik und Politik. Historische und aktuelle Perspektiven. Bern/Stuttgart/Wien: Haupt, S. 317-334.

Sennett, Richard (1986): Verfall und Ende des öffentlichen Lebens. Die Tyrannei der Intimität. Frankfurt/Main: Fischer.

Taylor, Shelley E. (1993): Positive Illusionen. Produktive Selbsttäuschung und seelische Gesundheit. Reinbek bei Hamburg: Rowohlt.

Vec, Milos (2004): Juristische Normen des Anstands. Zur Ausdifferenzierung und Konvergenz von Recht und Sitte bei Christian Thomasius. In: Schulze, Rainer (Hrsg.): Rechtssymbolik und Wertevermittlung. Berlin: Duncker & Humblot, S. 69-100.

3. Lieber sich selbst sein? Das Ethos der Authentizität

Zum Ideal der Lebensführung und des Gefühlsausdrucks wird Authentizität in der Epoche der europäischen Aufklärung und vor allem ihrem Gegengewicht, wenn man so will, der Romantik (vgl. Taylor, 1996). Der Aufstieg dieses Ideals wäre aus gesellschafts- und kulturkritischen Perspektiven, aber auch aus der anthropologischen Perspektive zu analysieren: der ‚Entfremdung' des Menschen in der modernen Welt und der Suche nach dem ‚wahren Selbst'. Man selbst sein zu können, zu dürfen, aber auch zu sollen (müssen), wurde zu einem der wohl wirksamsten ethischen Motive der letzten 250 Jahre in der westlichen Welt: Authentizität ist eine ‚erfolgreiche Idee'.

Ideal der Authentizität

3.1 Eine erfolgreiche Idee

Zusammen mit der Idee der Autonomie ist das Ideal der Authentizität zu einem wesentlichen Orientierungspunkt bei der Bemühung um Selbstverständnis des modernen Menschen geworden (Meyer-Drawe, 2000): ‚Ein unabhängiges Leben führen', ‚seiner Bestimmung folgen', ‚man selbst sein', ‚sich (und andere) akzeptieren, wie man ist (wie sie sind)', ‚sich finden', ‚sich verwirklichen' u.v.a.m. sind einige der kaum bestrittenen Formeln, welche die Kraft dieses Ideals illustrieren. In ihnen kommt auch die Gleichursprünglichkeit bzw. zumindest der enge Zusammenhang zwischen Autonomie (selber denken, selber handeln) und Authentizität (man selbst sein, seiner eigenen Stimme folgen) zum Ausdruck (Taylor, 1996). Ohne den entfremdungstheoretischen Hintergrund (im weitesten Sinn) kann die Etablierung dieses Ideals kaum verstanden werden. In diesem Zusammenhang ist die Bedeutung von Jean-Jacques Rousseau – insbesondere seinem *Gesellschaftsvertrag (Contrat social)* von 1762 – kaum zu überschätzen: Die Auswüchse der modernen Gesellschaft – der Prozess der etwas aus dem Ruder gelaufenen Zivilisation – sind der Grund, dass der Mensch nicht (mehr) man selbst sein kann. Der Dialektik von Natur(zustand) und Gesellschaft(szustand), welche in Rousseaus Werk zum Ausdruck kommt, wird in den Analysen von Georg Wilhelm Friedrich Hegel und später Karl Marx gefolgt,

Autonomie und Authentizität

Entfremdung

allerdings mit bedeutsamen Akzentverschiebungen. Der Verlust des Selbst (Entfremdung) stellt bei Hegel eine (spekulative) Übergangssituation in der Bildung bzw. Entwicklung des Menschen dar, während sich Marx für die reale Entfremdungssituation der arbeitenden (und ausgebeuteten) Menschen in der sich entwickelnden kapitalistischen Gesellschaft interessiert (Mittelstraß, 1980, S. 550ff.; Noetzel, 1999, S. 96). Im 20. Jahrhundert nehmen die Vertreter der Kritischen Theorie den entfremdungstheoretischen Argumentationsstrang in ihrer Gesellschaftskritik wieder auf. In dieser komplexen Geschichte, die hier nicht nachgezeichnet werden kann, transformierten sich auch das kulturell erfolgreiche Handlungsideal der Authentizität und die vor diesem Hintergrund vollzogenen sozialen Praktiken (mittlerweile auch) in Richtung kritischer und (selbst)ironischer Formen der Selbstdarstellung. Dadurch hat sich auch sein ethischer Charakter (mehr oder weniger) gravierend verändert.

Eine ,erfolgreiche' Idee

Konstant bleibt hingegen, dass Authentizität als eine ,erfolgreiche' Idee bezeichnet werden kann. Erfolgreiche Ideen müssen nach Eva Illouz (2009) mindestens drei Bedingungen erfüllen: (1) Sie müssen zur gesellschaftlichen Situation ,passen', das heißt u.a. die Erfahrungen der sozialen Akteure für diese selbst verständlich machen. (2) Sie müssen Orientierung bieten, speziell in den als bedeutsam erachteten Bereichen des Lebens. Und (3) sie „müssen in sozialen Netzen institutionalisiert sein und zirkulieren" (S. 41). Erfolgreich sind kulturelle Ideen, „wenn sie es dem Selbst ermöglichen, verschiedene Aspekte seiner Umwelt in Erzählungen, Bezugsrahmen und Metaphern einzubinden, die in den gegebenen institutionellen Kontexten ,funktionieren'" (S. 41-42).

Ein eigenes Leben führen

Schon mit Rousseau und später mit Herder kommt zum Ausdruck, dass das Folgen der eigenen Stimme und die Differenzen, die sich dadurch zwischen den Menschen ergeben, weil sie in einer je eigenen Weise (wahrer) Mensch zu sein versuchen, von moralischer Bedeutung sind. Damit bin ich „aufgefordert, mein Leben in ebendieser Weise zu führen, ohne das Leben irgendeiner anderen Person nachzuahmen" (Taylor, 1995, S. 38). Die Treue zu sich selbst wird ausschlaggebend für ein sinnvolles Leben; ich muss lernen, was es für *mich* bedeutet, Mensch zu sein.

Die als moralisch empfundene Aufforderung, ein je *eigenes* Leben zu führen (führen zu lernen und führen zu wollen), ist unter der Bedingung der Pluralität und Sprachlichkeit des Menschen und durch die Sprache als vortreffliches Mittel der Möglichkeit, Subjektivität auszubilden, in Abhängigkeit von den anderen zu sehen. Schon deshalb wäre eine moralische Abwertung des Selbstverwirklichungsideals von vornherein verfehlt. Vielmehr kommt es auf die Betrachtungsweise an, inwiefern und in welchen Bezügen zu gemeinschaftlichem Sinn ein eigenes Leben ‚geschrieben' werden kann.

3.2 Drei Modelle des authentischen Lebens

Drei Modelle der Authentizität

Doch wie kann man sich ein ‚authentisches Leben' vorstellen? Menke (1996) hat drei Modelle der Authentizität vorgeschlagen, die der Klärung des Sachverhalts dienen und heuristische Relevanz besitzen. Menke bemerkt eine „Ironie der Selbstverwirklichung" (vgl. S. 137-201), die darin besteht, dass Authentizität nicht ohne unbedingte Bezugnahme auf gemeinschaftliches anderes denkbar ist, d.h. nur in Bezug auf ein ‚gemeinsames Gutes', mithilfe dessen sie sich als ‚individuelles Gutes' zu bestimmen versucht. Das Ironische dieser Beziehung besteht darin, dass das Individuum zum gemeinsamen Guten in Distanz treten muss, um seine Authentizität zu erfahren, dass dies aber nur durch die konstitutive Bezogenheit auf das gemeinsame Gute möglich ist (S. 199). Das Individuum kann den Inhalt des eigenen Guten nur im ironischen Bezug zum gemeinsamen Guten gewinnen, also dadurch, dass es in gewisser Weise – als authentisches Eigenes – nur das Gegenteil dessen artikuliert, was es ‚eigentlich' meint: „Individualität besteht in einem (ironischen) Umweg zur (eigenen) Identität über (fremde) Formen" (ebd.). Die drei Modelle der Authentizität kennzeichnen ein je unterschiedliches Verhältnis des authentischen Guten zum gemeinsamen Guten. Das authentische Gute könne als (1) *bejahende* Übernahme, als (2) *endgültige* Überwindung und als (3) *unaufhörliche* Überschreitung des gemeinsamen Guten beschrieben werden (S. 200).

Übernahmemodell

1. Nach dem Übernahmemodell findet sich das Individuum darin authentisch, als es zur Einsicht gelangt, dass es immer schon und immer noch durch herkömmliche und geteilte Deutungsmuster bestimmt ist, welche es bejaht (bzw. bejahen gelernt hat). Hier kann von einem „traditionalen Modell der Individualität" gesprochen werden (ebd.).[4]

[4] Im Sinne psychologischer Theorien der Identitätsentwicklung scheinen sich hier auf den ersten Blick Ähnlichkeiten mit dem Konzept der „übernommenen Identität" (bzw. ‚foreclosure') nach Marcia (1966) zu ergeben. Auf den zweiten Blick erweist sich eine solche Identifizierung als moralische Zumutung, da die über-

Überwindungsmodell

2. Das Überwindungsmodell entspricht ‚modernen' Modellen der Individualität und ihrer Entwicklung; „das Werden des Individuums zu sich besteht demnach darin, dass das Individuum sich aus seinen anfänglich allgemeinen Formen befreit und Wissen von seiner eigentümlichen Bestimmung gewinnt" (ebd.). Dieses Modell besagt – psychologisch ausgedrückt – letztlich, dass das Individuum insofern *eigene* Authentizität zu finden vermag, als es imstande ist, sich von der ‚natürlichen Identität' (der Kindheit) über die ‚soziale Identität' (der Adoleszenz und des jungen Erwachsenenalters) zur ‚Ich-Identität' zu entwickeln, oder etwa von der ‚Präkonventionalität' über ‚Konventionalität' zur ‚Postkonventionalität' (vgl. Althof, 1990).

Modell der permanenten Überschreitung

3. Das *Modell der permanenten Überschreitung* beschreibt eine skeptische Sicht auf die Möglichkeit von (authentischer) Individualität. Es ist verstärkt prozedural gedacht und – je nach Blickwinkel – pessimistisch gefärbt; „das Werden des Individuums zu sich" (Menke, 1996, S. 201) wird als permanenter Prozess (mehr oder weniger) spielerischen Auflösens vorgegebener allgemeiner Formen gedacht, ohne dass die Möglichkeit gegeben wäre, „zu einer bestimmten Gestalt zu gelangen, die sich als die eigene auszeichnen lässt" (ebd.).

Bedeutungswandel von Authentizität

Alle drei Modelle der Bestimmung des eigenen Guten stellen Modelle individueller Selbstverwirklichung sowie der Authentizität dar. Sie unterscheiden sich in der Beantwortung der Frage, worin dieselbe denn bestehe. Bedeutungsgeschichtlich wird Authentizität zunächst „dem Objektiven zugesprochen und als subjektkonstitutives Moment" – als ein ‚Sein in Gott' – „von Autonomie getrennt", verlagert sich in der Neuzeit allmählich „in den Bereich des Subjektiven und verbindet sich zunehmend mit dem Anspruch auf Autonomie" (Meyer, 2007, S. 71). Die moderne Hoffnung bestand dann aber darin, durch das selbstgesetzgebende Subjekt (Aufklärung) ein ‚echt seiendes Wesen' (Romantik) zu erlangen, so „zeigt sich Authentizität in dialektischer Spannung von Objektivem und Subjektivem" (ebd.). Kompliziert wird dieses Verhältnis durch die Frage, wie man sich für andere zu dem

nommene Identität sensu Marcia negativ konnotiert ist, und Individuen, welche quasi das Leben ihrer Väter und/oder ihrer Mütter weiterführen ohne dass es zu einer adoleszenten Identitätskrise kommt – auch wenn dies für die moderne Situation nicht typisch erscheint –, aus dieser Perspektive eine wesentliche (moderne) Entwicklungsaufgabe nicht optimal erfüllt haben, sich nämlich abzulösen und sich neu zu bestimmen.

macht, der man sein will: „Ist der Mensch so, wie er scheint? Hat er einen ‚Ich-Kern' oder hat er keinen? Oder ist das ‚authentische Ich' nur eine fragile Fiktion, die im sozialen Austausch ausgehandelt wird?" (Kugler & Kurt, 2007, S. 149).

Vermittelte Unmittelbarkeit

Mensch und Selbst zu sein, heißt nicht nur, in Verhältnissen zu leben, sondern sich zu diesen Verhältnissen selber in ein Verhältnis zu setzen bzw. setzen zu können (vgl. Kierkegaard, 1995). Der Mensch verhält sich zu Raumverhältnissen, Zeitverhältnissen, Selbstverhältnissen und sozialen Verhältnissen, bzw. es wird von ihm je nach Lebensphase und Situation erwartet. Das Verhältnis zu diesen Verhältnissen, einmal bewusst geworden, bedeutet aber auch, nicht ‚unmittelbar' bei sich sein zu können, sondern nur mittelbar – nur *vermittelt unmittelbar* (vgl. Plessner, 1982). Mit der ‚vermittelten Unmittelbarkeit' kommt es zur Frage der *Stimmigkeit zwischen Ausdruck und Auszudrückendem.* Daher ist eine bewusste Praxis auch als Inszenierungspraxis zu thematisieren, wenngleich sie darin nicht aufgeht. Inszenierungen dürfen nicht inszeniert erscheinen, um stimmig bzw. glaubwürdig zu wirken, außer sie sollen *als* Inszenierungen thematisiert oder ironisiert werden. Dies entspricht einer Inszenierung der Inszenierung (aber auch im Schein muss das Sein aufscheinen). Den *Ausdrucksinhalten* stehen *Ausdrucksformen* gegenüber, es gilt Balancen herzustellen, die ‚richtige Mischung' zu finden, denn als nicht (bzw. nur bedingt) instinktgeleitetes Wesen ist für den Menschen wesentlich, dass zwischen dem, „was er empfindet, fühlt, denkt, will, und dem, was er in seinem äußerlichen Verhalten in Form von Zeichen zum Ausdruck bringt, kein unmittelbarer, sondern eben ein mittelbarer, indirekter Zusammenhang besteht" (Kugler & Kurt, 2007, S. 152).

Inszenierungen

3.3 Authentizität im pädagogischen Diskurs[5]

Drei Strömungen

Die Bedeutung des Ideals der Authentizität kann im Bereich der Pädagogik vorzugsweise an drei Epochen bzw. relevanten Strömungen analysiert und illustriert werden: (1) der Pädagogik der Aufklärung (hier ist insbesondere auf die zentrale Bedeutung des Werkes von Jean-Jacques Rousseau hinzuweisen), (2) der Reformpädagogik zu Beginn des 20. Jahrhunderts und vor allem auch (3) dem (überragenden) Einfluss der humanistischen Psy-

5 Dieses Unterkapitel ist eine adaptierte Version eines Forschungsantrages zur Thematik der Authentizität, der von Roland Reichenbach, Andreas Brenner und Daniel Dietschi geschrieben worden ist.

chologie im pädagogischen Diskurs der 70er- und 80er-Jahre des 20. Jahrhunderts, der bis heute in vielfältiger Weise im Bereich der Erziehung und Bildung bemerkbar ist und dort insgesamt noch wenig kritisch, mitunter auch polemisch (vgl. etwa Giesecke, 1985; Reichenbach & Oser, 2002), analysiert worden ist. Für diesen Diskurszusammenhang sind das Werk der AutorInnen Erich Fromm (1900-1980), Carl Rogers (1902-1987), Alice Miller (1923-2010) und Arno Gruen (geb. 1923) und der damit einhergehende Einfluss auf den pädagogischen Diskurs (sowie das alltägliche und populäre Selbst-Verständnis des spätmodernen Menschen) kaum zu bestreiten. Die Argumentationen dieser primär entfremdungstheoretisch inspirierten AutorInnen ist an entscheidenden Stellen pädagogisch bzw. auch anti-pädagogisch geprägt (teilweise auch *explizit* anti-pädagogisch) und führte historisch zu einer neuen – und gewiss auch radikalen – ,Politisierung' des Verständnisses des erzieherischen Verhältnisses und pädagogischer Beziehungen, welche in zeitgenössischen Dokumenten wie pädagogischen Ratgebern, Lehrplänen, öffentlichen Diskussionen und Gegendebatten sowie Beiträgen in wissenschaftlichen Journals (Anthologien, Nachschlagewerken, Didaktikhandbüchern) nachgezeichnet werden können. Die dem Authentizitätsdiskurs innewohnenden Konzepte der (1) Natur bzw. Natürlichkeit, der (2) Gesundheit bzw. Unversehrtheit (,natürliches Leben'), der (3) Ganzheitlichkeit und Vielfalt sowie der (4) Entwicklung und Veränderung (,Heilung') sowohl auf individueller als auch auf gesellschaftlicher Ebene prägen das pädagogische Denken auch in den heutigen Tagen und führen zu teilweise moralisierenden Positionen, die sich – etwa als schulkritisch – erstaunlich großer Beliebtheit erfreuen.

Für den Authentizitätsdiskurs relevante Konzepte

Systematisch-begriffliche Defizite

Authentizität und Expressivität

Allerdings fällt auf, dass die Problemlagen auf systematisch-begrifflicher Ebene im pädagogischen Authentizitätsdiskurs kaum differenziert erhellt werden. Dazu gehört das Problem (der Kriterien) des authentischen *Ausdrucks* (Authentizität und *Expressivität*). So ist beispielsweise die ,Unschuld' (sowie ,Unmittelbarkeit' und ,Natürlichkeit') des Kindes und des kindlichen Ausdrucks zwar ein Topos, gleichsam eine leitende und wirksame Hintergrundidee. Wird Authentizität und mit ihr der ,authentische Ausdruck' hingegen als Regulativ verstanden, so stellen sich die Frage und das Problem, wie und ob ,Unmittelbarkeit' überhaupt hergestellt werden kann. Unabhängig von diesem Problem ist pädagogisch aber auch eine Abwendung vom Kriterium der authentischen Kommunikation und gleichzeitig eine Hinwendung zum (gesellschaftlich, sozial) korrekten Verhalten bzw. zu 'anständigem Benehmen' festzustellen (vgl. z.B. Reichenbach, 2008a). Dies kann als zumindest implizite Kritik am regulativen Charakter des Authentizitätsideals für Kontexte der institutionalisierten Bildung und Erziehung gedeutet werden.

Authentizität und Souveränität

Ein zweiter, damit verwandter und wenig diskutierter Problembereich ist das Verhältnis von Authentizität und *Souveränität*. Es geht dabei u.a. um die Frage nach Ausdruckskontrolle und Ausdrucksmanagement: Steht nicht gerade das sozial kompetente und situationsangemessene bzw. kontextsensible Ausdrucksverhalten dem authentischen Ausdruck entgegen? Hier interessiert die Thematik der *inszenierten* Authentizität, des hergestellten und mehr oder weniger bewussten sozial-strategischen Einsatzes. In der Pädagogik wurde die Problematik beispielsweise am Begriff der 'Begegnung' (etwa bei Otto F. Bollnow, auch bei Martin Buber) thematisiert, was – rollentheoretisch gesprochen – ein 'Aus-der-Rolle-Fallen' (Werner Loch) implizieren mag, das nicht absichtlich und/oder souverän erfolgt, für Bildungs- und Erziehungsprozesse aber zentral erscheint. Daher ist für Bollnow eine 'Begegnungspädagogik' nicht möglich, wiewohl das Phänomen der Begegnung pädagogisch für denselben Autoren zentral bleibt (vgl. Bollnow, 1959, 1964; vgl. Kapitel 1.5).

Authentizität und Reflexivität/ Introspektion

Verbunden mit den genannten Aspekten müsste weiter das Spannungsverhältnis zwischen Authentizität und *Reflexivität* einerseits und Authentizität und *Introspektion* andererseits interessieren. Insbesondere der sprachliche Zugang scheint die Barriere par excellence zur 'Eigentlichkeit' bzw. für 'Uneigentlichkeit' zu sein. Der Frage nach der Möglichkeit, sprachliche (textgebundene) Grenzen sowie Diskursgrenzen zu transzendieren, kommt daher eine umfassende Stellung im Authentizitätsdiskurs zu. Eine wichtige Strategie im Hinblick auf dieses Problem scheint dessen durchgängiges Ignorieren zu sein, wie sich bei manchen entfremdungstheoretisch argumentierenden Autoren, insbesondere der humanistisch-psychologischen Provenienz, verhältnismäßig leicht aufzeigen lässt. Das Paradoxon des Authentizitätsdiskurses scheint darin zu bestehen, letztlich auf ein 'Eigentliches' verweisen zu müssen (oder verwiesen zu sein), von dem nichts bekannt ist (bzw. das sich nicht in Sprache fassen lässt). Diese Unterstellungsstruktur (kontra-faktische Präsupposition) scheint konstitutiv für den Diskurs um Authentizität zu sein, wiewohl sie manchmal in ihrer Problematik kaschiert oder nicht thematisiert wird.

Die Entfaltung des jeweiligen Zusammenhangs zwischen dem *Subjektverständnis*, den Vorstellungen des authentischen *Selbstverhältnisses* und den rhetorischen bzw. *semantischen Ausprägungen* des Diskurses um Authentizität einer Epoche ermöglicht es, Kontinuitäten und Brüche im neuzeitlichen (subjektzentrierten) pädagogischen und anthropologischen Denken offenzulegen.

Rousseaus Émile

Als Ausgangspunkt des Diskurses um persönliche und pädagogische Authentizität kann Rousseaus 1762 erschienener Erziehungsroman *Émile oder Über die Erziehung* gewertet werden (siehe Rousseau, 2012). Darüber hinaus liefert – wie oben schon erwähnt – seine im selben Jahr erschienene Abhandlung *Du contrat social* Anhaltspunkte für die Bestimmung des Verhältnisses zwischen Individuum und Gesellschaft (siehe Rousseau, 2013). Beiden Werken liegt der Gedanke eines (ursprünglichen) Menschen im Naturzustand zugrunde, der erst durch den (falschen) Umgang mit der Natur sowie vor allem mit der Gesellschaft und ihrer Kultur von sich und seiner ihm gegebenen Natur entfremdet wird. Diesen Gedanken hat Rousseau bereits 1754 im *Zweiten Discours* entwickelt. Die besondere Bedeutung, die das Verhältnis des Subjekts zu sich selbst gewinnt, zeigt sich in der Differenz von der selbsterhaltenden *amour propre* und der selbstsüchtigen *amour de soi*. Rousseaus Schaffen ist sowohl Teil der französischen Aufklärung als auch Kritik derselben. In der Tradition der europäischen Aufklärung unternimmt er eine das Individuum bestärkende Neusituierung gegenüber der Gesellschaft. Andererseits gerät Rousseaus *Erster Discours* (1750) zum Fanal gegen eine mit der Aufklärung einsetzende tendenzielle Instrumentalisierung und Beherrschung der Natur und weist mit deren Nobilitierung bereits auf zentrale romantische wie auch lebensphilosophische und reformerische Motive voraus.

Lebensreformbewegung

Ein zweiter Verdichtungsstrang gesellschaftlich-edukativer Bemühungen um Authentizität lässt sich in den Lebensreformbewegungen und den teilweise daraus hervorgegangenen Reformpädagogiken um die und vor allem nach der Wende zum 20. Jahrhundert erkennen. Darin wird verschärfte Zivilisationskritik betrieben und dabei eine durch kapitalistischen Leistungsdruck bewirkte Entfremdung diagnostiziert und moniert. Exemplarisch für die heterogene Lebensreformbewegung sei hier auf die Kolonie auf dem Monte Verità im Tessin verwiesen. Nebst alternativen Gemeinschaftsformen sowie strikten und abstinenten Ernährungsvorschriften pflegten die Mitglieder Praktiken von ‚Körperkultur' und experimentierten mit ‚Lichtluftkuren' (vgl. dazu Schwab, 2009). Die Psychoanalyse Freuds und deren offenkundige Kritik an rigiden zeitgenössischen Moralvorstellungen generieren wichtige „Emanzipationsformeln" (Kohler, 2009, S. 200) und versprechen dem Subjekt ein selbstbestimmteres Leben –

wenigstens innerhalb der theorieinhärenten Einschränkungen, die mit den Implikationen der These des Unbewussten gegeben sind. In sozialphilosophischer Hinsicht bearbeiten zwei diametral auseinanderlaufende Denkströmungen das Thema der Entfremdung. Heidegger widmet sich in *Sein und Zeit* (1927) mit Begriffen wie ‚Eigentlichkeit', ‚Verfallenheit' und ‚Man' ebenso der Analyse des Subjekts in Zusammenhang mit einem „massengesellschaftlichen Konformismus" (Kohler, 2009, S. 200), wie dies die frühe Kritische Theorie Horkheimers und Marcuses unter Verwendung anderer Prämissen und Begriffe unternimmt (vgl. ebd.).

In pädagogischer Hinsicht liefern die Konzeptionen von Maria Montessori und Ellen Key mit ihren je ‚kindgemäßen' Pädagogiken eine Vorlage zur kritischen Begutachtung vom Dogma der kindlichen Reinheit und Authentizität (im Falle Keys gelingt die Heiligsprechung des Kindes freilich nur zum Preis einer strikten Euthanasie). Ferner ist die vielfältige Landerziehungsheimbewegung als Verweis auf die umfangreichen Bestrebungen zu einer ‚lebensnahen' und insofern authentischen Erziehung zu betrachten. Die emanzipatorischen Postulate einer marxistisch-psychoanalytischen Pädagogik lassen sich an Siegfried Bernfelds Konzeptionen und seiner pädagogischen „revolutionären Praxis" (Ballauff & Schaller, 1973, S. 11) ebenso illustrieren wie die philosophisch-pädagogisch-sozialrevolutionären Anstrengungen eines Leonard Nelson (Kant-Fries-Schule) bezüglich einer ‚vernünftigen Selbstbestimmung' und ‚ethischen Autonomie' (Nelson, 1921) basierend auf einem absoluten und objektiven Sittengesetz (die 1922 von Nelson gegründete ‚Philosophisch-Politische Akademie' fungierte als Trägerin des Landerziehungsheims ‚Walkemühle'/ ‚Internationaler Jugendbund').

Realistische Wendung

Eine dritte Periode von sowohl pointierter Rhetorik wie auch dezidiertem Bemühen um Authentizität tritt in der Folge der postulierten ‚realistischen Wendung' (Roth, 1962) der Pädagogik als Wissenschaft zu einer sozialwissenschaftlich orientierten und empirisch betriebenen Erziehungswissenschaft ein. Die umfang- und folgenreichen Bildungsreformen in den späten 1960er-Jahren verlaufen parallel zu (und sind oft verwoben mit) gesellschaftlichen Transformationen. Veränderte Vorstellungen bezüglich des Verhältnisses der Geschlechter, Generationen und Gesellschaftsschichten ergänzen sich mit einer vermehrt um Authentizität bemühten und expressiv vollzogenen Lebensweise des Individuums und dessen Selbstverständnis. Die Gesellschaftskritik fußt u.a. auf Schriften aus der Kritischen Theorie der Frankfurter Schule um Adorno und Horkheimer (*Dialektik der Aufklärung*

1947) sowie neomarxistischen Studien zu Subjekt und Gesellschaft. Dabei offenbart sich eine Spannung zwischen den Erfordernissen einer geforderten gerechte(re)n Gesellschaft und den individuellen Ansprüchen an Echtheit der Lebensformen und der Kommunikation.

Einflüsse auf den Authentizitätsdiskurs

Abschließend, und ohne dies an dieser Stelle vertiefen zu können, kann gesagt werden, dass der Authentizitätsdiskurs von vielfältigen Bewegungen und Veränderungen geprägt worden ist und weiter geprägt wird, von (1) Differenzierungen und Subtilisierungen, (2) Trivialisierungen und Banalisierungen (‚Veralltäglichungen'), aber auch (3) Fundamentalisierungen (Funktionalisierungen/Instrumentalisierungen) sowie (4) Ironisierungen. Das Ideal der Authentizität hat, mit anderen Worten, seine ‚Unschuld' schon lange verloren und ist in vielerlei Hinsicht zu einem Instrument der Macht und des strategischen Einsatzes geworden, auch im Bereich der Pädagogik.

Fragen

1. Inwiefern kann mit Menke (1996) von einer ‚Ironie der Selbstverwirklichung' gesprochen werden?
2. Welches sind die drei Modelle der Authentizität gemäß Menke (1996) und worin unterscheiden sie sich?
3. Wo nimmt der Authentizitätsdiskurs in der Pädagogik seinen Ausgang und welche Strömungen bzw. Epochen haben ihn im Folgenden besonders geprägt?

Weiterführende Literatur

Alheit, Peter (2000): „Ziviles Wissen": Fragile Hintergrundstrukturen der Zivilität. In: Literatur und Forschungsreport Weiterbildung 45/2000, 10-23.

Menke, Christoph (1996): Tragödie im Sittlichen. Gerechtigkeit und Freiheit nach Hegel. Frankfurt/Main: Suhrkamp.

Sennett, Richard (1986): Verfall und Ende des öffentlichen Lebens. Die Tyrannei der Intimität. Frankfurt/Main: Fischer.

4. Autonomie als regulative Idee[6]

'Aufklärung' ist Ausdruck der Lichtmetaphorik – und dies freilich nicht nur in der deutschen Sprache. Mit Aufklärung wird meist eine Epoche bezeichnet, sie kann und muss aber auch als Disposition, also als Haltung, begriffen werden. Insofern kann etwa in der Figur von Sokrates der Prototyp des 'Aufklärers' gesehen werden.

Aufklärung

4.1 Fortschreiten zum (moralisch) Besseren

Die wohl bekannteste Definition stammt von Immanuel Kant, der 1783 formulierte:

Immanuel Kant

> „*Aufklärung ist der Ausgang des Menschen aus seiner selbstverschuldeten Unmündigkeit. Unmündigkeit* ist das Unvermögen, sich seines Verstandes ohne Leitung eines anderen zu bedienen. *Selbstverschuldet* ist diese Unmündigkeit, wenn die Ursache derselben nicht am Mangel des Verstandes, sondern der Entschließung und des Mutes liegt, sich seiner ohne Leitung eines anderen zu bedienen. Sapere aude! Habe Mut dich deines *eigenen* Verstandes zu bedienen!, ist also der Wahlspruch der Aufklärung." (Kant, 1783/1977, S. 53, kursiv wie im Original)

Aufklärung heißt also, die Höhle der bloßen Meinungen und Vorurteile zu verlassen, der Autorität der Schatten nicht zu glauben, sondern selber zu prüfen, was Sache ist und was nicht, was zu tun und was zu lassen ist. Die Aufklärung betrifft allerdings nicht 'nur' das Wissen über die Welt, sondern insbesondere die Frage nach dem Erkennen-Können. „Was kann ich wissen?" ist eine der drei kritischen Fragen von Kant (sogenannte 'Kardinalfragen', vgl. weiter unten). Mit diesem selbst-kritischen Perspektivenwechsel geht der philosophische Blick weg von den klassischen Themen (wie beispielsweise die Frage nach Gott, der Freiheit, der Unsterblichkeit, dem Weltganzen oder dem Wesen der Dinge), „hin auf unsere Erkenntnis*art* von Gegenständen, nicht in psychologischer Manier, sondern darauf bezogen, was Erkenntnis und Urteil so möglich macht, dass ihnen teils objektive Geltung zukommt, teils offensichtlich gerade nicht oder je-

---

6 Dieses Kapitel ist – mit Anpassungen, Kürzungen und Ergänzungen – an Reichenbach (2007a, S. 90-211) angelehnt.

denfalls noch nicht" (Fischer, 1998, S. 134, kursiv wie im Original). Kant identifiziert zwei Quellen unseres Wissens bzw. unserer Erkenntnis, nämlich die *Empfindung* (Sinneswahrnehmung) und die *reinen Formen des Verstandes.* So gibt es einerseits die Erkenntnis durch Empfindung, welche durch konkrete Erfahrung mit Welt bedingt ist bzw. der Erfahrung *im Nachhinein folgt* (also eine – behauptete – Erkenntnis *a posteriori* darstellt), und andererseits auch erfahrungsunabhängige Bedingungen für bestimmte Behauptungen, sogenannte *a priori* Bedingungen.[7] „Erst wenn beides zusammenspielt, ‚Erfahrung' und apriorisches Vermögen des Verstandes", so Fischer (S. 135), „liegt objektive Erkenntnis der Möglichkeit nach vor". Fehlt es prinzipiell am Material der Erfahrung (z.B. weil ein letzter Grundsatz ins Übersinnliche projiziert wird), so kann die ‚Wahrheit' nicht überprüft werden und die entsprechende ‚Erkenntnis' ist weder wahr noch falsch, weil sie gar keine Erkenntnis sein kann.

Aufklärung als Bedingung von Fortschritt

Aufklärung heißt in beiden Fällen, ob es nun um die Welt oder um sich selbst geht, sich schonungslos der Erkenntnis preiszugeben und sich den Autoritäten des Wissens, denen ich nur glauben kann, und den Autoritäten des Tuns, denen ich gehorchen sollte, nicht blind zu unterwerfen, nicht ohne selbst gefragt zu haben, ob dieser Glaube oder dieser Gehorsam, zu welchem ich vielleicht aus *Feigheit* oder *Faulheit* (vgl. Kant, 1783/1977) neige, überhaupt berechtigt ist. Aufklärung ist die Bedingung des Fortschritts im wissenschaftlichen und ethischen Bereich. Fortschritt wird als Höherentwicklung gedacht; der Einzelmensch, aber auch die Gemeinschaft, Gesellschaft und schließlich die Menschheit wäre nach dem Fortschrittsglauben prinzipiell zur Höherentwicklung fähig. Im Glauben an die Möglichkeit der Förderung des Fortschritts, der Höherbildung des Menschen und der Erziehung des ‚Menschengeschlechts' zu seinem ‚aufgeklärten Zeitalter' sind die Wurzeln des Leitbegriffs jeder gesellschaftskritischen Pädagogik bis zum heutigen Datum zu sehen. Es handelt sich hierbei um ein großes Vertrauen auf die *Wirksamkeit von Erziehung* (was man auch ‚pädagogischen Optimismus' nennt), d.h. ein Vertrauen auf die gezielte Veränderung von Mentalitäten, Wertvorstellungen und Lebensperspektiven, um die gesellschaftlichen Krisen zu bewältigen (vgl. Breinbauer, 2000, S. 68).

Pädagogischer Optimismus

[7] Untersuchungen, die sich nicht mit Gegenständen befassen, sondern mit der Art der Erkenntnis, insofern diese auf apriorischen Elementen beruht, nennt Kant transzendental bzw. transzendentale Kritik (Fischer, 1998, S. 136).

Fortschritt versus Innovation

Die Fortschrittsidee lebt – vielleicht besser: lebte – (1) vom ‚Lernen des Wissens', (2) von der intergenerativen Kontinuität der Zukunftsgestaltung, dass also die jüngere Generation am gleichen ‚Projekt' weiterarbeiten wird, und war (3) in dieser Hinsicht den moralischen Imperativen einer fortschrittlichen Herkunft verpflichtet (Aufklärungsphilosophie). Die Rede vom Fortschritt ist heute durch einen anderen Diskurs verdrängt bzw. transformiert worden, den Diskurs der sogenannten ‚Innovation'. Die zeitgenössische Innovationsrhetorik hat mit der Fortschrittsidee nur noch wenig zu tun. Es geht ihr, um es in Anlehnung an Luhmann (2002, S. 194-195) zu formulieren, um (1) ein ‚Lernen des Entscheidens', um (2) ein Begreifen der Unbekanntheit (‚offene' Zukunft) als Ressource und Bedingung der Möglichkeit, überhaupt Entscheidungen zu treffen, während dafür naturgemäß (3) die Bedeutung der Erfahrung abgewertet werden muss. Fortschrittsdiskurse leben von Orientierungsmetaphern (Lakoff, 2000, S. 22ff.), wonach ‚höher' immer besser ist, ‚oben sein' besser als ‚unten sein', und wonach deshalb auch die pädagogische und (politische) Aufgabe lautet: *Steigerung*. Sobald wir das Feld der Kompetenzentwicklung verlassen, schwindet die Kraft der Orientierungsmetaphorik zumindest in ihrer *vertikalen* Dimension und verlagert sich in die *horizontale* Dimension: So sind etwa die Bezeichnungen ‚*Weiter*entwicklung', ‚*Weiter*bildung', ‚*Fort*bildung' horizontale Zeit- und Raummetaphern.

Orientierungsmetaphorik

Während der ‚Fortschritt' klassisch noch auf dem Weg nach oben war, tritt bei der ‚Fortentwicklung' das implizite Eingeständnis hinzu, dass die vertikale Situierung hier unklar geworden ist, d.h. unklar wird zunehmend, ob sich überhaupt noch irgendwas in die Höhe oder in der Tiefe entwickelt. Vertikal orientierte Fortschrittsideen verlieren an Überzeugungskraft, sobald das Konzept der sogenannten ‚*offenen*' Zukunft an Akzeptanz gewinnt, d.h. sobald wir nicht mehr sicher sind, wohin die Reise (der Politik und Moral, damit der Bildung) geht, gehen kann, und, vor allem, wohin die Reise gehen *soll*. Wenn ein Sinn der Geschichte nicht mehr erkannt werden kann und damit auch kein normativer Sinn und Zweck entsprechender Steigerungsaufgaben, ‚öffnet' sich die Zukunft und die Kompetenzdiskurse werden nun vollends formalisiert. Am deutlichsten ist dies am Begriff der ‚*Schlüssel*kompetenzen' zu erkennen: Kaum etwas, das keine Schlüsselkompetenz ist, da nicht mehr zu erkennen ist, welche Türen diese Schlüssel eigentlich öffnen sollen, was mit ihnen überhaupt Relevantes *erschlossen* werden kann.

Bedeutung der Zukunft

So scheint die um sich greifende Innovationsrhetorik die alte Fortschrittsidee zumindest teilweise ersetzt zu haben. Beide Begrifflichkeiten, *Innovation* und *Fortschritt*, leben von der räumlichen Fassung der Zeit, d.h. von der metaphorischen Strukturierung der Abstraktion ‚Zeit' durch den Herkunftsbereich ‚Raum', horizontal: *vorne – hinten* (Zukunft: vorne, Vergangenheit: hinten). Die Frage ist nur: Kommt die Zukunft *von vorne* auf uns zu oder schreiten wir *nach vorne* durch sie hindurch? Wo die Zukunft noch als Möglichkeitsraum erfahren wird, können wir durch sie hindurchschreiten, sie gestalten, sie verbessern: Das war der Kern der Metapher ‚Fortschritt'. Wo sie aber als ein Geschehen auf uns zukommt, müssen wir uns ständig erneuern, uns gegen sie wappnen, ob wir wollen oder nicht: Hier tritt die Innovationsmetaphorik auf den Plan. „Wer am Alten hängt", heißt es dann, „wird nicht alt"[8] – wer aber alt werden will, länger leben will, der muss sich verändern, und zwar ‚lebenslänglich'. Man muss sich nun *selbst* verändern, sich den Gegebenheiten anpassen, und nicht mehr gilt umgekehrt: dass wir die Zukunft so verändern werden, dass sie uns passt.

Mit dem modernen Begriff des Fortschritts, der die Zukunft nicht mehr als das versteht, was auf uns zukommt, sondern als das, „was wir durch die Pläne des Willens bestimmen können", so schrieb Hannah Arendt 1971 noch, „müsste die anstiftende Dynamik des Willens in den Vordergrund treten" (Arendt, 1998b, S. 386). Solche *Dynamik* des *Willens* ist heute bloße Rhetorik.

Intergenerativität

Der Fortschrittsgedanke basierte auf der Idee, dass die Geschichte der Menschheit, aber auch der Gesellschaft, mehr ist oder sein soll als eine sinnlose Reihung von Ereignissen, die wie von einem Irrsinnigen erzählt erscheinen (Arendt, 1998b, S. 267). Seit dem 17. Jahrhundert wurde vermutet, behauptet und erhofft, dass sinnvolle Geschichte als Verbesserung auch ohne konkretes Bewusstsein der Akteure – oder zumindest nicht aller Akteure – möglich ist. Fortschritt erschien so als ein von der Menschheit (als *Abstraktum*) gehegter *Plan*, „der hinter dem Rücken der Menschen wirksam wird", (aber) als eine „personifizierte Kraft" (S. 381-382).[9] Der Fortschritt sollte nicht einfach nur die Erkenntnis erfassen, sondern die menschlichen Verhältnisse überhaupt. Was in diesem Zusammenhang *Intergenerativität* ermöglichte und

[8] Vgl. die gleich lautende Zeile des Gedichtes von Günter Kunert *Wie ich ein Fisch wurde*.

[9] Beispielhaft für diese Sichtweise sind etwa die „unsichtbare Hand" bei Adam Smith, die „List der Natur" bei Kant, die „List der Vernunft" bei Hegel oder der „dialektische Materialismus" bei Marx.

zugleich bedingte, war der Umstand, dass die „Lebensdauer des Menschen als eines Individuums" zu kurz ist, „um alle menschlichen Anlagen und Möglichkeiten zu entwickeln" (Arendt, 1998a, S. 18), d.h. der Fortschritt der Gattung wurde (wird) dauernd unterbrochen durch das „Sterben alter und Geborenwerden neuer Einzelwesen" und „die neuen müssen eine sehr lange Zeit darauf verwenden zu lernen, was die alten schon wussten und hätten weiterentwickeln können, wenn ihnen ein längeres Leben vergönnt gewesen wäre" (S. 38). Diesem Umstand verdanken wir die Tatsache, dass der Fortschritt, der immer als ein Fortschritt der Gattung galt, genau „daher von wenig Nutzen für das Individuum" ist, wie Arendt meinte (S. 40). Das ist ein auch pädagogisches Problem.

Kritik am Fortschrittsglauben

Pädagogischer Optimismus wird aber nichtsdestotrotz durch eben eine Sicht der ‚Weltgeschichte' ermöglicht, die in Analogie zur organischen Entwicklung des Individuums behauptet wird: „Kindheit, Jugend, Reife..." (Arendt, 1998a, S. 18). Zu Recht wurde aber immer schon eine Falschheit in dieser Analogie vermutet. Die moralische Idee des Fortschritts der Menschengattung und die gleichzeitige Behauptung, der Mensch sei als moralisches Wesen ein Zweck an sich selbst, sind letztlich ein Widerspruch (S. 46). Schlimmer noch: Es mag sogar scheinen, dass es überhaupt „gegen die menschliche Würde [ist], an den Fortschritt zu glauben" (S. 102). So kommt es, dass das tonangebende Konzept des 18. Jahrhunderts von Kant selbst eher mit Melancholie gesehen wird. So betonte er die beklagenswerte Bedeutung der Fortschrittsidee für das Leben des Individuums: „Denn der Zustand, in welchem er itzt ist, bleibt immer doch ein Übel, vergleichungsweise gegen den besseren, in den zu treten er in Bereitschaft steht; und die Vorstellung eines unendlichen Fortschreitens zum Endzweck ist doch zugleich ein Prospekt in einer unendlichen Reihe von Übeln, die (...) doch die Zufriedenheit nicht Statt finden lassen (...)" (zit. nach Arendt, 1998a, S. 19).

Dialektik des Fortschritts

Die Fortschrittsidee als Säkularisierungsprodukt und Entchristlichung der Welt, insbesondere aber allein die Betonung von Fortschritt und Zukunft überhaupt, konfrontierte den Menschen wahrscheinlich unerbittlicher als je zuvor mit der „Kontingenz alles Menschlichen" (Arendt, 1998b, S. 266). Während die *Höher*entwicklungsidee zumindest als dialektische noch den Sinn von Abstieg, Zerfall, Niedergang erträglich machte, nämlich so, dass dennoch ein unendlicher Fortschritt postulierbar war, eine Bewegung von These zu Antithese, welche eine jeweils höhere Synthese hervorbringt, die wiederum zur These wird und ihrerseits eine

Antithese provoziert, was erneut eine nächsthöhere Synthese stimuliert etc., sodass jedes Ende auch Anfangspunkt einer neuen Höher- und Besserentwicklung bedeuten konnte, (während dies also so oder ähnlich gesehen werden konnte) wurde jede Verbesserungshoffnung gleichzeitig von einer tiefen Skepsis und mitunter von gnadenloser Ablehnung begleitet, die nicht nur das ‚Höher' der Metapher nicht gelten ließ, sondern nicht einmal das ‚Weiter'.

4.2 Der Kategorische Imperativ

Kategorischer Imperativ

Manche Begrifflichkeiten haben ein Eigenleben und sind in vielerlei Munde, als ob ganz klar wäre, was darunter zu verstehen sei. Zu dieser Gruppe von oft nur halbverdautem Wissen gehört sicher auch der sogenannte ‚Kategorische Imperativ', der von Kant erstmals in der *Grundlegung zur Metaphysik der Sitten* (1797/1990) erläutert wird. Der Kategorische Imperativ ist insofern ein ‚Imperativ', als er mit dem Sollen-Modus zu tun hat und Sollen den Modus der Moral, d.h. der richtigen oder guten Praxis, darstellt: „Was soll ich tun?", lautet die Frage, „Du sollst x (oder y) tun!", könnte eine Antwort lauten. Warum handelt es sich aber überhaupt um einen ‚Imperativ'? Die schlichte Antwort liegt in der Tatsache begründet, dass wir – bzw. die Menschen – nicht immer und nicht immer von uns aus – automatisch – das Gute oder Richtige tun: Wir müssen – imperativisch – aufgefordert werden, so und nicht anders zu handeln, oder eine Handlung zu unterlassen, von der wir im Grunde wissen, dass sie moralisch prekär oder ganz sicher nicht in Ordnung ist. Für Kant partizipieren Menschen gleichzeitig an zwei Universen: der sinnlichen (oder empirischen) Welt und der ‚intelligiblen' Welt (der Welt der Vernunft). Dies wird die ‚Zwei-Reiche-Lehre' genannt. Als *Bedürfniswesen* sind wir ganz Teil der sinnlichen Welt (und abhängig von der Befriedigung unserer Bedürfnisse), als *Vernunftwesen* können wir aber die Grenzen der Sinnenwelt zumindest zeitweilig auch übersteigen und also zumindest teilweise auch gegen unsere unmittelbaren Neigungen handeln (bzw. anders, als wir unmittelbar möchten). Genau diese Fähigkeit ist für Kant ein Beweis, dass wir moralische Akteure sein können, d.h. letztlich, dass wir frei, autonom sein können – also uns, ohne von außen (oder innen) beeinflusst zu sein, für jene Handlung entscheiden können, die uns als die moralisch gebotene erscheint. Diese kantische Sicht wurde und wird offensichtlich leicht missverstanden. Es ist natürlich

Zwei-Reiche-Lehre

nicht die Meinung Kants, dass nur gut ist, wer möglichst gegen seine Neigungen handelt, sondern vielmehr, dass die Fähigkeit, seine Neigungen zu transzendieren (übersteigen), besonders bedeutsam für Moral ist.

Ein Beispiel

Dazu ein Beispiel: Wenn ein Mann seine Frau, die in einen eiskalten Bergsee gefallen ist, zu retten versucht, dann ist dies sicher geboten, und der Mann sollte alles in seiner Macht Stehende auch wirklich versuchen, um seine Frau aus dem Wasser zu fischen. Nehmen wir nun an, es handele sich nicht um die Ehefrau, sondern um einen Erzrivalen, ja besser: um einen Erzfeind, der in den See gefallen ist und in dem kalten Wasser nur wenige Minuten lang überleben kann. Es wäre ein Leichtes, ihn ertrinken zu lassen. Und niemand würde die unterlassene Hilfeleistung bemerken. Handelt es sich um eine andere moralische Qualität, wenn es um die Rettung des Erzfeindes geht, als wenn es um eine geliebte Person geht? Im ersten Fall zeige ich – nach Kant –, dass ich fähig bin, den moralisch geforderten Standpunkt einzunehmen und entsprechend zu handeln. Dies vermag ich im zweiten Fall, da ich eine starke Neigung habe, meine Frau zu retten, nicht zu zeigen. Natürlich sind wir nach Kant in beiden Fällen gleichermaßen aufgerufen, das in unserer Macht Stehende zu unternehmen und die ertrinkende Person zu retten. Dies gilt ‚kategorisch' – für jeden, der helfen könnte, und für jeden, dem geholfen werden könnte. Kant spricht sogar nicht von Menschen, sondern von ‚endlichen Vernunftwesen' – denn gäbe es sterbliche Vernunftwesen auf anderen Galaxien, so würde der Kategorische Imperativ auch auf sie angewendet werden müssen. Auch einem ertrinkenden grünen Marsmännchen muss geholfen werden, selbst wenn wir es ganz und gar unsympathisch finden und es uns vielleicht vorher belogen hat.

Nun nehmen wir an, die einzige Möglichkeit, die der Ehemann sieht, um seine Frau oder seinen Erzfeind so schnell als möglich zu retten, besteht darin, ihm das Holzruder zuzuwerfen, das er ein paar Schritte neben sich entdeckt. Er wirft es leider so unglücklich, dass er damit voller Wucht den Kopf der bemitleidenswerten Person trifft, sodass diese sofort bewusstlos wird und ertrinkt. Könnten wir sagen, dass dieser Wurf verantwortlich ist für den Tod der Person, die jetzt umso eher ertrinken musste? Unabhängig davon, wie wir diese Verantwortung beurteilen, so würden wir doch den unglücklichen Retter nicht *moralisch* zur Rechenschaft ziehen wollen und den unglücklichen Rettungsversuch nicht *moralisch* verdammen, und zwar aus dem einfachen Grund, weil wir wissen, dass es auf das Motiv oder die Gesinnung ankommt, mit welcher der ertrinkenden Person das Holzruder entgegengeworfen worden ist: nämlich um sie zu retten, nicht um sie zu töten.

Gesinnungs- versus Verantwortungsethik

Seit Max Weber in seinem Aufsatz *Politik als Beruf* (1919; siehe Weber, 1988) die Unterscheidung zwischen Gesinnungsethik und Verantwortungsethik eingeführt hat, gilt Kant als Prototyp eines Gesinnungsethikers, eines Menschen, dem es bei der moralischen Beurteilung einer Tat oder einer Handlungsunterlassung vor allem um die Motive und weniger oder gar nicht um die Folgen des Handelns geht. Diese Differenz ist natürlich auch strafrechtlich von Bedeutung und teilweise umstritten (wer mit den Abfallprodukten seiner Chemiefabrik den Fluss verseucht, kann sich nicht der Verantwortung entziehen mit dem Hinweis, er hätte dies nicht gewusst oder gewollt). Auch Kinder beginnen eher als ‚Verantwortungsethiker' und werden erst mit der Zeit ‚Gesinnungsethiker'. Wenn man Kinder unterschiedlichen Alters fragt, was schlimmer sei, Situation A (ein Kind hilft seiner Mutter beim Einräumen von Gläsern, stolpert, und zwanzig Gläser gehen kaputt) oder Situation B (ein Kind soll seiner Mutter beim Einräumen der Gläser helfen, will aber nicht, und vor Wut wirft es ein Glas auf den Boden), so meinen die jüngeren Kinder, z.B. Fünfjährige, in der Regel, Situation A sei schlimmer, während ältere Kinder finden, Situation B sei schlimmer, natürlich mit dem Hinweis auf die Motivlage des Protagonisten. Das Kind in Situation A ist ‚unschuldig', das Kind in Situation B aber nicht, es hat sich nicht unter Kontrolle, verweigert die Hilfe und zerschlägt noch ein Glas! Wiewohl man die Dichotomisierung (absolute Entgegensetzung) von Gesinnungsethik und Verantwortungsethik kritisieren kann, so ist doch richtig, dass es Kant um die Motive des Handelns geht, nämlich um die sogenannten *Maximen*, was so viel wie die Gründe des Willens sind. In der *Grundlegung* formuliert Kant den Kategorischen Imperativ in drei ‚Formeln', nämlich in der bekannten *Grundformel*, welche lautet: „Handle nur nach derjenigen Maxime, durch die du zugleich wollen kannst, dass sie ein allgemeines Gesetz werde." Dann in der sogenannten *Naturgesetzformel*: „Handle so, als ob die Maxime deiner Handlung durch deinen Willen zum allgemeinen Naturgesetz werden sollte." Und schließlich in der *Selbstzweckformel*: „Handle so, dass du die Menschheit, sowohl in deiner Person als in der Person eines jeden anderen, jederzeit zugleich als Zweck, niemals bloß als Mittel brauchst." Wenn eine Person in einer moralisch bedeutsamen Situation ist und sich fragt, was zu tun wäre, wie sie handeln sollte, so kommt es nach Kant im Grunde darauf an, ob sich die Maxime des (fraglichen) Handelns widerspruchsfrei verallgemei-

Maximen

Kategorischer Imperativ als Verallgemeinerungstest

nern lässt. Dieser Verallgemeinerungstest heißt Kategorischer Imperativ. Man beachte: Es werden nicht konkrete Regeln und auch nicht allgemeine Prinzipien ‚getestet', sondern die (Willens) Gründe des Handelns (Höffe [1979] nennt Maximen *subjektive Handlungsgrundsätze*). Es macht wenig Sinn, die konkrete Regel „Wenn du einen Ertrinkenden in einem Bergsee siehst, werfe ihm ein Holzruder entgegen!" auf ihre Verallgemeinerbarkeit zu testen. Und auch ist nicht alles, was verallgemeinerbar ist, sittlich bzw. moralisch geboten, denn es gibt neben den moralischen auch andere Imperative (Kant nennt sie ‚*hypothetisch*', darunter fallen *technische* Imperative der Geschicklichkeit und *pragmatische* Imperative der Klugheit, welche die Grundstruktur aufweisen: „*Wenn* du X willst, musst du Y tun!" ... Aber vielleicht willst du X gar nicht...).

Vier Pflichten

Kant versucht den Kategorischen Imperativ in der *Grundlegung* hauptsächlich an vier Beispielen zu erörtern, an vier ‚Pflichten' (vgl. Tab. 1).

	Vollkommene Pflichten (negative Pflichten)	**Unvollkommene Pflichten (positive Pflichten)**
Pflichten gegen sich selbst	Selbstmordverbot	Verbot der Nichtentwicklung der eigenen Fähigkeiten
Pflichten gegen andere	Lügenverbot	Verbot der Gleichgültigkeit gegen fremde Not

Tab. 1: Moralische Pflichten (entnommen und ergänzt aus Höffe, 1983, S. 191)

Kant behauptet nun, dass wir die fraglichen Handlungsweisen, die er den ‚vollkommenen' Pflichten subsumiert – die Beispiele sind Selbstmord und Lügen –, logisch nicht widerspruchsfrei verallgemeinern können, während wir die Beispiele der sogenannten ‚unvollkommenen' Pflichten (Entwicklung der eigenen Talente und das Hilfegebot) – die im Übrigen genauso gelten wie die vollkommenen Pflichten – zwar logisch widerspruchslos denken, aber nicht wollen können. Um den Verallgemeinerungstest zu demonstrieren, muss Kant auf einige empirische Behauptungen zurückgreifen, die im Einzelnen nicht unbedingt überzeugen. Aber das soll hier nicht interessieren.

Autonomie als Ziel der Menschenbildung

Vielmehr sei betont, dass vor allem der ‚moralische Kant', d.h. die Moraltheorie von Kant mit ihrem Fokus auf die (moralische) Autonomie des Menschen, das pädagogische Denken insbesondere im deutschsprachigen Raum so stark geprägt hat, dass Eltern selbst heute noch, werden sie gefragt, was ihre Erziehungsziele sind, vor allem Dinge sagen wie, dass ihr Kind ‚kritisch' werden soll, ‚selbstbestimmt' und ‚autonom' und dergleichen mehr, und dass sie z.B. weniger sagen, dass ihr Kind ein ‚glückliches Leben' führe oder ‚Sinn im Leben' erfahre etc. Den Gedanken, dass Autonomie das Ziel der Menschenbildung sein könnte, übernimmt Kant von Rousseau, der ja im Grunde für beide Ideale und Diskurse steht: denjenigen der Autonomie und denjenigen der Authentizität. Leider bezieht sich der pädagogische Diskurs wenig auf andere Schriften Kants, etwa die *Anthropologie in pragmatischer Hinsicht* (1798/1977); dies würde es erlauben, den unnötigen Rigorismus, der Kant unterstellt wird, zu hinterfragen. Fernando Pessoa lässt in *Baron von Teive. Die Erziehung zum Stoiker* die Hauptfigur behaupten: „Nichts ist tragischer, als wenn intellektuelles und moralisches Vermögen in ein und derselben Seele oder in ein und demselben Menschen gleich stark ausgeprägt sind. Um eindeutig und absolut moralisch sein zu können, muss ein Mensch etwas dumm sein. Um absolut intellektuell sein zu können, muss ein Mensch etwas unmoralisch sein" (2004, S. 16). Wahrscheinlich hätte Kant an diesen Sätzen sehr wenig Freude gehabt. Vielleicht schon eher an den folgenden, die aus derselben Schrift stammen und derselben Figur in den Mund gelegt werden: „Seit jeher (...) sehe ich den Schmerz, das Unrecht und das Unglück auf der Welt mit den Augen eines Gelähmten, der einen Menschen ertrinken sieht, den niemand, selbst ein Gesunder nicht, retten könnte (...), es ist der Schmerz, den Schmerz zu sehen in seiner Unabänderlichkeit und zu wissen, dass die Erkenntnis seiner Unabänderlichkeit mich noch um die unnütze und noble Geste ärmer macht, ihn stillen zu wollen" (S. 31). Eine Ethik, die noch in der angedeuteten, absolut hilflosen und völlig erfolglosen Handlung des überforderten Menschen die Bedeutung des Willensmotivs für die Selbstachtung und Humanität erkennt, ist nicht einfach rigorose ‚Gesinnungsethik', sondern selber ein Stück Menschlichkeit.

Unterstellter Rigorismus

4.3 Autonomiepädagogik und das ‚krumme Holz' des Menschen

Aufklärung als Erziehungs- und Bildungsprojekt

Aufklärung als „Ausgang des Menschen aus seiner selbstverschuldeten Unmündigkeit" (Kant, 1783/1977) ist auch ein Erziehungs- und Bildungsprojekt. Aufklärungspädagogik ist Autonomiepädagogik (vgl. Hügli, 1999), ihr Ziel ist der autonome Mensch, der sich den moralischen Gesetzen, die er zu erkennen und bewerten vermag, freiwillig unterwirft. Der zivilisatorische Fortschritt, die

Höherbildung des Menschen und die Moralisierung der Menschheit können wirksam durch Erziehungsbemühungen gefördert werden. Darin liegen das Vertrauen und der Optimismus der aufklärerischen Pädagogik.

Freiheit und Zwang

Das Problem solch edler Pädagogik formuliert Kant in *Über Pädagogik* (1803/1977[10]): „Wie kultiviere ich die Freiheit bei dem Zwange?" Wie kann zur Freiheit bzw. Autonomie erzogen werden? Besteht darin nicht ein Widerspruch? Kann die Entscheidung dem Kind selber überlassen werden, welches akzeptierbare Gründe für Verhaltensweisen sind, die es nicht zeigen möchte (aber vernünftigerweise sollte)? Natürlich nicht! Das Kind kann die Güte und Bedeutung der Gründe für das eigene Handeln noch nicht zuverlässig beurteilen, und die motivierende Kraft solcher Gründe, auch wenn sie eingeschätzt werden könnten, wäre mehr als fraglich. Unter den Bedingungen der Autonomiepädagogik wird wenig beachtet, dass Autonomie in dieser ‚Tradition' das Ziel der Erziehung (und der Bildung) darstellt und nicht die Voraussetzung. Das Kind ist hinsichtlich des Zieles Autonomie als ‚defizitär' zu bezeichnen: Es soll (und kann) ‚autonom' werden, es ist aber noch nicht autonom. Autonomie im Sinne Kants meint aber, dass „wir aufgrund eigener Einsichten und jenseits sozialer Fremdbestimmung in der Lage sind, uns selbst die verbindlichen Regeln für unser Handeln zu geben. Dazu ist vorausgesetzt, dass wir in der Lage sind, hinter die bloß sozial akzeptierten Gründe zurückzufragen" (Schäfer, 2004, S. 41). Dass diese Fähigkeit auch als „Illusion" (Meyer-Drawe, 2000) bezeichnet werden kann, liegt auf der Hand. Vielleicht handelt es sich aber um eine jener „positiven Illusionen" (Taylor, 1993), die dazu beitragen, dass das Leben würdiger und das Zusammenleben gesitteter wird. Kant war sich durchaus im Klaren darüber, dass seine Zeit die moralische Stufe noch nicht erreicht hat, dass aber das So-tun-als-ob von größter Bedeutung ist. So schreibt er in seiner *Anthropologie in pragmatischer Hinsicht* (diese bedeutsame Stelle sei hier wiederholt):

Autonomiepädagogik

> „Die Menschen sind insgesamt, je zivilisierter, desto mehr Schauspieler: sie nehmen den Schein der Zuneigung, der Achtung vor anderen, der Sittsamkeit, der Uneigennützigkeit an, ohne irgend jemand dadurch zu betrügen; weil ein jeder andere, dass es hiemit eben nicht herzlich gemeint sei, dabei einverständigt ist, und es ist auch sehr gut, dass es so in der Welt zugeht. Denn dadurch, dass

[10] Die Vorlesungen zur Pädagogik sind 1803 erschienen, gehalten hat sie Kant seit dem Wintersemester 1776/77.

> Menschen diese Rollen spielen, werden zuletzt die Tugenden, deren Schein sie eine geraume Zeit hindurch nur gekünstelt haben, nach und nach wohl wirklich erweckt, und gehen in die Gesinnung über." (Kant, 1798/1977, S. 442-443)

Vier Formen der Erziehung nach Kant

Kant unterscheidet in seinen Pädagogik-Vorlesungen vier Formen der Erziehung: Disziplinierung, Kultivierung, Zivilisierung und Moralisierung. Die erste Stufe und Form der Erziehung, die *Disziplinierung*, besteht insbesondere im Bemühen, die negativen Seiten der „tierischen Natur" des Menschen, die der erwünschten Entwicklung und Bildung zuwiderlaufen, angemessen zu kontrollieren. *Kultivierung* meint die Unterweisung in die Kulturtechniken (Sprechen, Verhalten, Lesen, Schreiben etc.), wobei das Lernen nicht nur ‚mechanisch' sein, sondern, wo immer möglich, ‚aus Einsicht' geschehen soll. Die kulturellen Grundtechniken sollen – antizipativ – einen *persönlichen* ‚Wert-, Norm- und Kulturhorizont' erschließen. Die *Zivilisierung* meint den Erwerb von moralischen Haltungen, Werten, Normen, Regeln zur gesellschaftlichen Handlungsfähigkeit. Dies ermöglicht aber zusätzlich individuell verantwortetes soziales und politisches Handeln; es handelt sich bei der Zivilisierung um mehr als ‚bloße' Sozialisation. Die (in Zukunft zu erreichende) *Moralisierung* schließlich meint die Bildung der Persönlichkeit des Einzelnen, insbesondere die Herausbildung seiner moralischen Urteilskraft. Hierin liegen das Ziel und die Idee der ‚autonomen Ethik' bzw. der ‚Ethik der Autonomie': prinzipiengeleitetes und eigenverantwortetes Handeln.

Disziplinierung · Kultivierung · Zivilisierung · Moralisierung

Der Mensch kann nur Mensch werden durch Erziehung

Alle ‚Naturanlagen' – also die technische, pragmatische und moralische Anlage – sollen in der Erziehung möglichst proportionierlich gefördert und entwickelt werden. Dass dies möglich ist, daran steht für Kant letztlich kein Zweifel, die pathetische Formel lautet: „Der Mensch kann nur Mensch werden durch Erziehung. Er ist nichts, als was die Erziehung aus ihm macht" (1803/1977, S. 699). Fortschrittspädagogik ist auf allen drei Ebenen optimistisch: auf der Ebene des Individuums, das sich seinen Charakter selbst formt im Laufe seines Lebens, auf der Ebene der menschlichen Gesellschaft im Laufe der Generationen und schließlich als „Menschheit im Prozess der Geschichte" (Breinbauer, 2000, S. 80). Aus diesem Grund sollen die Kinder nicht für den gegenwärtigen, sondern dem „zukünftig möglich besseren Zustand des menschlichen Geschlechts, das ist: der Idee der Menschheit und deren ganzer Bestimmung angemessen, erzogen werden" (Kant, 1803/1977, S. 704).

Zwei Merkmale der kantischen Pädagogik

Neben den Formen der Erziehung sind für Kron (1999, S. 116-120) zwei weitere Merkmale typisch für die kantische Pädagogik, namentlich die Kennzeichnung des Menschen als ein offenes Wesen und die dialektische Begründung der Erziehung. Kants Pädagogik ist als eine *Erziehungslehre* zu verstehen, welche allgemeine *Erziehungsregeln* erläutert, wobei sich die Erziehungsvorgaben implizit am Konzept der *Entwicklung* (von der Geburt bis zur gesellschaftlich zugesprochenen *Mündigkeit*) orientieren. Die anthropologische Grundannahme besteht in einer gattungsspezifischen *Offenheit der Natur des Individuums*. Diese Offenheit des Menschen (als Gattung und Einzelwesen) wird als Chance der Kulturbildung (und Höherentwicklung) begriffen. In der *Dialektik* zwischen der Offenheit der menschlichen Natur und der Notwendigkeit kultureller Leistungen liegen der Grund und die Möglichkeit der Erziehung, die sowohl der gesamtgesellschaftlichen als auch der individuellen Entwicklung zu dienen hat. Erziehung leistet „einen Beitrag zur Entwicklung und Vervollkommnung des Einzelnen" und „einen Beitrag zur Erhaltung und Vervollkommnung der Kultur und Gesellschaft" (S. 120).

Der Mensch als offenes Wesen

Dialektische Begründung der Erziehung

‚Kindgerechte' Erziehung

Nun lassen sich in Kants Pädagogik, aber auch etwa in der *Metaphysik der Sitten*, leicht Stellen finden, die aus heutiger pädagogischer Perspektive etwas lachhaft anmuten, und es wird ersichtlich, dass der Entwicklungsgedanke zu Zeiten Kants in Wahrheit noch sehr wenig ausdifferenziert war. Dennoch ist das ‚Verständnis' für das Kind und die Frage nach den ‚entwicklungsstandgemäßen' pädagogischen Maßnahmen durchaus erstaunlich. Einige Zitate aus Kants *Pädagogik* mögen dies illustrieren helfen:

- „Aus Pflicht etwas tun heißt: der Vernunft gehorchen. Kindern etwas von der Pflicht zu sagen, ist vergebliche Arbeit." (Kant, 1803/1977, S. 743-744)
- „Auch die Scham muss nicht gebraucht werden bei Kindern, sondern erst in den Jünglingsjahren." (S. 744)
- „Das fröhliche Herz allein ist fähig, Wohlgefallen am Guten zu empfinden. Eine Religion, die den Menschen finster macht, ist falsch; denn er muss Gott mit frohem Herzen, und nicht aus Zwang dienen." (S. 745)
- „Viele Leute denken, ihre Jugendjahre seien die besten, und die angenehmsten ihres Lebens gewesen. Aber dem ist wohl nicht so. Es sind die beschwerlichsten Jahre, weil man da sehr unter der Zucht ist, selten einen eigentlichen Freund, und noch seltener Freiheit haben kann." (ebd.)

- „Man muss nicht sowohl das Herz der Kinder weich machen, dass es von dem Schicksale des anderen affiziert werde, als vielmehr wacker." (S. 751)
- „Ob aber der Mensch nun von Natur moralisch gut oder böse ist? Keines von beiden, denn er ist von Natur gar kein moralisches Wesen. (...) Er kann daher nur moralisch gut werden durch Tugend, also aus Selbstzwang, ob er gleich ohne Anreize unschuldig sein kann." (S. 753)
- „(...) wenn ein Mensch sich kriechend gegen andere beträgt, immer Komplimente macht, um sich durch ein so unwürdiges Benehmen, wie er wähnt, einzuschmeicheln, so ist auch dieses wider die Würde der Menschheit." (S. 749)

Stärkung der Person

Diesen großartigen Sätzen kann entnommen werden, dass es – kantisch – nicht einfach darum geht, den Menschen ‚moralisch gut' zu machen, sondern es geht – viel basaler, und man möchte sagen: pädagogischer – um die *Stärkung der Person*. Es geht nicht primär um die Fiktion völliger Selbstdurchsichtigkeit, permanenter rationaler Motiviertheit und heroischer Moral (‚jenseits sozialer Vermittlung'), sondern im Grunde um die Ausbildung des ‚gesunden Menschenverstandes', um die Fähigkeiten, im Gemeinwesen – und nicht ‚völlig unabhängig von ihm' – einen eigenen Standpunkt vertreten zu können und auch den Mut zu haben, ihn tatsächlich zu vertreten. Kant nennt in der *Kritik der Urteilskraft* drei Momente bzw. grundlegende Maximen des ‚gesunden Menschenverstandes', nämlich (1) „Selbstdenken", (2) „An der Stelle jedes andern denken" und (3) „Jederzeit mit sich selbst einstimmig denken". „Die erste ist die Maxime der *vorurteilfreien*, die zweite der *erweiterten*, die dritte der *konsequenten* Denkungsart" (Kant, 1790/1991, S. 214-215 [A 156], kursiv wie im Original; siehe Tab. 2).

Drei Maximen des gesunden Menschenverstandes nach Kant

1. „Selbstdenken"	„Vorurteilfreie Denkungsart"
2. „An der Stelle jedes andern denken"	„Erweiterte Denkungsart"
3. „Jederzeit mit sich selbst einstimmig denken"	„Konsequente Denkungsart"

Tab. 2: Maximen des gesunden Menschenverstandes

Bildender Unterricht

Dem Ziel des so verstandenen gesunden Menschenverstandes, welcher den Gemeinsinn – *sensus communis* – fördert, hat auch der Unterricht zu dienen, sodass Lernen idealiter etwas anderes sein müsste als das ‚bloße' Beibringen bzw. die ‚bloße' Aneignung von Wissen (wiewohl dies im Einzelfall schon sehr viel bedeuten kann). Unterricht hätte, so Fischer, ‚bildender Unterricht' zu sein:

> „Nicht ‚gibt es' sozusagen objektiv Gegenständliches, das durch die Sinne in uns hineinspaziert; nie ist auf diese Weise plausibel zu machen, dass irgend etwas Erkanntes objektiv gilt oder auf objektive Geltung wenigstens Anspruch macht. (...) Ein erstes Prinzip des *bildenden Unterrichts* ist *die Frage*, nicht in Gestalt eines launenhaften Kreuz- und Querfragens, überhaupt nicht zwangsläufig als Schülerfrage, sondern so, dass einsichtig wird, dass unser Erkennen Antwort auf Fragen ist und dass in jeder Antwort neue Fragen ihr Recht fordern." (Fischer, 1998, S. 137, kursiv wie im Original)

Da der Mensch offensichtlich nicht nur verlockt, sondern genötigt sei, „zu irgendwelchen Behauptungen über Gott, das Wesen der Dinge und Menschen, den Sinn des Daseins usw. seine Zuflucht zu nehmen", müsse „Pädagogik Front gegen jedes undisziplinierte, absolute Wahrheit reklamierende Ausschweifen der Vernunft machen, wo ihrem Eifer keine Erfahrung als ‚Probierstein' der Wahrheit korrespondiert. Sie muss immer dort, wo Metaphysisches dogmatisch behauptet wird, den Zweifel regen, muss dem Gottes- oder Freiheitsbeweisler usf. die nicht minder starken, sich jedoch gegenseitig paralysierenden Scheingründe des Atheisten oder Deterministen entgegenhalten" (Fischer, 1998, S. 138). Doch „so sehr es ein Kunstfehler" sei, „metaphysische Fragen definitiv zu beantworten", so sehr sei „es auch ein Kunstfehler, sie nicht und sich ihnen nicht theoretisch-skeptisch zu stellen" (S. 138-139).

Ein modernes pädagogisches Ethos

Es stellt sich die Frage, inwiefern die kantische Perspektive, projiziert auf heutige Schul- und Lebensverhältnisse, ‚abgehoben' erscheinen muss. Wiewohl Kants Pädagogik sozusagen wenig brauchbar ist, keine konkreten Hinweise gibt, so scheint sie doch ein Dokument zu sein, in welchem ein modernes Ethos des pädagogischen Denkens erstmals vorgestellt worden ist, hinter das man nicht zurückgehen kann. Kant ist kein Idealist, er kennt die Begrenztheit der Realität zu gut. Aus „so krummem Holze, als woraus der Mensch gemacht ist, kann nichts ganz Gerades gezimmert werden", heißt der viel zitierte Satz, den Kant (1784/1977, S. 41) in der *Idee zu einer allgemeinen Geschichte in weltbürgerlicher Absicht* einbringt, und führt fort: „Nur die Annäherung zu dieser Idee [die gerechte und freie bürgerliche Gesellschaft, Anm. R. R.] ist uns von der Natur auferlegt" (ebd.). Es bleibt eine Annäherung, weil das „vernünftige Geschöpf" immer auch eine „selbstsüchtige tierische Neigung" (S. 40) besitzt, welche nur durch ein „Oberhaupt" in Schranken gewiesen werden kann. Doch auch das „Oberhaupt der öffentlichen Gerechtigkeit" – sei es ein Kollektiv, seien es Einzelne – muss aus konkreten Menschen (aus der zweigeteilten Welt) rekrutiert werden, und früher oder später, in der einen oder anderen Art werden sie – wie alle Bedürfniswesen – ihre Freiheit missbrauchen (S. 41).

Freiheit als Pflicht

Wer sich pädagogisch nur für den ‚Kant der Ethik' interessiert, und nicht auch für den ‚politischen' und ‚anthropologischen' Kant, der macht aus ihm eine pathetische Figur, die er sicher nicht gewesen ist. Freiheit, so könnte abschließend formuliert werden, ist für Kant eine Pflicht, keine wirklich herbeigesehnte Eigenschaft des Menschen. Feigheit und Faulheit halten ihn davon ab, von der Freiheit Gebrauch zu machen. Und wird sie ihm überantwortet und ist er endlich bereit, Freiheit zu praktizieren, so ist die Chance groß, dass er sie missbraucht. Es könnte sein, dass der ‚pädagogische' Kant weniger eindeutig und emphatisch gelesen werden müsste, nicht gerade als Tragiker, aber als einer, der wusste, dass die Dinge immer wieder schiefgehen, dass die obersten Ziele nie erreicht werden, wir aber stets wissen müssen, was zu tun ist, und wacker bleiben sollen.

Fragen

1. Was ist mit dem Begriff des ‚pädagogischen Optimismus' gemeint?
2. Was ist der *Kategorische Imperativ*?
3. Welche vier Formen der Erziehung lassen sich nach Immanuel Kant unterscheiden?
4. Nennen und erläutern Sie die drei Maximen des gesunden Menschenverstandes nach Immanuel Kant.

Weiterführende Literatur

Gutmann, Amy (1987): Democratic Education. Princeton: Princeton University Press.

Kant, Immanuel (1783/1977): Beantwortung der Frage: Was ist Aufklärung? In: ders.: Werkausgabe (Bd. XI). Hrsg. von Wilhelm Weischedel. Frankfurt/Main: Suhrkamp, S. 53-61.

Kant, Immanuel (1798/1977): Anthropologie in pragmatischer Hinsicht. In: ders.: Werkausgabe (Bd. XII). Hrsg. von Wilhelm Weischedel. Frankfurt/Main: Suhrkamp, S. 395-690.

Kant, Immanuel (1803/1977): Über Pädagogik. In: ders.: Werkausgabe (Bd. XII). Hrsg. von Wilhelm Weischedel. Frankfurt/Main: Suhrkamp, S. 691-761.

Löwisch, Dieter-Jürgen (1995): Einführung in die Pädagogische Ethik. Eine handlungsorientierte Anleitung für die Durchführung von Verantwortungsdiskursen. Darmstadt: Wissenschaftliche Buchgesellschaft.

Nucci, Larry P. (2001): Education in the Moral Domain. New York: Cambridge University Press.

5. Verantwortung? Über das Verschwinden der Lebensfehler

5.1 Gute Ausreden

Ein schlechtes Gewissen als Mangel an einer guten Ausrede

Dieses Kapitel befasst sich mit einem Phänomen, das als Spannung zwischen zwei Motiven zeitgenössischer psychologischer Kultur bzw. Befindlichkeit verstanden werden könnte, nämlich die Spannung zwischen dem gesellschaftlich tief verankerten Gebot (und Selbstverständnis), wonach sich das Individuum als Handlungszentrum begreifen möge, einerseits, und andererseits dem Wunsch nach moralischer Entlastung, d.h. der gleichzeitigen Befreiung von jeder Verantwortung. Handelnde Wesen – im Unterschied zu bloß sich verhaltenden Wesen – machen Fehler. Niemand möchte für Fehler verantwortlich sein. Daher ist es für die Psychohygiene funktional, eine gute Ausrede zu haben, wenn man einen Fehler begangen hat. Denn eine gute Ausrede „lässt Zweifel daran aufkommen (...), wer eigentlich Verantwortung für eine Tat zu übernehmen hat" (Breithaupt, 2012, S. 12). Wer eine – *gute* (?) – Ausrede hat, kann nicht nur vor den anderen besser dastehen, sondern er entgeht häufig auch dem *Selbstvorwurf* (S. 140), d.h. er muss kein ‚schlechtes Gewissen' haben, da er ja eine taugliche rhetorische Strategie der Abwehr des moralischen Vorwurfs vorweisen kann (S. 141). Ein schlechtes Gewissen ist in dieser Sicht einfach ein Mangel an einer guten Ausrede.

Ausreden als Deutungsvarianten

Breithaupt schlägt in seiner *Kultur der Ausrede* (2012) vor, Moral weniger als Folge von Vorstellungen von Gut und Böse zu verstehen und/oder weniger als Verinnerlichung von Normen als vielmehr als Aneignung rhetorischer Anklage- und Abwehrstrategien. Das Gewissen sei daher nicht eine „Instanz, sondern ein Potenzial an Antwortstrategien" (S. 140). Diese Strategien der Anklage und Verteidigung werden für mehr oder weniger bestimmte Situationen gelernt und eingeübt (S. 139). Ein Beschuldigter mag einer Anklage Recht geben oder er mag die Beschuldigung für sachlich falsch erklären. Wenn er aber eine Ausrede findet, legitimiert diese damit nicht die Tat, sondern „liefert eine Gegenversion der Geschehnisse, die sich in einem entscheidenden Punkte von der der Anklage unterscheidet, nämlich dem Punkte, wer hier Rede und Antwort für das Vergehen stehen muss, wer also ‚Verantwortung' zu übernehmen hat, wie es erst seit wenigen Jahrhunderten heißt" (S. 27). Der Kern der Verantwortung besteht darin, wie der Name ja andeutet, auf Anklagen antworten zu müssen (S. 131). Es geht bei den Ausreden immer um Interpretation, Deutung. Und wo es um Deutung gehe, so Breithaupt, sei auch eine Vielzahl an Erklärungen möglich: „Adam bestreitet keineswegs den Anklagepunkt, vom Baum der Erkenntnis gegessen zu haben. Aber er bestreitet seine Schuld" (S. 27). Handlungen und Handlungsunterlassungen können häufig nicht abgeleugnet werden, allzu leicht wird man als Lügner, Schönredner oder Selbsttäuscher entlarvt. Daher ist für die Entlastung des Individuums von Bedeutung, eine andere Geschichte erzählen zu können.

Umdeutung

Wer von einem strafenden Über-Ich geplagt wird, hat aber vielleicht gute Freunde oder Freundinnen, die dabei helfen, eine Formulierung für eine entlastende Deutung zu finden. Wenn die Alltagspsychologie nicht hilft, können professionelle Entlastungsanbieter der theologischen, psychotherapeutischen oder auch philosophischen Welt- und Selbstdeutung helfen, die quälenden Gefühle der Schuld, Scham und Angst zu mindern. Das zugrunde liegende Motiv ist, zu einem Narrativ zu kommen, mit welchem die Fehler umgedeutet oder gar ausradiert werden können. Aus Fehlern werden dann beispielsweise psychophysische Notwendigkeiten, Schreie der Seele, existenzialistische Befreiungsversuche oder die ewigen Aufbrüche zu sich selbst. Es gibt hier eine ganze Reihe von kulturellen Angeboten, um auf die je spezifische Qualität der ‚kognitiven Dissonanz' zu reagieren.

5.2 Fehlentscheidungen im Lebenslauf

Negative Lebensbilanzierung

Im ‚traurigsten Buch Portugals', dem *Buch der Unruhe des Hilfsbuchhalters Bernardo Soares* (1985),[11] schreibt Fernando Pessoa: „Wir alle, die wir träumen und denken, sind Buchhalter und Hilfsbuchhalter in einem Stoffgeschäft oder in einem Geschäft mit einem anderen Stoff in irgendeiner Altstadt. Wir führen Buch und erleiden Verluste; wir summieren und gehen dahin; wir schließen die Bilanz und der unsichtbare Saldo spricht immer gegen uns" (Fragment 124). Die negative Bilanzierung des Lebens hängt aber offenbar weniger mit dem darin Erreichten bzw. Nicht-Erreichten zusammen als vielmehr damit, ‚es' versucht (oder eben nicht ver-

Versäumnisse

[11] Fernando Pessoa hat von 1888 bis 1935 gelebt. Beim *Buch der Unruhe* (1985) handelt es sich um Fragmente, die in den Jahren 1930 und 1931 geschrieben worden sind.

sucht) zu haben. Scheitern ist nicht das Problem, sondern das Versäumnis, die Unterlassung, die nicht mehr nachzuholen ist: „Es kann mich nicht sonderlich kümmern, dass ich es nicht geschafft habe, Kaiser von Rom zu werden, aber es kann mich schmerzen, nie je mit der Näherin gesprochen zu haben, die immer gegen neun um die rechte Häuserecke biegt. Der Traum, der uns das Unmögliche verheißt, entzieht sich uns schon allein deshalb; doch der Traum, der uns das Mögliche verspricht, drängt sich in das Leben selber ein und findet nur in diesem Leben seine Lösung" (ebd.). Pessoas Buch ist modern. Wie fast immer ist die Literatur bzw. Belletristik dem Verständnis von Phänomenen der Sozialwissenschaft und vor allem der Psychologie voraus; der Preis der konstitutiven Illusionen der modernen Selbstinterpretation wurde von Dichtern und Künstlern schon früh nicht nur erahnt, sondern explizit thematisiert.

Destandardisierung des Lebenslaufs

Nunner-Winkler (1989a, S. 83-84) beschreibt die gesellschaftlich-kulturelle Vormoderne holzschnittartig so: „Die Kontinuität der Lebensführung ergab sich als Korrelat gesamtgesellschaftlicher Stabilität und relativer Immobilität der Mitglieder in geographischer wie sozialer Hinsicht. Diese Gesellschaften kannten keine systematische Segregierung von Altersgruppen. Dem entspricht auf der Seite des Subjekts die Erfahrung eines integrierten Lebenslaufs ohne strukturell vorgezeichnete Brüche." Wahrscheinlich ist diese Typisierung viel zu grob und vielleicht klischeehaft, aber in ihr wird angedeutet, dass Moderne bzw. Modernisierung auch so verstanden werden kann, dass sich der Entscheidungsspielraum über die Lebensspanne vergrößert. Das damit verbundene Korrelat sei die „Destandardisierung des Lebenslaufs", welche mit zwei Bedingungen zusammenhänge, namentlich der Flexibilisierung des Lebenslaufs und der *Revidierbarkeit einmal getroffener Entscheidungen* (S. 85). Wenn (1) die Altersnormen ihre Rigidität immer mehr verlieren, (2) die Abfolge der Lebensereignisse nicht mehr so strikt normiert ist und (3) die Rollendominanzen kulturell nicht mehr völlig festgeschrieben sind oder erscheinen (S. 85-86), so erhöhen sich die Freiheitsgrade und damit auch die Möglichkeit und Häufigkeit (zumindest subjektiv) *verfehlter* Entscheidungen (die ‚verarbeitet' werden müssen, vgl. weiter unten). Auf dreierlei Weise können Entscheidungen nach Nunner-Winkler fehlgehen: Erstens gibt es *Fehlentscheidungen* (hier liege das Problem in der Art der verwendeten Gründe: Es handele sich um einen Irrtum der Situationseinschätzung oder um Selbsttäuschung). Zweitens gibt es *Nicht-Entscheidungen* (hier verweigere das Subjekt seinen Beitrag in der Ent-

Drei Arten fehlgegangener Entscheidungen

scheidungsfindung). Und schließlich gibt es *Pseudo-Entscheidungen* (hier fehle die Bereitschaft des Subjekts, die Konsequenzen einer Entscheidung zu tragen).

Abwehr von Verantwortung

Psychologisch interessant sind die zwei letztgenannten ‚Fehler', da sie offensichtlich mit den Abwehrstrategien zu tun haben, ‚es' gewesen zu sein, also Verantwortung übernehmen zu müssen. Biografisch mag bedauerlich sein, dass das Leben zu kurz ist, „um aus allen eigenen Erfahrungen profitabel lernen zu können" (Nunner-Winkler, 1989a, S. 92). Schmerzhaft aber sind vor allem irreversible Fehlentscheidungen, während die Nicht-Entscheidung als Korrelat von Selbstobjektivierung vor allem die Identität im Kern aushöhle (S. 99). Allerdings ergibt sich auch bei irreversiblen Entscheidungen die Möglichkeit der *Umdeutung*, denn ob eine Entscheidung wirklich ein Fehler war, weiß das Individuum aus kontingenztheoretischen Gründen vielleicht überhaupt nie. Gewissheit kann es – außer vielleicht im Glauben – höchstens dann geben, um es in Anlehnung an Eugen Fink (1987) zu sagen, wenn es ‚zu spät' ist, wenn die Folgen einer Handlung prinzipiell nicht mehr rückgängig zu machen sind. Ansonsten findet sich das Subjekt, das sich in der Entscheidungs- und Freiheitspraxis konstituiert, in der Situation der Inkompetenz oder Unwissenheit; es kennt die (‚tiefere') Wahrheit und Bedeutung seiner (vollzogenen oder erwogenen) Handlungen und Entscheidungen nicht. Das sind aber jene Beschreibungen, die dem Dilettanten vorgeworfen werden, der versucht, sich zu bestimmen und selbstbestimmt zu handeln. Er handelt frei, nicht *obwohl* er über die benannten Sicherheiten und Einsichten nicht verfügt, sondern er *verdankt* diese Praxis vielmehr diesem Mangel (vgl. Reichenbach, 2001).[12]

Irreversible Fehlentscheidungen

Dilettantismus

Geschwächter Sinn für die Fehlerhaftigkeit von Entscheidungen

Aus diesen Andeutungen mag die These nicht abwegig erscheinen, wonach mit der modernetypischen Schwächung der Artikuliertheit (und Rigidität) sozialer Aufgaben und Verantwortung (mit dem Verzicht auf soziale und zeitliche Transzendenz) auch die Lebensfehler ‚verschwinden', d.h. genauer und moderater formuliert: der *Sinn für die Fehlerhaftigkeit von Entscheidungen geschwächt* wird. Dafür ist aber die Entwicklung eines kulturell legitimen Ausredeapparates notwendig. Die populäre ‚Psychologie' der *Selbstentschuldung* und *Selbstversöhnung* führt in diesem

Authentizität als Ausrede

[12] Es kann gar behauptet werden, dass Selbstbestimmung notwendig mit Dilettantismus verbunden ist. In den Augenblicken selbstbestimmten Entscheidens erfährt sich das Subjekt als frei und dilettantisch zugleich. Wer solchen Dilettantismus vermeiden will, mag aber in Kauf nehmen, keine Freiheit zu praktizieren oder aber einer grandiosen Souveränitätsillusion zu unterliegen.

Zusammenhang dazu, dass kognitive bzw. emotionale Dissonanzen primär als Störungen des ‚psychologischen Gleichgewichts' begriffen und weniger als Ausdruck divergierender Interessen und Aufgaben, sprich: Werte (oder Bewertungen), verstanden werden. Die Güte der Gründe des Ungleichgewichts interessieren in einer Kultur der sogenannten Authentizität womöglich immer weniger. Authentizität – und sei sie inszeniert, denn um *willentlich* glaubhaft und wirksam zu sein, muss sie mitunter inszeniert werden – ist die moderne Ausrede par excellence. Freilich ist sie Ausdruck einer säkularisierten Theologie, aber nicht minder sakral!

Die psychologische (Selbst)Betrachtung des Lebenslaufs und der relevanten Lebensentscheidungen hilft, die Fehlerdiagnose bzw. die Identifikation oder Bewertung einer Entscheidung als fehlerhaft zu vermeiden. Das heißt aber freilich nicht, dass man sich nicht unglücklich oder unzulänglich fühlt, fühlen darf oder soll. Vielmehr ist momentan ein günstiger historischer Augenblick, um sich unglücklich und unzulänglich zu fühlen. Unter anderem hilft die „Rebiologisierung der psychischen Störungen" (Ehrenberg, 2008, S. 232), da sie den Einzelmenschen entlastet, indem sie ihm die Schuld für die eigene Gewordenheit nimmt. Man könnte von schuldlosem Unglücklichsein sprechen. Als einer der Ersten hat Alain Ehrenberg die Verschiebung von Schuld- zu Verantwortungszuschreibungen beschrieben. Während die Neurose noch das „Drama der Schuld" darstellte, kann die Depression nach Ehrenberg (S. 23) als eine „Tragödie der Unzulänglichkeit" verstanden werden. Die Depression ist die zentrale Krankheit einer Gesellschaft, deren Verhaltensnormen nicht mehr auf Schuld und Disziplin, sondern auf Verantwortung und Initiative gründet (Ehrenberg, 2008, S. 20). Die triadische Symptomatik von Asthenie, Schlaflosigkeit und Angst (S. 183ff.) sei als „eine verhaltensmäßige und affektive Antwort auf die unaufhörlichen Veränderungen im Alltag der demokratischen Gesellschaften" zu verstehen (S. 184). Dabei ist von Bedeutung, dass die Depression weniger das Gegenteil der Lebensfreude als vielmehr eine „Pathologie des Handelns" (S. 192) darstellt.

Schuldloses Unglücklichsein

5.3 Therapeutischer Optimismus

Das Gefühl der Unzulänglichkeit und des Ungenügens ist der Figur oder dem Typus des Dilettanten nahezu unbekannt (Reichenbach, 2001). Der Dilettant ist vielleicht peinlich und ande-

Dilettantismus

ren immer wieder ein kulturelles Ärgernis, aber er praktiziert Freiheit, er handelt – wenn auch vielleicht in systematischer Verkennung seiner Lage. Der Dilettant ist nicht krank, sondern eher auf belächelte Weise leidenschaftlich. Es mag auch selbstaufgeklärte Dilettanten geben, die vielleicht einen ironischen Zugang zu ihrem Unvermögen finden, da sie zu begreifen gelernt haben, dass das Nichtkönnen und Nichtwissen nicht einfach Bereiche unter anderen darstellen, sondern Teil eines expandierenden Universums sind, zu welchem man in dauerhaften Kontakt treten kann. Die affektive Konsequenz dieses Kontaktes ist nur für die Narzissten unter ihnen Frustration oder Verzweiflung, für die anderen vielleicht eher eine säkularisierte Form von Demut, die man in einer Welt des Humbugs[13] und des Ramsches, von welchem wir umgeben sind, mitunter vermisst (vgl. Frankfurt, 2005b).

Optimismus

Während der gebildete Dilettant sich der insgesamt geringen Reichweite seiner Möglichkeiten und Transformationen letztlich bewusst ist, hat er nun in einer Welt zu leben, die von verbissenen Optimisten bevölkert wird. Optimismus ist wahrlich kein Indikator für Intelligenz oder Bildung, und in seiner melancholiefernen Ausprägung trägt er bisweilen aggressive Züge. Die fehlende Sensibilität für das Tragische, die so typisch ist für unsere zukunftslose Vorwärtsmoderne, hat Europa schon lange erreicht, das – als es noch alt war – wenigstens noch wusste, dass es auch schiefgehen kann (wobei dieses ‚Es' alles sein konnte). Der glückliche Mensch sei der leere Mensch, schrieb Eric Wilson (2009, S. 38) in seiner Abhandlung zur *europäischen Melancholie und American Happiness*, freilich nicht ohne Übertreibung. Es gilt: „Ich bin okay und verdiene es, glücklich zu sein" (vgl. S. 143). Das Glück, um welches es hier geht, ist ein selbstverursachtes und kontrolliertes. Der therapeutischen Kultur einer weitgehend psychologisierten Moderne entspricht das Ideal der emotionalen Selbstkontrolle.

Demokratisierung psychischer Leiden

Eva Illouz versuchte in ihren Studien, einen relativ neuen emotionalen Stil zu verstehen.[14] Im Zentrum des alltagspsychologi-

---

[13] Harry Frankfurt (2005b) hat bekanntlich von ‚bullshit' gesprochen. Der Bullshitter ist prekärer als der Lügner, weil der Letztere wenigstens noch mit der Wahrheit in Kontakt ist. Eine Humbugkultur zeichnet sich dadurch aus, dass man sich in ihr gegenüber der Prüfung von Wahrheitsansprüchen weitgehend vergleichgültigt hat (vgl. Kapitel 2.4).

[14] „Ein emotionaler Stil nimmt Form an, wenn eine neue Art des Denkens über die Beziehung des Selbst zu anderen konzipiert wird, wenn neue Möglichkeiten dieser Beziehung vorstellbar werden" (Illouz, 2008, S. 16; vgl. auch Illouz, 2009). Dieser Abschnitt enthält Erläuterungen aus Reichenbach (2012).

schen Diskurses steht nun eine Form des sozialen Umgangs und der Emotionalität, „an deren Basis sich zwei zentrale kulturelle Motive befinden: das der Gleichheit und das der Kooperation" (Illouz, 2008, S. 32). Die Leiden sind demokratisch geworden: eine vernachlässigte Kindheit, der Mangel an Selbstachtung, die Arbeitssucht, sexuelle Störungen, diverse Phobien sind sozusagen ‚demokratisch', „weil sie sich nicht länger eindeutig einer Klasse zuordnen lassen" (S. 68). Auf der Grundlage einer allgemeinen Demokratisierung des psychischen Leidens „ist das Heilen auf merkwürdige Weise zu einem lukrativen Geschäft und einer blühenden Industrie geworden" (ebd.). Diese Industrie funktioniert nicht auf der Basis europäischer Melancholie, sondern benötigt amerikanischen Optimismus. Es ist bezeichnend, wie der psychoanalytisch gefasste Kulturpessimismus Sigmund Freuds seit den 20er Jahren des 20. Jahrhunderts in US-Amerika praktisch umgepolt werden konnte. Statt nicht mehr Herr im eigenen Haus sein zu können, lernen wir – etwa in diversen Selbsthilfegruppen – dank dem popularisierten und umgepolten Erbe Freuds „selbst dann Herr in unserem Haus (...) [zu sein], wenn es brennt" (S. 75).[15] Während für Freud Normalität ein „hochgradig labiler Zustand, der Endprozess eines komplexen und eher seltenen Reifungsprozesses" (Illouz, 2009, S. 81) dargestellt hat, können wir heute – dank Psychologen und Therapeuten, die uns überall zurate kommen – normal werden. Psychologen unterscheiden sich von anderen Experten – Juristen, Ärzten oder Ingenieuren – nach Illouz dadurch, „als sie sich im Laufe des 20. Jahrhunderts zunehmend dazu berufen fühlten, Menschen in praktisch allen Belangen anzuleiten" (S. 95). Mit diesen ‚Anleitungen' gehen diverse und weitverbreitete Formen der Pädagogisierung, Psychologisierung und Infantilisierung einher.

Zunehmende Psychologisierung und Pädagogisierung

Entscheidend ist, dass es im „therapeutischen Ethos (...) weder Unordnung noch sinnloses Leid" gibt, schreibt Eva Illouz (2009, S. 406) in *Die Errettung der modernen Seele* und beendet ihre Analyse mit dem Satz: „Deshalb sollte uns sein Einfluss auf unsere Kultur beunruhigen" (ebd.). Die dogmatischen Überzeugungen des therapeutischen Ethos sind erstens, dass durch Introspektion Selbsterkenntnis möglich ist, Introspektion uns zweitens verhelfen würde, unsere soziale und emotionale Umgebung zu verste-

Therapeutisches Ethos

15 Der therapeutische Diskurs hat unsere Selbst- und Sozialbeziehungen verändert, und es handelt sich um einen äußerst performativen Diskurs. Diskurse werden performativ, wenn sie in der Lage sind, Wirklichkeit aus eigener Kraft zu benennen und zu verändern, und jene, die sie führen, für das ‚symbolische Kapital' der Gruppe stehen, die sie repräsentieren (Illouz, 2009, S. 102).

hen, zu kontrollieren und mit ihr zurechtzukommen, und dass die verbale Mitteilung drittens den Schlüssel zu sozialen Beziehungen darstelle (S. 402). Therapeutisches Ethos erzeugt dadurch Selbste, die sowohl rationaler und strategischer als auch gefühlsorientierter werden und die seelisches Leid in den Mittelpunkt der modernen Selbstinszenierung stellen. Gleichzeitig führt es dazu, dass Intimbeziehungen zunehmend eine androgyne Identität aufweisen, da sich die ‚maskulinen' Attribute des Durchsetzungsvermögens mit dem ‚femininen' Vermögen, Beziehungen und Gefühle zu fokussieren, auf komplementäre Weise intraindividuell verbinden (S. 395). Indem die Psychologie nun auch Männer auffordert, über die eigenen Gefühle nachzudenken, sie auszudrücken und zu verstehen, kann mit Illouz auch von einer „Verweiblichung der Gefühlskultur schlechthin" (S. 214) gesprochen werden. Die neue „emotionale Disziplin", welche das therapeutische Ethos einfordere, mache Gefühle zu „kognitiv fassbaren Objekten, die wir manipulieren sollen, um eine übergreifende Form der Rationalität zu erreichen", welche Illouz als „kommunikative Rationalität" bezeichnet und die zu einer „Rationalisierung von Intimbeziehungen" führe (S. 243). Im Unterschied zu Vorstellungen der Wirkung von ‚Überwachung' und ‚Biomacht' sensu Foucault geht es Illouz darum, zu zeigen, dass eine derart psychologisch geprägte Kultur die Widersprüche des modernen Selbst in Schach hält und verwaltet (S. 401). Den Hintergrund dieser Widersprüche sieht Illouz in den verstärkten sozialen Erwartungen und Demokratisierungsprozessen am Arbeitsplatz und in der Familie, welche nun ‚gemanagt' werden wollen, wofür ‚psychologische' Techniken bereitgestellt werden.[16]

‚Verweiblichung' der Gefühlskultur

Rationalisierung von Intimbeziehungen

Bloß zukunftsgerichtete Verantwortung

Mit dem therapeutischen Ethos wird ein neues Modell von Selbst und allein *zukunftsgerichteter* Verantwortung eingeführt: Es „macht einen für die eigene Zukunft verantwortlich, nicht aber

[16] Man kann die Analysen und Einschätzungen Illouz' auch als Folge dessen lesen, was es bedeutet, in der individualisierten Gesellschaft bestehen zu können. Schon mit Beck (1986) – *Risikogesellschaft* – konnte formuliert werden, dass sich das Individuum als Handlungszentrum zu begreifen hat und bis zu einem gewissen Grad auch eine ichzentrierte Weltsicht entwickeln muss. In der Tat sind die das Individuum beeinflussenden und sogar bestimmenden Lagen nicht bloß äußere Ergebnisse und Verhältnisse, die über es hereinbrechen, sondern auch Konsequenzen selbstgetroffener Entscheidungen (S. 218). Hier kommt es zu einer Verquickung – wie Beck in Anlehnung an Habermas formuliert – von System und Lebenswelt, zu denen die Individuallagen quer liegen. „Die Teilsystemgrenzen gehen durch die Individuallagen hindurch. Sie sind sozusagen die biographische Seite des institutionell Getrennten" (S. 218), wobei Lebensführung unter diesen Bedingungen zur „biographischen Auflösung von Systemwidersprüchen" (S. 219) werde.

für die eigene Vergangenheit" (Illouz, 2009, S. 311). Das ist die entscheidende Interpretationsgrundlage, um die Fehler im Leben zum ,Verschwinden' zu bringen. Das Selbst ist nun in Höchstmaß verantwortlich für seine Transformation (vgl. Sloterdijk, 2009), werde jedoch für seine moralischen Defizite nicht verantwortlich gemacht: „Dieses Modell einer gespaltenen Verantwortung stellt (...) eine neue kulturelle Form des Selbstseins dar" (Illouz, 2009, S. 311). Es stellt sich freilich die Frage, warum das therapeutische Narrativ so große kulturelle Resonanz erhalten hat: Illouz nennt sieben Gründe (vgl. Illouz, 2008, S. 85-86). Erstens benenne und erkläre es widersprüchliche Emotionen (zu viel lieben – zu wenig lieben, zu aggressiv sein – zu wenig Durchsetzungsvermögen haben). Zweitens würden die therapeutischen Narrative kulturelle Vorlagen religiöser Narrative verwenden, welche zugleich progressiv wie regressiv seien (progressiv: Erlösung, regressiv: mehr oder weniger schlimme Vergangenheit). Drittens zögen diese Narrative das Individuum für sein psychisches Wohlbefinden zur Verantwortung, abstrahierten dabei aber völlig von persönlicher Schuld. Viertens sei das Narrativ performativ: nicht nur eine Erzählung, „im Erzählen selbst wird die Erfahrung neu organisiert" (S. 86). Fünftens verfüge der therapeutische Diskurs über eine ansteckende Fähigkeit, die sich gleichsam über Generationen auswirke und immer wieder neu (Opfer)Identität stifte. Sechstens verlange die therapeutische Biografie keine oder nur eine sehr geringe ökonomische Investition, sei daher eine ideale Ware. Schließlich, siebtens, und das sei möglicherweise der entscheidende Punkt, entspringe das therapeutische Individuum einer Kultur, die von Vorstellungen saturiert sei, welche die ,Rechte' und das Pochen auf ,Anerkennung' von Individuen und Gruppen betreffen.

Therapeutisches Narrativ

5.4 Kulturell-adaptive Identitätsdiffusion

Heruntergekommene Formen der Ideale der Autonomie und Authentizität begegnen uns in diesem kulturellen Zusammenhang auf Schritt und Tritt. Die scheinbar freien Individuen befinden sich an jenem eigenartigen Ort, an welchem alle offenbar ganz genau *selber* wissen oder selber wissen sollen, was für sie das Beste ist und was zu tun ist. Sie scheinen gelernt zu haben, mit der Fraglichkeit ihrer Existenz keine Probleme mehr zu haben, sich selber kein Rätsel mehr zu sein, obwohl oder weil sie sich durchaus selber nicht kennen müssen. Diese Identitätskonstella-

Kulturell-adaptive Identitätsdiffusion

tion wurde auch schon ,kulturell-adaptive Identitätsdiffusion' bzw. ,adaptive Diffusion' (vgl. z.B. Oerter & Dreher, 2002) genannt. In einer Gesellschaft, die vermeintlich nicht mehr weiß, auf welchem Weg sie ist und in welche Richtung sie sich bewegt und bewegen soll, ist es für das Individuum eher funktional, selber nicht zu wissen, wer es ist und wohin es sich bewegen soll (d.h. welche Aufgaben es hat, die seine persönlichen Präferenzen transzendieren und das klaustrophobische Moment der Immanenz des Lebens etwas mildern...).

Geteilter Sinn

Der Sinn des Sinns ist es eben, wie es Jürgen Habermas formuliert hat, dass er geteilter Sinn ist (Habermas, 1982, S. 188). Daher ist Privatsinn letztlich Unsinn bzw. können Individuen für sich allein nicht über den Sinn verfügen, weder den Sinn ihres Tuns noch ihres Erlebens. David Smail meinte in *The Nature of Unhappiness* nicht unpassend: „Part of what an ,individual' consists of is precisely nonindividual, social conventions, practices, meanings and institutions which we all share in common" (2001, S. 64). Dass jeder und jede für sich selbst verantwortlich sei oder sein soll, Sinn im Leben zu finden, ist wohl einer der großen Irrtümer der Spätmoderne. Ein Bildungsversprechen, das den Menschen überfordern muss, und dennoch eine fröhlich übernommene Selbsttäuschung. Diese scheinbar liberale Haltung hat einen hohen Preis – unter anderem im pädagogischen Bereich. Gerade die virulente Sinnkrise des schulischen Lernens wird auch durch eine scheinbar liberale, m.E. aber weitverbreitete Haltung von Eltern und Lehrpersonen unterstützt, die ihren Kindern und SchülerInnen scheinbar freimütig zugestehen, dass sie die Schule ja selber auch nicht gerade gemocht hätten und sehr wohl wüssten, wie unmenschlich langweilig Schule sein kann und als wie nutzlos sich das Gelernte schließlich erweise, das man aus diesem Grund – kaum sei es abgefragt bzw. getestet worden – ja auch sofort vergesse. Die damit einhergehende ,pädagogische' Mentalität scheint sich im Wesentlichen auf drei Dimensionen oder Inhalte zu reduzieren, die sich etwa wie die folgenden Ratschläge an den jungen Menschen zu richten scheinen: (1) Mach bitte den Schulabschluss (obwohl du den Sinn der schulischen Lerninhalte nicht erkennst)! (2) Nimm keine Drogen (außer, wenn es sein muss, weiche Drogen, aber davon bitte nicht zu viel)! (3) Habe die Verhütung im Griff (denn du willst dir doch dein Leben nicht schon jetzt durch ein Kind verderben?)! Aber sonst...? Es ist *dein* Leben! Du kannst damit anfangen, was *du* willst (vgl. Reichenbach, 2013)!

Sinnkrise des schulischen Lernens

In dieser Haltung kommt eine gewisse Lockerheit gegenüber dem zu erwerbenden Wissen und Können und ihrer institutionellen Vermittlung zum Ausdruck, die der Institution Schule und ihren Akteuren – Lehrerinnen und Lehrern, Schülerinnen und Schülern – insgesamt kaum dienlich sein kann und die gesellschaftliche Anerkennung der Institution Schule – und damit dessen, was dort getan wird – wohl nicht nur tendenziell untergräbt. Die Emanzipation gegenüber pädagogischen Institutionen und Autoritäten ist aber freilich eine ambivalente Errungenschaft, doch auch ein modernes und kaum rückgängig zu machendes Phänomen (vgl. Reichenbach, 2011). Mit Hannah Arendt könnte man formulieren, dass hier die ältere Generation sich die Hände nicht schmutzig machen will und die Verantwortung für die Konsequenzen der Handlungen der jüngeren Generation in der Welt, die von der älteren geschaffen worden ist, nicht mehr übernehmen will. Diese mangelnde Leidenschaft für die Welt (Arendt spricht von der ‚Liebe für die Welt'; vgl. Kapitel 1.6) drückt sich etwa so aus: „Was immer auch passieren wird, wir sind es dann nicht gewesen, denn wir haben euch die Entscheidungskompetenz übergeben." Wer die Zukunft nicht mehr gestalten will, hat jede Autorität verloren. Der Wandel der Fortschrittssemantik in die Innovationsrhetorik (vgl. Kapitel 4.1) unterstützt diese Abwertung menschlicher Erfahrung, die Abwertung der Geschichte, die Abwertung der Bedeutung der Herkunft und die Fokussierung auf die Gegenwart und die gegenwärtigen Bedürfnisse (oder ist Ausdruck davon). Wie wir in Anlehnung an Jean-Paul Sartres *Les mains sales* (1994) – die schmutzigen Hände – wissen können: Die Alternative heißt nicht, schmutzige oder reine Hände, sondern quasi: schmutzige oder keine Hände.

Fokussierung auf die Gegenwart

Mit Charles Taylor sei die These wie folgt zugespitzt: Wer nicht weiß, auf welche Zukunft er sich zubewegen will, kann auch nicht wissen, wer er oder sie ist. Das Wissen über Werte und Unwerte, Ziele und zu vermeidende Orte ist konstitutiv für personale Identität. Für menschliches Handeln ist konstitutiv, dass dasselbe nur vor einem Wert-Horizont realisiert wird, welcher durch starke qualitative Unterscheidungen geprägt ist (Taylor, 1996). Das Wort ‚Orientierung' ist eine Raummetapher, die für den moralisch-ethischen ‚Raum' verwendet wird, in welchem das Konzept der Identität überhaupt erst Sinn machen kann (daher die Frage: „Wo stehe ich?"). Als handelnde Personen können wir uns in räumlicher Hinsicht auf zwei verschiedene Weisen orientieren bzw. auch auf zwei Arten orientierungslos sein. „Zum einen kann es sein, dass mir die Lage der Umgebung völlig unbekannt ist. In diesem Fall weiß ich nicht, welche wichtigen Örtlichkeiten diese Umgebung bilden und in welchem Verhältnis sie zueinander lie-

Orientierung und Identität

gen“ (Taylor, 1996, S. 84). In einem solchen Fall ist uns mit einer Landkarte geholfen. Außer – und das ist die zweite Form von Orientierungslosigkeit – „wenn ich nicht weiß, welches mein Ort auf dieser Karte ist“ (ebd.). Dann weiß ich zwar, in welchem Verhältnis bestimmte Örtlichkeiten zueinander stehen, aber das hilft mir nicht viel, weil ich nicht weiß, in welchem Verhältnis ich zu diesen stehe. Man braucht, um sich orientieren zu können, also nicht nur eine Karte, sondern muss auch wissen, wo man sich darauf etwa befindet. Im Unterschied zur räumlichen Orientierung ist die Frage, wo wir uns im Raum der Werte und Wertungen befinden, nicht neutral. Wir können uns ihr gegenüber nicht gleichgültig verhalten in dem Sinne, dass wir jede Antwort, sofern sie uns nur „zu einer wirksamen Orientierung verhilft, als befriedigend gelten lassen, egal, in welcher Entfernung vom Guten sie uns platziert“ (ebd.). Vielmehr ist das, was wir wollen, eine Nähe zu dem, was wir als gut, richtig und wichtig empfinden. Insofern wir qualitative Unterscheidungen treffen, heißt dies, dass es für uns von Bedeutung ist, welchen Standort wir im Verhältnis zu unseren Unterscheidungen einnehmen. Da wir außerstande sind, als orientierungsloses Selbst für die für uns ausschlaggebenden Dinge tätig zu sein, sind wir auch außerstande, „uns nicht mehr um unseren Aufenthaltsort in diesem Raum zu kümmern“ (ebd.). Dieses Sich-Kümmern ist kultur- und zeitspezifisch geprägt. Während sich moderne Menschen heute wohl eher fragen, ob ihr Leben ‚lebenswert‘, ‚gehaltvoll‘, ‚sinnvoll‘ oder vielmehr ‚sinnlos‘, ‚banal‘ und ‚leer‘ sei, ging es älteren Sehnsüchten beispielsweise um die „Unsterblichkeit der Seele“ (Taylor, 1996, S. 86-87).

Flexibilität

Eine flexible Lern- und Arbeitskultur verlangt aber genau das: dass wir uns gegenüber dem Ort, an dem wir uns befinden, neutral verhalten. Dass wir uns anpassen können. Die spätkapitalistischen Tugenden der Flexibilität (heute Kompetenzen genannt), d.h. der permanenten Lernbereitschaft, sowie damit verbunden der Disponibilität und Adaptivität wurden bekanntlich von Richard Sennett (1998) auf populäre Weise kritisch beleuchtet. Eines seiner Bücher heißt ja *Der flexible Mensch* – im amerikanischen Original *The corrosion of character* (‚Die Zersetzung des Charakters‘). Das ist deshalb interessant, weil Sennett hier eine Spannung zwischen Flexibilität und Charakter, gar einen Widerspruch zwischen diesen Kräften diagnostiziert. Charakter, so meinte die norwegische Opernsängerin Kirsten Flagstad, ist die Fähigkeit, sich selbst im Wege zu stehen. Diese Fähigkeit entgeht dem flexiblen Menschen. Charakter hat offenbar mit Verkalkung zu tun, mit Rigidität der Selbst- und Weltdeutung, mit, wie es

Arnold Schäfer (1998) einmal genannt hat, „Sklerosen der Selbstverständigungshermeneutik“...

Der flexible, adaptive alte Mensch, dessen Erfahrung nicht mehr zählt, und das selbstgesteuerte Grundschulkind, das nicht auf dieser Erfahrung aufbauen soll, sind die beiden Stressmodelle, die uns heute aufdringlich in einschlägigen und öffentlichen Diskursen begegnen. Es scheint besonders humanistisch zu sein, vom ‚kompetenten Säugling‘ zu sprechen, doch ein Baby ist ein ganz und gar vorsprachliches und vorreflexives Wesen, und es sieht, um Alfred North Whitehead (2012, S. 62) zu zitieren, „eindeutig nicht nach einem viel versprechenden Kandidaten für intellektuellen Fortschritt aus, wenn wir uns der Schwierigkeit der Aufgabe besinnen, die ihm bevorsteht.“

Macht

Die Überhöhung der Möglichkeiten des Individuums, weitgehend unterstützt durch populäre Psychologien unserer Kultur, hat natürlich einen hohen Preis, sie ist eine Form von Ideologie (wenn dieses Wort heute überhaupt noch benutzt werden kann, ohne dass man gleich als linker Nostalgiker diffamiert wird, denn wir leben ja scheinbar in einer post-ideologischen Epoche!). Zu diesem Preis gehört die systematische Ausblendung von Fragen der Macht: (1) der Macht als Zwang, (2) der ökonomischen Macht und (3) der ideologischen Macht. Wer die Macht ausblendet, unterstützt vor allem zwei Tendenzen der Weltdeutung und des Erklärens von Verhaltensweisen: *Moralisierung* und *Psychologisierung*! Während die personale Macht noch erfahrbar ist, ist die aus der Ferne wirkende Macht nur schwer wahrnehmbar. Während man sich den personalen Autoritäten politisch korrekt allseitig verweigert, unterwirft man sich bereitwillig den unpersönlichen Autoritäten des Geldes, des Prestiges, der Administration, des Staates, des Rechts, der diversen Systeme (Transportsysteme, Rentensysteme, Gesundheitssysteme etc....): „The more distal the powers, the more universal their influence within a given society, and the more likely we are simply to overlook them“ (Smail, 2001, S. 38). „The less power one has, the nearer to oneself as centre is one's power horizon“ (S. 39). Da soziale Macht und soziale Institution ineinander verwoben sind, prägen sie maßgeblich die Möglichkeiten menschlicher Interaktion und Kommunikation.

Angenommen, die hier vorgetragenen Versuche, eine alltagspsychologische Situation zu verstehen, die nicht nur einzelne Menschen betrifft, sondern zumindest zum Teil der Mentalität einer Epoche entspricht, seien mehr oder weniger überzeugend, so bestünde das Anliegen des vorliegenden Kapitels nicht etwa darin, diese Kritik müsse normativ gedeutet werden bzw. es seien daraus normative Schlüsse zu ziehen. Kritik muss es nicht besser wissen. Eine Analyse muss nicht mit dem Anspruch verbunden sein, Alternativen zu kennen. Der Sein-Sollen-Fehlschluss muss ja nicht immer begangen werden. Auch besteht keine Dringlichkeit, das ,Verschwinden der Lebensfehler' in irgendeiner Weise moralisierend zu bewerten.

Fragen

1. Wie hängen Fehlentscheidung und Destandardisierung des Lebenslaufs zusammen?
2. Was kann unter ,therapeutischem Optimismus' verstanden werden und in welchem Bezug zur Verantwortungsübernahme steht dieser?
3. Welches Phänomen wird mit der Begrifflichkeit der ,kulturell-adaptiven Identitätsdiffusion' bezeichnet?

Weiterführende Literatur

Apel, Karl-Otto (1988): Diskurs und Verantwortung. Das Problem des Übergangs zur postkonventionellen Moral. Frankfurt/Main: Suhrkamp.

Arendt, Hannah (1994): Die Krise in der Erziehung. In: dies.: Zwischen Vergangenheit und Zukunft. Übungen im politischen Denken I. Hrsg. von Ursula Ludz. München/Zürich: Piper, S. 255-276.

Bayertz, Kurt (1991): Wissenschaft, Technik und Verantwortung. Grundlagen der Wissenschafts- und Technikethik. In: ders. (Hrsg.): Praktische Philosophie. Grundorientierungen angewandter Ethik. Reinbek bei Hamburg: Rowohlt, S. 173-209.

Fischer, Wolfgang (1992): Wozu taugt die ,pädagogische Verantwortung'? In: Meyer-Drawe, Käte/Peukert, Helmut/Ruhloff, Jörg (Hrsg.): Pädagogik und Ethik. Beiträge zu einer zweiten Reflexion. Weinheim: Deutscher Studien Verlag, S. 181-198.

Oser, Fritz (1998): Ethos – die Vermenschlichung des Erfolgs. Zur Psychologie der Berufsmoral von Lehrpersonen. Wiesbaden: Springer VS.

6. Das ungerechte Leben und die Praxis der Gleichheit

> „Das Problem ist nicht, Gelehrte zu erzeugen. Es besteht darin, diejenigen dazu zu ermutigen, sich zu erheben, die sich niedrig an Intelligenz glauben, sie aus dem Sumpf zu ziehen, in dem sie verkommen; nicht dem Sumpf der Unwissenheit, sondern der Selbstverachtung, der Verachtung des vernünftigen Geschöpfes *in sich*."
>
> Jacques Rancière (2009, S. 119)

Gleichheit als personale Praxis

Im ersten Teil dieses Kapitels wird Gleichheit als Gerechtigkeitsideal problematisiert und mit Jacques Rancière als personale Praxis verstanden. Zu diesem Verständnis gehört das ‚Eingeständnis', wonach es angesichts des unbestrittenen Faktums der sozialen Ungleichheit wenig plausibel ist, das Ideal der Gleichheit auf Ebene von Institutionen, Organisationen und gesellschaftlichen Subsystemen (wie dem Bildungssystem) in der heutigen Situation beliebig realisieren oder auch nur wirkungsvoll fördern zu können, wiewohl eine pessimistisch erscheinende Sicht – zumindest historisch betrachtet – noch weniger plausibel sein mag und der Glaube an die prinzipielle Steigerungsmöglichkeit des Realisierungsgrades des zunächst wenig artikulierten Ideals der Gleichheit auch heute noch politisch-programmatischen Charakter aufweist. An das Funktionieren dieser ‚Maschine' zu glauben, welche die Gleichheit durch Ausbildung fördern soll, hat wohl selber eine wichtige Funktion für die Sicherstellung der gesellschaftlichen Stabilität, der sozialen Kohärenz und der Legitimierung bildungspolitisch bedeutsamer Interventionen.

Pädagogisierung der Gesellschaft

Im zweiten Teil des Kapitels wird auf das Phänomen der allgegenwärtigen Pädagogisierung der Gesellschaft eingegangen, welche einerseits eine Vorlage für die erwähnte Fortschrittsmaschine bildet, andererseits als ambivalenter Erfolg einzuschätzen ist, was sich am Beispiel der zeitgenössischen ‚Verhochschulung' der Ausbildungswege zeigen lässt, worauf hier wenigstens im Ansatz eingegangen werden wird. Mit wenigen Schlussbemerkungen wird das insgesamt wenig erbaulich scheinende Kapitel abgeschlossen. Mit Problemen, die sich nicht lösen lassen, so scheint es, muss man leben lernen; *unlösbare* Probleme *lösen* zu wollen, ist eine problematische Strategie, die wohl nur weitere Probleme produziert. Dennoch mag die Illusion, (unlösbare) Probleme (dennoch) behandeln zu können (und/oder zu müssen), von politischer und sozialer Bedeutung sein, was sicher nicht ohne ironische Pointe ist.

6.1 Gleichheit und Ungleichheit

Gleichheit als Unterstellungsleistung

Gleichheit ist ein Gerechtigkeitsideal. Die deskriptive Verwendung des Begriffs soll im Folgenden zugunsten einer normativen Verwendung nicht im Vordergrund stehen. Moralische und politische Ideale haben meistens einen *regulativen* Charakter bzw. eine regulierende Wirkung: Wer sie anerkennt, handelt anders oder möchte anders handeln – oder möchte, dass anders gehandelt wird –, als wer sie nicht anerkennt. Insofern lässt sich hinsichtlich der Gleichheit sagen, dass sie vor allen Dingen eine soziale *Praxis* darstellt. Genauer betrachtet ist sie eine *Unterstellungsleistung*, sei dieselbe kontrafaktisch herausgefordert oder nicht. In diesem Sinne ist Gleichheit nur zwischen Menschen existent, „die sich als vernünftige Wesen ansehen“ (Rancière, 2009, S. 108).

Man kann Gleichheit politisch-moralisch fordern, man mag glauben, sie sei gegeben oder sie sei nicht gegeben, allein durch diese Praktiken wird Gleichheit nicht notwendigerweise wirklicher oder gar realisiert; vielmehr muss Gleichheit *praktiziert* werden, und das bedeutet in letzter Konsequenz, die *Intelligenz* – sagen wir kantisch: die *Intelligibilität* – des anderen als *gleiche* wie die eigene zu betrachten (Rancière, 2009, S. 160). Gleichheit ist aus diesem Grund – zumindest bei Jacques Rancière – mit *Vernunft* gleichzusetzen. Was nun den Zustand der Gleichheit (respektive umgekehrt der Ungleichheit) in der Gesellschaft betrifft, so ist zu

> „(...) wählen, ob man sie den wirklichen Individuen zuspricht oder ihrer fiktiven Vereinigung. Man muss wählen zwischen einer Gesellschaft der Ungleichheit mit gleichen Menschen oder einer Gesellschaft der Gleichheit mit ungleichen Menschen. Wer den Geschmack für die Gleichheit hat, dürfte nicht zögern: Die Individuen sind die realen Wesen und die Gesellschaft eine Fiktion. Für die realen Wesen hat die Gleichheit einen Wert, für eine Fiktion hingegen nicht.“ (Rancière, 2009, S. 155)

Gleichheit als Praxis – Ungleichheit als Faktum

In Anlehnung an Rancière kann formuliert werden, dass Gleichheit eine personale und interaktionale *Praxis* und Ungleichheit das gesellschaftliche *Faktum* darstellt. Gleichheit ist eine Anerkennungsleistung von Individuen, die vielmehr häufig *gegen* die soziale und gesellschaftliche Ungleichheit, der wir überall begegnen, gezeigt wird.

Verhältnis zwischen faktischen Ungleichheiten und normativen Gleichheitspostulaten

Die moderne Moral der symmetrischen Kommunikation gebietet freilich die Unterstellung von gleichen Rechten und Pflichten. Dies ist in unseren Breitengraden weithin anerkannt, daher unterliegt – in der Regel – nicht die *Gleich*behandlung, sondern die *Ungleich*behandlung einem mitunter aufwändigen Argumentations- und Rechtfertigungsdruck. Dennoch ist die Lage meist komplizierter; in welchem Verhältnis tatsächliche Ungleichheiten und (normative) Gleichheitspostulate zu sehen sind, kann nur strittig bleiben und ist jedenfalls keine wissenschaftliche Frage, sondern Gegenstand des ethischen und politischen Diskurses. Die Frage stellt sich, welche Ungleichheiten (1) als ungerecht zu betrachten sind, welche (2) sich ethisch nicht rechtfertigen lassen und welche (3) hinzunehmen, da nicht zu verändern sind. Als einigermaßen ‚fromm' kann die Annahme bezeichnet werden, wonach in modernen, d.h. pluralistischen Gesellschaften immer oder auch nur meistens Konsens darüber hergestellt werden könnte, welcher Kategorie eine konkret festgestellte und empirisch belegbare Ungleichheit zugeordnet werden müsste.

Gesellschaftliche Subsysteme

Da sich die Widersprüche der demokratischen – oder auch nicht demokratischen – Gesellschaft (wahrscheinlich) zwangsläufig in all ihren Subsystemen – nicht nur dem Bildungssystem – auswirken, können die gesellschaftlichen Probleme letztlich weder der Schule bzw. dem Bildungssystem in toto angelastet noch von dieser bzw. diesem wirklich gelöst werden. Und daher sind manche gesellschaftlich (notwendigen) Funktionen der Schule (siehe auch die Einleitung zu diesem Buch) in pädagogischer und ethischer Sicht teilweise höchst problematisch. Dieser widersprüchlichen Struktur wird hingegen im erziehungswissenschaftlichen Diskurs der Ungleichheit und vor allem im bildungspolitischen Diskurs der Ungerechtigkeit eher wenig Aufmerksamkeit geschenkt, wohl weil dieses Augenmerk in eine unangenehme Ratlosigkeit führt. Moral muss vor hoher Komplexität und Widersprüchlichkeit kapitulieren, eine einfachere Sicht auf die Welt ermöglicht hingegen erstaunliche Gewissheiten und politisch korrekte Irritationslosigkeit. So könnte mit Rancière (2009, nota bene original schon 1987) wohl nicht grundlos geargwöhnt werden, dass das doch etwas auffällige zeitgenössische Interesse an Ungleichheit und Chancengerechtigkeit im Bereich der Bildung vor allem vor dem Hintergrund des Motivs entstanden sei, „eine Gesellschaft der Gleichheit mit ungleichen Menschen zu bilden, unendlich die Ungleichheit zu *reduzieren*" (Rancière, 2009, S. 155, kursiv wie im Original).

Bildungspolitischer Diskurs

Gleichheit als personale Praxis

Während es (epistemologisch, wissenschaftlich) von großer Bedeutung ist, vorhandene Ungleichheiten zu konstatieren, kommt es politisch, wie erwähnt, vielmehr darauf an, ob Gleichheit *praktiziert* wird und in welchen Bereichen und Settings menschlicher Praxis mit dieser Praxis gerechnet werden kann. Die bescheidene – und dennoch vielleicht politische(re) – Sicht lautet m.E., dass Gleichheits*praxis* nur auf Ebene der Individuen und nicht auf Ebene der Institutionen, Organisationen oder gar der Gesellschaft wahrscheinlich ist. Das hat nicht primär damit zu tun, dass letztlich nur Individuen handeln können und nicht Strukturen, sondern damit, dass das gesellschaftliche Faktum von *ungerechten* oder *nicht legitimierbaren Ungleichheiten* sich in allen gesellschaftlichen Teilsystemen widerspiegelt, sei dies mehr oder weniger ausgeprägt und mehr oder weniger gut kaschiert.

Unterstellte Chancengleichheit als Legitimationsstrategie

Nehme man als Beispiel die sogenannte *Chancen*gleichheit, mit der das Recht gemeint sein kann, die Zugangs- und Lebenschancen ‚gerecht' zu verteilen. Es braucht wenig Realismus, um zu erkennen, dass dieses Ideal weniger regulativen Charakter hat, als vielmehr chimärenhaft anmutet. Faktum ist die soziale Ungleichheit, d.h. die ungleiche Verteilung von materiellen und immateriellen Gütern bzw. Ressourcen, die – auf die eine oder andere Weise (um die Analyse der Mechanismen der Produktion und Reproduktion von Ungleichheit soll es hier nun nicht gehen) – zu unterschiedlichen individuellen und/oder milieutypischen Möglichkeiten und Wahrscheinlichkeiten der gesellschaftlichen Teilhabe führt. Dass diese Unterschiede häufig als ungerecht beurteilt und nach Möglichkeiten vermindert werden sollen, gehört zum Bestand des Ethos demokratischer Gesellschaften, welche das Diskriminierungsverbot anerkennen. Dennoch wird Chancengleichheit – im Sinne der Chancen*gerechtigkeit* – in stratifizierten Gesellschaften – ein schon fast pleonastischer Ausdruck, da moderne Gesellschaften kaum anders als sozial geschichtet vorzustellen sind! – nie realisiert werden können; die Gleichheit der Chancen bleibt an die soziale Gleichheit gebunden, wie letztlich das Sollen an das Können (einem Sollen, dem kein Können entspricht, fehlt früher oder später jede normative Schub- und Zugkraft).

Schaffung ungleicher Zukunftschancen

Die politische Gewährung ‚gleicher Chancen' (etwa einen höheren Bildungsabschluss zu erreichen) ist im institutionellen und systemischen Kontext, wie Helmut Heid schon 1988 überzeugend argumentierte, also weniger eine moralisch-politische Utopie als vielmehr eine reale Legitimationsstrategie, um ungleiche Zielerreichung gesellschaftlich akzeptabel (und vielleicht auch notwendig) erscheinen zu lassen (vgl. Heid, 1988). Jedenfalls steht das

Bildungssystem mit seiner gesellschaftlich notwendigen Funktion der Selektion nicht im Dienste der Gleichheit, sondern der *Schaffung von ungleichen Zukunftschancen* (vgl. Fend, 1980): Am Ende der obligatorischen Schulzeit sollen nicht alle Abgängerinnen und Abgänger über die gleichen Berechtigungen zu höherer Bildung verfügen, wenngleich die Formel ‚Kein Abschluss ohne Anschluss' faktisch realisiert sein mag. Freilich ist es aber nicht unbedeutend, ob die abgebende oder aber die annehmende Bildungsinstitution über die Vergabe der Zugangsberechtigung verfügt. Jedenfalls ist aber die *Schaffung von Ungleichheit* nicht einfach ein unerwünschter Nebeneffekt demokratischer Schulsysteme, sondern ein *konstitutives* Merkmal derselben, während die kontrafaktische Praxis der unterstellten Chancengleichheit die Funktion hat, Ungleichheit zu legitimieren. Maßnahmen der Chancengerechtigkeit auf der anderen Seite sollen die faktisch nie bestehende Gleichheit der Chancen korrigieren, so als ob Chancengleichheit trotz der empirisch mittlerweile ja deutlich belegten hereditären Transmission von Privilegien faktisch zu realisieren wäre.

Annahmen zeitgenössischer Ungleichheitsdiskurse

Nun wirkt die zeitgenössische Empörung über die Ungerechtigkeit im Bildungsbereich nicht immer so ganz aufrichtig (denn *alle* ‚empören' sich ja auf ihre je kommode Weise, und gleichzeitig können die Schuldigen an der Misere nicht wirklich bezeichnet werden, was moralisch interessanter wäre) und scheint auch nicht unbedingt in tiefschürfendem Denken zu wurzeln, sondern gehört zum Arsenal der gefälligen und politisch korrekten Artikulationen. Ganz abgesehen davon, dass die Empörungskapazität der Menschen begrenzt ist, scheinen zwei mehr oder weniger stillschweigende Annahmen zur flotten Ausstattung der Ungleichheitsdiskurse zu gehören, nämlich erstens die Annahme, dass Bildung zu Emanzipation führe (zumindest führen solle und gegebenenfalls könne), und zweitens die Vermutung, dass (zunehmende) Gleichheit immer auch Fortschritt bedeute.

Sozialer Fortschritt als pädagogisches Projekt

Ohne hier die Problematik (und Verständlichkeit) der beiden Annahmen ausführen zu wollen, soll doch gesagt werden, dass je mehr sich die ‚allgemeine Hochschulpflicht' (vgl. weiter unten) durchsetzt, desto systematischer auch der Verblendungszusammenhang zu werden scheint, der sich in der Überzeugung artikuliert(e), wonach sozialer Fortschritt ein primär *pädagogisches* Projekt darstelle. Das Vehikel zur Erreichung der zunehmenden Gerechtigkeit bzw. des Schwindens ungerechter Ungleichheit wird vorwiegend noch in der Bildung (und der damit verbundenen gesellschaftlichen Teilhabemöglichkeiten) gesehen, wobei es –

Gleichsetzung von Bildungsabschluss und Bildung

genauer gesagt – letztlich ja immer der Bildungs*abschluss* leisten soll. Die gesellschaftlich akzeptierte – und dennoch nie wirklich überzeugende – Gleichsetzung von Bildungsabschluss und Bildung ist eine zentrale Bedingung für die umfassende *Pädagogisierung* der Gesellschaft, in der sich Personen mit Abschlüssen größeren Prestiges als ‚emanzipiert(er)' und ‚gebildeter' wähnen können als die Personen, die sie in der Hierarchie des Bildungs- und Ausbildungssystems scheinbar hinter sich gelassen haben.

Symbolische Macht

Damit aber Gutes getan werden kann bzw. die guten Intentionen nicht an der Komplexität und Widersprüchlichkeit der Wirklichkeiten scheitern, braucht es frohe Botschaften in einem Vokabular oder Wegweiser (nicht immer gleichgültig, wer sie gesetzt hat) mit eindeutiger Orientierungsfunktion: Das ‚Neue' oder ‚Innovative' muss als das Gute erscheinen und schon die Erscheinung selbst performativ wirksam sein. Die Wirkungsleistung ist eine Funktion der symbolischen Macht, d.h. einer Macht, „der es gelingt, Bedeutungen durchzusetzen und sie als legitim durchzusetzen, indem sie die Kräfteverhältnisse verschleiert, die ihrer Kraft zugrunde liegen" (Bourdieu & Passeron, 1976, S. 12). Basil Bernstein war sicher einer der ersten Autoren, welche in diesem (Überzeugungs- und Überredungs)Zusammenhang die Attraktivität des *Kompetenzdiskurses* profund analysiert haben (etwa in *Pedagogy, Symbolic Control and Identity* [2000]). Zur Attraktivität dieses Diskurses gehört (1) die ‚universelle Demokratie' im Kompetenzdenken: „All are inherently competent and all possess common procedures" (Bernstein, 2000, S. 56). Weiter ist es (2) immer günstig, das lernende Subjekt als aktiven und kreativen Konstrukteur einer bedeutungsvollen Welt vorzustellen. So wird der Verdacht einer behavioristischen Perspektive, die bekanntlich am Subjekt herzlich wenig interessiert ist (war), wirkungsvoll entkräftet (denn wie könnte man gegen Kreativität und Eigenaktivität sein?). Von Bedeutung ist freilich zusätzlich (3) das Konzept der selbstregulierten Entwicklung (heute: des selbstregulierten Lernens): „Official socializers are suspect, for acquisition of these procedures is a tacit, invisible act not subject to public regulation" (ebd.). Und schließlich (4) mag es schwer sein, sich gegen die begriffliche Engführung von Kompetenz und Emanzipation zu wehren.

Attraktivität des Kompetenzdiskurses

Transformation des Bildungsverständnisses

Die hier virulent gewordene Transformation des Bildungsverständnisses kann bekanntlich als eine Verschiebung des Fokus oder Ideals der Bildung als Kulturgut und Fachwissen zum Leitbild der Bildung als Kompetenz und Humankapital verstanden werden (vgl. Münch, 2009). Die tiefere Ursache dieser Bewegung sieht Münch in der Verschiebung der symbolischen Macht weg von ‚nationalen Bildungseliten' hin zu ‚transnational organisierten Wissenseliten'. Im Kontext der Weltkultur verlieren nationale Entwicklungspfade ihre Legitimität und Effektivität. Wenn wir letztlich alle darin gleich sind, dass wir unsere Potenziale haben und dieselben in unserer Entwicklung möglichst nutzbar machen sollen (wenn nötig, mit zusätzlichen externen Förderhilfen), dann kommt es eigentlich nur noch darauf an, (die) gesellschaftlich vielversprechend(st)en Bildungsprogramme zu etablieren, Bildungsleistungen auf allen Systemebenen zu kennen und zu erfassen, wenn möglich zu messen und evidenzbasiert allfällige Korrekturen anzubringen; dies entspricht offenbar einem eindeutig progressiven und widerspruchsfreien Vorhaben, dem eigentlich nur ignorante, nostalgische und/oder elitäre Haltungen entgegenstehen können.

Pädagogische Panik

Dass aber hinter dieser scheinbaren Eindeutigkeit und diesem offenkundig pädagogischen Optimismus eine tiefe gesellschaftliche Verunsicherung, vermeintliche oder nicht vermeintliche Orientierungslosigkeit und Verschleierungstendenz stecken könnten, bleibt wohl eine Ansicht, die nicht von vielen Bildungs- und Erziehungswissenschaftlern geteilt wird. Bernstein sprach von *pädagogischer Panik*: „Ich denke, was wir gerade erleben, ist eine pädagogische Panik, die die moralische Panik maskiert, eine tiefe Panik in unserer Gesellschaft, die nicht weiß, was ist und wohin es geht. Und das ist eine Periode der pädagogischen Panik. Und es ist das erste Mal, dass pädagogische Panik die moralische Panik maskiert bzw. verschleiert" (Bernstein, Statement in einer Videokonferenz, zit. nach und übers. von Sertl, 2004, S. 26). Hauptsache Schulabschluss – und je größer der Anteil der Menschen mit höheren Bildungsabschlusszertifikaten, umso besser und gerechter erscheint das Bildungssystem. Die Schülerinnen und Schüler, die jetzt immer länger die Schulbank drücken müssen, mögen zwar nicht mehr wissen, *warum* sie dieses oder jenes lernen müssen, sie wissen auch schon während der Aneignung, dass sie die Lerninhalte sehr bald alle vergessen haben werden und es auf diese Inhalte auch nie mehr wirklich ankommt, sie wissen aber, *dass* sie es jetzt lernen müssen. „Jahr für Jahr entlässt (...) [die Schule] mehr und mehr desorientierte Schülerkohorten, denen man ihre Anpassung an ein maladaptiv aus dem Ruder gelaufenes Schulsystem immer deutlicher anmerkt, ohne dass den einzelnen Lehrer oder Schüler auch nur die geringste Schuld daran träfe. Beide sind in einer Ökumene der Desorientierung vereint, zu der sich ein historisches Gegenstück kaum finden lässt" (Sloterdijk, 2009, S. 681).

Umfassende Pädagogisierung der Gesellschaft

Dass durch Schule, Bildung und Ausbildung aber ungleiche Chancen möglichst zu kompensieren sind, darüber herrscht Konsens. Die gesellschaftliche Anerkennung dieses wahren Sisyphos-Projektes ist Ermöglichungsbedingung einer umfassenden Pädagogisierung. „Eine enorme Maschine", so Rancière (2009, S. 156), „setzte sich in Gang, um die Gleichheit durch Ausbildung zu fördern". Diese Maschine hat viele zusätzliche Funktionen, u.a. schafft sie selber neue ‚pädagogische' Arbeitsstellen und sichert deren Dauer, und sie mindert das gesellschaftliche Unbehagen an der sozialen Ungleichheit (es wird ja etwas getan).

6.2 Pädagogisierung und Hochschulbildung

Die „Pädagogik ist invasionsartig in alle Lebensbereiche eingedrungen, auch in die intimeren (...), und es gibt kein Entkommen vor dieser allgemeinen Pädagogisierung in modernen Gesellschaften", schrieb Basil Bernstein (2000, zit. nach Sertl, 2004, S. 26). Und an anderer Stelle: „Pedagogy is the focus of my theory to the extent that pedagogical modalities are crucial realisations of symbolic control, and thus of the process of cultural production and reproduction. Symbolic control, through its pedagogical modalities, attempts to shape and distribute forms of consciousness, identity and desires" (Bernstein & Salomon, 1999, S. 267). Die für moderne Gesellschaften typische Pädagogisierung (nebst anderen *‚Isierungen'*, etwa der Ökonom*isierung*, Psycholog*isierung*, Moral*isierung* etc.) entspricht einer Expansion pädagogischer Semantik(en) in andere soziale Systeme wie Ökonomie oder Politik (Höhne, 2004). Die „Umwandlung eines vormals anders verstandenen sozialen Zusammenhangs zuerst in einen pädagogischen Diskurs und dann in eine eher instrumentelle ‚Technik' oder Qualifikation" kann nach Sertl (2004, S. 20) als (eine Dimension von) Pädagogisierung verstanden werden.

Tatsächlich fällt die Lösung, Aufhebung oder Behandlung immer mehr sozialer Probleme in den Bereich der Schule und Bildung (Rassismus, Drogenkonsum, Sexualaufklärung etc.). Es findet hierbei – typisch für Pädagogisierung – ein Fokus auf das Individuum statt und die individuell und sozial angestrebten oder anzustrebenden Veränderungsprozesse werden durch Modi des ‚Lernens', der ‚Erziehung' oder der ‚Bildung' begründet. Während die Gefahren der Pädagogisierung schon früh erkannt worden sind (etwa Schelsky, 1960, oder Illich, 2003), meinte Bernstein

Ende des letzten Jahrhunderts nur noch eine „total pädagogisierte Gesellschaft" konstatieren zu müssen:

> „Die Arbeitswelt transformiert sich pädagogisch zum lebenslangen Lernen, und das liefert sowohl den Schlüssel als auch die Legitimation der TPS [*Totally Pedagogised Society*]. Es ist nicht schwer zu verstehen, wie das Management des ‚short-termism', also der Kurzfristigkeit, wo Fertigkeiten, Aufgaben, ja ganze Arbeitsbereiche sich ständig wandeln, verschwinden oder durch neue ersetzt werden, wo den Lebenserfahrungen die Basis von stabilen Zukunftserwartungen fehlt und die entsprechenden Verankerungen, wie also dieses Management des ‚short-termism' sich in eine Sozialisation für die TPS, via Lebenslanges Lernen übersetzt." (Bernstein, 2000, S. 365, übers. von Sertl, 2004, S. 20)

Trainability

Die Grundfähigkeit einer solchen Bildungsgesellschaft ist die ‚Trainability', d.h. die „Fähigkeit, sich die Ergebnisse andauernder pädagogischer Bemühungen zu Nutze zu machen, um so auf die neuen Anforderungen der ‚Arbeit' und des ‚Lebens' reagieren zu können" (Sertl, 2004, S. 21). In den Worten Bernsteins: „[Trainability] is the ability to be taught, the ability to respond effectively to concurrent, subsequent and intermittent pedagogies" (Bernstein, 2000, zit. nach Sertl, 2004, S. 21). Damit Akteure diesen Anforderungen genügen oder entsprechen können, müssen sie sich selbst auf sinn- und bedeutungsvolle Weise in die Zukunft hineinprojizieren können. Der Lerner muss wissen, dass er nie genug weiß und kann – und er muss in einer Welt der rapiden Wissensproduktion und Wissenszirkulation schnell lernen, schnell vergessen und schnell umdenken können. Jean-François Lyotard sprach in *Das postmoderne Wissen* (1993) von ‚entsubjektivierter Bildung'. Subjektlos wird Bildung, wenn die Beschäftigung mit einem Gegenstand des Wissens nicht mehr mit der möglichen Veränderung der (Welt- und Selbst)Perspektiven der Person gedacht wird, sondern rein instrumentellen Charakter erhält. Denn warum auch dicke Bücher lesen, kann man fragen, wenn es doch dünne Bücher gibt? Warum dünne Bücher lesen, wenn es Zusammenfassungen dazu gibt? Warum Zusammenfassungen (ganz) durchlesen, es steht ja alles im Internet, und wenn man das entsprechende Wissen je einmal braucht (was in den meisten Fällen unwahrscheinlich ist), kann ja jederzeit darauf zurückgegriffen werden. Der subjektivierenden Aneignung von Wissen wird hier nicht einfach misstraut, sondern sie scheint ganz und gar überflüssig zu sein.

Entsubjektivierte Bildung

Staatliche Steuerung

Interessant ist in diesem Zusammenhang die Verschiebung der gesellschaftlichen und staatlichen Verantwortlichkeiten in der

Bildung, also die Frage, wie Staat und Management in der pädagogisierten Gesellschaft zu sehen sind:

> „A key characteristic of the TPS is that it is state-driven and state-funded. The weak state of the global economy requires a strong state in the pedagogical field. This was not the case when competence models held dominant positions in the pedagogic field. In the case of Britain in the late 1960s and early 1970s, for example, the pedagogic recontextualising field (PRF) enjoyed a considerable autonomy with respect to curriculum design and the training of teachers (...). Indeed, the weakening of classifications generated a space for pedagogic appropriations not subject to direct state regulation." (Bonal & Rambla, 2003, S. 180)

Im Bildungsbereich setzen liberale pädagogisierte Gesellschaften nur quasi paradoxerweise auf staatliche und zentrale Steuerung.

Verhochschulung der Gesellschaft

Die Erfolge der ‚Verschulung der Gesellschaft' und insbesondere des Zugangs zu sogenannter ‚höherer Bildung' lassen sich sehen. Gab es um 1900 etwa eine halbe Million Studenten auf der Erde, so sind im Jahre 2000 rund 100 Millionen Studierende weltweit immatrikuliert (vgl. Meyer & Schofer, 2005, S. 84). Diese Zunahme stellt ein globales Phänomen dar und findet weitgehend unabhängig vom wirtschaftlichen Entwicklungsniveau der Nationalstaaten statt (S. 85). Nach Trow (1970/2006, zit. bei Kreckel, 2008) wird von *Elite higher education* gesprochen, wenn eine Partizipationsrate unter 15% einer Alterskohorte vorliegt, was vor 1960 noch der Fall war. Ab 1960 bis ca. 1995 wird von *Mass higher education* gesprochen und von einer Partizipationsrate von bis zu 50% ausgegangen. Seit 1995 ist von *Universal higher education* die Rede (Partizipationsrate von über 50%). Steigt dieselbe über 75%, kann von der allgemeinen Hochschulpflicht gesprochen werden (Kreckel, 2008, S. 181). Dies trifft schon für die skandinavischen Länder, für Polen, Australien und Neuseeland zu, wobei Russland und die USA immerhin schon auf je rund 64% kommen.[17] Dieser beachtliche Hochschulschub ändert allerdings wenig daran, dass der Chancenzuwachs der Möglichkeit, sich an einer Universität einschreiben zu können, relativ ist (vgl. Wernicke, 2009, S. 80). Die Demokratisierung der Bildung – *Massenbildung* – verringert die sozio-ökonomischen Unterschiede also keineswegs, sondern mag noch dazu beitragen, sie zu vergrößern.

Allgemeine Hochschulpflicht und Massenbildung

[17] Davon ist Deutschland – oder auch etwa die Schweiz – noch weit entfernt, aber die Entwicklungsrichtung ist klar. Die Hochschulexpansion folgt „prinzipiell einem globalen Muster, nicht unterschiedlichen nationalen Verlaufsmustern" (Meyer & Schofer, 2005, S. 88): Nationale Bildungssysteme sind heute globalen Modellen unterworfen (S. 91).

Mit der *‚Verhochschulung'* der Gesellschaft kommt es zur Notwendigkeit von Differenzierungsmechanismen im Wissenschaftssystem. Kreckel (2008, S. 183ff.) hat eine Typologie struktureller Differenzierungsmechanismen im Wissenschaftssystem vorgeschlagen und unterscheidet zwischen (1) kategorialer Segmentierung, (2) institutioneller Externalisierung, (3) interner Funktionsdifferenzierung und (4) vertikaler Stratifizierung.

Differenzierungsmechanismen im Wissenschaftssystem

ad (1): Bei der kategorialen Segmentierung des Hochschulsystems kann zwischen binären und komplexen Systemen unterschieden werden. Typischerweise verfolgen Länder wie Deutschland, die Niederlanden, Schweden, Großbritannien vor 1992, Österreich oder die Schweiz die binäre Strategie, d.h. die Unterscheidung zwischen Universität und Fachhochschule. Die Fachhochschulen sollten den Studierendenandrang eindämmen, den Universitäten sollte es dadurch noch möglich sein, die Aufgaben der Forschung und Nachwuchsförderung optimal zu erfüllen: „Allerdings ist es nur den Niederlanden tatsächlich gelungen, mit rund zwei Dritteln den Großteil der Studierenden in die Fachhochschulen zu lenken. In Deutschland ist die Entwicklung (mit einem Drittel) auf halbem Wege stehen geblieben" (Kreckel, 2008, S. 185), denn die meisten akademischen Studienfächer werden in Deutschland weiterhin nur an den Universitäten angeboten.

Kategoriale Segmentierung

Die komplexe Segmentierung wie in Frankreich oder in den USA besteht darin, diverse Hochschuleinrichtungen nebeneinander bzw. übereinander zu haben. Nur ein Viertel der amerikanischen Hochschulen haben das Promotionsrecht; es gibt *4-year-colleges* mit Masterabschluss, reine Bachelor-Colleges sowie *2-year-colleges* ohne Graduierungsrecht. Kurz: Nur die wenigsten nordamerikanischen Hochschuleinrichtungen sind auch Forschungseinrichtungen (offenbar nicht einmal 7% [Kreckel zitiert die Carnegie Classification]). In Frankreich sind die Grandes Écoles bekannt, die IUT und andere Studiengänge.

ad (2): Die zweite Strategie, die institutionelle Externalisierung, setzt auf außeruniversitäre akademische Forschungseinrichtungen. So gibt es in Deutschland rund 200 Max-Planck-, Leibnitz-, Helmholtz- und Fraunhofer-Institute „mit staatlicher Grundfinanzierung, in denen akademische Forschungsaufgaben ohne Lehrverpflichtung wahrgenommen werden" (Kreckel, 2008, S. 184). Rund 18% aller Wissenschaftlerstellen in Deutschland sind im außeruniversitären Sektor angesiedelt.

Institutionelle Externalisierung

ad (3): Die dritte Strategie ist die interne Funktionsdifferenzierung. Entweder wird zwischen den Hochschulbereichen bzw. den Instituten für Lehre oder aber Forschung unterschieden, oder es

Interne Funktionsdifferenzierung

wird zwischen Personal für Lehre und Personal für Forschung unterschieden (z.B. Forschungs- und Lehrprofessuren).

Vertikale Stratifizierung

ad (4): Die vierte Strategie ist die vertikale Stratifizierung, die in den USA und in Großbritannien nach 1992 sehr ausgeprägt ist: „Zwischen den amerikanischen Forschungsuniversitäten gibt es deutliche, öffentlich anerkannte und durch Rankings immer wieder bestätigte Leistungs- bzw. Reputationsunterschiede" (Kreckel, 2008, S. 186). Diese Strategie hat sich in Kontinentaleuropa nicht oder noch nicht durchgesetzt. Mit ihr kommt es zu einer starken Konzentration der insgesamt eingesetzten Forschungsmittel auf wenige Universitäten.

Bei der deutschen Exzellenzinitiative handelt es sich um einen „Versuch zur symbolischen Stratifizierung des deutschen Hochschulsystems", welches bisher „nur durch zeitlich und quantitativ begrenzte Mittel untermauert ist. Von einer wirklich einschneidenden evaluationsbezogenen Umverteilung von Haushaltsmitteln, wie sie in Großbritannien zu beobachten ist, kann (...) in Deutschland bisher nicht die Rede sein" (Kreckel, 2008, S. 186).

Kurz: Irgendeine Differenzierungs- bzw. Stratifizierungsstrategie wird gewählt – wo sich in einem derart stratifizierten Raum der Massenbildung etwa noch die ‚Idee der Universität' heimisch fühlen könnte, mag fraglich sein. Jedenfalls sind in keinem Hochschulsystem der Welt „alle Hochschullehrer als Forscher tätig, geschweige denn als Spitzenforscher. Die große Mehrzahl der heute aktiven Hochschullehrer verfügt zwar über eine Forscherqualifikation, mindestens auf dem Niveau des Doktorgrades. Aber die vordringliche akademische Aufgabe der meisten Hochschullehrer an Fachhochschulen und an ‚normalen' Universitäten (...) ist die *Lehre*" (Kreckel, 2008, S. 188, kursiv wie im Original). Der Trend scheint beobachtet werden zu können, wonach die binäre Hochschulstruktur (Trennung von Universität und Fachhochschule) zunehmend verblasst und die Hochschulbildung zunehmend von *stärker stratifizierten Systemen* überlagert wird: „Die Übergänge zwischen kleineren Regionaluniversitäten und Fachhochschulen dürften dabei zunehmend fließend werden" (S. 19).

So schwindet im Einzelfall bald die Freude am neu erreichten (Aus)Bildungsstatus, denn die Verhochschulung entpuppt sich dem Einzelnen bis zu einem gewissen Grad als bombastisches Bubble-Gebilde, das mit schwulstifiziertem Vokabular, angelsächsisch *trendy*, zugekleckst wird, aber mir nicht immer viel hilft, mich auf dem Arbeitsmarkt attraktiver zu machen. ‚Tolle' Stellen werden nicht von ‚tollen' Zertifikaten geschaffen.

Die Verhochschulung der Gesellschaft ist sicher als ein ambivalentes Phänomen zu bezeichnen. Sie mag – quasi ‚positiv' – einem Fahrstuhleffekt (Beck, 1986) oder aber negativer einem Paternostereffekt (Butterwegge, 2006) entsprechen. Zu den positiven Seiten zählen wohl die Indizien von politisch-psychologischen Korrelationsstudien, welche den positiven Zusammenhang von Bildung und Demokratie bzw. Intelligenz, Bildung und Demokratie zu illustrieren meinen (vgl. beispielsweise Rindermann, 2008, oder Vanhanen, 2003). Die Stratifizierungsmodi der Hochschulen in einer Gesellschaft bzw. Nation mögen sich ändern und unterscheiden; gleich bleibt sich die Funktion, Ungleichheit in der Bildung zu legitimieren, wiewohl dies aufgrund des Wissens um fehlende Chancengleichheit letztlich gar nicht möglich ist. Die Illusion der sogenannten zunehmenden ‚Höhe' der Ausbildungswege ist sicher in vielfacher Hinsicht wirksam, um auch mehr oder weniger skandalöse Entwicklungen in der Gleichbehandlung und dadurch ungerechten Behandlung oder auch ungerechter Formen der Ungleichbehandlung zu kaschieren. Die prinzipielle Imperfektibilität des damit verbundenen gesellschaftlichen Problems einfach hinzunehmen, ist sicher kein moralisch nobler oder auch politisch geschickter Zug; doch eine (prinzipielle) Perfektibilität des Gerechtigkeitsgedankens im Bildungssystem zu unterstellen, ist höchstwahrscheinlich nur fromm, zumindest antitragisch-zuversichtlich, halt wenig ‚evidenzbasiert', um es im Jargon der heutigen Bildungsdiskurse zu sagen.

Verhochschulung als ambivalentes Phänomen

Fragen

1. Inwiefern kann von der Gleichheit als einer *sozialen Praxis* gesprochen werden?
2. Was wird unter ‚Pädagogisierung' verstanden?
3. Welches sind bedeutsame Differenzierungsmechanismen des Bildungs- und Wissenschaftssystems?

Weiterführende Literatur

Bourdieu, Pierre/Passeron, Jean-Claude (1976): Die Illusion der Chancengleichheit. Untersuchungen zur Soziologie des Bildungswesens am Beispiel Frankreichs. Stuttgart: Klett-Cotta.

Gutmann, Amy (1987): Democratic Education. Princeton: Princeton University Press.

Rancière, Jacques (2009): Der unwissende Lehrmeister. Fünf Lektionen über die intellektuelle Emanzipation. Wien: Passagen.

7. Zur Ethik der Fürsorge

Die folgenden Ausführungen zur Fürsorge-Ethik (*care ethics*) – in den USA seit vielen Jahren populär durch Nel Noddings vertreten – nehmen ihren Ausgang in Carol Gilligans Behauptungen zur Entwicklung einer ‚weiblichen Moral'. Danach folgen Erläuterungen zum Begriff der Fürsorge, um anschließend die Hintergrundphilosophie einer Pädagogik der Fürsorglichkeit zu befragen. Im Zentrum dieses Ansatzes steht das Konzept der Selbstsorge, welche in der Geschichte der Philosophie eine weitaus differenziertere Sicht ermöglicht, als dies in der Pädagogischen Ethik Nel Noddings' der Fall zu sein scheint. Allerdings hat sich die Idee der Selbstsorge auch dem Vorwurf der Ideologisierbarkeit zu stellen. Das Kapitel versucht die Ambivalenz der Idee der Fürsorge als Selbstsorge zu erhellen, indem empirische, ethische und pädagogische Perspektiven eingenommen werden.

Care ethics

7.1 Geschlechtsspezifische Moral? Mitgefühl und Autonomie

Die Debatte um die Bedeutung der Fürsorgemoral (*care ethics*) hat sicher in den 80er Jahren des letzten Jahrhunderts ihren Höhepunkt gehabt, und natürlich spielte Carol Gilligans Buch *In a different voice* (1982) hierbei die zentrale Rolle (vgl. auch Gilligan & Attanucci, 1988; Lyons, 1983). Die moralpsychologische Frage nach geschlechtsspezifischen moralischen Orientierungen wurde allzu schnell dahingehend bejaht, dass Frauen eher einer Fürsorge-Ethik folgen, Männer sich hingegen an einer Gerechtigkeitsmoral orientieren würden. Dieser simple, aber wirksame Diskurs – der noch nicht klar zwischen *gender* und *sex* unterschied – hatte eine politische Bedeutung und war sicher nicht ohne Reiz und Provokation. Empirisch entpuppten sich die beiden stärksten Behauptungen Gilligans als nicht überzeugend (vgl. schon Althof & Garz, 1988; Herzog, 1991). Die erste Behauptung bestand darin, zu monieren, Mädchen und Frauen würden in Erhebungen zur Entwicklung der moralischen Urteilskompetenz mit dem Kohlberg-Stufenschema (Kohlberg, 1976, 1981, 1984) schlechter abschneiden als männliche Probanden, was als ein Indiz für den Geschlechts-Bias der Kohlberg'schen Theorie bzw. des damit einhergehenden Stufenschemas zu deuten sei (quasi als Effekt von vorherrschenden, ‚männlich geprägten' Moralvorstellungen). Die

Carol Gilligan

Geschlechts-Bias des Kohlberg-Schemas

Geschlechtsspezifische moralische Orientierungen

zweite Behauptung betraf und betrifft die Idee, dass sich Frauen und Männer auch *inhaltlich* darin unterscheiden würden, welche Argumente in moralischen Entscheidungssituationen von besonderem Gewicht seien. Die zweite Behauptung ist mit der ersten intrinsisch verbunden: Frauen würden im Kohlberg-Schema deshalb tiefer eingestuft, weil die Argumente, die für Frauen besonders bedeutsam seien, im Kategoriensystem Kohlbergs von untergeordneter Bedeutung seien bzw. gar nicht vorkämen.

Beide Behauptungen können heute als widerlegt betrachtet werden (vgl. Juranek & Döbert, 2002; Nunner-Winkler, 1994). Allerdings standen die Thesen Gilligans – trotz sehr *eingeschränkter* Datenlage (wenige Probandinnen, ausschließlich weiblichen Geschlechts) und *partikulären* bzw. sehr spezifischen Inhalts (Abtreibungsfrage von persönlich betroffenen Frauen) – recht apodiktisch am Beginn eines bis heute anhaltenden Diskurses. So war bei Gilligan zu lesen: „Aus der Abtreibungsuntersuchung geht hervor, dass Frauen mit einer ganz eigenen Auffassung an moralische Probleme herangehen und moralische Dilemmata als miteinander im Widerstreit liegende Verantwortlichkeiten betrachten" (Gilligan, 1985, S. 131). Und: „Für Frauen besteht ein moralisches Problem darin, dass in den konstruierten oder wirklichen Situationen immer jemand verletzt oder geschädigt werden muss" (S. 23). Sowie: „Auffallend ist der rote Faden dieser Aussagen, der Wunsch andere nicht zu verletzen, und die Hoffnung, dass die Konflikte mit Hilfe der Moral so gelöst werden können, dass niemand verletzt wird" (S. 138).

Entwicklung der weiblichen Moral nach Gilligan

Das Modell der Entwicklung der weiblichen Moral, welches Gilligan aufgrund ihrer kleinen, explorativen Studie vorgeschlagen hat, als Alternative zum Schema von Kohlberg, unterscheidet drei Niveaus (bzw. Stufen) mit zwei Übergangsphasen:

Niveau 1: Orientierung am individuellen Überleben
Übergangsphase 1: Vom Egoismus zur Verantwortlichkeit
Niveau 2: Orientierung an Konventionen
Übergangsphase 2: Vom Gutsein zur Wahrheit
Niveau 3: Die Moral der Gewaltlosigkeit

Weibliche Fürsorgemoral versus männliche Gerechtigkeitsmoral

„Die Debatte hatte sich", wie Detlef Garz (1994, S. 195) schreibt, „an den Thesen, die Gilligan zugeschrieben wurden, entzündet, dass Frauen überwiegend über niedrigere Gerechtigkeitsurteile sensu Kohlberg verfügen und dass es zwei eindeutig geschlechtsbezogene Moralen gibt, eine männliche Gerechtigkeitsmoral und eine weibliche Fürsorgemoral. Gilligan betont, dass sie beide Thesen nie vertreten hat". Wer Gilligan genauer liest, merkt, dass der Hinweis von Detlef Garz letztlich doch richtig ist. Die Aussagen von Gilligan lassen sich schnell missverstehen, dennoch ist es offensichtlich, dass „zu Recht von zwei unterschiedlichen Orientierungen, von zwei Linien der Entwicklung gesprochen werden kann, die für fundamentale, zugleich aber sozial induzierte Unterschiede in der menschlichen Entwicklung stehen" (ebd.). Es sei nun etwas fokussierter auf Gilligans Kritikpunkte bzw. Thesen eingegangen:

Kritik 1: Gilligan monierte, dass Frauen im Kohlberg'schen Auswertungssystem *systematisch* schlechter abschneiden würden (sie würden auf Stufe 3 ,festgenagelt', während Männer in der Stufe 4 ihre Entsprechung finden würden).

Kritik 2: Es gibt nach Gilligan unterschiedliche moralische Orientierungen (Fürsorge vs. Gerechtigkeit), was im Kohlberg'schen Auswertungssystem nicht berücksichtigt werde.

Kein Geschlechts-Bias bei Kohlberg

Die erste Kritik wurde schon sehr früh empirisch widerlegt. So zeigten die Meta-Analysen von Lawrence Walker (1984, 1989) an 80 Untersuchungen mit 152 Stichproben (mit insgesamt 10 637 TeilnehmerInnen), dass bei 130 Stichproben (85.5%) keine signifikanten Unterschiede zwischen Männern und Frauen gefunden wurden. Bei neun Stichproben hatten die weiblichen und bei 13 die männlichen Probanden signifikant höhere Werte. Die Meta-Untersuchung von Stephen Thoma (1986) mit den Daten von 56 Studien und ca. 6 000 TeilnehmerInnen (Erfassung mit dem DIT [,Defining Issue Test', vgl. Rest, 1979]) zeigte – alle Studien zusammengenommen – einen leichten Unterschied zugunsten der Frauen.

Das Fazit lautet daher ziemlich klar: Das ,weibliche' Denken bzw. Urteilen wird bei Kohlberg nicht systematisch benachteiligt. Die gefundenen Differenzen (bei rund 15% der Stichproben) sind eher sozio-ökonomisch als geschlechtsspezifisch zu interpretieren, als Wirkung von Unterschieden des formalen Bildungsgrades. Dennoch wird bis heute gerne behauptet, dass die Kohlberg-Stufen geschlechtsspezifische Vorurteile transportieren würden.

Fürsorge versus Gerechtigkeit

Nun aber zur zweiten Kritik bzw. zum zweiten Frageblock. Die Antworten fallen weniger eindeutig aus, sind aber interessanter:

a) Kann man die beiden Orientierungen philosophisch und/oder empirisch unterscheiden?
b) Ist es so, dass Frauen eher mit der Fürsorge, Männer eher mit Gerechtigkeit argumentieren?

ad a): Die Antwort auf die erste Frage lautet ‚jein': Gerechtigkeitsmoral zielt eher auf Entscheidungsregeln, die Fürsorgemoral eher auf Beziehungsaspekte und die Konsequenzen des Handelns. Diese moralischen Orientierungen müssen sich nicht widersprechen, können es aber je nach Situation. Dazu seien weiter unten mit Rekurs auf unterschiedliche philosophische Traditionen einige Erläuterungen angebracht.

ad b): Es kommt auf den Inhalt der Fragestellung an. Je nach Situation bzw. Thema argumentieren Männer mehr mit Fürsorgeargumenten als Frauen bzw. eben umgekehrt – wie bei der Abtreibungsstudie Gilligans (vgl. Untersuchungen von Nunner-Winkler, 1994; Oser & Althof, 1992).

Persönliche Betroffenheit

Die wichtige Einsicht des ganzen Diskurses um die Fürsorge-Ethik und die damit einhergehenden empirischen Untersuchungen ist: dass Fragen der Sorge und der Fürsorge in ethisch relevanten Fragen und Situationen umso bedeutsamer werden, je mehr die Person *selbst* von diesen Fragen *betroffen* ist. Reine Prinzipienmoral und allgemeine, quasi abstrakte Regelsysteme verlieren in solchen Situationen für die Betroffenen an Bedeutung.

In Fragen der Abtreibung argumentieren Frauen verstärkt mit Fürsorgeargumenten, weil sie hier lebensweltlich und persönlich zentral betroffen sind (oder sein können), während Männer sich in dieser Frage eher nach einer Prinzipienmoral orientieren (z.B. der Gerechtigkeit). Doch umgekehrt orientieren sich Männer in Fragen zum Thema Wehrdienstverweigerung in ihren Urteilen eher an Fürsorgegesichtspunkten, während es Frauen in dieser Frage leicht fällt, das Thema mit Prinzipienargumenten zu beurteilen, da sie ganz offensichtlich weniger betroffen sind. Diese wichtigen Erkenntnisse der psychologischen und soziologischen Moralforschung, die wir Nunner-Winkler (1994) und anderen zu verdanken haben (vgl. Juranek & Döbert, 2002), ergänzen und korrigieren den Diskurs um die Fürsorge und haben auch einen (indirekten) Einfluss auf die Beurteilung der Bedeutung der Fürsorge-Ethik.

Widerstreitende Prinzipien

Der Kern und der Anlass der Fürsorgemoral sensu Gilligan liegen im Konflikt zwischen Selbst und den anderen, im Dilemma zwischen *Mitgefühl* und *Autonomie* (vgl. auch Herzog, 1991, S. 396) bzw. *Wohlwollen* und *Gerechtigkeit* (S. 398). Andere zu verletzen oder verletzen zu müssen, erscheint unmoralisch, und so versuchen Menschen, moralische Dilemmata mitunter so zu lösen, dass möglichst niemand verletzt wird. Diese Bemühungen konfligieren mitunter mit einer rigorosen Anwendung eines einzigen (quasi abstrakten) Moralprinzips (wie der Gerechtigkeit, der Freiheit oder dem persönlichen Glück). Für Gilligan war daher klar, dass es letztlich sinnlos ist, das eine Prinzip *gegen* das andere zu setzen: „To argue whether morality is really a matter of justice or of care is like arguing whether the rabbit-duck figure is really a rabbit or a duck" (Gilligan & Wiggins, 1987, zit. nach Herzog, 1991, S. 398).

7.2 Zum Wert und Prinzip der Fürsorge

Im Folgenden seien, wie angekündigt, einige philosophische, eher definitorische Perspektiven auf die Fürsorge gerichtet, ohne zu einem abschließenden Ergebnis zu kommen; vielmehr einfach, um auf die Relevanz des Fürsorgeprinzips im ethischen Diskurs hinzuweisen.

Persönliche und institutionelle Fürsorge

Zunächst seien aber einige etymologische Hinweise zum deutschen Wort ‚Fürsorge' angebracht. Im Duden wird das mittelhochdeutsche ‚vürsorge' mit Besorgnis vor Zukünftigem umschrieben und bestimmt als (1) die „tätige Bemühung um jemanden, der ihrer bedarf" (liebende, elterliche, ärztliche Fürsorge), und (2) als die öffentliche, organisierte Hilfstätigkeit zur Unterstützung in Notsituationen oder besonderen Lebenslagen (Sozialhilfe, Einrichtungen der öffentlichen Fürsorge, Sozialamt, von der Fürsorge bezahltes Unterstützungsgeld). Die Ausrichtung auf die Zukunft kommt weiter im Ausdruck ‚vorsorgen' zum Vorschein (vgl. Duden). Die beiden Bedeutungen von Fürsorge, die personelle, persönliche (1) und die institutionelle (2), finden z.B. gerade in Schule und Erziehung eine gewisse Koppelung.

Liebesethische Perspektive

Der Begriff der Fürsorge wird mitunter jenem der Liebe bzw. der *Liebesethik* subsumiert. Vertreter der griechischen und christlichen Ethik pflegen etwa die Ansicht, dass sittliches Handeln und Liebe ein und dasselbe seien (Schöpf, 1986, S. 150; Brumlik, 2002, S. 204-240). Fürsorge und Wohltätigkeit bezeichnen Verpflichtungsaspekte in asymmetrischen menschlichen Beziehungen. In der Asymmetrie betreffender Beziehungsformen liegt denn auch die spezielle Problematik: Die menschliche ‚Zuwendung' zum *ungleichen* Partner scheine nahezu unvermeidlich Abhängigkeit zu erzeugen (vgl. Schöpf, 1986, S. 151).

Existenzphilosophische Perspektive

Von einer liebesethischen Deutung ist eine *existenzphilosophische* zu unterscheiden. Heidegger zeigt in *Sein und Zeit* diese Problematik mit der Unterscheidung der ‚einspringend-beherrschenden' und der ‚vorausspringend-befreienden' Fürsorge an:

> „Die Fürsorge hat hinsichtlich ihrer positiven Modi zwei extreme Möglichkeiten. Sie kann dem Anderen die Sorge gleichsam abnehmen und im Besorgen sich an seine Stelle setzen, für ihn einspringen. Diese Fürsorge übernimmt das, was zu besorgen ist, für den Anderen. Dieser wird dabei aus seiner Stelle geworfen, er tritt zurück, um nachträglich das Besorgte als fertig Verfügbares zu übernehmen, bzw. sich ganz davon zu entlasten. In solcher Fürsorge kann der Andere zum Abhängigen und Beherrschten werden, mag diese Herrschaft auch eine stillschweigende sein und dem Beherrschten verborgen bleiben. Diese einspringende, die Sorge abnehmende Fürsorge bestimmt das Miteinandersein in weitem Umfang, und sie betrifft zumeist das Besorgen des Zuhandenen. Ihr gegenüber besteht die Möglichkeit einer Fürsorge, die für den Anderen nicht so sehr einspringt, als dass sie ihm in seinem existentiellen Seinkönnen vorausspringt, nicht um ihm die Sorge abzunehmen, sondern erst eigentlich als solche zurückzugeben. Diese Fürsorge, die wesentlich die eigentliche Sorge – das heißt die Existenz des Anderen betrifft und nicht ein Was, das er besorgt, verhilft dem Anderen dazu, in seiner Sorge sich durchsichtig und für sie frei zu werden." (Heidegger, 2006, S. 122)

Vereinigung von Fürsorge- und Gerechtigkeitsmoral

Im Zusammenhang der Fürsorge-Ethik wird, wie oben ausführlich gezeigt, immer wieder auf Gilligan (1982) verwiesen. Dass eine weibliche ‚Fürsorgemoral' nicht gegen eine männliche ‚Gerechtigkeitsmoral' ausgespielt werden muss, hatte auch schon Ann Higgins (1989) gezeigt. Der geschlechtsspezifische moralische Entwicklungsweg, den Gilligan beschreibt, der Weg von ‚adoleszenten Absolutheitsansprüchen' zur ‚erwachsenen' Erfahrung der Existenz ‚mehrerer Wahrheiten', scheint aber auf deskriptiver Ebene, und implizit normativer Ebene, von Bedeutung. Es darf jedoch, wie gezeigt, bezweifelt werden, ob die ‚absoluten Werte' immer derart geschlechtsspezifisch anzufinden sind (Frauen: *care*, Fürsorge; Männer: Wahrheit und Gerechtigkeit), wie der doch etwas simple Diskurs zumindest viele Jahre nahezulegen schien. Auf der anderen Seite beschreibt Gilligan einen plausiblen (empirisch gewonnenen) Entwicklungsweg, der die geschlechtstypischen ‚Moralen' im günstigen Fall vereinigt. Dies ist m.E. bildungs- und erziehungsphilosophisch von großem heuristischem Wert:

> „In der Entwicklung der Frauen wird der absolute Wert der Zuwendung (care) – ursprünglich als Gebot, andere nicht zu verletzen,

definiert – durch die Erkenntnis des Bedürfnisses nach persönlicher Integrität kompliziert. Diese Erkenntnis führt zu dem Anspruch auf Gleichberechtigung, der im Rechtekonzept verkörpert ist, welches das Verständnis von Beziehungen verändert und die Definition von Zuwendung (care) transformiert. Für die Männer werden die absoluten Werte der Wahrheit und Gerechtigkeit – definiert durch die Konzepte der Gleichberechtigung und Wechselseitigkeit – durch Erfahrungen in Frage gestellt, die das Vorhandensein von Unterschieden zwischen dem anderen und dem Selbst demonstrieren. Das Bewusstwerden mehrfacher Wahrheiten führt schließlich zu einer Relativierung des Gleichheitsprinzips (equality) in Richtung auf Gerechtigkeit im Sinn von Billigung (equity) und bringt eine Ethik der Großzügigkeit und Fürsorglichkeit (care) hervor. Für beide Geschlechter macht die Existenz zweier Kontexte für die moralische Entscheidung per definitionem abhängig vom Kontext und führt zu einem neuen Verständnis von Verantwortung und Entscheidungsfreiheit.“ (Gilligan, 1985, S. 202)

Diskursethische Perspektive

Auch *diskursethisch* wird diese Sicht von manchen Vertretern geteilt. So unterstützt beispielsweise Apel (1988) die Ansicht, dass Fürsorge und Gerechtigkeit bloß Teile derselben Moral, derselben praktischen Vernunft sind. Dies verdeutlicht er an den Präsuppositionen von Diskursteilnehmern:

> „Wer mit einer ernsthaften *Frage* den Boden des Diskurses betritt, der unterstellt nicht nur automatisch die *Gleichberechtigung* aller virtuellen Diskurspartner, sondern auch so etwas wie eine *Solidarität der Problemlösungsverantwortung* in der kontrafaktisch antizipierten idealen Kommunikationsgemeinschaft. Dieses nicht zu übersehende Moment der transzendentalreflexiven Letztbegründung der Moralität ist m.E. geeignet, viele Einwände a priori zu entkräften, die mit Recht gegen eine Version der *Gerechtigkeits-Ethik* erhoben werden, die nur von der *Verallgemeinerung der individuellen Rechte* ausgeht und somit *Pflichten* nur als *wechselseitige Begrenzung dieser Rechte* zu denken vermag. Unter dieser letzten Voraussetzung vermöchte man in der Tat die Pflicht zur *aktiven Zuwendung und Fürsorge* (z.B. ‚care‘ im Sinne von Gilligan) bzw. der *Verantwortungsübernahme für Schwache und Schutzlose* oder vollends die Pflicht zur *Mit-Verantwortung bei der Organisation der kollektiven Verantwortung für die Folgen der kollektiven Aktivitäten* (z.B. im Sinne von Hans Jonas für die Folgen der Wissenschaft und Technik) nicht recht zu begründen. Es kommt dann zu unnötigen Infragestellungen der Einheit der Moral und der Eindeutigkeit einer entwicklungslogischen Stufenhierarchie – etwa im Sinne des Ausspielens einer weiblichen *‚care‘-Moral* gegen eine männliche *Gerechtigkeits-Moral* oder der Bevorzugung der – verständlicherweise sehr viel emotionsnäheren – *Loyalitätsmoral der konkreten Bezugsgruppe* (Stufe 3) gegen

> die *abstrakteren Normen bzw. Prinzipien* der folgenden Stufen oder im Sinne der Standardargumente des *Utilitarismus* gegen die *deontische Gerechtigkeitsethik*, die davon ausgehen, dass die letztere die *Folgeverantwortung* nicht zu berücksichtigen vermöge." (Apel, 1988, S. 451-452, kursiv wie im Original)

Fürsorge als moralphilosophisch bedeutsames Prinzip

Dies sind nur wenige, unsystematische Hinweise. Doch sie deuten an, dass die Fürsorge als ein Wert und ein ethisches Prinzip fungieren kann, das auch moralphilosophisch ernst zu nehmen ist, etwa – wie hier angezeigt – in liebesethischer, existenzphilosophischer oder auch diskursethischer Perspektive. Diese Bezüge lassen sich auch in der Sphäre der pädagogischen Theorie differenzieren.

Moralphilosophisch bedeutsam ist wohl, dass mit dem – auch anthropologischen – Hinweis auf die Fürsorge eine Lücke gefüllt werden kann, die allzu ‚kognitiven' oder ‚rationalistischen' Moralverständnissen inhärent ist: dass sie nicht in der Lage sind, „die *Betroffenheit* vom Leid des Anderen begreiflich zu machen" (Herzog, 1991, S. 400, kursiv wie im Original). Ethiken, in denen das *Mitgefühl* (*compassion/moral sense theories*) oder überhaupt das Gefühl, speziell das *Glück* sowie das *Leiden* (etwa im Utilitarismus), den Ausgang bilden, haben – wenigstens in dieser Hinsicht – freilich weniger Probleme. Dennoch ist die ‚Utopie der Selbstlosigkeit' wohl eher eine Dichtung der Kritiker rationalistischer Moralen (wie etwa der kantischen) als ein Ausgangspunkt der Vertreter dieses Typus von Moraltheorien.

7.3 Die Fürsorge-Ethik als pädagogische Hintergrundphilosophie

Nel Noddings

Eine inspirierende Gesprächspartnerin im Zusammenhang von Fürsorgemoral und Erziehung bzw. Bildung ist sicher Nel Noddings (vgl. 1984, 1992), die mit dem Begriff ‚care' bzw. ‚caring' vor gut 30 Jahren einen ‚neuen Erziehungsansatz' entwickelt hat. Anregend, wenn auch nicht unproblematisch, ist die Ausweitung des Fürsorgebegriffs bei dieser Autorin. So bezieht sich Fürsorge bei ihr auf sechs Bereiche: (1) „caring for self", (2) „caring for the inner circle", (3) „caring for strangers and distant others", (4) „caring for animals, plants, and the earth", (5) „caring for the human-made world" und schließlich (6) „caring for ideas" (Noddings, 1992, S. 74-172).

Der Ansatz von Noddings ist insofern interessant, als mit ihm die Verschmelzung von fachlichen (sachbezogenen) und ethischen Momenten überaus greifbar gemacht wird. Die rigorose Vernachlässigung von Gerechtigkeitsaspekten ist im pädagogischen Bereich vielleicht nur insofern akzeptabel, als Noddings in ihrem ‚alternative approach to education' Schulbedingungen skizziert, die mit der Schulrealität (in den damaligen USA) nur noch wenig zu tun haben (hatten). Trotz dieses zunächst scheinbar engen Fokus ist der Ansatz der Fürsorge oder Fürsorglichkeit in den USA seit den 80er Jahren des letzten Jahrhunderts zum populärsten Konzept der Pädagogischen Ethik geworden (vgl. Fuhr, 1998, S. 56). Man darf behaupten, dass der Ansatz und der Name Nel Noddings praktisch zusammenfallen. Auch Noddings versteht ihr Anliegen oder ihren Fokus als ‚weibliche Ethik', welche sie (dennoch) auf ‚anthropologischer' Grundlage konzipiert. Im Zentrum steht die Sorge, das Sich-Kümmern und bemühte Sein. Es ist Noddings allerdings klar, dass eine solche Ethik nicht vollständig begründbar ist (Noddings, 1984, S. 94-95). Das wundert wenig, weil die kognitive Grundlage der Ethik ja gerade als unzureichend verstanden wird: „Wir können nicht begründen", so Fuhr (1998, S. 57), „dass das sorgende Selbst tatsächlich das bessere Selbst ist, sondern nur eine Erfahrung mitteilen in der Hoffnung, dass andere sich daran anschließen." Fürsorglichkeit ist eine anzunehmende Erfahrung, welche (zumindest idealerweise) jedem Menschen als Kind schon zukommt. Fürsorglichkeit und Mütterlichkeit sind intrinsisch verbunden. Diese Ausgangslage ist wenig überraschend und freilich schon etwa bei Pestalozzi zentral. Aus dem anthropologischen Faktum des (möglichen) Mutterseins folgert Noddings, dass Frauen in der Regel gegenüber der Moral der Fürsorglichkeit aufgeschlossener oder einfach sensibler sind; die Mutter-Kind-Beziehung ist der paradigmatische Schlüssel. Daran wird auch ersichtlich, warum die Moral der Fürsorge weiter und umfassender ist als die Moral des Mitleids. Die Gebundenheit des Menschen an den Menschen ist die elementare Erfahrung des Menschseins überhaupt – ‚natural caring' ist daher die Grundlage des ‚ethical caring'; das utilitaristische Moment greift in dieser Perspektive zu kurz. Das Begründungsproblem dieses ethischen Ansatzes wird in Kauf genommen. Man könnte auch formulieren, dass die Anhänger einer reflektierten Fürsorgemoral ein Bewusstsein dafür haben, dass die existenzielle Dimension und die situationale Dignität und Einzigartigkeit moralisch relevanter Entscheidungen immer wieder zur Erkenntnis führen, dass allgemeine Prinzipien, mögen sie noch so gut begründet sein, uns konkret häufig nicht weiterhelfen und wir geradezu gezwungen sind, ‚neue' Lösungen zu finden, kreativ zu

Fürsorglichkeit und Mütterlichkeit

Gebundenheit des Menschen an den Menschen

Bindungen

sein und uns dabei von unseren Bindungen an die Menschen, uns selbst, die Welt und die Dinge sowie auch die Ideen leiten zu lassen. Das Abstrahieren von konkreten Gegebenheiten, welches uns die Anwendung eines allgemeinen Grundsatzes abverlangt, führt – in Noddings' Auffassung – allzu schnell dazu, dass wir bedeutsame Aspekte der Situation übersehen oder vernachlässigen. Das hat insbesondere mit dem Anspruch der Gleichheit und Reziprozität zu tun, welcher den meisten Moralprinzipien inhärent ist und daher speziell für Situationen asymmetrischer Bindungen weniger geeignet scheint: „That condition which makes the situation different and thereby induces genuine moral puzzlement cannot be satisfied by the application of principles developed in situations of sameness" (Noddings, 1984, S. 85).

Neben den vielen Problemen, welche eine Pädagogische Ethik der Fürsorge haben kann, ist sicher überzeugend und auch einfach sympathisch, dass Noddings das Nichtwissen in ethischen Fragen mitberücksichtigt. Es könnte von einem affirmativen, positiv ausgelegten ethischen Skeptizismus die Rede sein. Nun wurde eingewendet, dass Noddings einfach die Fürsorge zum obersten Moralprinzip erhebt, dass sie also im Grunde auch eine ethisch-normative Verallgemeinerung und konzeptionelle Abstrahierung vornehme. Noddings bestreitet dies, wie Fuhr (1998, S. 59) ausführt, keineswegs. Im Unterschied zu anderen Systemen, glaubt sie aber nicht, dass aus einem ‚obersten' Fürsorgeprinzip untergeordnete Prinzipien und Regeln etc. formuliert werden können und sollen. Im Zentrum steht daher nicht die Form der Moral, sondern der spezifische Gehalt (der Fürsorge).

Fürsorge als oberstes Moralprinzip

Schulkritik

Es zeichnet den Ansatz von Noddings aus, dass sie die Moral der Fürsorglichkeit für die Bereiche der Erziehung und Schule – teilweise recht konkretistisch – ausformuliert. Das hat damit zu tun, dass die Zustände an vielen amerikanischen Schulen in der Sicht Noddings' besonders von einer fehlenden Fürsorglichkeit in Bezug auf nahezu alle Aspekte geprägt sind: Drogen, Gewalt, Misstrauen, lieblose Organisation und Administration u.v.a.m. Ihre Schulkritik mag pauschalisierend wirken und quasi romantisch motiviert sein, aber mit ihren Diagnosen steht Noddings sicher nicht allein und die empirische Evidenz ihrer Monita ist nicht einfach von der Hand zu weisen.

Selbstsorge

Allerdings wirken Noddings' Überlegungen und Vorschläge einer Erziehung und Schule insgesamt wie eine pädagogische Rezeptologie der Selbstsorge. Das ist sicher auch ein Grund für den Erfolg des Ansatzes. „Caring for self" sei „a huge topic", schreibt Nel Noddings (1992, S. 74), denn „everything we care about is somehow caught up in concerns about self". Einigermaßen erstaunlich sind die Empfehlungen, die bei dem Versuch entstehen können, den Selbstsorgegedanken pädagogisch zu konkretisieren. Einige Beispiele: Noddings bezieht die Selbstsorge zunächst auf das körperliche Leben („physical life"); der Körper und die Körperlichkeit seien auch schulisch von herausragender, meist verkannter Bedeutung. Bedenke man, wie wichtig der Körper und, wenn es geht, ein sich in guter Verfassung befindender Körper im Grunde sei (!), so wirke umso unverständlicher, wie wenig dies in der (Schul)Pädagogik zur Kenntnis genommen werde. Noddings gibt uns in diesem Zusammenhang auch ein paar gute Tipps, wie wir wieder „in shape" kommen und dabei auch die Kinder partizipieren lassen können – pädagogisch wirksame Fitness, ganz im Gegensatz zu den „1980s [when] exercise (...) took on a selfish and unproductive look" (S. 75). Neben dem Fitnessaspekt der körperlichen Selbstsorge sieht Noddings innerhalb des physischen Lebens allerdings durchaus auch weitgefasste Elemente, nicht nur bloßes „health management", sondern auch ein Verständnis für „life stages, birth, and death". Die Behandlung dieser Themen sei u.a. deshalb zur schulischen Aufgabe geworden, weil: „many of our children today are isolated from human beings of different ages" (S. 80). Der Tod (und wie man sich vor ihm schützt) muss ins Curriculum; schließlich sei auch nicht falsch, zu behaupten: „Avoiding premature death is properly part of learning to care for oneself and should be considered in a sound education for physical life" (S. 81).

Körperlichkeit

Weiter: Was an den öffentlichen Schulen in den USA aber am meisten fehle und eben einen weiteren wesentlichen – auch pädagogischen – Teil der Selbstsorge darstelle, sei das *spirituelle* Leben. Spiritualität sei heute für viele leider keine Alltagserfahrung mehr. Ein bisschen besser steht es diesbezüglich noch in der Familie Noddings. Davon zeugt folgender Bericht: „Sometimes when we're driving across the country nonstop, on a Sunday morning, the radio yields one old favorite after another. Our children have been astonished. ‚How do you know so many verses?' they have asked. They might better have asked why we did not teach them these songs" (Noddings, 1992, S. 82). Nach solcher Selbstkritik darf Noddings dann wiederum festhalten: „Now, older and possibly wiser, we see that matters of the spirit are too important to be confined to centers of indoctrination. They must be part of everyday life and of the most strenuous intellectual efforts" (ebd.). So geht es weiter auch für die Bereiche „occupational life" und „recreational life", und immer wieder zeigt uns Noddings mit

Spiritualität

allseits bekannten Gründen, dass das Selbst eine relationale Entität ist und die Selbstsorge deshalb nur als Praxis mit anderen, im weitesten Sinne als kommunikative oder interaktive Praxis verstanden werden könne.

Herausforderungen des Selbstsorgekonzepts

Dass das verbreitete Buch der im nordamerikanischen Erziehungsdiskurs so populären Nel Noddings in großen Teilen der Sparte ‚pädagogischer Kitsch' zugerechnet werden muss, mag bestritten werden; sicher scheint aber, dass der pädagogische Gebrauch des Konzepts der Selbstsorge zu zwar praktisch vielleicht bedeutsamen, theoretisch aber trivialen Einsichten und Ratschlägen führen mag. Doch es geht hier nicht darum, Noddings' Ansatz zu desavouieren, sondern vielmehr um die Frage, ob man denn inhaltlich überhaupt anders – wenn möglich: besser – über die Selbstsorge in pädagogisch-praktischer Hinsicht sprechen könne. Es steht zu befürchten, dass dies leider nicht so eindeutig der Fall zu sein scheint. Nicht nur das: Weiter muss vermutet werden, dass das Selbstsorgekonzept gegen ideologischen Missbrauch kaum widerständig genug ist, gerade weil es sich so leicht mit emanzipativen Selbstüberhöhungsträumen verbindet und damit Selbsttäuschungspotenziale freisetzt.

7.4 Fürsorge als Selbstsorge

Trotz der edlen Motive muss in ethischer Hinsicht kritisch bemerkt werden, dass Noddings mit ihrer Fürsorge-Ethik das Rad neu erfindet. Störend ist, dass sie die Bedeutung der Fürsorge als Selbstsorge – auch in pädagogischer Hinsicht – nicht etwa an die Arbeiten von Michel Foucault oder überhaupt an die antike Idee der Selbstsorge knüpft. Über Fürsorge und Selbstsorge und die Fürsorge als Selbstsorge haben AutorInnen seit der Antike nachgedacht. Für den pädagogischen Diskurs (zumindest in Europa) bleibt bedeutsam, dass Foucault die Sorge um das Selbst „als eine Sorge um die Aktivität, nicht die Sorge um die Seele als Substanz" (Foucault, 1993, S. 35) begreift. Foucault interessierte sich bei seinen Analysen der Selbstsorgepraktiken für den Wandel des Konzepts aus einem ursprünglich politisch-ethischen Kontext (Platon) über einen religiösen (ab der späten Antike) in einen rein psychologischen (Moderne). Es handele sich hierbei, wie Schmid (vgl. 1992) bemerkte, um eine Transformation der Selbstsorge in Seelsorge. So könne die humanistisch-psychologisch inspirierte Selbstkultur der Gegenwart durchaus als Reaktion auf eine ‚christliche Ethik' verstanden werden, welcher es darum gegangen sei,

Michel Foucault

Transformation des Selbstsorgegedankens

das Selbst zu entziffern, um ihm letztlich zu entsagen. Der christlich geformten Selbstentsagungspraxis werde modern eine romantisch geprägte Form der Selbstsorge entgegengestellt, welche einer Sakralisierung eines inneren, wahren und ‚unberührbaren' Kerns des Menschen gleichkomme (vgl. Reichenbach, 2002). Der Ursprung der Idee eines ‚wahren' Selbst hat allerdings weniger mit Narzissmus zu tun (vgl. Lasch, 1979) als vielmehr mit dem moralischen Ideal der Authentizität (vgl. Taylor, 1995); man könnte auch sagen, mit einer psychologisch-naturalistisch motivierten Ethik.

Sakralisierung des Menschen

Ideal der Authentizität

Dem ‚Foucault'schen Subjekt der Erfahrung' geht es um ein spezifisch ethisches Anliegen, nämlich um die mögliche Veränderung und damit um die Möglichkeit einer offenen Geschichte, man darf auch etwas pathetisch sagen, um die Freiheit des Menschen, aber eben nicht um seine ‚wahre' Natur (vgl. Schmid, 1992, S. 227; Foucault, 1996). Diese Freiheit aber, weil sie jeweils konkrete Praxis ist, zeige sich an der Art und Weise, zu leben und sich zu geben, d.h. an einem besonderen Stil, der auf Elemente der Selbstformung verweise. Die Frage des Lebens-Stils sei gerade wegen ihrer politischen Dimension bedeutsam, da sie in Beziehung zu dem steht, „was wir in unserer Welt willens sind zu akzeptieren, zurückzuweisen und zu verändern, sowohl bei uns selbst als auch in unseren Verhältnissen" (Foucault, zit. nach Schmid, 1992, S. 236). „Nicht Untertan zu sein", dieser Wunsch verlange nach „Formen der Gesellschaft (...), die auf der Selbstkonstituierung der Subjekte beruhen und diese ermöglichen" (Schmid, 1992, S. 375). Hier berühren sich nun ethische Fragen mit Machtfragen, denn die Möglichkeit der ‚Regierung seiner selbst' scheint primär in freiheitlichen Gesellschaften gegeben. Damit erhalte die Ethik des Selbst – so die Unterstellung – aufklärerische Relevanz und Aktualität (vgl. S. 376).

‚Regierung seiner selbst'

Macht

Es ist denn auch diese ‚theoretische Stelle', an welcher die Einwände gegen Foucault, wie sie etwa von Jürgen Habermas, Nancy Fraser oder Charles Taylor erhoben wurden, in dem Argument konvergieren, Foucault habe nicht zeigen können, wie das Subjekt in der allumfassenden Macht überhaupt zum Widerstand fähig sein könne und derselbe überhaupt noch zu begründen sei (vgl. Lemke, 1997). Unabhängig davon, ob Foucaults „spätes Interesse an Subjektivität und Ethik" nun als theoretischer Bruch, als Abwendung von der Machtproblematik und „Flucht aus einer theoretischen Sackgasse" verstanden wird oder gerade umgekehrt als Konsequenz seiner intensiven Beschäftigung mit Machtpraktiken (vgl. Schobert, 1998), der Begriff der ‚Regierung seiner selbst'

Einwand gegen Foucault

wird stets als ‚Bindeglied‘ und Vermittlungsbegriff zwischen Macht und Subjektivität, Macht und Herrschaft betrachtet (Ricken, 2004).

Doch Foucaults Analysen zum Selbstsorgebegriff in der Antike sind beschreibender Natur. Die beschriebenen, höchst exklusiven Praktiken bezeugen ein offenbar großes Interesse an der Konstituierung eines ‚autonomen‘ Selbst im Zusammenleben mit den (exklusiven) anderen. Foucault will an manchen Stellen zeigen, dass das relationale und das autonome Selbst gerade nicht als Gegensätze begriffen werden müssen. Doch das eigentlich Interessante an diesen Analysen ist die Kritik an der Transformation des Selbstsorgegedankens vom politischen über den religiösen in einen psychologischen Kontext. Obwohl die indirekt-politische Brisanz einer psychologisch motivierten Ethik und insbesondere des Ideals der Authentizität nicht zu unterschätzen ist, bliebe die vermeintliche Entpolitisierung und Entmoralisierung des Selbstsorgegedankens – wenn er denn für den politischen Bereich wirklich so bedeutsam gewesen sein könnte, woran man zweifeln darf – politisch und pädagogisch problematisch. Die ‚autonome Selbstsorge‘ der Antike wird nämlich nicht, wie etwa Schmid (1998) annimmt, in eine christlich überformte ‚heteronome Seelsorge‘ verkehrt und dann später fürsorglich-therapeutisch überlagert (vgl. Keupp, 2000), sondern hat vor dem so anderen historischen, sozio-ökonomischen und vor allem politisch-ethischen Hintergrund der Moderne eine ganz andere Ausgangsbasis, Bedeutung und Funktion – und zwar keineswegs einfach eine ‚gegenteilige‘ oder ‚verkehrte‘. Die Inhalte einer philosophischen und später auch religiösen Ethik sind im Altertum völlig andere als in der Moderne, „zentrale Begriffe eines antiken Modells einer Lebenskunst wie Glück, Tugend, Askese oder höchstes Gut fristen im neuzeitlichen Verständnis von Moralphilosophie nur eine Randexistenz“ (Horn, 1998, S. 14). Im modernen Moral- und Politikverständnis hat die Idee der Freiheitssicherung und der gleichen Rechte für alle den Vorrang vor der Sicherung der Privilegien gesellschaftlicher Eliten. Es wäre daher fatal, den Anteil der jüdisch-christlichen Liebesethik an der Orientierung am Wert universaler Gleichheit zu unterschätzen (vgl. Brunkhorst, 2000). Kurz: Lebenspraxis ist modern nicht das Thema des Gebotenen und Richtigen, sondern des Guten, und spielt auch so eine bedeutsame Rolle, nur eben unter den Bedingungen und Lasten der Moral der gleichen Rechte. Die Lesart, die von Foucault beschriebene Transformation des Selbstsorgegedankens als eine reine ‚Perversionsgeschichte‘ zu begreifen, wird zwar von Foucault

Kritik an der Transformation des Selbstsorgegedankens

selbst m.E. an manchen Stellen nahegelegt, aber ihr kommt in theoretischer Hinsicht keine größere Bedeutung zu. Foucault vertrat bezüglich des Selbstsorgegedankens die Entgleisungsthese an dieser Stelle nicht: „Rien ne m'est plus étrange que l'idée que la philosophie s'est dévoyée à un moment donné et qu'elle a oubliée quelque chose, et qu'il existe quelque part dans son histoire un principe, un fondement qu'il faudrait redécouvrir" (Foucault, 1994, S. 723). Statt Foucaults Analysen der antiken Selbstsorgepraktiken zum Gegensatz einer vermeintlichen ‚selbst-losen Moral' der Moderne zu stilisieren, erscheint es fruchtbarer, diese als frühe Hinweise auf ein praxeologisches Verständnis der Selbstkonstituierung zu betrachten. Allein darin verbirgt sich das pädagogische Interesse der Gegenwart am Thema.

Techniken der Personwerdung

Nur: Dafür braucht man keine Moraltheorie, keine Genealogie und keinen Ursprungsmythos, keine anti-modernen Suggestionen und keine Dichotomisierung zwischen vermeintlichen ‚Ego-Ethiken' (des guten eigenen Lebens) und ‚Sozio-Moralen' (des richtigen Miteinanderlebens). Es reicht der empirische Blick auf die Verse der jugendlichen Dichter in ihrem Liebeskummer, auf das adoleszente Herumtelefonieren und das Einholen von Peer-Feedback, auf das ständige Korrigiertwerden, aber auch auf das Gelobtwerden, auf das Messen, Bewerten und Vergleichen auf dem Sportplatz, in der Turnhalle oder der Disco und heute vor allem (auch) im Internet, auf das Diskutieren über Filme, Konzerte etc. – alles mehr oder weniger angeleitete, mehr oder weniger fruchtbare Techniken der Personwerdung; Techniken, deren Logiken natürlich ausfindig zu machen sind und entwicklungs- und bildungstheoretisch interessieren müssen. Insofern, so sei salopp formuliert, ist die scheinbare ‚Trivialität' des Fürsorgeansatzes bei Noddings schon in Ordnung.

Empowerment

Selbstsorge ist bei Foucault das Bemühen, „Macht über sich selbst zu gewinnen und diese Macht ins Spiel zu bringen gegen die Bevormundung durch die herrschende Macht" (Schmid, 1995, S. 534). Das klingt zweifellos attraktiv, aber es fragt sich, wie diese Macht näher bestimmt werden kann, wo die Kriterien ihrer Berechtigung gefunden werden können? ‚Empowerment' hieß nun über Jahre ein auch in den USA – insbesondere in vielen ‚Minority'- oder ‚Disenfranchised'-Diskursen – pädagogisch populärer Ausdruck: Wer ein positives oder zumindest neutrales Verhältnis zum Begriff der Macht gewonnen hat, der kann, darf und soll nun scheinbar anders reden. Doch das politische Bewusstsein war vom Selbstsorgebegriff noch nie abhängig. Die neue, wohl primär Foucaults Arbeiten verdankte Attraktivität des Begriffs speist sich denn auch kaum aus politischer Quelle; vielmehr ist es die sogenannte ‚Lebenskunst', der (an sich keineswegs unpolitische) Gedanke der ‚Ästhetik der Existenz', von der bzw. dem sich wohl vor allem diejenigen angezogen fühlen können, die ihr Leben in der einen oder anderen Form der Frage nach dem Sinn ihres Lebens widmen können, Mitstreiter des modernen Lebens und Zusammenlebens, die sich mit den psychologisch delikaten Fragen auseinandersetzen können, wie sie (eigentlich) wissen könnten, was sie (wirklich) aus ihrem Leben machen wollen, wie sie (eigentlich) wissen könnten, was für sie (wirklich) gut wäre, was sie (wirklich) brauchten, und wie sie (eigentlich) wissen könnten, ob das, was sie (wirklich) möchten, auch das ist, was sie (wirklich) brauchen. Solche Beschäftigung sei nicht als ‚Narzissmus' verunglimpft; es genügt, von Selbstreflexivität in günstigen sozio-ökonomischen Individuallagen zu sprechen.

Dirk Rustemeyer ist daher nur zuzustimmen, wenn er anmerkt: „Bloße Selbstveränderungen bleiben, auch in reflektierter Form, so unvermeidlich wie politisch unspezifisch" (2004, S. 91) – hinzuzufügen wäre: auch ‚ethisch unspezifisch'. Wer politisch denkt, ist auf diese Interpretation der Selbstsorge nicht angewiesen. Es ist wohl auch nicht so bedeutsam, dass es im Gespräch zwischen Sokrates und Alkibiades um dessen politische Ambitionen gegangen ist: Junger ‚Heißsporn' (so Foucault) hin oder her, moderne Heißsporne haben auch andere Ideen und Motive, d.h. man kann für viele Dinge nicht reif genug sein, nicht reflektiert genug sein, sich nicht genügend kennen, und dies ist der pädagogisch relevante Aspekt. Doch politisches und ethisches Handeln erfolgt meist unter den Bedingungen der Unsicherheit und des Mangels an Souveränität, wie man mit Rekurs auf Hannah Arendts Freiheits- bzw. Pluralitätsthese (vgl. Arendt, 1994, 1996) sagen könnte. Handeln als praktizierte Freiheit zeigt in extremen Fällen ebenfalls an, dass man bereit ist, auf sein eigenes Überleben zu verzichten, in weniger prekären und zum Glück so viel häufigeren Fällen, dass einen die ‚Sorge um sich' nicht schwach, sondern vielmehr sozial ‚stark' gemacht hat, sodass man bereit ist, für die Expression eigener Überzeugungen negative Konsequenzen zu tragen. Sich zu kennen, heißt auch hier nichts anderes als zu wissen, was man will, was man für gut und richtig hält und was man ablehnt und verachtet. Nicht nur ist derartiges moralisches und ethisches Wissen konstitutiv für die Entwicklung und Veränderung des Selbst, es ist auch jenes Wissen, das in der Tat jeweils dann politisch bedeutsam wird, wenn genügend Empörungskapazität vorhanden ist, dass dieses Selbst in der Situation der Miss-

Handeln als praktizierte Freiheit

achtung moralisch legitimer Erwartungen den (sozusagen ‚politischen') Diskurs initiiert.

Komplement zu klassischen Konzeptionen moralischer Bildung und Erziehung

Mit den Ausführungen sollte angedeutet werden, dass die Selbstsorge als zeitgenössisches Konzept einer politischen Ethik und damit verbunden auch einer pädagogischen Programmatik wohl nicht mehr, aber auch nicht weniger sein kann als ein bedeutsames Komplement zu klassischen Konzeptionen moralischer Bildung und Erziehung. Es ist nicht klar, wie der Gedanke der Fürsorge als Selbstsorge theoretisch überzeugend von weitverbreiteten Vorstellungen individualistischer und psychologisch-motivierter Ethiken abzugrenzen wäre.

Bindungen

Trotzdem ist kaum zu bestreiten, dass der Selbstsorgegedanke ein schöner und wichtiger Gedanke bleibt. Während bei Foucault die Sorge um andere, die Welt, die Umwelt, die Natur nicht weiter vertieft wird, folgt Noddings in ihrer Fürsorge-Ethik und Pädagogik der Fürsorglichkeit der starken Intuition, dass, wer sich um andere und anderes sorgt, sich auch um sich sorgt, und umgekehrt, dass die Sorge um sich die Sorge um die anderen und die Welt einschließt. Die Überlegungen dieser Ethik und Pädagogik sind nicht politisch motiviert, sondern entstehen auf der Grundlage einer anthropologischen Perspektive, welche die vielfältigen *Bindungen* zwischen den Menschen und der Welt in den Mittelpunkt stellt. Der Preis für diese weite Sicht und das damit verbundene pädagogische Anliegen liegt in einer ‚Aufweichung' moraltheoretischer Ansprüche; Moral hat hier gegenüber Moraltheorie den Vorrang.

Fragen

1. Wie lässt sich die Frage nach der Existenz einer geschlechtsspezifischen Moral (im Sinne Carol Gilligans) beantworten?
2. In welchem Zusammenhang stehen die Ethik bzw. Pädagogik der Fürsorge und die Sorge um sich selbst?
3. Was lässt sich zur Transformation des Selbstsorgegedankens seit der Antike sagen?

Weiterführende Literatur

Althof, Wolfgang/Garz, Detlef (1988): Sind Frauen die besseren Menschen? In: Psychologie heute 9/1988, 58-65.

Fuhr, Thomas (1998): Ethik des Erziehens. Pädagogische Handlungsethik und ihre Grundlegung in der elterlichen Erziehung. Weinheim: Beltz/ Deutscher Studien Verlag.

Gilligan, Carol (1985): Die andere Stimme. Lebenskonflikte und Moral der Frau (2. Aufl.). München: Piper.

Noddings, Nel (1984): Caring: A Feminine Approach to Ethics and Moral Education. Berkeley: University of California Press.

Noddings, Nel (1992): The Challenge to Care in Schools. An Alternative Approach to Education. New York/London: Teachers College Press.

8. Die Erziehung der Gefühle

„(...) die Rolle der Emotionen besteht genau darin, (...) den Menschen eine *Orientierung* und eine *Einstellung zur Welt* zu verschaffen."

Richard Wollheim (2001, S. 31, kursiv wie im Original)

Moralerziehung als Gefühlserziehung

Jede Erziehung ist – im Guten wie im Schlechten – auch moralische Erziehung, und diese im Kern immer Erziehung der Gefühle. Während der erste Teil dieser Behauptung (Erziehung = Moralerziehung) noch für viele akzeptabel erscheinen mag, kann der zweite Teil der Behauptung (Moralerziehung = Gefühlserziehung) kaum auf allgemeine Zustimmung hoffen. Wer in Gefühlen primär spontane und authentische Regungen des Gemüts, der Seele, der Psyche oder des Organismus sieht, mag sich kaum an der Idee einer *Erziehung* der Gefühle erfreuen, vielleicht höchstens die Notwendigkeit zugestehen, dass bestimmte affektive Impulse in ihrem Ausdruck gezähmt oder gehemmt werden müssen. Doch auch in diesem Fall wäre die Argumentation möglich, dass es eine Erziehung der Gefühle im Grunde gar nicht geben könne oder aber nicht geben solle, wiewohl die soziale und moralische Relevanz der *Sozialisation* des Gefühls*ausdrucks* immer noch eingeräumt werden könnte. Wer hingegen die Meinung vertritt, Gefühle seien *intentional*, zumindest in einem gewissen Sinne *rational* und von *Bewertungsprozessen* geprägt – eine Sicht, die in der zeitgenössischen philosophischen Diskussion um die Gefühle weithin anerkannt wird –, wird Möglichkeiten und wahrscheinlich auch die Notwendigkeit einer Erziehung der Gefühle erkennen können und dieselbe auch als legitim erachten.

Intentionalität von Gefühlen

Skepsis gegenüber der Gefühlserziehung

Freilich entspräche eine mit großer Wirkungssicherheit funktionierende Erziehung der Gefühle vor dem Hintergrund des modernen Diskurses um Autonomie (vgl. Kapitel 4) – wie jede funktionierende Erziehungstechnologie – einem nicht zu rechtfertigenden Mittel der Manipulation. Darin liegt auch das zentrale Motiv der Skepsis gegenüber der Legitimität der Gefühlserziehung: Gefühlserziehung als Mittel nicht nur der Gehirnwäsche, sondern auch der Herzenswäsche (was wahrscheinlich das Gleiche ist). Auf der anderen Seite ist vielleicht leichter zu akzeptieren, dass der Ausdruck speziell von *moralischen* Gefühlen, z.B. Scham, Schuld oder Mitleid, einen wichtigen Indikator für den Zustand internalisierter Moral darstellt.

Aufforderungen

Im Folgenden sei behauptet, dass vor allem die verbalen, mehr oder weniger explizit sich auf Gefühle beziehenden *Aufforderungen* in den pädagogischen Interaktionen als Versuche interpretiert werden können, die Internalisierung bestimmter moralischer Einsichten und Bewertungen zu stimulieren, die sich als die Ausbildung von Dispositionen der situationsadäquaten Gefühlsäußerung verstehen lässt. Die drei analytisch unterscheidbaren und legitimen Mittel der Gefühlserziehung sind m.E. (1) die Aufforderung zur *Neubewertung* der Situation, (2) die Aufforderung zur *Imitation* des Gefühlsausdruckes, sei dies in quantitativer oder qualitativer Hinsicht, und (3) die Aufforderung zur *Imagination* von Gefühlsreaktionen (vgl. Maxwell & Reichenbach, 2005, 2007).

8.1 Das Tabu einer Erziehung der Gefühle

Überzeugungen, Wünsche und Emotionen

Es ist unter anderen dem ehemals an der Universität Berkeley lehrenden Philosophen und Psychoanalytiker Richard Wollheim (2001) zu verdanken, den engen Zusammenhang zwischen Überzeugungen, Wünschen und Emotionen aufgezeigt zu haben. Während Überzeugungen und unter Umständen auch Wünsche in der einen oder anderen Form schon immer Thema der moralischen Erziehung und Bildung gewesen sind, z.B. in Bezug auf moralische, aber auch politische ‚Orientierungen' oder ‚Einstellungen', haben es die Emotionen im deutschsprachigen Raum sozusagen schwer (gehabt), für moralische Erziehungs- und Bildungsprozesse in einem positiven Sinn als bedeutsam und vielleicht sogar unabdingbar betrachtet zu werden. Dies hat wohl mit dem Gegensatz zu tun, der landläufig zwischen Emotion und Kognition, zwischen Gefühl und Denken, gefühlsmäßigen Urteilen (z.B. ‚aus dem Bauch heraus') und wohlüberlegten Urteilen (die immer ‚im Kopf' stattfinden) hergestellt wird. Dass die großartige Bedeutung, welche den Gefühlen für das mehr oder weniger gesittete Zusammenleben zugeschrieben werden muss, lange Zeit unterschlagen blieb, mag auch an manchen Vertretern der abendländischen philosophischen Tradition liegen, die sich in ihrem theoretischen Interesse vor allem auf die sogenannten Leidenschaften gestürzt haben, als ob die Leidenschaften gerade der typische Fall von Gefühlen seien (vgl. Maxwell & Reichenbach, 2005). Wenn unter Gefühlen vor allem *irrationale affektive* Reaktionsweisen verstanden werden, welche die Möglichkeit ein-

Emotion versus Kognition

Leidenschaften

schränken, nüchterne bzw. rationale moralische Urteile zu fällen, z.B. im Falle des starken Ärgers, dann schiene es einer verantwortungsvollen Erziehung und (Schul)Bildung vor allem auch darum gehen zu müssen, Strategien zu entwickeln, mit denen solche Gefühle möglichst *gezähmt* und vielleicht auch *unterdrückt* werden können (vgl. Barrett, 1994).

Normative Gründe des Tabus der Gefühlserziehung

Doch auch diese Perspektive erklärt den Tabucharakter der Gefühls*erziehung* nicht, das Tabu scheint weniger definitorische als normative Gründe zu haben. Es geht also nicht darum, dass eine große Allgemeinheit falsche Auffassungen über Gefühle hegen würde (Auffassungen, die korrigiert werden müssten), sondern um die Klärung der Gründe und Wertgrundlagen, aus deren Sicht das Tabu der moralisch und auch politisch inspirierten Gefühlserziehung verständlich wird. Einer dieser Gründe liegt im scheinbaren Widerspruch zwischen einer affirmativen Gefühlserziehung und zentralen Prinzipien liberaler Gesellschaften. Wer aus einer normativen Perspektive die sogenannte negative individuelle Freiheit als höchstes Gut betrachtet, wird alle Versuche der Gefühlsformung ‚von außen' als eine Überschreitung des Verletzungs- oder Manipulationsverbotes interpretieren. Wie die Gesetzgeber haben in diesem Sinn auch Erzieherinnen und Erzieher das Recht und sogar die Pflicht, Verhaltensweisen zu vermeiden und gegebenenfalls zu sanktionieren, welche die Interessen von anderen Personen schädigen, und es ist ihnen zunächst einmal verboten, Personen, in Bezug auf das, was sie denken oder fühlen, Grenzen oktroyieren zu wollen. Eine bestimmte Rolle mag auch der in dieser Hinsicht Ausdruck findende moralische Skeptizismus als fragwürdige Form der Anerkennung des Wertepluralismus und der damit verbundenen Forderung nach ‚Toleranz' spielen (vgl. Maxwell & Reichenbach, 2005, 2007).

Wertbindungen

Ein moralisches Gefühl zu verspüren heißt, über eine mehr oder weniger substanzielle Wertbindung bzw. -verpflichtung zu verfügen, die Ausdruck der personalen Identität sein kann. Charles Taylor (1996) nannte diese Bindungen ‚starke Wertungen' (‚strong evaluations'). Daraus resultiert, dass es einer Erziehung der moralischen Gefühle nicht darum gehen kann, dass dem Kind die Wertprioritäten, Interpretationen und Bewertungen der Erziehungsperson aufgedrängt werden; vielmehr geht es um die nur scheinbar illegitime Frage, *wer* – d.h. was für eine Person – das Kind werden soll. Vor vielen Jahren hat Harry Frankfurt (1971) mit seinem Konzept der ‚second order desires' – also der Fähigkeit, *die Wünschbarkeit der eigenen Wünsche zu hinterfragen* – ein interessantes Konzept geliefert, mit welchem das Personsein

Wünsche zweiter Ordnung

auch in einem normativ-pädagogischen Sinne gedeutet werden kann (vgl. Kapitel 1.3): Einer Erziehung der Gefühle geht es um „das Vermögen, Wünsche auszubilden, die sich auf (...) eigene Wünsche beziehen"; diese „Wünsche höherer Ordnung werden im direkten Sinne nicht dem Handeln zugeordnet, sondern den Motiven. Die Menschen kümmern sich in der Regel um ihre Motive; sie wollen, dass ihre Handlungen von bestimmten Motiven getragen werden und nicht von anderen" (Frankfurt, 2005a, S. 24).

Autonomie und Authentizität

Die liberalen, moralisch-skeptischen Bedenken gegenüber einer Beschränkung und Formung der Gefühlsfreiheit bzw. Gefühls*ausdrucks*freiheit (als einer indoktrinären Erziehungspraxis) werden auch von einer psychologischen Perspektive gestützt, namentlich durch kulturell attraktive Konzepte des Personseins und das moderne Ideal der *Authentizität* (Authentizität scheint ein Ideal zu sein, welches pädagogisch bisher *zu Unrecht* noch kaum kritisiert wird; vgl. Kapitel 3). Individuelle Autonomie und Authentizität sind die beiden Idealformen subjektiver Freiheit, die schon von Jean-Jacques Rousseau[18] ausgedrückt worden sind und das moderne Selbstverständnis grundlegend geprägt haben (Menke, 1993, 1996; Taylor, 1995), indem sie später die Kultur des Selbstdenkens (Gebrauchs des eigenen Verstandes) und des Hörens auf die innere Stimme begründen. Es geht hier also nicht nur um das Recht, sondern geradezu um die psychologische Notwendigkeit und – für spezifische Interpretationen – um die Pflicht, mit den eigenen Gefühlen ‚in Kontakt' zu treten.

Aristoteles

Dass die Emotionen eine wichtige Rolle im moralischen Verstehen, in der moralischen Ausdrucksweise und beim moralischen Handeln besitzen, wurde freilich schon in der *Nikomachischen Ethik* (Aristoteles, 1972) mehr oder weniger explizit formuliert. Selbst für Kant, der manchmal – fälschlicherweise – des moral-kognitiven Rigorismus bezichtigt wird, ist die fundamentale Bedeutung der Gefühle für die Moral offensichtlich. Im Abschnitt zur Tugendlehre in seiner *Metaphysik der Sitten* schreibt er lapidar, dass ein Mensch ohne Gefühle „sittlich tot" wäre (Kant, 1797/1990, S. 277). Dennoch haben typischerweise auch die sogenannten kritischen und progressiven Erziehungs- und Bildungsphilosophien, die in der einen oder anderen Form meist kantisch inspiriert sind oder waren, die Rolle der Gefühle meist souverän ignoriert, als Nebenthema behandelt oder als Nebenpro-

Immanuel Kant

[18] Bekanntlich übernimmt Kant die Idee der (personalen) Autonomie (als Beschreibung des Einzelmenschen) von Rousseau (vgl. Höffe, 1983).

dukte von ‚höheren' psychologischen bzw. geistigen Prozessen betrachtet (z.B. dem moralischen Urteil).

Zusammenhang zwischen Emotion und Kognition

Jedenfalls ist die einfache Entgegensetzung von Kognition und Emotion, oder besser: von Denken und Fühlen, heute weder psychologisch noch philosophisch akzeptierbar. Mit den bekannten Theorien von Arnold (1960), Lazarus (1966), Lazarus und Launier (1978), Averill (1973) oder neueren Datums auch etwa Weiner (1995) konnte auch empirisch gezeigt werden, dass eine Dichotomie zwischen Emotion und Kognition unhaltbar ist, wie auch die Idee, dass Emotionen ohne begleitende kognitive Prozesse, welche sie beispielsweise formen oder auslösen, möglich seien. In der strukturgenetischen Perspektive sensu Piaget (1981) haben manche – etwa Nucci (2001) – die Affekte sozusagen als die Energie für Verhalten und Handeln angesehen, während die Kognitionen eher als für die Ausrichtung des Verhaltens und die Durchführung der Handlungen zuständig betrachtet worden sind. Das ist vielleicht eine etwas simple Sicht. Doch schon viel früher wurde der enge Zusammenhang von Fühlen und Denken, insbesondere Urteilen, von Alexius Meinong (1853-1920) gesehen, der ein Student von Franz Brentano (1838-1917) gewesen ist. Meinong hat 1894 mit seinen *Psychologisch-ethischen Untersuchungen zur Werttheorie*[19] wahrscheinlich die erste einschlägige, systematische Studie zum Thema vorgelegt, in welcher er u.a. auch von ‚Urteilsgefühlen' spricht. Er war sich als einer der ersten Theoretiker bewusst, dass Gefühle ‚intentional' sind: eine Sicht, welche in der heutigen Debatte weithin vertreten wird (vgl. Oakley, 1992). Gleichzeitig artikulierte Meinong damit wesentliche Aspekte zu einer Theorie der ‚Rationalität der Gefühle'.

Alexius Meinong

Emotionen als Grundlage von Orientierungen, Einstellungen und Bewertungen

Wir können uns Wollheim (2001, S. 31) anschließen, wenn er vor einigen Jahren formulierte: „Wenn die Überzeugungen uns eine Karte unserer Welt bilden und unsere Wünsche bestimmen, wohin die Reise gehen soll, dann wird diese Welt durch Emotionen bunt – lebhaft oder düster, je nachdem." Die Emotionen als die „Ingredienzien der Moral" (Schäfer, 1998) bilden die Grundlage unserer Orientierungen, Einstellungen und vor allem Bewertungen, sie stellen unseren Bezug zur Welt in ein bestimmtes Licht, geben ihm eine *Färbung* und manchmal dauerhaft auch eine *Stimmung* (vgl. Bollnow, 1995). Wie ‚bunt' (Wollheim) diese Färbung ist, lässt sich vielleicht immer nur im Einzelfall sagen; sicher ist jedenfalls, dass sie zum Beispiel im moralischen und/

[19] Zur Einschätzung von Meinongs Theorie aus heutiger Sicht vgl. Reisenzein, Meyer und Schützwohl (2003).

oder politischen *Skandalerleben* sehr ‚lebhaft', wenn vielleicht auch nur von kurzer Dauer ist.

Empörung

Gerade an der Empörung kann gezeigt werden, wie Gefühle uns nicht nur mit der Welt verbinden, sondern wie sie auch Welt ‚kreieren'; eine im einsamen Kämmerlein ausgedrückte moralische Empörung ist sinn- und zwecklos; die Empörung will geteilt werden, sucht ihresgleichen, sie schafft Öffentlichkeit und Engagement, sie ist insofern das politischste aller Gefühle (vgl. Reichenbach & Breit, 2005). Freilich sind die *emotionalen Grundlagen* dieses Engagements ambivalent; Gefühle und Emotionalisierung können zivilgesellschaftliche Politik, demokratisches Handeln und die moralische Urteilsfähigkeit gefährden, weil sie leicht einen Differenzierungsverlust bewirken. Aber *ohne* bestimmte gefühlsmäßige Grundlagen kommt kein moralisches, demokratisches und zivilgesellschaftliches Handeln zustande. Während affektkontrollierte Haltungen eine gewisse *Distanz* zur Welt und damit vernünftiges Urteilen und Entscheiden ermöglichen, *verbinden* uns Emotionen mit der Welt und drücken aus, was wir an und in ihr als bedeutsam und wichtig, als intolerabel und verachtenswürdig, als wünschens- und achtenswert erachten.

8.2 Der Lego-Turm meiner Schwester: Emotionale Perspektivenübernahme

Soziale Perspektivenübernahme

Nicht ohne Plausibilität wird moralische Entwicklung seit Lawrence Kohlberg und später Robert Selman unter anderem auch darin gesehen, die Fähigkeiten der sogenannten *sozialen Perspektivenübernahme* zu erweitern. Moralische Erziehung bezieht sich demnach zuallererst auf die Stimulierung der Entwicklung zur sozialen Perspektivenübernahme. Ein wenig beachteter Aspekt ist allerdings, dass die Kompetenz der sozialen Perspektivenübernahme an sich keinen moralischen Wert darstellt, sie kann erstens auch strategisch und zweitens vor allem auch aus moralisch nicht zu rechtfertigenden Motiven eingesetzt werden. So könnten viele geschickte, aber auch niederträchtige Verbrechen ohne eine ausgereifte Kompetenz der sozialen Perspektivenübernahme gar nicht richtig geplant und durchgeführt werden. Sich in die Schuhe des anderen stellen können, in die Lage des anderen versetzen können, heißt, mit anderen Worten, nicht auch notwendigerweise, empathisch und dem Leiden der anderen gegenüber nicht gleichgültig zu sein. Jedenfalls klafft hier eine Lücke, die von prinzipieller Natur und für die Möglichkeiten der moralischen Erziehung von großer, wenn auch kaum beachteter Bedeutung ist.

Aufforderung zur sozialen Perspektivenübernahme

Die Erziehung zur sozialen Perspektivenübernahme kann als Aufforderung verstanden werden, sich in die Situation der *Gefühle* des anderen zu versetzen. Unser Anliegen ist es also, die *Aufforderung zur sozialen Perspektivenübernahme* als einen zentralen Aspekt der *Erziehung der Gefühle* zu ‚rekonstruieren'. Es gibt, um es an einem scheinbar kleinen Beispiel zu konkretisieren, letztlich nur *einen* gewichtigen Grund, warum ich meiner Schwester den Lego-Turm nicht kaputt machen sollte, den sie mit den ganzen Klötzen so schön aufgebaut hat: *Sie würde sich dann gar nicht gut fühlen!* Wenn ich aber den Lego-Turm meiner Schwester kaputt machen möchte oder es schon getan habe, dann ist die Wahrscheinlichkeit groß, dass mir z.B. – wenn sie pädagogisch was taugt – meine Mutter sagt:

> „Du möchtest doch auch nicht, dass dir deine Schwester den Lego-Turm kaputt macht!"

Es handelt sich hierbei um eine *Unterstellung*, als die jede Aufforderung zur Rollenübernahme und d.h. zur Imagination verstanden werden muss:

a) „*Stell dir vor*, wie es wäre, wenn dir deine Schwester den Lego-Turm kaputt machen würde!"

Was aber imaginiert werden soll, ist die *Gefühlsreaktion* der Person, in deren Rolle ich mich versetzen soll (Aufforderung, eine *Gefühlsreaktion zu imaginieren*):

b) „Stell dir vor, wie du dich *fühlen* würdest, wenn dir deine Schwester den Lego-Turm kaputt machen würde!"

Diese Aufforderung wird begleitet von der Unterstellung, dass die imaginierte Gefühlsreaktion *negativ bewertet* werden würde:

c) „Du würdest dich sicher *nicht gut fühlen*, wenn dir deine Schwester den Lego-Turm kaputt gemacht hätte!"

Weiter versteckt sich darin die Unterstellung, dass die Imaginationsleistung und die Bewertung des Gefühls *bestimmte Konsequenzen* nach sich ziehen würden, nämlich dass ich als Akteur jetzt nicht mehr wollte, was ich vorher getan habe oder aber im Begriff zu tun gewesen bin:

d1) „Jetzt, wo du weißt, wie du dich fühlen würdest, würdest du sicher auch *nicht wollen*, dass dir deine Schwester den Lego-Turm kaputt macht!"

Oder:

	Erziehungs-strategie	Regulative(s) Ideal/Idee	Art der Emotion	Theoretischer Hintergrund	Zeitgenössischer Ansatz der Moralerziehung
‚Autonomiepädagogiken'	**Imagination** Aufforderung, Gefühlsreaktion vorzustellen	Expression und Entwicklung des Gefühls	Moralische Gefühle	Moral sense theory	Care-Ansatz
	Imitation Aufforderung, Gefühlsausdruck zu ändern	Moderation des Gefühlsausdrucks	Alle Gefühle	‚Aristotelische' Ethik(en)	Charaktererziehung
	Neubewertung Aufforderung, die Situation zu überdenken	Unterdr*ückung des unpassenden Gefühls*(ausdrucks)	Alle Gefühle	‚Kantische' Ethik(en)	Kognitive Entwicklung – Moralisches Urteil
	↕				
‚Kontrollpädagogiken'	Verhaltens-veränderung	Sozial erwünschte Reaktionsmuster (situations-angepasst)	Alle Gefühle	Lerntheorie und Verhaltens-psychologie	‚Triple P' (Positive Parenting Program), ‚Super Nanny', ‚Time-out corner'
	↕	↕	↕	↕	↕
	Manipulation der Gefühls-reaktion	Spezifische, nicht reflektierte, automatisierte Reaktionsweisen	(-) Furcht, Scham, Hass (+) Stolz, Hass	Ideologische Motive	Erziehungsfunda-mentalismus (religiös/politisch), ‚Schäm-dich-Ecke'

Abb. 1: Drei Strategien der Gefühlserziehung (entnommen, adaptiert und übersetzt aus Maxwell & Reichenbach, 2007)

d2) „Wenn du dann merkst, wie du dich fühlen würdest, könntest du nicht mehr wollen, dass dir deine Schwester den Lego-Turm kaputt machen würde!"

Hier kommt die Unterstellung oder Annahme zum Ausdruck, wonach die Gefühlsreaktion (des Opfers) der *Grund* dafür sei (oder sein sollte), das problematische *Verhalten als negativ zu bewerten*. Etwa im Sinne von:

e1) „Denn du willst doch nicht, dass sich deine Schwester nicht gut fühlt!?"

Es könnte sich um die Unterstellung handeln, dass *die Gefühlsreaktionen des Opfers und jene des Täters* in bestimmter Weise *verknüpft* seien oder verknüpft sein sollten:

e2) „Wenn du die Ursache dafür bist, dass sich deine Schwester nicht gut fühlt, dann würdest/solltest du dich selber auch nicht gut fühlen…!"

Weiter müsste unterstellt werden, dass der Täter seinerseits selber *negative Gefühle vermeiden* will:

e3) „Du willst dich aber gut fühlen, deshalb solltest du nicht die Ursache dafür sein, dass sich deine Schwester nicht gut fühlt (weil du dich dann selber nicht gut fühlen würdest)!"

Andererseits stellt sich natürlich die Frage, warum eigentlich sich das Ich schlecht fühlen sollte, wenn seine Schwester sich schlecht fühlt. Das Argument oder die Aufforderung macht nur dann Sinn und ist auch nur dann wirksam, wenn schon klar ist, dass das Ich – zumindest ‚im Grunde' – nicht möchte, dass die Schwester sich schlecht fühlt. Ohne diese Unterstellung bzw. Bedingung wird das Ich moralisch nicht zu überzeugen sein. Einerseits ist es typisch für erzieherische Interventionen, den kindlichen Akteur auf ein Wollen hinzuweisen, welches ihm offenbar selber nicht bewusst ist, d.h. das Kind auf Folgen seines Handelns aufmerksam zu machen, über die es sich vorher nicht im Klaren gewesen ist und die es – ‚im Grunde genommen' – nicht möchte. Es handelt sich um den Fingerzeig auf eine *versäumte*, aber im Prinzip *mögliche* Perspektivenübernahme. Andererseits ist es natürlich eine mittlerweile klassische pädagogische Idee, wonach die Unterstellung das Unterstellte erst bewirkt oder hervorzubringen mithilft.

Goldene Regel

Es ist zwar richtig, zu behaupten, dass etwa die Goldene Regel („Behandle andere so, wie du von ihnen behandelt werden möchtest") an den im Prinzip schon einsichtigen Menschen appelliert; *typisch ‚pädagogisch'* aber ist die Hoffnung, wonach die Einsicht in die Gebotenheit der Goldenen Regel allein schon dadurch gefördert wird, dass deren Akzeptanz im Kind oder Jugendlichen unterstellt wird. Dennoch ist die moralisch-*logische* Überzeugungskraft gering, da aus der Tatsache, dass ich keinen Schmerz erleiden will, nicht logisch folgt, dass andere keinen Schmerz erleiden sollen. Der moralische Pygmalion-Effekt hat sozusagen keine logische Grundlage, aber die braucht er auch nicht...

8.3 Praktiken der Gefühlserziehung

Autonomie- versus Kontrollpädagogiken

Hügli (1999) hat zwischen ‚Autonomiepädagogiken' und ‚Kontrollpädagogiken' unterschieden. Auf diese Differenz soll hier rekurriert werden mit der Behauptung, dass die einzigen legitimen Strategien einer Gefühlserziehung, namentlich die Aufforderung zur Imagination, die Aufforderung zur Imitation und die Aufforderung zur Neubewertung, zentrale Aspekte einer Autonomiepädagogik und nicht als Techniken der bloßen Verhaltensveränderung oder gar der Manipulation zu verstehen sind (vgl. Abb. 1). Worin liegt der Unterschied? Die erzieherischen Strategien von Kontrollpädagogiken zielen auf Verhaltensveränderungen, deren Wirksamkeit nicht vom Wollen und der Einsicht des Kindes abhängig gemacht wird bzw. werden kann. Insofern muss freimütig bejaht werden, dass es keine Erziehung geben kann, die ohne solche Verhaltensveränderungsstrategien auskommt, welche einen technologischen Charakter aufweisen und Ausdruck nomothetischen Wissens sein können. Autonomiepädagogiken sind Ausdruck einer modernen Perspektive hinsichtlich der Legitimität und sozialen Erwünschtheit erzieherischer Mittel und Ziele, insbesondere des Zieles der ‚moralischen Autonomie'. Die Erziehungsmittel haben sich am Ziel der Autonomie zu orientieren, d.h. sie dürfen nicht im Gegensatz dazu stehen, allerdings sind die Kinder und Jugendlichen nicht autonom, sondern werden als Personen angesprochen, die noch (moralisch) autonom werden können und autonom werden sollen. In der Ausbildung der benannten Fähigkeit, Wünsche zweiter Ordnung zu generieren (Frankfurt, 1971), kommt eine Form der Operationalisierung moralischer Autonomie zum Ausdruck und die analytische Differenz zu Kontrollpädagogiken kann so herausgearbeitet werden. Die Fähigkeit, die Wünschenswertigkeit der eigenen Wünsche zu befragen, ist ein zentrales Ziel der Autonomiepädagogik. Das richtige bzw. sozial erwünschte Verhalten ist hier nur nachgeschaltet. Diese Fähigkeit steht nicht gegen das Ziel von Kontrollpädagogiken. Aber erzieherische Verhaltensmodifikationen, die *ohne* das Ziel der Autonomie realisiert werden sollen, sind aus der Perspektive der Autonomiepädagogik nicht legitim, auch wenn damit die Internalisierung der moralischen Regeln und Prinzipien erreicht wird. Autonom sind nur Personen zu nennen, die sich auch *gegen* die Moral entscheiden *könnten*. Jedenfalls ist internalisierte Moral weder ein valider Indikator für moralische Autonomie noch für moralische Heteronomie. Beiden Pädagogiken – Autonomiepädagogik und Kontrollpädagogik – geht es aber letztlich dennoch um das erwünschte Verhalten, während in der Frage der Möglichkeit und Notwendigkeit der Einsicht in die Gründe für das richtige Verhalten natürlich Differenzen bestehen. Aber kein erfahrener Pädagoge wird ernsthaft vertreten wollen, dass eine moralische Erziehung, die allein auf Einsicht und Argumente bauen wollte, faktisch möglich ist – das ist bloße Aufklärungsromantik, die freilich im deutschsprachigen Raum weitverbreitet ist. So ist also weder das Technologiedefizit der Erziehung (Luhmann & Schorr, 1982) zu beklagen noch das ‚Technologieverbot' (Benner, 1979) absolut zu setzen, und es besteht auch kein Widerspruch darin, dass Autonomiepädagogiken auf Kontrollstrategien nicht verzichten können. Kontrollpädagogiken wie etwa ‚Triple P' (Positive Parenting Program) oder eine Pädagogik à la ‚Super Nanny' sind wirksam, weil wir mittlerweile über ein bestimmtes technologisches Wissen der Verhaltensmodifikation verfügen.

Technologie

Allerdings sind erzieherische Verhaltensmodifikationsstrategien bekanntlich vor allem bei den kleinen Kindern wirksam und verlieren an Bedeutung *spätestens*, wenn das Kind in die Pubertät kommt, bzw. besser: spätestens, wenn das Kriterium des Berechtigtseins der Gründe von Handlungsanweisungen für den jungen Menschen bedeutsam wird (und das kann lange vor dem Stadium der formal-operatorischen Denkfähigkeiten der Fall sein...). Dennoch: Ohne Gewöhnung geht es nicht, ohne Sanktionen ebenso wenig, mag man auch vor allem auf positive Verstärkung setzen. Die zentrale erzieherische Strategie von Autonomiepädagogiken aber ist das *Auffordern*. Ob einer Aufforderung Folge geleistet wird, hängt wesentlich von der Anerkennung der Autorität der Erziehungsperson durch das Kind oder den Jugendlichen ab. Das ist aber hier nicht Thema, wiewohl es wichtig und vernachlässigt ist. Vielmehr sei die Strategie der Aufforderung nun hinsichtlich einer Erziehung der Gefühle differenzierter analysiert.

Auffordern

Hier sei die Unterscheidung von drei Strategien vorgeschlagen, die analytisch zu verstehen ist, d.h. in den meisten Fällen wird es in vivo kaum möglich sein, die Strategien genau voneinander zu trennen; vielmehr spielen oft Komponenten aller drei Strategien eine gewisse Rolle. Diese Aufforderungen sind:

Drei Erziehungsstrategien des Aufforderns

1. *Imagination*: die Aufforderung, sich eine Gefühlsreaktion (von *alter*, aber u.U. auch von *ego*) vorzustellen
2. *Imitation*: die Aufforderung, den Gefühlsausdruck zu ändern, d.h. an Qualität und/oder Intensität zu modulieren
3. *Neubewertung*: die Aufforderung, die Situation und die Angemessenheit der Gefühlsreaktion zu überdenken

Imagination

Die *Imagination* bzw. die Aufforderung, sich eine Gefühlsreaktion vorzustellen, wurde oben schon ausführlich behandelt. Angefügt sei hier, dass John Dewey in *Kunst als Erfahrung* sehr schön formuliert: „Die Imagination ist das wichtigste Instrument des Guten“ (1998, S. 401). Dewey bezieht sich hier auf eine Äußerung von Percy Bysshe Shelley: „Die Imagination ist das große Instrument des moralisch Guten, und Dichtung erreicht diese Wirkung, indem sie sich nach den Ursachen richtet“ (zit. nach Dewey, 1998, S. 400). Für Shelley war die Bedeutung der Dichter, dank ihrer imaginativen Entwürfe, so groß, dass er Dichter als „die Gründer der zivilisierten Gesellschaft“ bezeichnete (ebd.). Etwas imaginieren heißt, sich von der Erscheinungswelt loszulösen und sich etwas vorzustellen, was nicht ist, aber vielleicht sein könnte oder sein sollte. Moral, Politik und Religion hängen von der Einbildungskraft der Menschen ab, und Moralerziehung hat letztlich Kultivierung der Einbildungskraft zu sein: Kultivieren kann aber nur ein ‚Auffordern‘ sein.

Imitation

Mit der Strategie der *Imitation* ist die Aufforderung gemeint, den Gefühlsausdruck zu ändern, d.h. die Qualität und/oder die Intensität des Ausdrucks zu modulieren. Es geht im Grunde darum, vom Kind oder Jugendlichen eine Übereinstimmung seiner spontanen Gefühlsreaktionen mit situationsangepassten, normativen Standards zu fordern. Gefühlsreaktionen sind Gegenstand der normativen und moralischen Bewertung, und keineswegs ist es beliebig oder gleichgültig für soziale Interaktionen und v.a. Langzeitbeziehungen, welche Gefühle in welchen Situationen zum Ausdruck gebracht werden (seien sie authentisch oder vorgetäuscht): Wer ältere Verwandte besucht, sollte freundlich und nachsichtig sein; im Umgang mit legitimen Autoritäten sollte man respektvoll sein; jemanden, den man verletzt hat, sollte man um Verzeihung bitten und dabei Reue zeigen; und man sollte sich schuldig fühlen, wenn man eine moralische Regel verletzt hat. Wenn auch die erwarteten Gefühlsreaktionen immer kulturell überformt sein mögen, so ist doch das Basisphänomen allgemeingültig. Die moralische Bewertung einer Person ist insbesondere von deren Gefühlsäußerung abhängig, und situationsangepasster

Gefühlsausdruck ist wesentlich mehr als bloß konformes oder konformistisches Verhalten. Zwar müssen wir etwa, erstes Beispiel, nur mehr oder *weniger* so tun, als ob wir uns freuen würden, obwohl wir auf das Wiedersehen gerade dieser Person gut verzichten könnten, oder wir müssen, zweites Beispiel, nur mehr oder *weniger* so tun, als ob wir betrübt wären über die Kunde einer schlecht ausgegangenen Sache, die uns herzlich wenig interessiert, aber umso mehr den Berichterstatter, und so mag nur mehr oder *weniger* angebracht sein, die eigene Hochstimmung, die nun wirklich nicht in die Situation passt, zum Ausdruck zu bringen, etc. Der *gesittete* Zustand – um hier ein aus der Sitte gefallenes Wort zu gebrauchen – hängt jedoch so stark vom Imitations- und auch Täuschungsethos ab, ja, von der Notwendigkeit, zu täuschen, und der ironischen Bereitschaft, sich täuschen zu lassen, dass das Ideal der Authentizität urplötzlich schon fast destruktiv erscheint.

Wiewohl die Bereitschaft, zu täuschen, eine moralisch prekäre Angelegenheit darstellt, so ist doch die moralisierende Empfehlung, wonach konsequentes Nicht-Täuschen immer geboten sei, fundamentalistisch und nicht verallgemeinerbar. Dass wir durch stetiges Imitieren von Gefühlsreaktionen, die wir nicht haben, daran gewöhnt werden, sie zu haben, und damit insgesamt unterstützen und sogar bewirken, was wir moralische Kultur nennen, ist nicht nur eine Sicht, die man der *Nikomachischen Ethik* entnehmen könnte, wenn man denn so will.

Bis zu einem gewissen Grade werden wir mutig, indem wir so tun, als ob wir mutig wären, lernen Mathematik, indem wir so tun, als ob wir uns dafür interessieren würden, und werden mehr oder weniger gute Charaktere, indem wir so tun, als ob wir gute Personen wären. Das Imitationsethos ist also nicht nur für das Lernen von äußerlichen Kompetenzen von größter Bedeutung, sondern auch für die moralische Bildung des Einzelnen, aber auch den moralischen und ethischen Zustand der Gemeinschaft und der Gesellschaft. Aufforderungen zur Imitation zielen letztlich auf die Entwicklung von emotionalen Dispositionen und sind als ein Instrument v.a. – aber nicht ausschließlich – aristotelischen Ansätzen der Moralerziehung, etwa der Charaktererziehung, zuzuordnen. In dieser Tradition bestehen zwar Divergenzen hinsichtlich meta-ethischer Fragen, etwa hinsichtlich der Legitimation von Tugenden; man mag etwa fragen, ob das Ideal eines tugendhaften Charakters nicht vorwiegend kulturspezifisch, nur vor dem Hintergrund von spezifischen Traditionen und konkreten Moralpraktiken, zu verstehen sei (MacIntyre, 1981; Taylor, 1996; Walzer, 1983), oder ob es sich um ein universelles Ideal der Entwicklung des Menschseins (Anscombe, 1981; McKinnon, 2005) oder aber um eine Kombination der beiden Sichtweisen handele (Carr, 1996). Unabhängig von solchen Fragen, die hier weniger interessieren, kann die Strategie der Aufforderung zur Imitation primär der Charaktererziehung zugeordnet werden (vgl. Lickona, 1992; Kilpatrick, 1992; Steutel & Spiecker, 2004).

Neubewertung

Im Unterschied zum Aufbau von Dispositionen emotionaler Sensibilität und Reaktivität geht es der dritten hier genannten Erziehungsstrategie, der *Neubewertung* als einer Aufforderung, die Situation und die Angemessenheit der Gefühlsreaktion zu überdenken, um etwas anderes, nämlich um die Frage nach der *Berechtigung* von bestimmten Gefühlsäußerungen im konkreten Kontext. Solche Neubewertungsaufforderungen und leistungen drücken besonders den Aspekt der Rationalität von Gefühlen aus: Evaluiert wird die Angemessenheit der Gefühlsreaktion im Hinblick auf ‚öffentliche' bzw. geteilte Standards des moralischen Urteilens und praktischer Klugheit einerseits und die *Faktenlage* der Situation andererseits. Die starke Verärgerung über eine Person, die zufällig, aber ohne Versäumnis einen Unfall verursacht, die unbegründete Eifersuchtsszene, oder aber die angebotene Hilfe an jemanden, der dieser Hilfe gar nicht bedarf, können als Situationsbeispiele für Urteilsschwächen bzw. Beurteilungsfehler gehandelt werden. In der Neubewertung der Situation werden die Motive und Gefühlsreaktionen auf ihre Angemessenheit und Berechtigung befragt. Anlass zu der Aufforderung einer Neueinschätzung der Situation ist in der Regel die negative Bewertung einer schon gezeigten Gefühlsreaktion. Mit dieser Erziehungsstrategie wird das Kind oder der Jugendliche implizit auch darin belehrt, dass spontane Gefühlsäußerungen gerade *kein* valides Kriterium für legitimes Handeln oder Verhalten sind (vgl. Sherman, 1990). Mittels praktischer Urteilskraft soll vielmehr entschieden werden, ob die spontane Einschätzung der Situation konsistent ist mit einer Erwägung, die unter der Bedingung voller Rationalität und vielleicht auch Informiertheit zustande gekommen wäre (vgl. Smith, 1994).

Während also die Strategie der Imagination die Gefühle und Einstellungen hinsichtlich moralischer Anschauungen fokussiert, und die Strategie der Imitation die Bedeutung der Habituation an mehr oder weniger vorgefasste moralische Ideale von Charakter und Verhalten betrifft, geht es der Strategie der Neubewertung um die Prüfung der Berechtigung von Gefühlen hinsichtlich öffentlicher Standards moralischer Rationalität.

Aufgaben der Gefühlserziehung

Mit diesen Bemerkungen sollte deutlich gemacht werden, dass Moralerziehung als Gefühlserziehung weder als Psychologisierung noch als Gefühlsduselei verstanden werden sollte. Gefühle sind nicht heilig, aber wichtig. Allerdings scheint die pädagogische Rede über Gefühle oft wenig komplex, häufig kitschig und manchmal schlicht falsch zu sein. Nichts scheint unreflektierter zu sein als der generelle Ratschlag, wonach Gefühle immer ausgedrückt werden sollten oder dass es in der sogenannt ‚offenen' Kommunikation vor allem um den authentischen Gefühlsausdruck ginge. Einer Gefühlserziehung muss es darum gehen, dass gelernt wird, Gefühlsreaktionen zu bewerten und sich von manchen Gefühlsexpressionen distanzieren zu können. In seinem populär geschriebenen Buch *Der Glücks-Faktor* (2003) schreibt der bekannte Psychologe Martin E. P. Seligman m.E. völlig zu Recht, wie falsch und destruktiv die allgemeine Empfehlung „Komm in Kontakt mit deinen Gefühlen" letztlich ist: „Unsere Jugend hat dies absorbiert, und der Glaube an diese Botschaft hat eine Generation von Narzissten hervorgebracht, deren größte Sorge – nicht überraschend – darin liegt, wie sie sich fühlen" (S. 199). Im Gegensatz dazu geht es – Seligman zufolge – aber für „wirklich belohnendes" Handeln gerade um die „Abwesenheit von Gefühlen, das Schwinden der Selbstbewusstheit und das totale Engagement" (ebd.).[20] Somit gäbe es gegen die Epidemie der Depression ein Mittel, nämlich: „Strebe mehr lohnenswertes Handeln an; reduziere das Streben nach Vergnügen" (ebd.) – darüber müsste man freilich lange streiten...

Zum Schluss sei – in negativ gepolter Nostalgie oder einfach zur Erinnerung an schlechtere Zeiten und als abschreckendes Beispiel – aus Empfehlungen für schulische Interaktionen und Kommunikationen zitiert, die in Minsels und Roths *Soziale Interaktion in der Schule* (1978) vor bald 40 Jahren unter dem Stichwort ‚Prinzipien effektiver Kommunikation' veröffentlicht worden sind:

„*Nenne deine wirkliche Meinung und Gefühle:*
Nur der Versuch, sich selbst zu geben, einengende Rollen abzulehnen und Erwartungen zu überprüfen, führt zu einer echten Kommunikation und schützt vor Missverständnissen." (Minsel & Roth, 1978, S. 158)

[20] Statt von der ‚Abwesenheit der Gefühle' zu sprechen, wäre es sinnvoller, mit Agnes Heller (1979) zu formulieren, dass es darum gehe, dass das Gefühl in den Hintergrund trete, statt ‚Figur' – Vordergrund – zu sein.

„*Nenne deine augenblickliche Befindlichkeit:*
Nach dem Prinzip des ‚Hier und Jetzt' ist dies die einzige Möglichkeit, konkret und direkt persönlich zu kommunizieren, alles andere ist theoretisch, künstlich und erstickt Motivation." (ebd.)

„*Nenne deine Zuneigungen und Abneigungen:*
Jeder soziale Kontakt ist emotional gefärbt. Eine Auskunft über Art und Richtung der Kontakte versichert den Partner über die Beziehung, selbst bei negativer Beurteilung. Eine gleichmäßige Beurteilung aller entwertet die Beziehung zu einzelnen." (S. 159)

„*Verzichte darauf zu sagen, was andere von dir erwarten, sei nicht ‚höflich', sondern offen:*
Wenn Höflichkeit ausschließt, ehrlich und echt zu sein, macht sie abhängig und führt zu Missverständnissen." (ebd.)

Es ist gut, dass diese Zeit des doch sehr eigenwillig verstandenen Authentizitätsideals – wenn nicht für alle, so doch für viele – vorbei ist.

Fragen

1. Erläutern Sie die Ansicht, wonach jede Erziehung im Kern eine *moralische Erziehung* darstellt, die sich des Weiteren immer auch als *Erziehung der Gefühle* verstehen oder interpretieren lässt.
2. Worin kann mit Hügli (1999) der Unterschied zwischen *Autonomie-* und *Kontrollpädagogiken* gesehen werden?
3. Benennen und erläutern Sie die drei behandelten Erziehungsstrategien des Aufforderns.

Weiterführende Literatur

Heller, Agnes (1979): A Theory of Feelings. Assen: Van Gorcum.
Seligman, Martin (2003): Der Glücks-Faktor. Bergisch Gladbach: Ehrenwirth.
Wollheim, Richard (2001): Emotionen. Eine Philosophie der Gefühle. München: C. H. Beck.

9. Sakralität in säkularer Zeit: Anti-sentimentale Pädagogik?

„Ohne alles moralische Gefühl (...) wäre er [der Mensch] sittlich tot (...)"

Kant (1797/1990, S. 277)

Historismus – Naturalismus – Rationalismus

Vielleicht ist es nicht ganz falsch, die drei großen Interpretationsperspektiven der wissenschaftlichen Diskurse und Erklärungsversuche im Historismus, im Naturalismus und im Rationalismus zu sehen. Welcher dieser Zugänge in einer spezifischen Raumzeitkultur am meisten zu überzeugen vermag, hängt sicher auch von politischen Ereignissen und sozialen Problemlagen ab, die lokal – freilich heute mitunter global – interessieren, und wohl auch schlicht von modischen Zyklen, die sich, ohne voraussagbar zu sein, abzulösen scheinen, sobald sich eine Perspektive diskursiv mehr oder weniger erschöpft hat und die Problemstellungen in ihrer Komplexität erst richtig erkannt, und das heißt, nicht mehr zufriedenstellend aus einer dominanten Sicht erhellt werden können. Wenn es nun um Fragen der Bedeutung der Sakralität in der Moderne geht, so scheinen alle genannten Perspektiven mit einem Problem zu kämpfen, welches darin besteht, dass sich starke affektive gesellschaftliche Wertbindungen nicht aus einer dieser Großlogiken allein und auch nicht in irgendeiner Kombination erklären lassen. Wer die Bedeutung des Sakralen und der vielfältigen Sakralisierungen in einer sich als modern verstehenden Welt verstehen will, ist daher mehr oder weniger gezwungen, sich mit der Kommunikation über Werte zu beschäftigen, die sich schließlich in Praktiken und Institutionen niederschlagen, welche wissenschaftlich – historisch, naturalistisch, rationalistisch-systematisch – wiederum besser verstanden, wenn auch nicht umfänglich erklärt werden können. Das Sakrale entzieht sich dem wissenschaftlichen Diskurs nicht vollständig, aber es kann nicht angemessen analysiert werden, wenn sein affektiv-emotionaler Gehalt ignoriert wird. Die Ignoranz gegenüber der emotionalen Bedeutung von scheinbar argumentationsresistenten Wertbindungen kann m.E. als ein weitverbreitetes szientifisches Selbstmissverständnis verstanden werden, welches dem hier infrage stehenden und in der Tat nicht nur politisch bedeutsamen Phä-

Sakralität in der Moderne

Kommunikation über Werte

nomen nicht dienlich ist. Das Missverständnis besteht m.E. darin, die philosophisch und psychologisch längst überwundene Entgegensetzung von Rationalität und Affektivität bzw. Kognition und Emotion (vgl. Kapitel 8.1) müsse weiterhin aufrechterhalten bzw. kultiviert werden.

Drei Kennzeichnungen

Hans Joas hat kürzlich drei überzeugende Kennzeichnungen zur Kommunikation über Werte festgehalten, die sich etwa wie folgt zusammenfassen lassen (Joas, 2012, S. 256ff.): *Erstens* setzt diese Kommunikation die Berücksichtigung der affektiven Intensität unserer Bindung an Werte voraus (S. 256), denn Werte sind keine bloßen Behauptungen und können daher auch nicht wie solche kritisch analysiert werden (S. 257). *Zweitens* liegt der Unterschied von „regulären diskursiv erhobenen Geltungsansprüchen und Werten (...) im Status der Negation" (S. 257-258). Sein Beispiel: „Religiöse Überzeugungen sind zwar nicht immun gegenüber kommunikativer Infragestellung; aber diese muss ihrem Status angemessen sein und diesen nicht auf Kognitionen (oder Normen) reduzieren" (S. 258). Zwar möchten sicher die meisten unter uns etwa einen dezidierten Unterschied zwischen der Wertbindung an die Demokratie und jener an den Märtyrertod machen. Gleich bleibt sich, dass wir im „Fall von Wertbindungen (...) dazu [neigen], auf ihre Infragestellung nicht mit Argumenten, sondern mit der Abwertung des Fragenden zu reagieren" (S. 259). Wer den Unterschied zwischen den hier versuchsweise genannten Beispielen machen will, kann dies nur aus Überzeugung tun, höchstwahrscheinlich aus seiner Bindung an eine universalistische Moral heraus, welche zwar als Säkularisierung verstanden werden kann, aber dennoch einer Sakralisierung entspricht. Dies erscheint nur dann als ‚hoher Preis', wenn Sakralität gleichzeitig als anti-rational diffamiert wird. Schließlich und *drittens* verweisen Werturteile immer auf Geschichten. Joas ist m.E. zuzustimmen: „(...) biographisches, historisches und mythologisches Erzählen [dient] nicht Illustrationen zu didaktischen Zwecken, sondern [ist] ein notwendiger Zug der Kommunikation über Werte" (S. 259-260). Sakralität ist deshalb ein so interessantes Phänomen des Menschlichen (und vielleicht ‚Allzumenschlichen'), weil Vorstellungen, auch wenn sie von seriöser Forschung längst widerlegt worden sind, dennoch eine beträchtliche Kraft besitzen können (vgl. S. 265). Diese Kraft aus quasi wissenschaftlich-selbstsicherer Sicht als irrational, sentimental oder antimodern zu bezeichnen, ist nicht nur wenig sensibel gegenüber dem Phänomen, sondern in gewisser Weise selber – zumindest ein gutes Stück weit – irrational, sentimental und auch anti-modern.

Affektive Intensität

Infragestellung

Erzählungen

Sakralität – Säkularisierung – Sentimentalismus

Im Folgenden seien zu drei Begrifflichkeiten Bemerkungen ausgeführt. Zunächst mit Hans Joas zur Sakralität, dann mit Hannah Arendt zur Säkularisierung und drittens mit Jochen Barkhausen zum Sentimentalismus. Mit diesen drei Akzentuierungen, die etwas launisch erscheinen mögen, sei schließlich die behauptete Emotivität der anti-sentimentalistischen Diskurse in der zeitgenössischen Erziehungswissenschaft betrachtet, die eigenartigerweise von der Angst geprägt zu sein scheint, zu zeitgenössischen *pädagogischen* Fragen Stellung zu beziehen, und wenn: dann höchstens aus einer *rein* historischen, *rein* rationalistischen oder *rein* naturalistischen Perspektive, welche sich mit den ‚Weichteilen' des Faches und der Phänomene, welche ihre Daseinsberechtigung weitgehend ausmachen, nämlich aktuellen Fragen von Erziehung und Bildung, lieber nicht abgeben mag. Diese Reinheit entspricht einer *Selbstsakralisierung*, die Erziehungswissenschaftlerinnen und Erziehungswissenschaftler akademisch pflegen zu müssen meinen. Die Peinlichkeit der Erziehungswissenschaft, so scheint es zumindest immer wieder auf, ist das Pädagogische. Zur *Ironie* des (tatsächlichen) Erfolgs – jedenfalls der deutschsprachigen Erziehungswissenschaft –, so könnte überspitzt formuliert werden, gehören die *Profanisierung* des Pädagogischen und die *Sakralisierung* des Wissenschaftlichen.

Erziehungswissenschaft: eher Fach als Disziplin

Wohl ist die Erziehungswissenschaft nicht als Disziplin, sondern eher als Fach zu verstehen. Eine Nomie (wie die Ökonomie) ist sie nicht, denn über Gesetzmäßigkeiten von Erziehung und Bildung weiß sie letztlich wenig; eine Logie (wie die Psycho-, Sozio- oder Theologie) möchte sie vielleicht sein, aber den Anspruch, mehr Logos als Lehre zu sein, kann sie kaum aufrechterhalten, auch wenn sie das Technologiedefizit von Erziehung und Bildung analysieren kann; eine Prudenz (wie die Jurisprudenz) könnte sie sein, im Sinne der Klugheit im Umgang mit Fragen von Erziehung und Bildung, doch so heißt sie nicht, sie möchte mehr sein, zumindest Wissenschaft. Als Pädagogik war sie eine Agogik (wie die Mystagogik oder die Demagogik), eine Lehre des Führens und Anleitens von Menschen, allenfalls Führungskunde (vgl. Kapitel 1.1). Und als Sophie (wie die Philosophie) gibt sie zu, keine Wissenschaft zu sein. Um aber als Disziplin gelten zu können, ist die Erziehungswissenschaft hinsichtlich ihres Selbstverständnisses, ihrer Fragestellungen, Methoden und Anliegen allzu heterogen und vielfach eingebunden (vgl. Stichweh, 1994). Schließlich ist sie an prominenter Stelle zu einer ‚embedded science' geworden, Zulieferantin für Bildungsadministration und Bildungspolitik, was nicht verwerflich ist, kann doch Auftragsforschung methodisch anspruchsvoll und gesellschaftlich zugleich relevant sein. Auch die amerikanische Lösung sieht aus kontinentaler Perspektive nicht allzu attraktiv aus. Hier ist *education* nur noch die Hülse einer nicht existierenden Erziehungswissenschaft: In den Schools of Education gruppieren sich Vertreter vor allem der Psychology of Education, aber auch der Sociology of Education und in der Regel noch ein paar Philosophers und/oder Historians of Education. Wissenschaftliche Disziplinen tragen auch hierzulande zum Fach Erziehungswissenschaft bei; worin dieses aber besteht, ist umso umstrittener, je mehr Binnendifferenzierung und Spezialisierung zugenommen haben. Es ist daher auch zunehmend unklar bzw. arbiträr, was im öffentlichen und gesellschaftlichen Raum als Erziehungswissenschaft wahrgenommen wird und wer ihre zentralen Vertreterinnen und Vertreter sind.

Pädagogik versus Erziehungswissenschaft

Was die Differenz von Pädagogik und Erziehungswissenschaft, aber auch ihre wechselseitige Verwiesenheit anbelangt, so zeigt sich auf Ebene der Theorie und Modellbildung, dass sich die pädagogisch-praktischen Dimensionen und die sozialwissenschaftlich-empirischen Dimensionen kaum überzeugend verbinden lassen. Mit diesen elementar zu unterscheidenden Zugängen sind paradigmatische Axiome, implizite oder explizite Anthropologien sowie Vorstellungen von Subjekt und Subjektivation verbunden, die sich gegenseitig ausschließen. So stehen geisteswissenschaftliche, praxeologische, empirisch-analytische, kritisch-emanzipatorische und/oder transzendental-kritische Positionen im Widerspruch zu den Annahmen des deterministischen Subjektmodells der erfahrungswissenschaftlichen Forschung (Vogel, 1994).

Naturalismus versus Kulturalismus

Es bleibt daher unklar bzw. vielmehr strittig, wie und ob Natur und Kultur zusammenhängen, wie Erziehung zu definieren ist, welches das Ziel der Bildung sein soll/kann, und ob dem Begriff der Person (noch) eine zentrale Rolle zukommt oder nicht. Insbesondere liegen radikale Formen des Naturalismus und des Kulturalismus im Widerstreit, weil entweder von einem deterministischen Verständnis menschlichen Verhaltens (welches im strikten Sinn kein Handeln ist) ausgegangen wird oder ein Verständnis von Person und Handlungssubjekt unterstellt werden muss, von welchen nicht klar ist, welches ihre/seine Ermöglichungsbedingungen und Genesis sind.

9.1 Sakralität

Hans Joas – Sakralität

Hans Joas hat in *Die Sakralität der Person* (Joas, 2012) darauf hingewiesen, dass die Unterscheidung von säkular versus religiös nicht mit der Unterscheidung von profan versus sakral verwechselt werden sollte (S. 94-95), vielmehr gäbe es „Sakralitätsaufladungen von Gegenständen und Gehalten in sich als säkular verstehenden Weltbildern, im säkularen Nationalismus ebenso wie im Marxismus, aber auch in einem säkularen Liberalismus" (S. 95). Mit Durkheim diskutiert Joas das Sakrale als Gegenstände, die meistens von „Verboten geschützt und verteidigt" (S. 92) werden, was aber nicht die entscheidende Kennzeichnung sei, sondern die „Tatsache, dass das Heilige als Ort einer ‚Kraft' erfahren" werde, als eine „‚Energie', die sich auf das Profane auswirkt, während das Profane nur die Fähigkeit hat, die Entladung dieser Energie herbeizuführen und sie in ihrem Charakter umzuwandeln, von Reinheit zu Unreinheit, von Heil zu Unheil" (ebd.). Ein zweites Moment der Sakralitätsvorstellung betreffe das Missverständnis, wonach Sakralität „im Gegensatz zur Idee und Praxis vernünftiger Argumentation und Diskussion" (S. 95) stehen würde. Diesem Missverständnis sei insbesondere Jürgen Habermas erlegen, als er von der ‚Versprachlichung des Sakralen' gesprochen habe, welche er im Grunde als radikale Säkularisierungsthese oder konzeption verstanden haben will. In dieser Sicht verlieren Sakralisierung und die ihr Ausdruck verleihenden rituellen Praktiken zunehmend ihre Bedeutung und werden durch den rationalen Diskurs ersetzt. Doch, so Joas, die ‚Versprachlichung des Sakralen' könne auch anders verstanden werden, nämlich nicht als Ersetzung des Sakralen durch Sprache, sondern als sprachlicher Ausdruck des Sakralen (S. 96). Die Kultur der rationalen Argumentation ist so verstanden nur eine Transformation und keine Substitution des Sakralen: „Auch die Institutionalisierung rationaler Argumentation – im Parlament, in der öffentlichen politischen Diskussion, im wissenschaftlichen Seminar oder Kongress – bleibt jeweils selbst auf eine auch *emotionale Bindung an Werte und Praktiken* angewiesen" (ebd., Hervorheb. R. R.).

Jürgen Habermas

Entsakralisierungen und Resakralisierungen

Moderne Welt ist geprägt von Entsakralisierungen etwa hinsichtlich Verrechtlichungsprozessen, die auch als Entmoralisierungen verstanden werden können; die moderne Kultur ist aber auch von Resakralisierungen geprägt, welche häufig mit der Lockerung von einzelnen sozialen Normen einhergehen, nämlich mit einer gesteigerten Sensibilisierung in anderen Bereichen: „Die gestiegene öffentliche Aufmerksamkeit für sexuelle Belästigung im allgemeinen und auf den Missbrauch von Kindern im besonderen etwa“, so Joas’ (2012, S. 97) zeitgemäßes Beispiel, „geht ja gewiss nicht einfach auf eine Zunahme dieser Delikte, sondern großenteils auf einen gestiegenen Sinn für die Destruktivität dieser Taten zurück.“

Sakralisierung der Person

Die Sakralisierung der Person motiviert uns nach Joas (2012, S. 101) zur Empathie, doch Empathie allein bringe die Sakralisierung der Person nicht hervor. Auch konkurriert die Sakralisierung der Person ständig mit anderen Sakralisierungen, etwa der Nation oder der klassenlosen Gesellschaft – die deutlichsten Gegenkräfte zur Sakralisierung der Person sind im 20. Jahrhundert der Faschismus und der Nationalsozialismus gewesen (S. 101-102).

Modernisierung allein als Rationalisierungsprozess und diesen als mehr oder weniger radikale Entmoralisierung zu verstehen, wie dies etwa Michel Foucault hinsichtlich Strafpraxis und Verbrechen vertreten hat, ist nach Joas irreführend – insbesondere das Gefühl der Empörung entpuppt sich als wichtigster Indikator, wenn es um die Verletzung zentraler Werte, also auch um ihre *Geltung*, geht (vgl. Joas, 2012, S. 102). Dennoch bleibt die Sakralisierung der Person auch im Westen eine unsichere Errungenschaft, das 20. Jahrhundert ist ja leider sehr viel mehr als nur Ausdruck der Gefährdung dieser modernetypischen Sakralisierungsleistung. Die Sakralität der Person ist vielmehr in stetiger Gefahr, aber es gibt auch die Gefahr, „dass die Menschenrechte durch einen nationalen, kulturellen oder religiösen Triumphalismus zum ideologischen Element einer neuen sozialen Selbstsakralisierung werden“ (S. 280). Sakralisierungen schlagen sich in sozialen Praktiken, Werten und damit einhergehenden Institutionen nieder: „Auf Dauer (...) hat die Sakralisierung der Person nur eine Chance, wenn alle drei zusammenwirken: wenn die Menschenrechte institutionell und zivilgesellschaftlich gestützt werden, argumentativ verteidigt und in den Praktiken des Alltags inkarniert“ (S. 281).

Als Fazit kann festgehalten werden, dass das Sakrale nicht mit dem Religiösen zusammenfällt, auch nicht mit dem Pseudo-Religiösen. Umgekehrt gibt es wohl keine Religion ohne das Sakrale. Aus diesem Grund wäre es eine zu starke Verallgemeinerung, areligiöse Sakralität allein als Folgeprodukt von Säkularisierungsprozessen zu verstehen. Die These, wonach moderne Pädagogik im Kern als säkulare Theologie zu verstehen sei, geht also wahrscheinlich zu weit.

9.2 Säkularisierung

Hannah Arendt – Säkularisierung

Die wenigen folgenden Bemerkungen zum Begriff der Säkularisierung beziehen sich auf Äußerungen Hannah Arendts, die sich in den *Denktagebüchern* (2003) finden lassen. Vielleicht wäre nach Arendt eine säkulare Theologie möglich, eine säkulare Religion hält sie aber für weniger überzeugend: „Der Unsinn des Begriffes ‚säkulare Religion' liegt darin, dass in ihm das eigentlich politische Element der Religion, nämlich Lohn und Strafe nach dem Tode, eliminiert ist" (S. 364). Ohne noch an den Herrgott im Himmel zu glauben, wird es zumindest schwierig, sich von den Regulativen der postmortalen Strafe und des postmortalen Lohns leiten zu lassen. Kurz: Säkularisierung heißt die „Eliminierung Gottes aus der Geschichte der Menschen" (S. 114). Dies kann auch anders formuliert werden, nämlich dahingehend, Säkularisierung bedeute einen politischen Zustand, der es nicht mehr erfordere, dass die Menschen in ihrer Mehrzahl an die Hölle, die Unsterblichkeit der Seele bzw. die Erlösung von Tod und Sünde glauben (vgl. S. 398). Mit der Akzeptanz der Lehre der Unsterblichkeit der Seele sei die Politik, so Arendt, zunächst „zu einem Geschäft für Banausen geworden. Politik, oder die Frage nach einer möglichen irdischen Unsterblichkeit, konnte erst wieder ernst werden, als der Glaube an die Unsterblichkeit nicht mehr gesichert war" (S. 478). Dies sei Säkularisierung, die niemals religiöse Inhalte verweltliche, was unmöglich sei, „sondern vielmehr antike Probleme der irdischen Unsterblichkeit neu stellte. Das Neue war, dass eine Unsterblichkeit des Menschengeschlechts verlangt wurde statt eines gesicherten Rahmens für die Unsterblichkeit des Einzelnen (Polis) oder des Volkes beziehungsweise der Gemeinschaft (Rom)" (ebd.). Als Arbeiter und Geschichtsschreiber sei der Mensch sein eigener Schöpfer und Richter geworden. „Das allein ist Säkularisation, nicht die Säkularisation eines Vorgangs – Heilsplan wird zum Fortschritt etc. –, sondern Verweltlichung der göttlichen Attribute selbst" (S. 266). Während die Beschwörung des demokratischen Lebens einer Sakralisierung entspricht, so ist sie nicht notwendigerweise eine eindeutige Säkularisierungsfolge. Eher die Vorstellung des Menschen als Kreator, Schöpfer der eigenen Welt, kann also – im Sinne Arendts – als sakralisiertes Säkularisationsprodukt verstanden werden.

Säkularisierung und Sakralisierung

Der Unterschied von Säkularisierung und Sakralisierung ist politisch von Bedeutung. „Politisch war die Rede von der Religion als Opium des Volkes immer Unsinn" – so Hannah Arendt – „Erst die Ideologien sind wirklich Opium fürs Volk. Wirksam in den

Religionen war die Höllenvorstellung, die immer davon ausgeht, dass die Angst vor Schmerz größer ist als die Angst vor dem Tod und die Angst vor der Hölle größer ist als die Angst vor dem Nichts. Entscheidend sind nicht die Säkularisierungen, sondern das Wegfallen der Höllenvorstellung in der Moderne" (Arendt, 2003, S. 371).

9.3 Sentimentalismus

Jochen Barkhausen – Sentimentalismus

In seiner schon älteren, aber immer noch lesenswerten Dissertation zur *Vernunft des Sentimentalismus* untersucht Jochen Barkhausen (1983) das Phänomen des Sentimentalismus in seiner ursprünglich aufklärerischen Bedeutung und analysiert die Geschichte des Vorurteils gegen die Kultur der Empfindsamkeit sowie die speziell im Deutschen pejorative Verwendung der Worte ‚sentimental' und ‚Sentimentalität'. Die Idee des Sentimentalismus, die eng mit dem bürgerlichen Idealismus verbunden ist, weist einen utopischen Charakter auf, sie „verspricht universale Harmonie und allgemeines Glück unter der Voraussetzung, dass sie theoretisch und praktisch von jedermann akzeptiert wird" (S. 140). Sentimentalität ist nach Barkhausen immer dann zu erwarten und möglich, „wenn zwischen verinnerlichten Wertnormen und den in der Realität gültigen Handlungsnormen ein Widerspruch ist" (S. 31). Dagegen scheinen im anti-sentimentalistischen Argument nur Gedanken und Gefühle vernünftig, „die als Einheit praktisch werden. Sentimentalität ist per definitionem emotional, unpraktisch und unvernünftig" (ebd.). Doch Sentimentalität könne als eine Funktion der Realität verstanden werden, als ein „mehr oder weniger taugliches Verfahren, sich im überlieferten Missverhältnis von empfindsamer Vernunft und den Normen realer Praxis durch imaginative oder praktische, jedenfalls emotional wirksame Vorgriffe auf Utopisches möglichst unentfremdet einzurichten" (S. 34). Dahingegen verurteilt der überzeugte Anti-Sentimentalist, wenn es ihn denn gibt, das scheinbare Irrationale des Phänomens und fordert entweder die Rationalisierung des Gefühls oder die rationale Beherrschung des Gefühls. In der Tat mag Sentimentalität als nicht-rational bezeich-

Anti-Sentimentalismus und Rationalismus

net werden, wenn damit nämlich gemeint ist, dass sich in ihr „Wertorientierungen manifestieren, die letztlich nicht mehr begründbar (...) sind" (S. 36).

Nur fragt sich eben, „wie und warum Sentimentalität in der rationalistischen Welt entstehen und sich behaupten kann" (Barkhausen, 1983, S. 37). Freilich mag man in einem postulierten Harmonie- und Symbiosebedürfnis des Menschen die Grundlage des Phänomens erkennen wollen, aber dieses Bedürfnis scheint sozusagen ‚erfahrungsbasiert' zu sein: „Wie alle Phantasie überhaupt der Erfahrung, so bedarf symbiotische Phantasie der Erfahrung der Symbiose" (S. 40).[21] Kurz, wir finden hier – wie so häufig – eine altbekannte moderne Grundlage: das Gefühl der *Entfremdung* bzw. die Ansicht der Geschichte der Moderne als dynamischer Prozess der Entfremdung. Auf Philip Slater Bezug nehmend, formuliert Barkhausen: „Der entfremdete Mensch produziert eine Wirklichkeit, die ihrerseits seine Selbstentfremdung radikalisiert. In der gegenwärtigen Welt des Kapitalismus sind nach Slater [1975] drei grundsätzliche Bedürfnisse frustriert: das nach *Gemeinschaft*, das nach *sozialem Engagement* und das nach *vertrauensvoller Abhängigkeit*" (S. 47, Hervorheb. R. R.). Diese Bedürfnisse sind pädagogisch von großer Bedeutung – sie tauchen, als politische Größen, in der nun nicht mehr so virulenten Liberalismus-Kommunitarismus-Debatte auf. Erziehungswissenschaftlich sind sie im deutschsprachigen Diskurs hingegen nicht gerade attraktiv. Doch unabhängig davon, wie man sich zu ihr verhalten will: „Sentimentalität existiert nicht ohne individuelle Geschichte, ohne symbiotische Erfahrung und die Erinnerung daran" (S. 49).

Entfremdung

Sentimentalismus ist, könnte man sagen, ein besonderes Empfinden gegenüber der Differenz von Sein und Wunsch, allenfalls Sollen, welches aus rationalistischer Perspektive übertrieben oder unangemessen erscheint. Dezidierter Anti-Sentimentalismus

Differenz von Sein und Wunsch

[21] Sphären: Familie – außerfamiliärer Bereich, Privatsphäre – öffentliche Sphäre, Kindheit – Adoleszenz/Erwachsenenalter: „Es entwickelt sich (...) in der einen Welt ein Harmoniebedürfnis, das in der anderen dann als sentimental denunziert wird" (Barkhausen, 1983, S. 43).
Sphären und Geschlecht: Bedeutung der traditionalen Rollenaufteilung (Mutter – Haushalt –Familie vs. Vater – Gelderwerb – Öffentlichkeit): Verbindung von Weiblichkeit und Sentimentalität: „Tatsächlich hat – und darauf wohl gründet sich ihre Verachtung – Sentimentalität in der gesamtgesellschaftlichen Wirklichkeit die Funktion einer Dienstleistung – nicht anders als das Geschlecht, dem sie vorwiegend eignet. Sie allein stiftet Harmonie, und durch sie wird, je disharmonischer die Welt erfahren wird, unter Einsatz aller Medien desto mehr Harmonie suggeriert" (S. 44).

umgekehrt kann als Sakralisierung der rationalistischen Perspektive betrachtet werden. Aus dieser Sicht sind Sakralisierungen vorwiegend Produkte von Säkularisierungsprozessen (pseudoreligiöse Phänomene), während die Sakralisierung der eigenen Perspektive nicht thematisiert wird oder werden kann, weil sie im Selbstverständnis der Vertreter dieser Perspektive nicht vorkommt oder besser: nicht vorkommen soll. Erst die Interpretation der Wertbindungen der eigenen Perspektive ermöglicht das Zugeständnis der Sakralisierungsformen, welche rationalistischen und anti-sentimentalistischen Positionen innewohnen. Während die Unempfindbarkeitsgeste zum Ethos der wissenschaftlichen Analyse gehört, ist die Letztere doch häufig von einer impliziten Leidenschaft geprägt, die wie eine Erklärungs- und Verstehenswut erscheint, also so zur Sache kommen will, dass der Analysegegenstand im Würgegriff dieser Bemühung zur Materie ohne Affektivitätspotenzial transformiert wird.

Wertbasis des modernen Selbstverständnisses

Die Sakralisierungen der Person, des wissenschaftlichen Diskurses und der politischen Institutionen sind keineswegs bloße Säkularisierungsfolgen, pseudo-religiöse Relikte, die in der Moderne aus sentimentalen Motiven wie Findlinge aus einer anderen Zeit anzutreffen sind, sondern stellen offenbar vielmehr die konstitutive Wertbasis des modernen Selbstverständnisses dar. Rationale Argumentation ist nur eine der modern notwendig gewordenen Sakralisierungen, eine andere, ebenso bedeutsame Form ist die Bemühung um authentischen Ausdruck, kurz: subjektive Expressivität. Die beiden Seiten der modernen Medaille, Aufklärung und Romantik, also der Mut, den eigenen Verstand zu gebrauchen, und gleichzeitig die Aufforderung, der inneren Stimme zu folgen oder sie zumindest zu beachten, stehen freilich in einem mitunter widersprüchlichen oder widersprüchlich erscheinenden Verhältnis zueinander, welches implizit oder explizit dazu verführen mag, dezidiert sentimentalistische oder eben vor allem anti-sentimentalistische Positionen einzunehmen, die notwendigerweise einseitig sind, dafür aber eindeutig und kohärent erscheinen.

Die Beschäftigung mit dem Thema und Phänomen der Sakralität und modernen Sakralisierungsformen ermöglicht es, die komplexen Gegenständen nicht angemessenen Vereinseitigungen zu überwinden, mit denen wir es in unseren Diskursen zu tun haben. Zumindest mag man sich dadurch zeitweilig der Illusion der Überwindung hingeben.

Fragen

1. Was kann unter der ‚Sakralisierung der Person' verstanden werden?
2. Inwiefern kann mit Joas (2012) zwischen den beiden Gegenüberstellungen *säkular versus religiös* und *sakral versus profan* unterschieden werden?
3. Was meint *Sentimentalismus*?

Weiterführende Literatur

Joas, Hans (2012): Die Sakralität der Person. Eine neue Genealogie der Menschenrechte. Frankfurt/Main: Suhrkamp.

10. Haben oder Sein? Tugend und Kompetenz

Dieses Kapitel will auf einige einfache Sachverhalte hinweisen, die den Status der Selbstverständlichkeit heute offenbar kaum mehr verteidigen können. Im ersten Abschnitt wird daran erinnert, dass der Kompetenzdiskurs den Tugenddiskurs nur teilweise zu ersetzen vermag und die ‚Übersetzungsverluste' bedeutsam sind. Der zweite Abschnitt befasst sich entsprechend mit den sogenannten ‚Soft Skills', und der dritte versucht mit Basil Bernstein, eine Antwort auf die Frage zu geben, warum die überfachlichen Kompetenzen so attraktiv und demokratieförderlich erscheinen. Im vierten und letzten Abschnitt wird die Perspektive auf den Bereich des demokratischen Lebens und politischen Entscheidens erweitert. Hier zeigt sich u.a. mit Harry Frankfurt und Hannah Arendt, dass der lässige – scheinbar offene, sozial und kommunikativ kompetente – Umgang mit der Wahrheit und Wahrheitsansprüchen ein gravierendes pädagogisches und politisches Problem darstellen kann.

Tugend- versus Kompetenzdiskurs

10.1 Der alte ‚gute Wille'

Der Kompetenzdiskurs dominiert das Feld von Erziehung und Bildung. Offenbar sollen möglichst alle Lerngegenstände kompetenztheoretisch aufgefasst und erfasst werden. Expandierende Diskurse wie jener der Kompetenz sind zunächst nicht an ihren Grenzen interessiert. Was den Bereich der sogenannten ‚sozialen Kompetenzen' betrifft, so stellt der ‚gute Wille' eine dieser wenig beachteten Grenzen dar. Ein altbackenes Konzept wie der ‚gute Wille' – empirisch unfassbar und prekär – besitzt in der Kompetenzwelt nur wenig Attraktivität. Wenn schon, reden wir lieber von ‚moralischer Motivation', von der wir zwar auch nicht wissen, woher sie stammt, aber wenigstens ist sie ein psychologisches Konstrukt. Allerdings ist der ‚gute Wille' – oder weniger kantisch formuliert: die Bereitschaft, das Richtige, das sozial Erwartete und Erwünschte, Notwendige, Geforderte zu tun – keine Kompetenz, sondern die fundamentale Voraussetzung, dass Kompetenzen überhaupt in einem wünschenswerten Sinne instrumentalisiert werden. Das Vermögen, die Wünschenswertigkeit der Instrumen-

Guter Wille

Urteilskraft und Wünsche zweiter Ordnung

talisierung des Könnens auf der Basis von Gründen einzuschätzen, heißt Urteilskraft. Sie setzt die Ausbildung von ‚second order desires' – Wünschen zweiter Ordnung – (Frankfurt, 1971) voraus und stellt die Fähigkeit dar, dieselben – also die Wünschenswertigkeit bestehender Wünsche und Motive – situationsangepasst einzuschätzen (vgl. Kapitel 1.3). In der Urteilskraft vereinen sich somit Wissens-, Könnens- und Wollens-Aspekte. Bloße Urteile aber können freilich auch uninformiert, unvorsichtig und aus niedrigen Motiven zustande kommen.

Tugend

Die Stärke des Willens, das Gebotene oder Angemessene auch unter widrigen Umständen zu tun, nannte man früher Tugend. Weil ‚Tugend' ein Wort und Konzept ist, welches v.a. deutschsprachige Autoren für suspekt halten, aber weil auf das damit Gemeinte kaum verzichtet werden kann, redet man lieber von ‚Stärke'. ‚Starke' Personen sind aber nicht unbedingt kompetente Personen, und kompetente Personen nicht unbedingt stark. Offenbar kann nicht alles, was sich in der Sprache der Tugend ausdrücken lässt, auch kompetenztheoretisch übersetzt werden. Die Nichtbeachtung dieses Rests ist bedeutsam für die Aufrechterhaltung des politisch wesentlich korrekteren Kompetenzdiskurses. Die Unterschiede zum Konzept der Tugend und die Übersetzungslücken bleiben bestehen; so kann Person X unter ihrem Kompetenzniveau handeln, reden, argumentieren usw., ohne dass ihr deshalb ihr Kompetenzniveau abgesprochen werden müsste. Eigentlich ist sie kompetent. Aber es macht wenig Sinn, zu behaupten, X sei eine ehrliche Person, obwohl sie uns in der letzten Zeit mehrmals belogen und betrogen hat. Dies stellt natürlich infrage, ob X überhaupt über die Tugend der Ehrlichkeit verfügt. Diese Differenz scheint den Kompetenzdiskurs wenig zu stören. Aber sie sollte stören, wenn es um die basalste – auch pädagogisch fundamentale – Voraussetzung des demokratischen Zusammenlebens geht: um Zivilität (vgl. Kapitel 2).

Übersetzungslücken

10.2 ‚Soft Skills'

Kompetenztheorien und Behaviorismus

In den Sozialwissenschaften war, wie Basil Bernstein (1996) aufgezeigt hat, das Aufkommen von Kompetenztheorien anti-behavioristisch und anti-funktionalistisch motiviert – das Versprechen, nicht gänzlich ‚von außen' determiniert und manipuliert zu sein, war nicht zuletzt auch für das demokratische Selbstverständnis wichtig (vgl. Kapitel 10.3). Ironischerweise kommt der Behaviorismus heute im Kleid der Kompetenzmessung wieder zurück –

nicht, dass man dies unbedingt beklagen müsste, aber ein wenig ironisch ist es doch. Allein die Dichotomie von Behaviorismus und Konstruktivismus ist von geringem Nutzen, wenn es darum geht, das Handeln und Verhalten in einem demokratischen Gemeinwesen zu verstehen; dass die konstruktivistische Perspektive im Unterschied zu einem kruden Behaviorismus sozusagen ‚demokratiekompatibler‘ sei, stellt anscheinend vor allem eine romantische Sichtweise dar.

Soft Skills

Die ‚überfachlichen‘ Kompetenzen werden neudeutsch gerne ‚Soft Skills‘ – ‚weiche‘ Fähigkeiten (bzw. Fertigkeiten) – genannt (vgl. Reichenbach, 2006, 2007b). Es ist vielleicht bezeichnend für schwach gewordene oder in ihrer Identität verunsicherte Kulturen, dass sie bereit sind, buchstäblich jede angelsächsische Begrifflichkeit zu übernehmen, die sich im Bildungsbereich, im Aus- und Weiterbildungsmarkt anbietet, und diese Aneignung offenbar noch als Zeichen der eigenen Aufgeschlossenheit und Internationalität werten. Bildungskulturen sind schwach geworden, wenn sie ihre mehr oder weniger differenzierten, aber bisher im Grunde bewährten Kategorien in der Welle von europäisch-administrierten pädagogischen Slogans kampflos untergehen bzw. de-differenzieren lassen. Die Ausbreitung des ‚soft skills talk‘ auf dem alten Kontinent gehört zu jenen Prozessen, die scheinbar seicht und unschuldig, fast schon grundlos und etwas bieder beginnen und schließlich Reformideen hervorbringen – z.B. die Idee, alle relevanten Bildungsgehalte und Bildungsziele als Kompetenzen, wenn immer möglich: messbare Kompetenzen, aufzufassen –, welche mithin radikale Konsequenzen nach sich ziehen und das, was man auch schon die Bildungslandschaft genannt hat, in wenigen Jahren grundlegend verändern. In dieser Landschaft von Erziehung, Bildung und Unterricht arbeiten momentan leider nur noch wenige an der Trockenlegung des gigantischen Phrasensumpfes, um es in Anlehnung an Karl Kraus zu sagen. Und die sich diese Sisyphosarbeit berufshalber noch leisten können, gelten eher als Nostalgiker, Romantiker oder einfach altbackene Moralisten.

Mit ‚überfachlichen Kompetenzen‘ bzw. ‚persönlichen Qualitäten‘ bzw. ‚Soft Skills‘ (Bullinger, Mytzek & Zeller, 2004) kann von sehr konkreten Fertigkeiten bis hin zu allgemeinen Fähigkeiten bzw. Kompetenzen vieles, ja fast alles gemeint sein. Verbreitet ist die Sicht, dass die ‚*fachlichen* Kompetenzen‘ – die ‚*Hard* Skills‘ – in der Arbeitswelt mittlerweile einen vergleichsweise geringen Bereich abdecken, während die ‚Soft Skills‘ – in der zeitgenössischen, leicht heruntergekommenen Form des Humanismus auch

‚*heart* skills' (vgl. Kapitel 11) oder ‚*people* skills' genannt – ein Universum darstellen würden. Gerne wird hierbei auf die abgegriffene Eisberg-Metapher zurückgegriffen, wonach der kleinere und sichtbare Teil (das Fachwissen) im Grunde nicht so bedeutsam sei wie das unsichtbare, riesige Unterteil des Eisberges: die Gefühle, Motive, Wünsche, die Persönlichkeit, die Haltungen und Selbst- und Sozialkompetenzen usw., kurz: jener Ort, wo die ‚Soft Skills' zuhause sind – wenn sie denn zuhause sind.

Begriffliche Unbestimmtheit

Gerne würde man die ‚Soft Skills' genauer definieren, doch wer sich mit der einschlägigen Literatur beschäftigt – wobei ‚einschlägig' für den für alle und alles offenen Diskurs ein nicht recht unpassendes Attribut darstellt –, der merkt sehr bald, dass es tatsächlich *kein einziges* Merkmal gibt, das *allen* ‚weichen Fähigkeiten' gemeinsam wäre (außer dem negativen Kriterium, keine ‚harte Fähigkeit' zu sein). Dies lässt sich wohl an allen der unzähligen und völlig beliebig erscheinenden Kataloge der ‚Soft Skills' erkennen, selbst an jenen, die, wie der folgende, vergleichsweise homogen ausfallen und, wenn man so will, von ‚seriösen' Wissenschaftlern aufgestellt worden sind:

Selbstakzeptanz, Selbstreflexion, positiver Lebensbezug, differenziertes Denken, Wahrnehmungsfähigkeit, relative Autonomie, Problemlösefähigkeit, respektvoller Umgang mit der Vergangenheit, Lernbereitschaft, Lernkompetenz, Handlungsfähigkeit, Selbständigkeit, Kreativität, Leistung, klassische Arbeitstugenden, Gesundheit, Balancefähigkeit, Ambiguitätstoleranz, Copingstrategien, Verantwortung allgemein, Verantwortung Subjekt, Verantwortung Mitmenschen, Verantwortung Umwelt, Umweltkompetenz, Gemeinschaftsfähigkeit, Kooperationsfähigkeit, Konfliktbewältigung, Kritikfähigkeit, Toleranz, Wertschätzung, Dialogfähigkeit, politische Bildung, wertbezogene Grundhaltungen, Persönlichkeitsentwicklung, Gemütsfähigkeit (Grob & Maag Merki, 2001).

Wie andere ‚Soft-Skills'-Kataloge unterscheidet auch der erwähnte nicht zwischen (1) *Fertigkeiten*, (2) *Fähigkeiten* oder *Kompetenzen*, (3) *Persönlichkeitseigenschaften*, (4) *Verhaltensdispositionen*, (5) *Motiven* und (6) *Tugenden*. Offenbar spielen diese Unterscheidungen im allgemeinen ‚Diskurs' der ‚Soft-Skills'-Welt keine Rolle mehr, ganz nach dem pragmatischen Motto, wonach Unterschiede, die keine Unterschiede bewirken, keine Unterschiede sind – ‚soft' bleibt ‚soft', ob als Tugend, Disposition oder Kompetenz. Bedeutsam ist in diesem ‚Diskurs' – besser: ‚soft skills talk' – allenfalls noch die Differenz zwischen Qualifikation und Kompetenz. Während der Kompetenzbegriff eher auf das „Handlungspotential einer Person" gerichtet, also „subjektzentriert" ist, bezieht sich der Qualifikationsbegriff eher „sachverhaltsorientiert" auf „aktuelle Fähigkeiten und Fertigkeiten, die zur Durchführung definierter Arbeitsschritte notwendig sind" (Mytzek, 2004, S. 19).

Konsens aufgrund ethischer Bedeutsamkeit

Wer nun als Lehrerin oder Lehrer den genannten Katalog (oder einen beliebigen anderen Katalog – es spielt keine Rolle) genauer betrachtet, wird merken, dass jede Kompetenz aus dieser Liste auch *ethisch* bedeutsam ist. Positiver Lebensbezug, differenziertes Denken, Toleranz und Gemütsfähigkeit schaden nie, und die ethische Bildung kann von der Entwicklung dieser ‚Soft Skills' nur profitieren. Der ‚soft skills talk' ist also sehr konsenserheischend, und man kann nur dauernd mit dem Kopf nicken und sich später an das Bonmot von Max Planck erinnern, wonach es Dinge gebe, über die man sich einigen könne, und wichtige Dinge (siehe oben).

Zwar müsste man davon ausgehen können, dass Lehrerinnen und Lehrer den Unterricht in Sozialkunde, Religion, Politik, praktischer Philosophie, Sprache und Literatur, Kunst und Ausdruck u.a.m. nicht auf ‚Soft Skills' reduzieren möchten, doch mittlerweile sind die sozialen und emotionalen Kompetenzen ‚*irgendwie* so wahnsinnig wichtig' geworden und omnipräsent, dass niemand etwas gegen sie äußern mag; die ‚Soft Skills' sind so soft, menschlich bedeutsam und in buchstäblich jeden Lebensbereich – *irgendwie* – hineinstrahlend, dass sich die Fächer, die noch meinten, sich vornehmlich dem Wissen und den rationalen Argumenten – d.h., auch wenn man es vergessen haben sollte: der Wahrheit – verpflichtet zu sehen, im fächerübergreifenden Sumpf aufzulösen drohen. Die ‚Soft Skills' mögen das Enge, Präzise und Argumentative gar nicht, dazu sind sie viel zu menschlich, zu weich, anschmiegsam und mollig, im Grunde inkarnierte Weiblich- und Mütterlichkeit, die ehemals als häusliche und familiäre Tugenden ein biederes Dasein fristet mussten, aber sich mittlerweile zur ‚emotionalen Kompetenz' und ‚Intelligenz' veredeln konnten, die, wenn man sie zum Beispiel am Arbeitsplatz nicht genügend manifestieren kann, auch schon mal einen humanistisch legitimen Entlassungsgrund darstellen können (‚gravierende Mankos auf Seite der Persönlichkeitsentwicklung', ‚mangelnde Bereitschaft, sich im persönlichen Bereich weiterzubilden', ‚mangelnder Teamgeist',...).

Soft Skills als Erfolgsfaktoren

‚Soft Skills' versprechen – in jedem Gebiet und auf je eigene Weise – Erfolg. Während ‚Charakter' den Menschen an Werte bindet, die sich auch gegen seine ‚Interessen' richten können, stehen die ‚Soft Skills' keinem Akteur mehr im Wege, vielmehr stehen sie ganz anti-tragisch, unschuldig und ironielos im Dienste seiner höchstpersönlichen Ziele, z.B. als ‚dating skills', ‚socratic selling skills', als ‚professional telephone skills' oder auch ‚basic travel skills'. Das ist ja auch nicht ohne Plausibilität: Ganz ohne grundlegende ‚dating skills' könnte ein Rendezvous im Fiasko enden; und wer nicht einmal über die basalsten ‚selling skills' verfügt, wird wahrscheinlich am Ende auf seiner Ware sitzen bleiben; ähnlich wird es demjenigen ergehen, der seine geschäftlichen Anliegen telefonisch nicht vermitteln kann; und vielleicht geht, wer nicht über ‚basic travel skills' verfügt, in der Fremde überhaupt verloren. ‚Soft Skills' sind also lebenswichtig; sie mögen zwar ‚weich' sein, aber ‚wirklich wichtig'.

Kompetenz-diagnostik

Während die ‚Hard Skills' *relativ* leicht zu beobachten, zu quantifizieren und valide zu messen sind, bleiben die ‚Soft Skills' nun einmal ‚hard to measure' (dass dies ein Glück darstellen könnte, hat bisher noch den Status einer wenig bekannten Erkenntnis). Unabhängig davon traut man sich in sogenannten ‚Assessment'-Verfahren diesbezüglich durchaus diagnostische Kompetenzen zu. Woher kommt diese Diagnostikkompetenz so urplötzlich?, fragt man sich etwa als Sozialwissenschafter, der ein wenig mit der Erfassung z.B. spezifischer sozialer Kompetenzen – etwa der Verhandlungskompetenz, des Emotionsverstehens oder des moralischen Urteilsvermögens – vertraut ist. Die Antwort lautet: Man muss sich die Kompetenz-Diagnostikkompetenz entweder schon erworben haben (durch vielfältige – *sehr vielfältige* – ‚Erfahrungen im Umgang mit Menschen') oder kann sie sich noch erwerben (‚Soft Skills' sind ja zum Glück lernbar, z.B. in Kursen, in der Ausbildung, der Weiterbildung, der Einbildung...). Noch ist es nicht so weit, dass sich die ‚Soft Skills'-Diagnostiker selber einem Assessmentverfahren *zweiter Ordnung* zu unterwerfen haben, mit welchem ihre ‚soft skills detection (soft) skills' gemessen bzw., wie es richtig heißt, *assesst* werden. Noch kann jede und jeder ‚Soft-Skills'-Diagnostiker/in werden (und ist es vielleicht schon, ohne es zu wissen). Mittlerweile scheinen sich auch die Universitäten den selbsternannten Soft-Skills-Diagnostik-Akkreditierungsagenturen zu fügen und zu unterwerfen, in denen manche von der Bildung unglücklich Getriebene ein Refugium gefunden haben und eine willkommene Quelle der Macht erblicken.

Gut, die mühseligen Fragen zu den Gütekriterien der ‚Soft-Skills'-Diagnostik kann man sich sparen, da man sich ja einig ist, dass die Bedeutung der ‚weichen Fähigkeiten' und ‚überfachlichen Qualifikationen' in einer ‚sich ständig wandelnden' Arbeitswelt ‚stetig ansteigen' würde (vgl. Schmidt & Dworschak, 2004)

– „they are“ sozusagen „not really measurable“, aber immer noch „really important“. Der zweifellos ohne schwerwiegende Differenzierungen auskommende ‚soft skills talk‘ hat sich international, global, interdisziplinär, cross-curricular und auf allen Ebenen der Abstraktion und Konkretheit durchgesetzt. Die ‚Soft Skills‘ besitzen die perfekte Form, sie sind modularisierbar, polyvalent, multifunktional und kommen dem Wunsch nach persönlichem und beruflichem Erfolg entgegen. Wo immer Menschen zusammenkommen, sind z.B. *‚strategies for successful interpersonal interactions‘* wünschenswert. Dabei trifft die ‚Verbindung‘ von ‚Hard Skills‘ und ‚Soft Skills‘ als neue *Ganzheitlichkeit* das pädagogisch-didaktische Bedürfnis nach Vielseitigkeit bei gleichzeitiger Einheit – für das Fach Ethik ein ‚Glücksfall‘, diese ist jetzt für alles zuständig, kann und darf alles, solange es nur irgendwie um den Menschen geht (oder auch nicht).

Scheinbare Ganzheitlichkeit

10.3 Die (ethische) Attraktivität des Kompetenzdiskurses

Die neue Ganzheitlichkeit kommt auch in besser reflektierten Kompetenzdiskursen zum Ausdruck, etwa wenn ‚Kompetenz‘ als das *Zusammenspiel* von (1) deklarativem Wissen (‚savoir‘), (2) den Fertigkeiten und dem prozeduralen Wissen (‚savoir-faire‘), (3) den persönlichkeitsbezogenen Kompetenzen (‚savoir-être‘) und schließlich noch (4) der Lernfähigkeit (‚savoir-apprendre‘) gesehen wird (vgl. Schneider, 2005, S. 16). Neben dem Aspekt der freilich nur scheinbaren Ganzheitlichkeit liegt die Attraktivität des Kompetenzbegriffs, von welcher der ‚soft skills talk‘ sehr profitiert, u.a. auch in den *anti-behavioristischen* Wurzeln der Kompetenztheorien. Konzepte wie die Sprachkompetenz (sensu Chomsky) in der Linguistik, die kommunikative Kompetenz (sensu Dell Hymes) in der Soziolinguistik, die kognitive Kompetenz (sensu Piaget) in der Psychologie oder die kulturelle Kompetenz (sensu Lévi-Strauss) in der Ethnologie (Bernstein, 1996, S. 55) waren – wiewohl nur wenige gemeinsame Elemente auszumachen sind – attraktiv, weil hier Weltzugänge in Interaktion mit der Umwelt konstruiert, als Leistung individueller und sozialer Aktivität begriffen werden konnten. „The concept [Kompetenz] refers to procedures for engaging with, and constructing, the world. Competencies are intrinsically creative and tacitly acquired in informal interactions“ (ebd.). Solcherart Kompetenzerwerb drückt eine *universelle Demokratie* aus: „All are inherently competent and all possess common procedures“ (S. 56): Wir können sozusagen alle

Anti-Behaviorismus

und wir sind alle gleich, bzw. wir könnten alle und wären alle gleich (wenn es nur alles besser wäre, als es ist). Es erscheint einigermaßen sympathisch, das Subjekt als *aktiven* und *kreativen Konstrukteur* einer bedeutungsvollen Welt (z.B. Sprachproduktion bei Chomsky, Akkommodationsprozesse bei Piaget) und die Entwicklung seiner Kompetenzen als *selbstregulierten* Ausdifferenzierungsprozess zu begreifen. Noch sympathischer mag manchen die Behauptung erscheinen, dass solcherlei Entwicklung nicht durch formale Lehre vorangetrieben werden könne: „Official socializers are suspect, for acquisition of these procedures is a tacit, invisible act not subject to public regulation" (ebd.). Die Behauptung, bloße Sozialisation erkläre oder bestimme doch fast alles oder doch das meiste, kann so mit einer humanistischen Geste vom Tisch gewischt werden. Und das ist nicht wenig. Dazu kommt schließlich, dass soziale Hierarchien aus der kompetenztheoretischen Perspektive immer kritisch zu betrachten sind und der Kompetenzerwerb hingegen letztlich immer als *Emanzipationsprozess* verstanden werden kann. Und wenn es denn unbedingt sein muss und eine gewisse intentionale Sozialisation in Form von Erziehung und Unterricht unumgänglich wird, dann kann sie mit dem Kompetenzerwerbsdenken als ‚facilitation' (of learning and development) gedacht werden. Didaktisch, pädagogisch und psychologisch interessiert dann nur noch die *Gestaltung der Ermöglichungsbedingungen* von Lernen und Entwicklung – und jede andere Bemühung erscheint so als pädagogische Ideologie oder wenigstens schlechte Pädagogik.

Kompetenzerwerb als Emanzipationsprozess

Kompetenzsteigerungserwartung

Nun wird nicht jeder Kompetenzdiskurs gleichermaßen von diesen Aspekten tangiert, aber, wie Bernstein (1996) meint, doch die meisten, denn es ist nicht leicht, *gegen* Demokratie, *gegen* Kreativität und Selbstregulation und *gegen* das ganze Steigerungsethos zu argumentieren, welches mit Kompetenztheorien und modellen verbunden ist. Ob edel oder unedel motiviert, ob unter gerechten oder ungerechten Bedingungen, ob frei gewählt oder erzwungen, jedenfalls erhöht sich mit dem anti-behavioristischen, anti-positivistischen Demokratie-Kreativitäts-Selbstregulations-Denken der Druck auf das Individuum, sich selbst als Kompetenzsteigerungszentrum zu sehen. Und die wichtigste Kompetenz jedes Kompetenzsteigerungszentrums ist die Kompetenzsteigerungskompetenz.

Während das kompetenzsteigerungswillige Individuum über seine ‚Hard Skills' relativ gut informiert ist, da in diversen Abschlussprüfungen meist – zum Glück (!) – nur sie interessieren, ist es im Hinblick auf eigene ‚Soft Skills' notgedrungen etwas verunsichert und auf die ‚Soft-Skills'-Diagnostik der anderen angewiesen. Diese professionelle (oder auch nicht im Geringsten professionelle) Diagnostik wird ihm sicher zeigen, dass es angesichts der vielen Defizite noch viel zu lernen hat, ein Leben lang, und dass es die Welt der Menschen trotzdem sehr wahrscheinlich noch defizitär verlassen wird. Statt also in einen dauerhaften Kontakt mit dem Universum des Nichtwissens und der Inkompetenz zu treten, wofür früher auch der Name ‚Bildung' gebraucht worden ist, durchwandert das von konstitutiver ‚Soft-Skills'-Defizität gepeinigte Individuum, willig und eifrig, sich zu verbessern – früher ‚Bildsamkeit' genannt –, durch die laue ‚Soft-Skills'-Welt seiner höchstpersönlich modularisierten Aus- und Weiterbildung.

Fragen

1. Wie kann der Unterschied von *Tugend* und *Kompetenz* gefasst werden?
2. Inwiefern besteht ein gewisser ‚Übersetzungsverlust' von der Idee der *Tugend* hin zu derjenigen der *Kompetenz*?
3. Was macht den Kompetenzdiskurs (für viele) so attraktiv?

Weiterführende Literatur

Carr, David (2000): Professionalism and Ethics in Teaching. London: Routledge.

Ladenthin, Volker/Schilmöller, Reinhard (Hrsg.) (1999): Ethik als pädagogisches Projekt. Grundfragen schulischer Werterziehung. Opladen: Leske + Budrich.

von Hentig, Hartmut (1985): Die Menschen stärken, die Sache klären. Ein Plädoyer für die Wiederherstellung der Aufklärung. Stuttgart: Reclam.

11. Über Herzensbildung

11.1 Zur Herzmetaphorik

Herz als Metapher

Das Herz hat einen guten Ruf. Es ist ein guter Muskel, eine Blutpumpe, die den Kreislauf am Leben erhält. Leber, Lunge und Milz sind auch wichtig, aber ihre Eignung als Metapher ist angesichts des erschlagenden Erfolgs der Herzmetaphorik deutlich eingeschränkt. Im Bereich der Bildung und Ausbildung werden die Lernziele seit ein paar Jahrzehnten in ‚Hard Skills' und ‚Soft Skills' eingeteilt (vgl. Kapitel 10.2). Die ‚weichen' Fähigkeiten werden mitunter auch ‚heart skills' genannt. Dem Herzen werden offenbar nicht wenige Möglichkeiten und Fähigkeiten zugemutet. Manche Menschen scheinen ein ‚großes' Herz zu haben, andere nur ein ‚kleines'; es gibt Menschen mit einem ‚weichen' Herzen, und es gibt ‚hartherzige' Menschen, wobei damit, wie man weiß, nicht ausgedrückt ist, dass die Hartherzigen die ‚hard' und ‚heart skills' optimal vereinen würden, sondern vielmehr, dass ihnen etwas Zentrales fehlt, was wir zwar nicht zur Allgemeinbildung, aber doch zur „allgemeinen Menschenbildung" (Pleines, 1987, S. 30) zählen.

Es ist eindrücklich, wie die einfache Herzmetaphorik in knappster Weise so viel darüber aussagt, wie Menschen wahrgenommen werden. Wir verstehen sofort, was gemeint ist, wenn jemand als ‚herzlos' bezeichnet wird. Wir verstehen zwar auch, wenn jemand ‚hirnlos' handelt oder ‚hirnrissig' daherredet, d.h. das Gehirn ist ein wichtiger Konkurrent im Raum der Organ- und Körpermetaphorik, natürlich ebenso die Hand. Doch was beispielsweise mit ‚leberlosen' Menschen oder solchen mit einer ‚weichen Milz' gemeint sein könnte, muss schleierhaft bleiben, weil solche Metaphern im Sprachgebrauch weder konventionalisiert noch lexikalisiert sind.

Geschichte der Herzmetaphorik

Die Geschichte der Herzmetaphorik – auch in der Spezifik als ‚Herzens*bildung*' – ist alt und vielfältig. August H. Francke spricht 1702 – in *Kurzer und einfältiger Unterricht. Wie die Kinder zur wahren Gottseligkeit und christlichen Klugheit anzuführen sind* – von der „Cultura animi" oder „Gemüths-Pflege" (Francke, 1892, S. 16). Das Herz ist zuvor auch bei Blaise Pascal das Organ der Orientierung und Lebensführung: „Das Herz hat seine Gründe, die die Vernunft nicht kennt, das erfährt man in tausend Fällen" (1994, S. 141, Fragment 277). Das Herz ‚weiß offenbar alles besser' als das Hirn: Eines der 1670 zusammengestellten Fragmente – die als *Pensées sur la religion et sur quelques autres sujets* (den *Gedanken über die Religion und einige andere Gegenstände*; Pascal, 1994) herausgegeben worden sind – betrifft eine kurze, aber aufschlussreiche theoretische Auseinandersetzung mit Artus Gouffier, Graf von Roannez:

> „M. de Roannez sagte: Die Gründe finde ich nachher; zuerst gefällt mir etwas oder es stößt mich ab, ohne dass ich den Grund wüsste, und indessen stößt es mich aus eben dem Grund ab, den ich erst nachher entdecke. – Ich glaube aber, es war nicht abstoßend aus den Gründen, die man nachher findet, sondern man findet die Gründe nur, weil es abstoßend war." (Pascal, 1994, S. 140-141, Fragment 276)

Stellenwert der Herzmetaphorik

Möglicherweise wird auch die Hirnforschung einmal begreifen, dass das Herz nun einmal schlauer ist... Das Interessante, Erstaunliche, Unheimliche und dann wieder Beruhigende ist vielleicht, dass wohl noch so viele Magnetresonanztomografien die Performativität der simplen Herzmetaphorik in der Alltagskultur nicht zu schmälern vermögen. Natürlich ist dies nicht bloß der metaphorischen Macht verschuldet, sondern hat auch damit zu tun, dass die leibliche Erfahrung und die biologischen und physiologischen Tatsachen bzw. Korrelate des menschlichen Körpers nicht nur nicht dasselbe, sondern mitunter etwas ganz anderes ‚ausdrücken' bzw. indizieren. Das muss Vertreterinnen und Vertretern des phänomenologischen Paradigmas natürlich nicht erklärt werden, aber die ‚Leibvergessenheit' – die letztlich immer mit einer ‚Weltvergessenheit' einhergeht – hat in Zusammenhang mit dem Siegeszug der naturalistischen Wissenschaften insbesondere auch im Bereich der Bildung und Erziehung eine Dimension erreicht, dass, wer auf die Bedeutsamkeit der Metaphern in der Bemühung um symbolischen Ausdruck der immer auch leiblichen Erfahrung hinweist, in der sogenannten *scientific community* mittlerweile erscheint, als ob er sich besser der romantischen Lyrik oder einer seichten Esoterik zuwenden sollte. Doch damit muss und kann man auch leben. Denn ‚Hand aufs Herz': Wer möchte schon mit einem Emotionsforscher verheiratet sein, der glaubt, dass das Wesen und die Wahrheit der Gefühle dann erfasst sei, wenn ein korrektes Abbild der physiologischen und psychologischen Wirklichkeit verfertigt werde, die zu bestimmten Erlebensweisen geführt haben soll?

Leib- und Weltvergessenheit

Metaphorik ist uneigentliche Rede, sie ist das Eingeständnis, dass das objektive Abbild der Wirklichkeit in den menschlichen Angelegenheiten nicht möglich ist, wir aber nicht umhinkönnen, für unser Denken, Wollen und Fühlen einen Ausdruck zu finden, mit dem wir uns uns selbst und den anderen gegenüber verständlich machen können. Die Herzmetaphorik – außer vielleicht in ihren etwas schlichten, aber dennoch bedeutsamen Formen (etwa des ‚gebrochenen Herzens' oder des ‚ein Herz und eine Seele'-Seins...) – ist nun keineswegs reine *Gefühls*metaphorik. In der griechischen Antike wurde dem Herzen eine Zeit lang der Sitz der Seele zugeschrieben. Danach wechselte die Seele diesen Wohnort und ließ sich für ein paar Jahrhunderte im Gehirn nieder. Doch spätestens mit Franz Brentano (1838-1917), dessen philosophische Studien zur Psychologie und psychologische Untersuchungen zur Philosophie für Edmund Husserl, Alexius von Meinong, aber natürlich auch Sigmund Freud einflussreich waren, hat die Seele im Grunde auch das Gehirn und dann den Körper überhaupt verlassen. Die Psychologie, so Brentano schon im 19. Jahrhundert, hat zur Seele eigentlich nichts zu sagen, aber immerhin zu den psychischen *Phänomenen*. Das ist nicht wenig, obwohl *psyche* altgriechisch ja nur ‚Hauch' oder ‚Atem' bedeutet, aber der *Luftzug* bleibt als Metapher für Leben bzw. Seele weiterhin bedeutsam und gibt der Psychologie bis heute ihren Namen. Doch wer die *Phänomene* der Seele untersucht, untersucht nicht die Seele; wer die Herzmetaphorik befragt, betrachtet nicht das Herz; vielmehr geht es hierbei in erster Linie um das *kulturelle Verständnis* des Seelischen.

Seele

Die Herzmetaphorik bezieht sich auf die Art und Weise, wie sich der Mensch zu sich und der Welt *verhält*, wie er mit sich und der Welt *umgeht* und welche *Gewohnheiten* er dabei ausbildet. Alexis de Tocqueville, der im Auftrag der postrevolutionären französischen Regierung die Entwicklungen der ‚Neuen Welt' untersuchen und beschreiben sollte, benutzte im zweiten Band seines 1835 bis 1840 erschienenen Werkes Über *die Demokratie in Amerika* (siehe de Tocqueville, 1987) die schöne Formel der ‚Gewohnheiten des Herzens' (*habits of the heart, habitudes de cœur*). Damit meinte er Haltungen, Bräuche und Riten, die vor den Konsequenzen bewahren sollen, welche die enttäuschten Kontrollillusionen in demokratischen Gemeinwesen nach sich ziehen können. Im Unterschied zu autoritären Verfassungen ergeben sich im sanften Despotismus der Demokratie Gefahren, denen auch auf Ebene der Gefühlsbildung begegnet werden soll und muss. Herzensbildung ist bei Tocqueville daher keine Privatsache, und sie betrifft auch nicht allein oder in erster Linie das Individuum. Helena Flam schreibt in ihrer *Soziologie der Emotionen* (2002), dass politische Macht auch darin gesehen werden kann, die Gefühlsreak-

Alexis de Tocqueville – Gewohnheiten des Herzens

tionen der Bürger zu kontrollieren bzw. zu beeinflussen. Diese Macht kann auch schwächeln und ganz verloren gehen, wie jede Macht. Die ethisch problematischen Geschehnisse um die sogenannte Flüchtlingskrise, die ja vor allem eine Asylkrise darstellt, sind eine nur allzu aktuelle Illustration der Bedeutung dieser Sichtweise. Doch das sei im Folgenden nicht der Hauptfokus der Betrachtungen.

11.2 Verlorene Hühner, Hunde, Herzen...

Konfuzianismus

Die Herzmetaphorik fußt keineswegs allein in der griechischen Antike. Was die Metaphorik der Herzens*bildung* betrifft, so ist die konfuzianische Tradition sicher eine wesentlich differenziertere Quelle. Das Denken wird im Chinesischen traditionell im Herzen lokalisiert, allerdings wird *xin* im Deutschen möglicherweise etwas unglücklich meist bloß mit ‚Herz' übersetzt, während die einschlägige englischsprachige Literatur von ‚heart/mind' spricht, also von ‚Herz/Geist'.

Bildung als Suche nach dem verlorenen Herzen

Bei Mengzi (bzw. Menzius, 370-290 v. Chr.) findet sich über die Herzensbildung (*xinxue*) folgende Passage:

> „Pflicht ist der natürliche Weg des Menschen. Wie traurig ist es, wenn einer seinen Weg verlässt und nicht darauf wandelt, wenn einer sein Herz verloren gehen lässt und nicht weiß, wie er es wieder finden kann!
>
> Wenn einem Menschen ein Huhn oder ein Hund verloren geht, so weiß er, wie er sie wieder finden kann; aber sein Herz geht ihm verloren, und er weiß nicht, wie suchen. Die Bildung dient uns zu nichts anderem als dazu, unser verloren gegangenes Herz zu suchen." (Menzius, VI A, 11; 2012, S. 204)[22]

Dass Bildung in nichts anderem bestehen soll, als das verlorengegangene Herz bzw. den verlorenen Herz/Geist zu suchen, ist eine starke Wendung – „The way of learning is nothing more than to seek after this lost mind-and-heart" (Menzius, VI A, 11). Auch die übersetzte Passage ist m.E. aus mehreren Gründen bemerkenswert. Erstens wird *Bildung* mit *xinxue* mehr oder weniger gleichgesetzt. Zweitens besteht bei Menzius das Problem nicht vor allem darin, dass man nicht *findet*, sondern vielmehr nicht weiß, ‚*wie suchen*'. Drittens verspricht Bildung nicht, das verlorengegan-

[22] Nach einer vielleicht etwas pointierteren Übersetzung: „When their dog or chicken is lost, they go look for it, but when their heart-mind is lost, they don't bother" (Menzius, VI A, 11).

gene Herz zu *finden*, sondern es *,wieder suchen zu können'*. Das ist eine Formulierung, welche zeitgenössischen Bildungsplanern und -politikern wahrscheinlich ziemlich kryptisch erscheinen dürfte. Denn mit einem solchen Konzept kann man in einer Welt, in welcher nach Gusto Bildungsprodukte regelrecht hergestellt werden sollen – also ganz *poietisch* (und wenig *praktisch*) –, nun wirklich kaum etwas Konkretes anfangen!

Ein Gedichtband des jüdischen Dichters Elazar Benyoëtz heißt *Finden macht das Suchen leichter* (Benyoëtz, 2002). Würde der Suchende sich sicher sein können, dass er finden wird oder wiederfindet, wie vergleichsweise mühelos wäre sein Suchen! Dass aber Bildung darin bestehen soll, *das Suchen zu lernen*, ist eine Sicht, die nicht nur einfach ,interessant' erscheint, sondern die der oberflächlichen ,Philosophie' des heute globalen Kompetenzdiskurses im Grunde genommen diametral gegenübersteht. Man könnte auch sagen, im letztgenannten Verständnis geht es vor allem darum, diese vielfältigen Hunde und Hühner zu finden. Dagegen ist sicher nichts einzuwenden! Nur wäre es doch besser, wenn sich der Bildungsgedanke nicht in dieser Tierwelt erschöpft. Auch die Erziehungswissenschaft springt heute vor allem Hühnern und Hunden hinterher, und sie merkt nicht einmal mehr, dass sie sich nicht mehr um die Thematik des Herz/Geistes kümmert. Erst ein Verlust, der nicht mehr bemerkt und nicht mehr beklagt wird, ist ein wirklicher Verlust.

11.3 Zur Metaphysik des Herzens/Geistes

Metaphysik des Herzens/Geistes

Ist solche metaphysische Rede – ,Suche nach dem Herz/Geist' – überhaupt noch erlaubt? Das metaphysische Denken beschäftigt sich mit Fragen und Behauptungen etwa zur Natur (1) des Geistes und der Welt, (2) der Grundlagen von Ethik und Ästhetik oder auch (3) der Frage nach Moral und Bildung (vgl. Ivanhoe, 2010, S. 260). Wenn man sich fragt, ob sich interkulturelle Diskurse zur Bildungsphilosophie lohnen, so darf davon ausgegangen werden, dass auf der Basis des Interesses für andere und alte Ideen (vgl. ,caring for ideas', Noddings, 1992) zumindest wechselseitige Inspiration möglich ist.[23]

[23] Die Gemeinsamkeiten zwischen abendländischen und ostasiatischen Denkfiguren, insbesondere des Konfuzianismus und speziell des Neo-Konfuzianismus, sind größer als vielleicht zunächst vermutet: „(...) it is possible to arrive at what John Rawls calls an ,overlapping consensus' (...) on important ethical

Wenn das metaphorische Konzept des Herzens/Geistes interessiert, so geschieht dies vor dem Hintergrund der Einsicht, dass es keine homogene Schule des Herzens/Geistes gibt, weder je gegeben hat, noch auch unbedingt geben sollte. ‚Heart/mind' ist, wie erwähnt, die englische Übersetzung von *xin*. Dazu Gardener (2007, S. 14, Fußnote): „In the Chinese tradition the character [for *xin*] refers both to the source of intellect and understanding and the center of emotions and feelings", und *xinxue* steht für die *Bildung* dieser Fähigkeit und Haltung, also des Herzens/Geistes.

Metaphern

Natürlich wird von den Apologeten bedeutsamer Ideen meist heftig bestritten, dass es sich im je vorliegenden Fall ‚bloß' um eine Metapher handeln soll. Doch aus metaphorologischer Sicht (f.i. Lakoff & Johnson, 2000; Blumenberg, 1999) ist evident, dass die zentralen kulturellen wie auch wissenschaftlichen Konzepte am Ende nicht mehr als Metaphern sein können. Metaphern haben nicht allein eine ornamentale Funktion, vielmehr dienen sie dem *Verstehen* und der *Erkenntnis* von Wissensgegenständen, die ohne metaphorische Fassung noch diffuser und unbegreiflicher bleiben müssten.

Zu den Anknüpfungspunkten zwischen den Ideenwelten in Ost und West gehören wichtige Metaphern des Bildungsdenkens und der Entwicklung des Selbst (*self-transformation/self-cultivation*), etwa Vorstellungen und Metaphern des *Gleichgewichts*, der *Mitte*, des *Zentriertseins*, des *‚Bei-sich-Seins'*, des *true self*, der Übereinstimmung, der *Kongruenz* (*accordance, correspondance, congruence*) von Ich und Welt, Selbst und Himmel.[24] Weiter gehört die übergreifende Aufklärungsmetapher der *Klarheit* des Geistes bzw. seines *Getrübtseins* dazu, wenn es um den Unterschied des Wissens von gut und schlecht bzw. richtig und falsch geht.

Metaphysik und Sozialwissenschaften

Allerdings sind metaphysische Fragen in den ‚versozialwissenschaftlichten' Fächern nicht mehr en vogue bzw. vielmehr geradezu verpönt. Sie werden abgelehnt, obwohl oder weil man sie gar nicht kennt. Die traditionelle Metaphysik beschäftigte sich vornehmlich mit ontologischen Fragen, also Fragen nach der Existenz, dem Wesen und den Eigenschaften der Dinge und Ideen. Das metaphysik*kritische* Denken des Abendlandes (bei Kant Vernunftkritik genannt) zeigte, wie spekulativ und letztlich wenig überzeugend diese ‚Methode' heute erscheint. Viele Wissenschaftler, vor allem in den Sozialwissenschaften, sind sich aller-

issues based upon different and irreconcilable initial assumptions – metaphysical or otherwise" (Ivanhoe, 2010, S. 260).

[24] ‚Himmel' ist meist als ‚Oberbegriff' für den ‚rechten Weg' verstanden (vgl. Hu Hong, 2009, § 14, 18).

dings gar nicht bewusst, wie unhinterfragt und selbstverständlich sie metaphysische Positionen beziehen, etwa indem sie recht willkürlich und spontan zentrale Konzepte ‚operationalisieren' – so auch Bildung, Erziehung oder Kompetenz – und für empirische Zwecke in lockerer, erstaunlich unbedachter Manier verwenden. Die damit einhergehenden Behauptungen über das Sein der Dinge und der Ideen müssen nicht einmal begründet werden (was im Kopf nicht präsent ist, kann ja auch nicht legitimiert werden, das ist klar). Erläuterungen zu ontologischen, epistemologischen und sogar zu methodologischen Vorannahmen und Positionen tauchen nicht einmal mehr in jenen, meist kurz gehaltenen Textpassagen auf, die immer noch selbstverständlich ‚Theorie' oder ‚theoretischer Teil' genannt werden.

Transzendentalphilosophische Metaphysikkritik

Der transzendentalphilosophischen Tradition ist eine Metaphysik*kritik* zu verdanken, welche metaphysische Fragen gerade nicht als absurd oder unbeantwortbar verwirft, sondern – nochmals mit Rekurs auf Immanuel Kant – zumindest einräumt, dass sich metaphysische Fragen immer wieder aufdrängen, wenn auch nicht abschließend beantworten lassen, es aber einen großen Unterschied macht, ob sie erkannt werden oder nicht. Der Mensch wird hier – anthropologisch – als *animal metaphysicum* betrachtet und die Erkenntniskritik der Metaphysik vorgeschaltet, der Fokus wird also weniger auf Fragen des Seins (Ontologie) als auf Fragen des Wissens und der Erkenntnis (Epistemologie) gerichtet.

Keine Beobachtungsbegriffe

Überzeugende Erziehungs*theorie* kann kaum umhin, erkenntniskritische (also auch transzendentale) metaphysische Argumente und Fragen ernst zu nehmen. Das hat vor allem damit zu tun, dass die zentralen Konzepte – sicherlich Lernen und Erziehung, aber auch Kultivierung und Personalität, sowie etwa Moral und Charakter – keine Beobachtungsbegriffe sind, sondern immer erschlossen bzw. gedeutet werden müssen. Dazu gibt es unterschiedliche Strategien oder philosophische ‚Methoden' – sei es die Spekulation, die Dialektik, die Hermeneutik, die Phänomenologie oder die Begriffsanalyse – gleich bleibt sich, dass der erziehungs- und bildungstheoretische Diskurs bzw. die Erziehungs- und Bildungstheorie auf die Reflexion der Erkenntnisprämissen angewiesen ist.

Erziehungstheorie kann (1) nach den Motiven des Wissenwollens fragen, sie kann (2) kulturvergleichend vorgehen und/oder (3) Epochen, AutorInnen oder Konzepte vergleichen und jeweils Gemeinsamkeiten und Differenzen feststellen, beschreiben und zu verstehen versuchen. Das gehört auch zu den Strategien erkenntniskritischer Metaphysik! Philip J. Ivanhoe ist zuzustimmen, wenn er dem Konzept des Herzens/Geistes, welches er vor allem hinsichtlich der Philosophie von Lu Jinyuan diskutiert, das Potenzial zuschreibt, eine kulturübergreifende, epochenübersteigende und uns immer noch ansprechende Idee zu sein, die in der reflektierten Version einer Philosophie der Ganzheitlichkeit eine gewisse Attraktivität besitzt. Die Qualität der Diskussion um ‚heart/mind' scheint vorbildlich zu sein, vor allem, wenn man die damit verbundenen Reflexionen mit den eklektizistischen Pseudoholismen der schnell hingeworfenen Konzepte unserer Tage vergleicht – man denke an das Mantra ‚Kompetenz nach Weinert'!

11.4 Facetten des Herzens/Geistes

Neo-Konfuzianismus

In der neo-konfuzianischen Tradition ist das Konzept des Herzens/Geistes seit der Song-Dynastie[25] populär. Es drückt die emotionale Natur der Bildung aus (Lo, 2014, S. 60). Das Wort *xin* – eben heart/mind – stand ursprünglich für das physische Organ, später metaphorisch für die Potenzialität des (quasi) ‚emotiven' Herzens und des (quasi) ‚kognitiven' Geistes, die als analytisch dual, aber funktional holistisch gedacht werden, wie Lo (S. 61) hervorhebt. Das Herz ist in dieser Denktradition der physische Ort der menschlichen Motive, Wünsche und Gepflogenheiten; nicht nur Ort der Gefühle und des Erlebens, sondern auch und vor allem der Steuerung und Führung eines eigenen Lebens im Lichte übergeordneter sozialer Ziele und Ordnungen der Existenz aller Dinge. „One capacity that is particularly important for Confucian thinkers is its capacity to set directions that guide one's daily activities as well as one's life as a whole" (Shun, 2010, S. 179). Das zunächst abstrakt scheinende Prinzip ‚materialisiert' sich in den konkreten Praxen des Alltags. Hierin ist die Sorge und Pflege um den Herz/Geist ganz mit der altgriechischen Idee der *Selbstsorge* verwandt, für die sich Michel Foucault in der letzten Phase seines Wirkens zunehmend interessiert hat (Foucault, 1989, 1993; vgl. Kapitel 7.4).

Selbstsorge

Psychologische Aspekte

Das Konzept des Herzens/Geistes rein psychologisch verstehen oder deuten zu wollen, ist auf der einen Seite unpassend. Auf der anderen Seite ist es auch möglich, relevante Aspekte des Konzepts in Termen zu erläutern, die wir heute nicht nur der philosophischen, sondern eben auch der psychologischen Perspektive und

[25] Ab 960 (n. Chr.) – ‚Nördliche' Song-Dynastie 960-1126, ‚Südliche' 1126-1279.

Sprache zuordnen. Beispielhaft seien einige Erläuterungen von Shun wiedergegeben. Die ‚Ausrichtungen' bzw. Orientierungen des Herzens/Geistes werden als *zhi* (d.h. Ziele, Absichten) verstanden, wobei

> „(...) *zhi* can refer to specific intentions or general aims in life such as the goal of learning to be a sage. *Zhi* differs from *yu* (desires, tendencies) in that, whereas *zhi* pertains specifically to the heart/mind, *yu* can pertain to the heart/mind or to other parts of the body such as the senses. Also, while *zhi* involves focusing the heart/mind in a way that guides one's actions or one's life in general, *yu* involves tendencies that one may choose to resist rather than to act on." (Shun, 2010, S. 179, kursiv wie im Original)

Die hier nur angesprochenen Differenzen sind sowohl begrifflich interessant als auch praktisch bedeutsam: Die *Ziele* der Person sind nicht notwendigerweise mit ihren *Wünschen* deckungsgleich, ihre *Intentionen* entsprechen nicht notwendigerweise ihren *Neigungen* oder *Dispositionen*. Das ist eine vergleichsweise differenzierte ‚Psychologie', welche das neo-konfuzianische Konzept anbietet. Der Herz/Geist ist weiter nicht nur von unterschiedlichen Schub- und Zugkräften geprägt, sondern natürlich auch vom Denken bzw. von den Gedanken (*yi*) selbst:

> „*Yi* can refer to one's thoughts or opinions, as well as one's inclinations, which involve one's wanting to see certain things happen or one's thinking of bringing about certain things." (...) „Unlike *yu*, (...) *yi* is something one is aware of as part of one's thoughts, which pertain to the heart/mind. On the other hand, *yi* is in a less directed state than *zhi* in that, while *yi* can be just a thought in favor of something without one's actually having decided to act in that direction, *zhi* involves one's actually forming the intention to so act." (Shun, 2010, S. 179, kursiv wie im Original)

Die Verarmung der naturalistisch orientierten psychologischen Sprache unserer Zeit besteht sicher auch darin, im Grunde erstaunlich vage von ‚kognitiven Prozessen' zu sprechen, die sozusagen als pures ‚Geschehen' im Hirn des Menschen ‚ablaufen'. Das Konzept des Herzens/Geistes kann dagegen versuchsweise als ‚missing link' diskutiert werden, wenn die Thematik des Hiatus zwischen Urteil und Handeln interessiert, wie dies beispielsweise in der kohlbergianischen Tradition der Fall war und bis heute noch ist (vgl. Oser & Althof, 1992; Garz, 1994). Doch die rein *analytische* Herangehensweise hat sich beim Urteils-Handlungs-Problem immer wieder als ungenügend entpuppt: Wissen, Urteil, Motivation, Neigung und Handlung bilden offenbar einen

Urteils-Handlungs-Problem

lebenspraktischen Nexus, eine stabile oder weniger stabile, eine in sich ruhende oder sich eben in einem Ungleichgewicht befindende Einheit, die man nicht mit den begrifflichen Mitteln analytischer Wissenschaft klar trennen und erklären kann. Mit dem scharfen Messer der Analyse lässt sich die Torte aus der Gemengelage, die wir unser Leben nennen, zwar in Einzelstücke zergliedern, doch das Zusammenspiel der Ingredienzien, die diese Torte für uns so schwer, so leicht, ganz gut oder ganz schlecht verdaulich machen, wird man mit diesem Einsatz der Mittel nicht verstehen.

Analytische Herangehensweise

Auf das Konzept des Herzens/Geistes zurückzugreifen, heißt nicht unbedingt, romantischen Motiven zu folgen, sondern es heißt vor allem, anzuerkennen, dass wir, wenn wir die Selbstbildung des Menschen verstehen wollen, vielleicht zögern sollten, das Selbst und den Lernprozess in seine scheinbar unterscheidbaren Momente zu zergliedern. Denn der Metaphysik des Selbst und der Bildung ist am Ende auch mit scharfer Analyse nicht zu entgehen. Wir können also nicht exakt festhalten, was und wie dieser Herzens/Geist genau ist, aber wir können zumindest festhalten, dass wir ‚verrückterweise' einer *metaphorischen* Instanz Möglichkeiten und Fähigkeiten zuschreiben können, wollen oder auch müssen, die wir für äußerst bedeutsam halten, wenn es um Fragen geht, die unser Leben selbst zentral betreffen. Für beides muss der Herz/Geist gewissermaßen herhalten: *erstens* für die Fähigkeit, das eigene Tun und Lassen zu reflektieren, und *zweitens*, die Lebenspraxis im Kleinen oder Großen im Lichte dieser Reflexion zu verändern (Shun, 2010, S. 179). Daran ist zu erkennen, dass eine ‚Herzensbildung', die keine praktischen Konsequenzen nach sich ziehen würde, auch gar nicht als Herzensbildung betrachtet werden könnte.

Die vielfältige Geschichte und die komplexen Konzepte bedeutsamer neo-konfuzianischer Denker des Herz/Geistes, insbesondere Hu Hong, Lu Xiangshan, Zhu Hsi und Wang Yangming, seien an dieser Stelle nicht weiter vertieft (vgl. Reichenbach, im Druck), aber es sei nicht unerwähnt, dass die konfuzianische Metaphysik nicht wirklich aufdringlich erscheint (im Unterschied zur politisch fragwürdigen Soft-Power-Strategie, mit welcher zeitgenössisch überall auf dem Globus Konfuzius-Institute entstehen…). Konfuzius selbst verkörpert im *Lunyu* (Confucius, 1979) wie auch in den Überlieferungen ein letztlich als agnostisch zu bezeichnendes Denken und immer ein Ethos der epistemischen Bescheidenheit: Es wirken Kräfte, die zwar nicht erklärt, aber metaphorisch verstanden und vor allem benannt werden können.

Epistemische Bescheidenheit

Man hat damit zu leben, dass auf bestimmte Dinge und Sachverhalte nur verwiesen werden kann. Diese Einsicht und Akzeptanz gehören auch zur Bildung und Herzensbildung: „Wovon man nicht sprechen kann, darüber muss man schweigen" (Wittgenstein, 1993, S. 85). Konfuzius und Wittgenstein scheinen in der Ethik des Redens und Schweigens nicht so weit auseinanderzuliegen.

Humanistischer Kern der Bildung

Offenbar lässt sich also zugleich sehr viel und sehr wenig über die Suche des Herz/Geistes sagen – ex negativo sicherlich dies: dass uns Hühner und Hunde, also etwa Kompetenzen X und Y, so sehr wir sie auch schätzen und so sehr sie auch gelernt werden sollen, für unser Bildungsverständnis deshalb zu wenig sind, weil damit der humanistische Kern der Bildung aus dem Blick gerät. Den Menschen ohne jede Metaphysik verstehen zu wollen, ist nicht nur einfach naiv, sondern ein Fehler. Man muss die konfuzianische Kosmologie nicht teilen, um die Bedeutung der Herzensbildung anzuerkennen. Dazu reicht es zunächst, den Menschen zuzuhören. Doch schon am zentralen Konzept des Herzens/Geistes lassen sich Grundfragen und -positionen des Bildungsdenkens erkennen und unterscheiden, die für den heutigen Diskurs in unseren Breitengraden und die pädagogische Praxis von Bedeutung sind. An vier Aspekten bzw. Sichtweisen der unterschiedlichen Schulen des Herzens/Geistes sei dies erläutert.

Vier Aspekte des Herzens/Geistes

Orientierung und Identität

Erstens: Herausfinden, was richtig und gut ist, und herausfinden, wer man ist, fallen in gewisser Weise zusammen. Diese humanistische Idee und die sie unterstützende philosophische Anthropologie werden heute beispielsweise von Charles Taylor (1996) vertreten und mit guten Gründen untermauert (vgl. Kapitel 5.4).

Beschäftigung mit der Welt

Zweitens: Uneins sind sich die ‚Theoretiker des heart/mind' über den Stellenwert der Beschäftigung mit der Welt, insbesondere des Studiums und des Erwerbs von ‚objektivem' Wissen sowie der Liebe zum Lernen. Die rationalistische Variante Zhu Hsis und die idealistische Sicht Wang Yangmings stehen sich als große neo-konfuzianische Schulen diesbezüglich recht unversöhnlich gegenüber. Auch diese Differenzen haben geradezu auffällige Parallelen zu unseren Bildungsdiskursen.

Zusammenhang von Wissen und Handeln

Drittens: Uneins sind sich die traditionellen Herz/Geist-Theoretiker auch im Hinblick auf den Zusammenhang von Wissen und Handeln. Diese Fragestellung ist seit Sokrates ein Topos der Ethik und Bildung.

Gleichgewicht

Viertens: In der Bildung des Herzens/Geistes ist eine Balanceaufgabe und funktion zu erfüllen. Der Grund bzw. das Anliegen ist schnell verstanden: Aus dem Gleichgewicht geraten macht der Mensch Fehler, wie wir alle wissen, und er braucht andere, die ihm dabei helfen, wieder ins Lot zu kommen, wie wir alle wissen. Bildung ist keine Privatsache.

Grenzen des Ausdrückbaren

Es scheint bedeutsam zu sein, an eine scheinbar einfache Sprache und ein scheinbar ungenaues oder schwaches Denken zu erinnern, mit welchen die Aufgabe angedeutet wird, die Grenzen des Ausdrückbaren zu akzeptieren, ohne daraus den Schluss zu ziehen, dass das Nicht-Ausdrückbare auch das Unwesentliche darstelle. Bildung mit Menzius als die Suche nach dem verlorenen Herzen zu verstehen, führt zwar nicht zu einer Definition von Herzensbildung oder emotionaler Kompetenz, die akademisch oder wissenschaftlich zu überzeugen vermag. Das ist klar. Einerseits. Andererseits ist und bleibt diese Metapher Ausdruck eines Wissens und von Erfahrung, die auch außerhalb des chinesischen Kulturraumes und mehr als 2000 Jahre später eine geistige Bereicherung darstellt und das Potenzial besitzt, die scheinbar nachmetaphysischen Ideen in Bildung und Wissenschaft zu irritieren und vielleicht zu korrigieren.

11.5 Starke negative Gefühle

Es sei nun nicht noch weiter beim Herz/Geist-Konzept verweilt, sondern gewissermaßen noch schlimmer werden und das Problem der Herzensbildung am Beispiel starker negativer Gefühle abschließend andeuten, für die man sich vielleicht schämt. Zunächst sei dazu kurz auf eine zeitgenössische Sicht der Emotionsphilosophie eingegangen. Richard Wollheim (2001) hat zwischen Überzeugungen (*beliefs*), Wünschen (*desires*) und Emotionen unterschieden. Er schlägt ein Gedankenspiel vor: Wie können wir uns ein Lebewesen mit Überzeugungen, aber ohne Wünsche und Emotionen vorstellen? Wie wäre ein zweites Lebewesen zu sehen, das über Überzeugungen und Wünsche verfügen würde, aber ohne Emotionen wäre? Und was ist mit dem dritten Lebewesen, das alle drei Eigenschaften besitzt? Wollheim behauptet zunächst, dass Wünsche den Überzeugungen ‚nachgeordnet' sind und dass Emotionen den Überzeugungen und Wünschen ‚nachgeordnet' sind:

Richard Wollheim Überzeugungen – Wünsche – Emotionen

> „Dennoch wäre jedes Wesen, das über Wünsche und Überzeugungen, nicht jedoch über Emotionen verfügt, hochgradig eingeschränkt; auch die Wünsche und Überzeugungen, die es entwickeln

Person

> könnte, wären in ihrer Entwicklung stark eingeschränkt. Gewiss muss ein Lebewesen über alle drei dieser Eigenschaften verfügen, bevor wir es als ‚Person' bezeichnen können." (Wollheim, 2001, S. 28)

Den drei Aspekten ordnet Wollheim (2001, S. 29, kursiv wie im Original) entsprechend unterschiedliche Rollen zu: „Die Rolle einer Überzeugung ist es, dem Lebewesen ein *Bild der Welt, in der es lebt,* zu vermitteln." („Natürlich kein beliebiges Bild (...)"). Wünsche geben *Ziele* vor. „Wenn die Überzeugungen uns eine Karte unserer Welt verschaffen, dann bestimmen unsere Wünsche, wohin die Reise gehen soll" (ebd.). Und Emotionen schließlich geben dem Menschen „*Orientierung* und eine *Einstellung zur Welt*" (S. 31, kursiv wie im Original; vgl. Kapitel 8).

Die Emotionen treten „gleichsam auf den Schultern unserer Wünsche in unser Leben", das sei „ein entscheidendes Faktum im Wissen über die Emotionen ebenso wie im Wissen über uns selbst" (Wollheim, 2001, S. 31). *Wie* nun aber „die Emotionen Farbe in unsere Welt bringen", könne „nur durch den Ursprung der Emotionen in unseren Wünschen verstanden werden" (ebd.).

Arten von Wünschen

Wünsche können bewusst (*explizit*) und unbewusst (*implizit*) sein. Die impliziten sind in den expliziten „eingeschlossen" (S. 34). Weiter gibt es „Hintergrundwünsche" (*background desires*), die eher „durch die Gesamtheit all unserer Wünsche" bestimmt werden (S. 35). Sie vermitteln oft unsere „großen Ziele" des Lebens (ebd.). Es gibt aber auch „Augenblickswünsche" (*instant desires*), „die erst im Moment ihrer Erfüllung oder Nichterfüllung hervortreten" (ebd.). Im Unterschied zu Hintergrundwünschen nehmen wir sie nicht nur ‚zuvor' nicht wahr, sondern sie existieren nach Wollheim vorher gar nicht... (ebd.). Schließlich meint Wollheim (ebd.) selbstkritisch: „Vielen, so auch mir, erscheint diese Einteilung der Gefühle zwar von einem gewissen deskriptiven Interesse, aber eigentlich doch recht oberflächlich zu sein." In der Tat, aber es gibt schlimmere Unterscheidungen.

Wenn nun aber von Bildung und Erziehung, insbesondere auch von Lernen, gesprochen wird, so scheint die lebhafte oder düstere Färbung der Emotionen häufig leicht einschätzbar zu sein. Auf dem Erregungsspektrum (‚arousal') finden die Gefühle glücklicherweise in der Regel etwas entfernt von den extremen Polen der unendlichen Langeweile einerseits und der lähmenden Panik andererseits ihren Ausdruck. Dies mag auch häufig mit ‚instant desires' und reaktivem Gefühlsausdruck (Heller, 1979) zu tun haben. Wenn es aber um Herzensbildung geht, sind natürlich

Negative Hintergrundgefühle

insbesondere die überdauernden *Hintergrundgefühle* von Interesse, vor allem auch, wenn sie so stark negativ geprägt sind, dass ihr Ausdruck sozial sanktioniert oder gar tabuisiert wird. Dies ist im Bereich der Erziehung und Bildung vielleicht häufiger der Fall, als man vermuten möchte.

Zwei lyrische Beispiele

Dies sei mit zwei Gedichten illustriert, die sicherlich nicht jedermanns und jedefraus Geschmack treffen. Tatsächlich sind die beiden Elaborate etwas heftig. Das erste Gedicht hat der englische Lyriker Philip Larkin in den 1970er Jahren geschrieben, das zweite ist ein Auszug eines Langgedichts der japanischen Dichterin Hiromi Itō. Das erste betrifft die Gefühlslage eines Erwachsenen, der seine Eltern bzw. seine Erziehung reflektiert und generalisierend bewertet, das zweite könnte als Illustration der Thematik ‚regretting motherhood' dienen (die kürzlich mit der gleichnamigen Studie von Orna Donath Furore in den Medien machte; siehe Donath, 2015). Hiromi Itō verarbeitet darin die Gefühle einer Frau, deren Mutterschaft ihre Identität und Arbeitsfähigkeit als Dichterin bedroht.

Philip Larkin
This Be The Verse[26]

They fuck you up, your mum and dad.
They may not mean to, but they do.
They fill you with the faults they had
And add some extra, just for you.

But they were fucked up in their turn
By fools in old-style hats and coats,
Who half the time were soppy-stern
And half at one another's throats.

Man hands on misery to man.
It deepens like a coastal shelf.
Get out as early as you can,
And don't have any kids yourself.

[26] Larkin, Philip (1971): „This Be The Verse" from Collected Poems. Copyright © Estate of Philip Larkin. Reprinted by permission of Faber and Faber, Ltd. Quelle: Collected Poems (Farrar, Straus and Giroux, 2001).

Hiromi Itō
Killing Kanoko[27]
(...)
Kanoko frisst meine Zeit
Kanoko stibitzt meine Nahrung
Kanoko bedroht meinen Appetit
Kanoko reißt mir die Haare aus
Kanoko zwingt mich, dass ich mich um ihre Scheiße kümmere
Ich will Kanoko loswerden
Ich will die kleine Dreckskanoko loswerden
Ich will Kanoko, die in meine Brustwarzen beißt, loswerden oder töten
(...)
Ich will Kanoko loswerden oder töten
Bevor sie mein Blut vergießt
Ich habe das Kind getötet
(...)

Es ist hier nicht der Ort, um diese Gedichte zu interpretieren. Erwähnt sei zu Hiromi Itō, dass sie Mutter von drei Kindern ist. Doch wie kann sie als Mutter noch Dichterin sein? Und darf geäußert werden, dass Kinder nicht nur Freude bereiten, sondern auch eine Qual und viel Verzicht mit sich bringen? Natürlich, nicht nur Kinder ermöglichen vieles und verhindern vieles (für die Eltern), sondern auch die Eltern sind für das Kind keine reine Freude. Nicht nur macht es keinen ‚Spaß' – welch hässliches Wort in diesem Zusammenhang –, erzogen zu werden, sondern auch Kinder zu erziehen hat keinen wirklichen Spaßfaktor.

Mangelnde Thematisierung negativer Gefühle

Starke negative Gefühle werden von der pädagogischen Literatur und der Emotionsforschung im Zusammenhang von Bildung und insbesondere Erziehung meines Wissens vergleichsweise wenig thematisiert. Diese Realität interessiert offenbar weniger. Auch die Vertreterinnen und Vertreter des ‚Triple P', des *Positive Parenting Program,* müssen schweigen, wenn es um das Eingemachte geht. Und der humanistische Hobbypsychologe, dessen Credo lautet: „Sei mit deinen Gefühlen in Kontakt, akzeptiere sie und drück sie aus!", hilft auch nicht wirklich weiter.

Scham

Sollten sich Larkin und Itō für ihre Gefühle schämen bzw. dafür, dass sie sie lyrisch verarbeiten? Oder sind sie vielleicht deshalb

27 Itō, Hiromi (2006): Killing Kanoko. Selected Poems. Übers. von Dagmara Kraus nach Jeffrey Angles' Übersetzung. Notre Dame: Action Books. Vgl. Merkur 808/2016, 61-73.

noch halbwegs verträgliche Eltern (oder erwachsene Kinder), weil sie ihren negativen Gefühlen einen kontrollierten Ausdruck verleihen können? Der Ausdruck stark negativer Gefühle im Bereich der engen Langzeitbeziehungen und im Bereich der Pflege und Erziehung ist tabubehaftet und – sekundär – für das Gefühl der Scham verantwortlich. Gefühle bewirken weitere Gefühle, man kann sich – wie jeder weiß – für ein Gefühl schämen, das man empfindet, vielleicht noch intensiver als für einen Gedanken, den man eigentlich negativ bewertet.

Das Gefühl der Scham ist eines der Hauptinstrumente sowohl der Selbstkontrolle als auch der sozialen Kontrolle (Flam, 2002, S. 150). In beiden lyrischen Beispielen wird gegen die stille Akzeptanz dieser Kontrollfunktion in einem gewissen Sinne offen rebelliert.

Soziale Ungleichheit

Negative Gefühle wie jene der Enttäuschung, der Scham, der Traurigkeit oder der Apathie können aufgrund der Erfahrung mangelnder sozialer Anerkennung und mangelnder persönlicher Autonomie entstehen. Dies stärkt so lange die Position der sozial Stärkeren und Mächtigeren, als die sozial Schwächeren und Missachteten sich ihren Misserfolg selber zuschreiben: „Wenn aber", so Helena Flam (2002, S. 150), „(...) die Macht- und Statuslosen sich selbst nicht mehr die Schuld für diesen Zustand geben, dann reagieren sie mit anderen Gefühlen, die sie dazu bringen, soziale Erwartungen bzw. Vorschriften zu verletzen."

Wie sollen also beispielsweise die Tausenden und gar Millionen von – vor allem – *angry young men*, die nicht glauben können (sei es zu Recht, sei es zu Unrecht), dass sie eine individuell attraktive Zukunft werden gestalten können, ihre Frustration, die sicher auch ein Testosteronproblem darstellt, so ausdrücken, dass es für die Welt nicht hässlich wird? Gewalt ist ein Modus, wie soziale Gruppen andere soziale Gruppen dominieren. Mitentscheidend ist aber, wie Flam (2002, S. 154) mit Thomas Scheff argumentiert, dass auch die Gefühle der sozialen Gruppen kontrolliert werden müssen.

Unterschiedliche Vokabeln für ähnliche Phänomene

Wir können von ‚Herzensbildung' sprechen, das klingt euphemistisch, gutbürgerlich, altbacken. Man kann auch vom sozialgeschichtlich rekonstruierten Prozess der ‚Affektkontrolle' und der Affektzähmung sprechen, von der ‚Verhausschweinung des Menschen', von ‚Sublimierungsleistungen' ganzer Bevölkerungsgruppen. Die Transformationsgeschichte der Gefühle ist und bleibt sicher ambivalent. Das sind zwar nicht dieselben Narrative und Beschreibungen des Menschen, die mit diesen oder anderen Vokabeln verbunden werden, aber sie mögen sich auf verwandte

Phänomene beziehen. Um es vielleicht allzu pointiert nochmals mit der Emotionssoziologin Flam (2002, S. 204) zu sagen: „Aufgrund von zivilisatorischen Prozessen, die Elias' Forschung ans Licht brachte, wissen wir, dass wir die Phase der authentischen Gefühle schon längst hinter uns haben." Doch das *Gefühlsmanagement* – man vergleiche den Terminus *,The Managed Heart'* von Arlie Hochschild (1983) – kann – wie jedes Management – versagen und zusammenbrechen.

Herzensbildung als Sorge und Anstrengung

Sowohl der Ausdruck als auch die Kontrolle von starken Gefühlen, leidenschaftlichen Affekten, insbesondere aber stark negativ konnotierten Gefühlen, sind letztlich problematisch oder zumindest als ambivalent zu bewerten. Diese zivilisatorischen Leistungen und ihre Rückfälle sind aber auch eine theoretische Herausforderung und eine Bewährungsprobe für die Tauglichkeit der Konzepte zur Bildung der Gefühle. Zwischen dem gut gemeinten, aber dennoch meist ziemlich läppischen Slogan „Lernen soll Spaß machen" und der Aufgabe, mit stark negativen Hintergrundgefühlen, die das Leben so düster einfärben, dass man kaum Ermunterung erträgt, umgehen zu können, liegen Welten. Zwischen einfältigen Konzepten der Authentizität, simplen Vorstellungen des Sich-selbst-Seins und der Frage, ob das, was man anstrebt, auch das ist, was man braucht und was gut für einen selbst ist, liegen Welten. Die Beschäftigung mit diesen Unterschieden lässt erkennen, dass Herzensbildung kompetenztheoretisch nicht angemessen gefasst werden kann, sie scheint eher einer *Sorge* und *Anstrengung* zu gleichen, einer *Suche* nach dem jeweils angemessenen Ausdruck und der richtigen Haltung. „Folge deinem Herzen!" ist sicher ein guter Ratschlag für manche Entscheidungssituationen. Dazu muss man wissen, wo sich das Herz befindet und wohin es tendiert. Doch Bildung ist – so mit Menzius – offenbar viel elementarer: die Fähigkeit, dieses Herz überhaupt zu suchen.

Fragen

1. Erläutern Sie die Metaphorik des Herzens bzw. der Herzensbildung!
2. Weshalb sollte sich die Erziehungs- und Bildungstheorie auch mit metaphysischen Fragen beschäftigen?
3. Wie hängen gemäß Richard Wollheim (2001) Überzeugungen, Wünsche und Emotionen zusammen?

Weiterführende Literatur

Gardener, Daniel K. (2007): The Four Books. The Basic Teachings of the Later Confucian Tradition. Indianapolis/Cambridge: Hackett.

Ivanhoe, Philip J. (2010): Lu Xiangshan's Ethical Philosophy. In: Makeham, John (Hrsg.): Dao Companion to Neo-Confucian Philosophy. Dordrecht: Springer, S. 249-266.

Shimada, Kenji (1987): Die Neo-Konfuzianische Philosophie. Die Schulrichtungen Chu Hsis und Wang Yang-mings. Übers. von Monika Übelhör. Berlin: Dietrich Reimer.

12. Professionsethik oder Berufsethos?

Wird professionstheoretisch argumentiert, so scheint ziemlich klar, dass die Berufe im Bildungsbereich letztlich keine Professionsethik brauchen, weil ihr Professionsstatus unsicher ist.[28] Bescheidener und m.E. angemessener kann von „Berufsethos" die Rede sein.

Professionsethik versus Berufsethos

Hier sei nun nicht versucht, ein normatives Modell zum Ethos der Berufe im Bildungswesen zu vertreten und damit verbundene Sollensforderungen zu rechtfertigen. Vielmehr seien zunächst drei Aspekte aufgegriffen, die für Fragen des Berufsethos bedeutsam erscheinen.

12.1 Zum Konstrukt des Berufsethos

Überlegungen zum Ethos des Lehrberufs beinhalten immer auch die Frage nach der speziellen Verantwortung, die Personen übertragen wird bzw. die diese zu tragen hätten. Als Tätigkeit mit teilweise professionellem Charakter sind die Lehrberufe sowohl instrumentellen als auch moralischen Anforderungen ausgesetzt, und erst die reflektierte Koppelung der beiden Aspekte weist das Konstrukt Berufsethos im Sinne einer pädagogischen und „sachgerechten Ethik" (Höffe, 1984, S. 35) aus.

Koppelung von instrumentellen und moralischen Anforderungen

In das Konstrukt ‚Berufsethos' fließen somit sowohl *normative* als auch *deskriptive* Aspekte ein; einerseits geht es um Verbindlichkeiten, an denen sich Handeln orientiert und von welchen es geleitet wird, andererseits um Sachkenntnisse über die menschliche Lebenswelt, über eine allgemeine „conditio humana" und „ihre epochal und regional verschiedenen Randbedingungen" (Höffe, 1984, S. 35).

Normative und deskriptive Aspekte

Ein angemessenes Ethoskonstrukt kann sich deshalb *weder rein normativ noch rein deskriptiv* geben. Den Fokus primär auf den normativen Aspekt zu legen, wie dies meistens geschieht, birgt die Gefahr in sich, der empirischen Komplexität des Berufs nicht

28 Professionsstatus wird dem Lehrberuf nicht leicht zugebilligt. Mitunter wird auch von einer Semi-Profession gesprochen (vgl. Oser et al., 1991). Eindeutig professionellen Charakter besitzt der Lehrberuf etwa für Peterson (1992) oder Kultgen (1988).

gerecht zu werden.[29] Dies ist beispielsweise der Fall bei der Auflistung von Tugendkatalogen, über die Lehrpersonen verfügen sollten – eine vielleicht notwendige Tradition, die heute unter anderen Vorzeichen – etwa unter dem Stichwort ‚Berufs-Leitbild' oder jenem der ‚professionellen Kompetenzen' – fortgeführt wird.

Trotz des umstrittenen Status des Lehrberufs üben Lehrpersonen professionstypische Funktionen aus: „Ihre Arbeit bezieht sich auf universale Standards moralischer Rationalität, und sie schließt Entscheidungen angesichts von Unsicherheiten ebenso ein wie die Bewältigung von Rollenkonflikten" (Corsten & Lempert, 1992, S. 11). Diese Rollenkonflikte sind größtenteils bedingt durch den Widerstreit pädagogischer Ideale, postulierter Tugenden und der gesellschaftlichen Funktionen des Bildungssystems (Fend, 1980). Nicht umsonst werden Rollenkonflikte und die Bewältigung derselben in der soziologischen Literatur seit Dahrendorf (1959) immer wieder am Beispiel des Lehrberufs aufgezeigt (Corsten & Lempert, 1992).

Verantwortung

Angesichts dieser Komplexität, die den Lehrpersonen wohl in unterschiedlichem Maße bewusst ist und die ihren Beruf schwierig und zur Aufgabe macht, muss man sich fragen, wie ein Begriff der Verantwortung von Lehrpersonen überhaupt gefasst werden kann, der angesichts der beschriebenen Lage auch noch handlungsleitend bzw. orientierend ist. Eine spezielle Verantwortung ergibt sich nach Popper (1970) für alle Personen, die in einem Gebiet über spezielle Macht und/oder spezielles Wissen verfügen. Diese Bestimmung hat für Lehrer und Lehrerinnen m.E. analoge Geltung.

Kausalität

Der Verantwortungsbegriff ist eng mit dem Begriff der Kausalität verbunden (vgl. Bayertz, 1991, S. 187-188), d.h. wir nennen jemanden für die Folgen seines Handelns dann und (letztlich) nur dann verantwortlich, wenn

a) die Folgen durch die Handlung kausal bewirkt worden, wenn
b) die Folgen voraussehbar gewesen sind und wenn
c) die Handlung hätte vermieden werden können.

Diese überzeugende Bestimmung führt angesichts der genannten Komplexität in relativ gravierende Schwierigkeiten, denn weder wissen wir im Erziehungs- und Bildungsbereich meistens oder häufig, durch welche Handlungen Folgen tatsächlich bewirkt wor-

[29] Die ernsthafte Berücksichtigung empirischer Komplexität scheint die Reflexion über Moral und Berufsethos wenigstens tendenziell zu lähmen. Eilingsfeld (1994) spricht von der „Ohnmacht und Kapitulation der Moral vor hoher Komplexität".

den sind, noch können die Folgen meistens oder häufig vorausgesehen werden, und schließlich schränken gerade die gesellschaftlichen Funktionen des Bildungssystems Handlungsmöglichkeiten ein. Die Frage ist also, ob ein ‚statischer' Begriff von Verantwortung genügen kann, bzw. ob nicht ein prozeduraler Verantwortungsbegriff vorgezogen werden müsste (vgl. Danner, 1985 und Kilchsperger, 1985).

Lokomotion und Kohäsion

Die Komplexität der Tätigkeit von Lehrpersonen (egal welcher Art und Stufe) ergibt sich weiter aus den Führungsfunktionen der Lokomotion und der Kohäsion (vgl. Müller & Hill, 1980). Wie Führungspersonen außerhalb des Bildungsbereiches müssen auch Lehrpersonen sowohl dafür sorgen, dass im Hinblick auf zu erfüllende Aufgaben und zu lösende Probleme die richtigen Entscheide gefällt werden, dass diese Entscheide auch richtig implementiert werden (= Lokomotionsfunktionen), als auch dafür, dass die Gruppenmitglieder ihre Bedürfnisse befriedigen können und in der Gruppe verbleiben und sich darin weiterentwickeln (= Kohäsionsfunktionen). Die beiden Führungsfunktionen – Lokomotion und Kohäsion – befinden sich nun aber oft – auch und gerade in berufsmoralisch relevanten Situationen – im Widerstreit (vgl. Müller & Hill, 1980, S. 133).

Widerstreitende Führungsfunktionen

Dieser Widerstreit zeigt sich daran, dass die Führungsfunktionen der Lokomotion Kräfte hervorrufen, die die Kohäsion der Gruppe gefährden. Die Lokomotions- und Kohäsionsfunktionen sind ab einem gewissen Erfüllungsgrad in einem antagonistischen Verhältnis zu sehen, d.h. sie können nicht beide gleichzeitig maximiert werden. Empirisch kann bis zu einem gewissen Grad an einer diesbezüglichen Zweiteilung festgehalten werden, die sich darin zeigt, dass primär zwischen sogenannten ‚Aufgabenspezialisten' und ‚sozio-emotionalen Spezialisten', bei Lehrpersonen: zwischen ‚logotropen' und ‚paidotropen' (Christian Caselmann), oder, ganz allgemein, zwischen Führungspersonen zu unterscheiden ist, deren Fokus primär auf die Sache (den ‚Stoff') oder aber auf ‚den Menschen' gerichtet ist. Das dynamische Verhältnis von Lokomotion und Kohäsion ist kennzeichnend für jede Art von Führung und verantwortlich für die Reibung und tendenzielle Konflikthaftigkeit jeder Führungsbeziehung. Pädagogische Beziehungen sind immer auch Führungsbeziehungen (vgl. Kapitel 1.1), wiewohl dies heute m.E. implizit oder explizit zunehmend in Abrede gestellt wird.[30]

[30] *Führung* scheint ein in der Pädagogik eher unüblicher Begriff und im deutschsprachigen Raum primär in Betriebswirtschaft und Militär gebräuchlich zu sein.

Die Unterscheidung von Lokomotionszielen und Kohäsionszielen kann in vielerlei Hinsicht analog zur Unterscheidung von instrumentellen und moralischen Anforderungen gesehen werden. Wie die Koordination und Gewichtung dieser Aspekte vollzogen wird, hat mit dem zu tun, was Ethos genannt wird (vgl. Oser et al., 1991).

12.2 Ethos statt Ethik

Ethos

Der Begriff ‚Ethos' benennt die ursprüngliche Einheit von Moral und Sitte, vom Guten, Geziemenden und Gerechten, bestimmbar „objektiv als Lebensgewohnheit und subjektiv als Charakter" (Höffe, 1986, S. 170). Obwohl sich Moral und Sitte, die Vorstellungen des Guten und Gerechten, von Anstand, Brauch, Gewohnheit und Konvention auseinanderdividiert haben, wie schon erwähnt, schwingt im Ethos-Begriff noch jene Ganzheitlichkeit mit, die sich nicht in ethischen Richtlinien oder berufstypischen Geboten und Verboten erschöpfen kann.

Berufsethos

Die hohen Anforderungen an den Beruf verlangen zusätzlich nach einer inneren Haltung und einer situativen Klugheit, die weder rechtlich noch aufgrund anderer äußerer Einflüsse (etwa sozialen Drucks) längerfristig sichergestellt werden können. Der internalisierte Anteil des Ethos deutet sich in der historischen Entwicklung des Berufsethos beispielsweise von Lehrerinnen und Lehrern an. So unterschied Schach (1987) zwischen (1) einem religiösen Berufsethos („der gottesfürchtige Schulmeister"), (2) einem idealistischen Berufsethos, (3) einem politisch orientierten Berufsethos und (4) einem Berufsethos des Lehrers/der Lehrerin in pluralistischen Systemen.

Mit Ausnahme des letzten und wohl zeitgemäßen ‚Konzeptes' von Berufsethos kommt bei den drei erstgenannten allein in der Titulierung jene besprochene Einheit von Verhalten und Haltung (Charakter) noch zum Ausdruck. Dass sich eine Berufsethoskonzeption in pluralistischen Systemen nicht mehr auf eine (inhaltlich mehr oder weniger stark fixierte) Dimension des Erfahrungshorizontes reduzieren lassen kann, sondern so flexibel geartet sein sollte, dass der Vielfalt der Situationen und der beteiligten

---

Die negative Konnotation des Führungsbegriffs in Schule und Erziehung, die dem amerikanischen ‚leadership' nicht anhaftet, verleitet möglicherweise dazu, das Kind mit dem Bade auszuschütten und in der pädagogischen Theoriebildung nicht nur den Begriff zu vermeiden, sondern auch das Bezeichnete allzu stark zu ignorieren.

Akteure angemessen, und d.h. für alle Beteiligten akzeptabel, begegnet werden kann, kommt schon an dieser Stelle zum Ausdruck. Das heißt jedoch weiter, dass ein in diesem Sinne angemessenes Berufsethos an jenen Verbindlichkeiten (regulativen Ideen) ansetzt, die ein ‚mittleres' Allgemeinheitsniveau aufweisen, um sowohl einem rigiden Regeldogmatismus (der heute an manchem Ort neu aufkommt) zu entgehen als auch dogmatischen (ethischen) Relativismus und Skeptizismus zu vermeiden.

Tugenden

Ein solches Konzept greift notwendigerweise *zu kurz, wenn es sich ausschließlich an Tugenden und Tugendkatalogen orientiert.* Denn die fundamentalen Tugenden beispielsweise der Gerechtigkeit, der Fürsorge, der Wahrhaftigkeit, aber selbst der Tüchtigkeit und des Wohlwollens im Beruf, sind sowieso unstrittig. Die Postulierung solcher, zu Recht immer wieder erwähnten Tugenden begründet kein Ethos. Dazu bedarf es eines Kriteriums, das angesichts nicht uneingeschränkt konsensueller Wertvorstellungen der Beteiligten bestehen kann. Deshalb liegt es nahe, ein prozedurales Konzept von Berufsethos zu präferieren, das sich an Verfahrensethiken orientiert (doch darauf sei hier nicht weiter eingegangen).

Beispiele für geforderte LehrerInnen-Tugenden werden von Kerstiens (1988, S. 120) zusammengefasst: So erwähnt Bollnow (1964) Liebe, Geduld, Hoffnung, Heiterkeit, Humor und Güte. Bei Derbolav (1985) sind es sachbestimmte Autorität, pädagogischer Eros, pädagogische Gerechtigkeit, Takt und Humor; bei Schleissheimer (1984) Offenheit, Selbstkritik, Beständigkeit, Gelassenheit, Besonnenheit u.a. Die Letzteren sind wohl als Sekundärtugenden zu bezeichnen, denen im Streitfall gegenüber den Primärtugenden niemals Primatstatus eingeräumt würde. Die etwas sonntagsrednerisch anmutenden Auflistungen entpuppen sich in imaginären oder tatsächlich erfahrenen Kontextualisierungen mehr oder weniger als unbrauchbar, d.h. aus ihnen kann weder etwas handlungsleitend Relevantes deduziert werden, noch kann man ernsthaft behaupten, der Inhalt dieser Formulierungen sei schon richtig, nur die Wirklichkeit als Spielfeld ihrer Realisierung ebenso enttäuschend.

Sollensforderungen

Dies hat seinen Ursprung in der Charakteristik von Sollensformulierungen: Verbindlichkeiten als allgemeingültige (d.h. verallgemeinerbare) Grundsätze sind

a) nicht positiv verallgemeinerbar (da sonst begründungsunfähig), sondern nur *negativ* in Bezug auf das Nicht-Gesollte bzw. Nicht-Gewollte (vgl. Höffe, 1979; Wellmer, 1986; Nunner-Winkler, 1989b). Die Konsensfähigkeit von allgemeingültigen Grundsätzen muss sich

b) in konkreten (oder imaginär durchgespielten) Konfliktsituationen erst erweisen. In solchen konkreten Konflikten erweisen sich denn auch
c) allgemein-diffus formulierte Sollensforderungen der Art „Lehrer sollen die Jugendlichen erwachsen werden lassen…" (Richter, 1990, S. 25) als völlig inhaltsleer.

Aus der Unbestimmtheit solcher Formulierungen lassen sich keine Verbindlichkeiten ableiten, die konkret hilfreich sein könnten.

12.3 Das Verschwinden der Lehrperson und das sinnfreie Lernen

Zum Schluss seien nun einige vielleicht banal erscheinende, aber basal gemeinte Bemerkungen angebracht. Der Pädagoge, auch der Andragoge, hat ja erbaulich zu sein. Die vermeintlich zur Profession veredelten Berufe möchten sich des biederen Beschreibungsvokabulars der Tugenden entledigen und lieber nur noch von Kompetenzen sprechen; zwar mag es Berufstugenden geben, aber von den Tugenden der Profession wird – im deutschsprachigen Raum jedenfalls – wenig gesprochen, lieber widmet man sich den ‚professionellen Kompetenzen'. Der Kompetenzdiskurs scheint aufgeschlossen und progressiv zu sein, der Tugenddiskurs rückwärtsgerichtet und altbacken (vgl. Kapitel 10).

Tugend- versus Kompetenzdiskurs

Personalität

Unabhängig davon wird die Intuition, dass Pädagogen und Andragogen immer auch in ihrem Personsein beurteilt werden (sollen), wahrscheinlich so schnell nicht verschwinden. Personsein meint auch die Ausprägung und das Fehlen spezifischer persönlicher Stärken, die mit einem besonderen Willen und also eher mit Wollen als mit Können zu tun haben. So hat das gewollte Sollen in der Beschreibung des Personseins den Primat über das gekonnte Sollen. Der Erwerb von professionell bedeutsamen Kompetenzen ist und bleibt zwar unabdingbar, aber man wird es wahrscheinlich immer begrüßen, wenn sogenannte Jung- oder NovizenlehrerInnen auch über gewisse ‚menschliche Stärken' verfügen und dass dieselben in der LehrerInnenbildung, Erwachsenen- und Weiterbildung, soweit dies möglich ist, auch gestärkt würden (wenn dies möglich wäre).

Interaktion

Eine Bemerkung Luhmanns scheint in diesem Zusammenhang interessant zu sein. Sie betrifft die ‚Belohnung' besonders ‚guter' Lehrpersonen (aller Art). Da „besondere Leistungen (…) nicht ‚honoriert' werden" könnten, müssten die Lehrpersonen ihre Belohnungen im Interaktionserfolg der Lehrtätigkeit selbst suchen, dies sei als „Hinweis auf die strukturell starke Stellung der Interaktion in den Organisationen des Erziehungssystems" (2002, S. 164) zu werten. Man könnte auch etwas pathetischer (und zugleich trivial) formulieren: Der *Sinn* der Lehrberufe kann nur in der beruflichen Tätigkeit selbst – eben im Lehren – gefunden werden, nicht anderswo.

Abbau von Personalität

Wir sind momentan in einer Phase, in der – nicht nur die Schule, sondern auch die Erwachsenen- und Berufsbildung betreffend – die Personalität des Lehrens abgebaut wird. Stupid und sloganhaft schreiben selbst renommierte Wissenschaftler des Feldes ganz affirmativ „Vom Lehren zum Lernen!" und „Von Stoffen zu Kompetenzen!" Hier soll nicht mehr gelehrt, sondern sollen Lernmöglichkeiten arrangiert, moderiert und administriert werden, Gruppen von *selbstregulierten* Lernern unterhalten werden, die ihre Zeit bis zur Pause, zum Wochenende, zum Ferienbeginn und schließlich zum Schul- oder Bildungsabschluss – wenn es geht – störungsfrei und unauffällig absolvieren. Offenbar erwarten die Schülerinnen und Schüler, Kursteilnehmerinnen und Kursteilnehmer, dass das sogenannte Leben erst dann besser oder freier wird, oder dann überhaupt endlich beginnt. Diese Erwartung oder Hoffnung sollte vor allem den jungen Menschen nicht ganz genommen werden, muss es aber auch nicht, denn mit der Sinnfreiheit des schulischen Tuns haben sie sich schon arrangieren gelernt. Denn das kennt man ja ‚von der Schule her', in der es nicht auffällig erscheint, dass man sie zum Zwecke ‚offener Lernprozesse', ‚selbstregulierten Lernens' und des ‚Lernen des Lernens' überhaupt noch besuchen muss. Das mag in der Erwachsenenbildung anders gewichtet sein.

Selbstregulation

Freimütig unterwerfen sich Schülerinnen und Schüler, wie wohl auch Lehrerinnen und Lehrer, Erwachsene und Erwachsenenbildner, nun der *unpersönlichen* Autorität eines Bildungssystems, welches – ‚befreit' von *persönlichen* Autoritäten – nicht mehr auf das scheinbar veraltete Lehren, sondern zeitgemäß auf ‚selbstregulierte' Lernprozesse setzt.

Wenn sich der Mythos der Selbstregulation dann endlich verwirklicht haben wird, brauchen die Pädagogen und Andragogen sich endgültig nicht mehr als Lehrerinnen und Lehrer zu verstehen. Die alten Lehrerinnen und Lehrer wollten ‚es' nämlich ihrer Klientel noch so richtig zeigen (wobei ‚es' die Welt ist). Selbstregulierte Lerner zeigen es sich selbst, sie erziehen und bilden sich selber, sodass es auf das, was im Kopf der Lehrperson passiert, endgültig nicht mehr ankommt. Die Lehrperson wird endlich verschwunden und überflüssig geworden sein, wenn sich die heruntergekommenen Formen von Konstruktivismus, wo sich offenbar jedes Kind seine ‚eigene Welt' aufbauen soll, die Erwachsenen sowieso, realisiert haben werden. Dann wird man auch nicht mehr über Professionsethik oder Berufsethos nachdenken müssen, denn diese Befragungen machen ohne Personenbegriff gar keinen Sinn.

Gemeinsamer Weltbezug

Vielleicht wird man sich aber erinnern und merken, dass es in Schule, Berufsbildung, Erwachsenenbildung und Weiterbildung nicht darum geht, dass sich Menschen eine *eigene* Welt bilden – das mutet, nebenbei gesagt, sowieso psychopathologisch an –, sondern dass Menschen sich auf eine *gemeinsame* Welt ausrichten und sie teilen lernen, worin ja auch der tiefere Sinn des *Lernens im Kollektiv* bestehen könnte. Schule und Bildung sollen Menschen nicht in *esoterischen* Wünschen (die sie übrigens gar nicht haben) unterstützen, sondern Menschen als *exoterische*, d.h. weltliche Wesen stärken. Letztlich kommt es daher in Erziehung und Bildung, um es nochmals pathetisch mit Arendt zu formulieren, darauf an, ob wir die Welt genügend lieben (vgl. Kapitel 1.6) – die Welt, nicht das Kind, nicht den Schüler und nicht den Erwachsenen, sondern die Welt in ihrer Vielfalt und Problematik. Ohne eine gewisse Leidenschaft und Faszination für die Welt – diese dezidierte Normativität sei hier erlaubt – sollte m.E. niemand im Bereich der Bildung beruflich tätig sein. Wer diesen Weltbezug der Leidenschaft und Faszination erwirbt, will ihn weitergeben und teilen – das ließe sich als die Grundlage des beruflichen und nicht beruflichen pädagogischen Ethos bezeichnen. Über alles andere ist m.E. allein im Einzelfall zu entscheiden, so wie es vernünftige und ihre Vernunft gebrauchende Menschen sowieso tun; und den allgemeinen Sollensregeln, die heute so hübsch verpackt im Kleid der Kompetenz daherkommen, ist mit Skepsis zu begegnen, eben wie es vernünftige und ihre Vernunft gebrauchende Menschen tun.

Fragen

1. Erläutern Sie, worin die Führungsfunktionen der *Lokomotion* und der *Kohäsion* bestehen und inwiefern diese in einem antagonistischen Verhältnis zueinander stehen.
2. Problematisieren Sie den Begriff der Verantwortung! Wann bezeichnen wir jemanden als verantwortlich für die Folgen seines Handelns?
3. Erläutern Sie den Begriff *Ethos* (auch im Unterschied zu *Ethik*)!

Weiterführende Literatur

Carr, David (2000): Professionalism and Ethics in Teaching. London: Routledge.

Oser, Fritz (1998): Ethos – die Vermenschlichung des Erfolgs. Zur Psychologie der Berufsmoral von Lehrpersonen. Wiesbaden: Springer VS.

Oser, Fritz/Althof, Wolfgang (1992): Moralische Selbstbestimmung. Modelle der Entwicklung und Erziehung im Wertebereich. Stuttgart: Klett-Cotta.

Reichenbach, Roland (1994): Moral, Diskurs und Einigung. Zur Bedeutung von Diskurs und Konsens für das Ethos des Lehrberufs. Bern: Lang.

13. Pädagogischer Dilettantismus: Viel Sollen – wenig Können

Dilettantismus

Die komplexe und facettenreiche Geschichte des Dilettantismusdiskurses hier nachzeichnen zu wollen, würde selbst in ein dilettantisch anmutendes Resultat münden. Die Glaubwürdigkeit einer solchen Geschichte wäre aber – nebst Insuffizienzen, die allein dem Verfasser zuzuschreiben sind – auch aus prinzipiellen Gründen nicht überragend. Der so vehemente wie virulente Verteidiger des Dilettantismus, Egon Friedell (1878-1938), bezeichnete den Unterschied zwischen Historikern und Dichtern als bloß „graduell" (Friedell, 2007, S. 15). Selber historisch nicht nur interessiert, sondern auch als Verfasser dreier ‚Kulturgeschichten' bekannt (z.B. 2007), wusste Friedell gewissermaßen, wovon er sprach: Zumindest um eine Universalgeschichte zu schreiben, bedürfe es „einer möglichst großen Anzahl von dilettantischen Untersuchungen, inkompetenten Urteilen [und] mangelhaften Informationen" (Friedell, zit. nach Theodorsen, 2006, S. 28). Gleichzeitig konnte sich Friedell mit einer solchen Äußerung argumentationsstrategisch gegen jegliche Kritik immunisieren, was sozusagen als Sekundärgewinn seiner selbstironischen Unzulänglichkeitsdiagnose zu werten ist. Zu zeigen, dass dem Dilettantismus nicht nur diskursstrategische, sondern auch weitere ‚positive Seiten' abzuringen wären, ist auch der gleichwohl zweifelhafte Wunsch des vorliegenden Kapitels. Zweifelhaft mutet er an, weil der Ausdruck ‚Dilettant' bzw. ‚Dilettantismus' eine beachtliche „polemische sowie strategisch-rhetorische Potentialität" (Theodorsen, 2006, S. 17) besitzt. In einer Zeit, die im Bereich der Bildung und Ausbildung von einem eher irritationslosen, aber performativen Kompetenzdiskurs geprägt ist (vgl. Kapitel 10), stößt eine ‚inkompetenztheoretisch' inspirierte Betrachtung des Dilettantismusphänomens und vorwurfs vielleicht dennoch auf Interesse.

Der erste Teil der folgenden Ausführungen ist dem Begriff des Dilettantismus gewidmet, im zweiten Teil wird mit der Kritik von Peter Zillig am ‚pädagogischen Dilettantismus' ein historisches Beispiel aufgegriffen, welches deutlich macht, wie beliebig die Kampfformel ‚Dilettantismus' auch im pädagogischen Diskurs eingesetzt werden kann. Der dritte Teil widmet sich der Bedeutung dilettantischer Versuche für den wissenschaftlichen Fortschritt und die kulturelle Innovation, und der vierte Teil fokussiert einige dilettantische Aspekte im Bildungsprozess der Einzelperson. Diese (wiewohl) heterogenen Zugänge und Facetten werden dennoch unter dem reichlich vagen Titel ‚Pädagogischer Dilettantismus' zusammengefasst, jedoch nicht in der Meinung, dass eine überzeugende Systematik des Phänomens möglich oder auch nötig sei.

13.1 Zur negativen Konnotation des Dilettantismus

Dilettantismus-Begriff

Die negative Konnotation erhielt der ‚Dilettant' offenbar erst in der deutschen Sprache, in welcher das Wort seit 1769 belegt ist (vgl. Reimer, 1974). Das ursprüngliche italienische ‚dilettare' (aus dem lateinischen ‚delectare' [Zifreund, 1964, S. 771][31]) meinte so viel wie ‚sich ergötzen' – an Musik und Kunst – und war für ‚nicht-berufsmäßig Kunstausübende' und nicht pejorativ gedacht. Gebräuchliche Synonyme für Dilettant sind: Anfänger, Nichtskönner, Unkundiger, Nichtfachmann, Laie, aber auch Pfuscher, Ignorant, Besserwisser, Banause u.a., durchaus nicht schmeichelhafte Kennzeichnungen. Dilettantismus bezeichnet die Betätigung in einem Feld, welches die betreffende Person nicht beherrscht und in welchem sie keine Souveränität besitzt; der Dilettant ist der *sich versuchende* Mensch (vgl. Reichenbach, 2001).

Dilettantismus als Kampfvokabel

Der Begriff ‚Dilettantismus' wird im deutschen Sprachraum des 18. und 19. Jahrhunderts in kunsttheoretischen Diskursen gebräuchlich, in welchen Fragen nach der ‚Wahrheit' diverser Künste sowie der Person und Rolle des Künstlers problematisiert werden. 1799 hatten Goethe und Schiller (zusammen mit Heinrich Meyer) das offenbar allzu ambitiöse und daher bald gescheiterte ‚Dilettantismusprojekt' ins Leben gerufen, mit welchem geplant war, den „Dilettantismus als Phänomen des zeitgenössischen deutschen Kunstlebens in all seinen Auswüchsen zu analysieren und darzustellen" (Vaget, 1971, S. 9). Dem Dilettantismus und der Pfuscherei, „den abwegigen und falschen Tendenzen der zeitgenössischen Kunst", sollte endlich der Prozess gemacht

[31] So zuerst erwähnt in Baldinuccis *Notizie de'professori del disegno* (zwischen 1681 und 1728; vgl. Reimer, 1974). ‚Dilettante' ist das italienische Wort für ‚Liebhaber' (bzw. Amateur). Im Italien des 16. Jahrhunderts, so fasst Federhofer (2001, S. 11) die Kompetenz der komponierenden Adeligen und aristokratischen Musikliebhaber gar zusammen, war „das Urteil des vornehmen Dilettanten, nicht aber das des professionellen Musikers die maßgebliche Instanz."

werden, um der Kunst „in ihrem wahren, d.h. klassizistischen Verständnis ihren endgültigen Durchbruch und den Sieg“ zu sichern (ebd.). Goethe, als Universalinteressierter und sich in vielen kulturellen Gebieten quasi-erfolgreich Versuchender, galt schon Zeit seines Lebens im positiven wie im negativen Sinne als Dilettant (vgl. z.B. Kassner, 1910, S. 51); während er selber insbesondere seine Versuche in der Farbenlehre als Dilettantismus bezeichnete, wurde selbst sein Werk im Bereich der Dichtung als dilettantisch verurteilt (Vaget, 1971, S. 11).

‚Dilettantismus‘ hatte also früh die Funktion einer ‚Kampfvokabel‘ im Feld der Kunst eingenommen. In diesem Kampf geht es – auch heute noch – um die Frage, wer sich den Titel etwa des ‚Künstlers‘, ‚Malers‘, ‚Dichters‘ oder ‚Musikers‘ etc. zu Recht zuschreiben darf, und wer ihn – da in Wirklichkeit Dilettant – nicht verdient und daher – wenn es denn ginge – aus dem Spiel ‚ausgeschlossen‘, ‚exkommuniziert‘ (Bourdieu, 1992, S. 159) werden sollte (Theodorsen, 2006, S. 74-75). Dass dem Dilettanten als einer peinlichen und ärgerlichen Figur und dem Dilettantismus als einem insgesamt beschämenden Kulturphänomen tatsächlich positive Seiten zugesprochen werden sollen, bedarf daher argumentativen Anstrengungen, mit welchen mehrere Register zu ziehen nötig sind (vgl. Reichenbach, 2001). Der mit dem Dilettantismusprojekt gegen den Dilettantismus ankämpfende Goethe – der sich der Ambivalenz des Dilettantismus, offenbar im Unterschied zu Schiller, sehr bewusst war (vgl. Vaget, 1971, S. 210) – verkörperte als Person gleichzeitig das vielseitige, unprofessionelle Liebhabertum. Es ist den Vielinteressierten ja meist nicht vergönnt, wie Leonardo da Vinci als ‚Universalgenies‘ anerkannt zu werden. Während das vielseitige Interesse nicht notwendigerweise in Dilettantismus führt, kann es als seine notwendige Voraussetzung gelten (Saulnier, 1940, S. 21; vgl. Kapitel 13.4). Das Interesse Schillers und Goethes am Dilettantismus war, wie Vaget in seiner Dissertation aufgezeigt hat, allerdings nicht primär kulturpolemischer Natur, sondern vornehmlich *pädagogisch* motiviert. Der Dilettant sollte als Schüler, nicht als Pfuscher anerkannt werden, oder aber als praktischer Kunstliebhaber in der Mitte zwischen Schüler und Meister (Vaget, 1971, S. 95). Die pädagogische Orientierung am Kunstschüler bestand in der Abwehr falscher und irreführender Ansprüche und in der „Hinführung zu einem bereits vorhandenen, bewährten Bestand künstlerischer Errungenschaften“ (S. 93). Dem „eingefleischten Dilettantismus“ sollte allerdings entgegengewirkt werden, um, „was (...) perfektibel ist, zu überwachen und zu fördern, damit ein angeborenes

Vielinteresse

Talent nicht verwildere und ihm erlaubt werde, die Mängel und Gefahren seiner eigenen Ausbildung der Gesellschaft aufzubürden" (S. 216-217).

13.2 Der Kampf gegen den pädagogischen Dilettantismus

Peter Zillig – Pädagogischer Dilettantismus

Peter Zillig (1855-1929) – von einem Studienfreund als „Hohe Priester" unter den „Zillerianern" bezeichnet, „der das Hohe Lied des erzieherischen Unterrichts am reinsten singt" (Dippold, 2000, S. 167) – war als pädagogischer Schriftsteller tätig und der einzige Volksschullehrer bzw. ‚Nicht-Akademiker', der am *Encyclopädischen Handbuch der Pädagogik*, zuerst 1894 erschienen, mitwirken konnte. Von den immerhin sieben Beiträgen, die Zillig für das Handbuch verfasste, ist ein Beitrag der Thematik „Dilettantismus in der Pädagogik" gewidmet (Zillig, 1904, S. 230-249). Nachdem Zillig sehr ausführlich und in pädagogisch-erbaulicher Prosa den „Gedanken des pädagogischen Berufes" beschreibt (S. 231-238), von welchem die Betrachtung und Bestimmung des Dilettantismus in der Pädagogik auszugehen habe (S. 231), werden in acht Punkten pädagogisch bedeutsame Ansichten oder Meinungen aufgelistet, die der Autor als ‚dilettantisch' abqualifiziert. Denn das Dilettantische hat mit dem (wahrhaft) Pädagogischen offenbar nichts gemeinsam: „Wir können (...) nur Eines mit völliger Sicherheit aussagen: das Dilettantische auf dem Boden des pädagogischen Berufs ist etwas ganz anderes als der pädagogische Beruf, es hat nichts von dessen Wesen in sich" (S. 238). Allerdings trägt dieser Feind der Pädagogik – ‚das Dilettantische' – parasitär-universelle Züge, und am besten „möge jeder, der das Dilettantische auf dem pädagogischen Felde wirklich auffinden will, bei sich selber, in seiner eigenen Lebensgeschichte, nachsehen, ob er nicht zu irgend einer Zeit dem *Dilettantismus verfallen* war, und welche Erscheinungen des pädagogischen Dilettantismus außerdem in den Kreis seiner Aufmerksamkeit je getreten sind" (ebd., Hervorheb. R. R.). Nach dieser ersten allgemeinen Diagnose kommt Zillig im zweiten Punkt zur Feststellung, „die Meinung: zum pädagogischen Beruf braucht man keine Gabe, keine gemäße Vorbildung und keine innerliche Erwählung. Jeder kann dazu genommen werden, jeder taugt dazu, jeder kann darin tätig sein", sei „dilettantisch" (S. 238-239). Dilettantisch ist – immer dem sich ganz dem Herbart-Ziller'schen System verpflichtet sehenden Zillig zufolge – drittens die Ansicht, dass „zur Teleologie wie zur Methodologie der Pädagogik jedweder das Wort ergreifen könne, der Gelehrsamkeit oder irgend welche fachwissenschaftliche Kenntnisse, beispielsweise philologische oder mathematische u. dergl., besitzt" (S. 239). Dilettantisch sei viertens, und im Lichte der Ethik betrachtet, auch die Ansicht, „dass nicht die innere Freiheit, sondern die Glückseligkeit das höchste Ziel des Menschen und die Begründung eines richtigen Glückseligkeitsstrebens, des Strebens nach wahrer Selbstbefriedigung, die Aufgabe der Erziehung sei" (ebd.). Dilettantisch sei fünftens aber auch die psychologisch-methodische Annahme, „dass das Kind sich im Bereich des Wissens ebenso unbedingt hinnehmend und vertrauend verhalten solle wie im Gebiet des Glaubens, dass es also naturwissenschaftliche Wahrheiten in derselben Weise lernen solle wie Erklärungen des Katechismus" (S. 240). Dilettantisch sei weiter, so Zillig unter dem sechsten Punkt, „die Meinung, dass Unterweisung der Kinder und hohe Bildung der Lehrenden sich nicht miteinander vertragen" und dass es „am erwünschtesten (...) in den Schulen (...) wie in einem mechanischen Triebwerk" hergehe und die Lehrpersonen „ohne eigene innere Beteiligung, ohne freudige schaffende Hingabe bei ihrer Arbeit, wie Räder in der Maschine, wie stumme Werkzeuge in der Fabrik, das Befohlene ableisten" (S. 241). Dilettantisch sei es, siebtens, die Einheit des Lehrberufs zu bestreiten, und „zwischen der sogenannten höheren und der gemeinen, zwischen der ganzen und halben Bildung" zu unterscheiden (S. 242). Schließlich ist nach Zillig „dasjenige theoretische oder praktische Verhältnis zum Beruf, welches nicht aus dem Erziehungsgedanken und der Erziehungsmethode hervorgeht, sondern in subjektiven Anstößen seinen Ursprung hat", dilettantisch (S. 243).

Dilettantismusvorwurf als Folge von Ablehnung

Zusammenfassend darf formuliert werden, dass, was dem Ziller'schen Zillig nicht in die Pädagogik passt, als ‚dilettantisch' zu verurteilen ist. Interessant sind aus heutiger Perspektive freilich nicht nur die Gleichsetzung des Abgelehnten mit dem Dilettantismus, sondern auch manche der Inhalte des Abgelehnten, die zeitgenössisch gerade unter dem Stichwort ‚Professionalisierung' zu erwarten sind, welche eher als Oppositionsbegriff zum ‚Dilettantismus' aufgefasst wird, etwa die Differenzierung der Bildungsstufen oder die Entmoralisierung der Unterrichtsziele, während andere Inhalte wie bei Zillig auch heute dem Dilettantismusverdikt kaum entgehen können, etwa bei der Frage der Eignung zum Lehrberuf (vgl. dazu schon Lamszus, 1948).

Ursachen des pädagogischen Dilettantismus

Zilligs Beitrag schließt mit „Andeutungen über die Ursachen des Dilettantismus in der Pädagogik". Die „Hauptursache des Dilettantismus in der Pädagogik" sieht er in der „verfehlte[n] Einrichtung der Bildungsverwaltung. Von daher rührt die dilettantische Beeinflussung der inneren Schulgestaltung im Punkt des Lehrplans, der Lehrmittel, des Unterrichts, der Vorbildung für den Lehrberuf und Fortbildung darin wie endlich der Beaufsichtigung" (Zillig, 1904, S. 247). Daneben liege eine Ursache „in Antrieben aus der Mitte der Gesellschaftskreise. Die gesellschaftlichen Bedürfnisse erzeugen das Streben, die Schulen in den Dienst dieser Bedürfnisse zu stellen und erwecken damit die Schulreformer und Schulberater aller Art" (ebd.). Dass die Bildungsverwaltung, wenn nicht alles, so doch das meiste falsch macht, und der Instrumentalisierungsvorwurf, wonach die Schule für pädagogikferne Ziele missbraucht werde, sind freilich auch heute noch Topoi der Schulkritik, allerdings ohne dass sie mit dem Etikett des Dilettantismus verbunden werden. Neben weiteren, z.B. individuellen, Ursachen für den pädagogischen Dilettantismus, die Zillig hervorhebt, wird festgehalten, dass der pädagogische Dilettantismus „nur eine Abart von einem allgemeinen Zug der Zeit" sei, denn in „allen Lebensgebieten begegnet [einem] heute Dilettantismus; in Kunst, Wissenschaft, Politik und Ökonomie, in den schaffenden Berufskreisen" (ebd.). Zillig fühlt sich wie viele seiner Zeitgenossen von Dilettanten und vom Dilettantismus umzingelt, die und den es zu bekämpfen gilt: „Der pädagogische Dilettantismus ist für die deutsche Jugenderziehung nicht bloß eine, sondern geradezu die Gefahr. Gegen ihn müssen sich alle wenden, welche diese Gefahr anerkennen. Für unsere Jugend ist der Bildungskampf zu kämpfen. Derselbe wird schwer und opferreich werden. Aber er muss um unserer Kinder, unseres Volkes willen aufgenommen werden" (S. 248). Mochte der Dilettantismus in der Kunst noch akzeptabel erscheinen, so war er für Zillig in der Pädagogik der Feind par excellence.

Dilettantismus als Gefahr

Dilettantismus als Folge von Demokratisierung

Der heute nur schwer nachvollziehbare, mitunter fast aggressiv anmutende Ton der Dilettantismuskritik wird besonders auch mit dem 1910 erschienenen Essay von Rudolf Kassner deutlich. Dilettantismus wird hier als *Décadance* verstanden, diese als das Beiprodukt allgemeiner *Demokratisierung*: „Dass wir heute alles dessen, was nur von ferne an Hierarchie, Rangordnung erinnert, entbehren, eine solche nicht mehr verstehen wollen, ja verabscheuen, ist eine der Ursachen, warum es bei uns so viele innere, gleichsam unerkannte Dilettanten gibt" (Kassner, 1910, S. 12). Doch die demokratische Lebensform fordere ja offenbar, Dilettantismus zu billigen: „Es gibt Epochen, die reich sind an vielen Dingen und Werten, und diesen folgen dann solche, in denen aller Reichtum und alle Vielfältigkeit und aller Wert im Menschen zurückgeblieben ist und dort, möchte man sagen, stocken. – Diese sind die demokratischen, jene die aristokratischen“ (S. 16). Der Demokratie fehlte es an äußeren, bestimmten und überzeitlichen Werten. Der Dilettant vermöge so nicht „über der Zeit zu stehen. Der Dilettant ist immer in der Zeit“ (S. 17), er habe übertriebene Vorstellungen vom ‚Zeitgemäßen‘, an welchem er alles messe, bleibe deswegen ohne überzeitliche Maßstäbe. Damit sei sein Problem schließlich, dass er *zu viele* Maßstäbe habe; er sei zugleich alles und nichts: „Anarchist, Aristokrat, Übermensch, Theosoph, Monist, Anhänger der Entwicklungslehre, Erotiker, Naturist, Asket, Reisender, Photograph, Theatergeher, Melancholiker aus Beruf, Renaissancemensch, Mystiker, Automobilist, Flugtechniker und vieles noch. In Wirklichkeit ist er vielleicht nichts oder nur ein Kritiker oder nur ein Mensch in Not oder nur ein Mensch, der eben die Not gar nicht kennt. – Oder er ist einer der vielen Menschen, die sich ‚entwickeln‘“ (S. 17-18). Das Alles-sein-Wollen oder Möglichst-viel-sein-Wollen, das den Dilettanten am Ende „zum Nichts“ mache, sei Ausdruck und Resultat eines gierigen demokratischen Individualismus. „Der Dilettantismus bildet sich mit Vorliebe am Individualismus (...). Der Individualist neigt zum Dilettanten“ (S. 20). Oft seien die beiden kaum zu unterscheiden und *„junge Leute sind meist solche Dilettanten“* (S. 21, Hervorheb. R. R.). Doch die Überwindung der Jugendzeit schützt auch nicht vor Dilettantismus, denn es gibt ihn auch bei „Leuten, die nicht alt werden und reifen können“ (S. 21).

Individualismus

13.3 Universelle Dilettanten – ignorante Spezialisten?

Max Weber – Wissenschaft und Dilettantismus

In *Wissenschaft als Beruf* schreibt Max Weber, dass Wissenschaftler – zunächst sind die Soziologen gemeint – von einem „resignierten Bewusstsein belastet“ würden, dass „man allenfalls dem Fachmann nützliche Fragestellungen liefert, auf die dieser von seinen Fachgesichtspunkten aus nicht so leicht verfällt, dass aber die eigene Arbeit unvermeidlich höchst unvollkommen bleiben muss“ (1992, S. 11). Nur die „strenge Spezialisierung“ könne schließlich zu dem befriedigenden Gefühl führen: „hier habe ich etwas geleistet, was dauern wird“ (ebd.). Natürlich argumentiert Weber an gleicher Stelle auch, dass wissenschaftliche Ergebnisse gar nicht dauerhaft sein könnten, Wissenschaft vielmehr das Ziel habe, sich selbst permanent zu ‚überholen'. Dennoch: Wer nicht die Fähigkeit besitze, „sich einmal sozusagen Scheuklappen anzuziehen und sich hineinzusteigern in die Vorstellung, dass das Schicksal seiner Seele davon abhängt: ob er diese, gerade diese Konjektur an dieser Stelle dieser Handschrift richtig macht, der bleibe der Wissenschaft nur ja fern" (S. 12).

Nun lasse sich aber die „Eingebung", der „Einfall", d.h. die großartige Idee, die zum wissenschaftlichen Durchbruch führt, nicht erzwingen (Weber, 1992, S. 12). Auch erfolge ein solcher Einfall nicht notwendigerweise „auf dem Boden ganz harter Arbeit", ja, der Einfall eines Dilettanten könne „wissenschaftlich genau die gleiche oder größere Tragweite haben wie der des Fachmanns" (S. 13), viele „unserer allerbesten Problemstellungen und Erkenntnisse verdanken wir gerade Dilettanten" (ebd.). Dieselben unterschieden sich von Fachleuten nur dadurch, dass ihnen die Sicherheit der „Arbeitsmethode" fehle (ebd.). Mit Feyerabend (1993) könnte man daher formulieren, der Dilettant sei ein ‚wissenschaftstheoretischer Anarchist'. Die Figur des Dilettanten konterkariere die pedantische Gelehrsamkeit, meinte Federhofer (2004, S. 224). Wie der Dandy und der Décadent ist der Dilettant nach Federhofer eine sich historisch wandelnde „Habitusform", wobei den drei Formen mitunter ein Aufbegehren „gegen tradierte bzw. gesellschaftlich akzeptierte Maßstäbe" gemeinsam (gewesen) sei, „denen sie sich nicht fügen wollten" (S. 7). Die sich auch für die Wissenschaft mitunter als produktiv erweisende Seite der Ignoranz wird auch im Essay *Über Dilettantismus* des eingangs erwähnten Friedell (1982) hervorgehoben: „(...) die neuen Gedanken kommen fast immer nur von den Außenseitern. Der Fachmann, auch der geistig überlegenste, steht immer zu sehr in seinem Berufskreise, er ist daher fast nie in der Lage, eine wirkliche Revolution hervorzurufen: er kennt die Tradition zu genau und hat, ob er will oder nicht, zu viel Respekt vor ihr. Auch weiß er zu viel Einzelheiten, um die Dinge noch einfach genug zu sehen, und gerade damit fehlt ihm die erste Bedingung jeder wirksamen Neuentdeckung: denn wertvoll und fruchtbar sind immer nur die einfachen Gedanken" (S. 267). Überhaupt sei die „ganze Geschichte der Wissenschaften" ein „fortlaufendes Beispiel für den Wert des Dilettantismus" (S. 269). Mit dem Verweis, dass Goethe den Zwischenkieferknochen, Pfarrer Mendel das ‚Bastardisierungsgesetz', Herzog von Meiningen einen neuen Theaterstil und Prießnitz eine neue Therapieform entdeckt hätten (ebd.), und umgekehrt mit der Kritik, wonach beispielsweise Wagner als Musiklaie, Monet als unfähiger Zeichner gegolten habe und Nietz-

Produktiver Aspekt des Dilettantismus

sche als der Philosophie nicht mächtig betrachtet worden sei, erwähnt Friedell Beispiele aus dem 19. Jahrhundert, sodass man vielleicht abschwächend abwinken möchte mit dem Verweis, Dilettantismus sei letztlich ein Epiphänomen und höchstens in der Epoche der sich zunehmend etablierenden Wissenschaften und Disziplinen von gewisser Bedeutung. Eine andere Sichtweise würde dem Dilettantismus eine generelle Bedeutung zuweisen, wenn es um Erneuerung, Transformation bzw. Innovation in Kultur und Wissenschaft geht. Dilettantisch ist dann jeweils die Form, in welcher sich das Neue äußert, bzw. der Mensch, „der eine neue Technik hat" (ebd.).

Paul Feyerabend

Diese Idee wird später von Paul Feyerabend in quasi-systematischer Manier ausgeführt, u.a. in *Wider den Methodenzwang,* in welchem er von einem Wettbewerb zur *Entwicklung* der Wissenschaft und „auch zur Konstruktion des *Gehalts* der zu ihr angehörigen Theorien" ausgeht, zu welchem „Fachleute und Laien, Professionelle und Dilettanten, Wahrheitsnarren und Lügner" gleichermaßen eingeladen seien und auch beitragen könnten (1993, S. 35, kursiv wie im Original). Dabei ist von Bedeutung und kritisch zu betrachten, dass Feyerabend der Unterschied zwischen dem Entstehungszusammenhang und Begründungszusammenhang von Theoriebildung wenig interessiert. Doch der Letztere könne als der „bevorzugte Ort der Vernunft in der Wissenschaft" betrachtet werden, so Schnädelbach in *Against Feyerabend* (1980, S. 303): „Nur in ihm gibt es nachprüfbare Gründe, Argumente, Zweifelsmöglichkeiten und damit Freiheit für den einzelnen" (ebd.). Eine Wissenschaft, in „der jeder Entdeckungsschritt zugleich seine eigene Rechtfertigung wäre" (S. 304), erschiene Schnädelbach dagegen sehr wenig attraktiv.

Begleiterscheinung von Ausdifferenzierungsprozessen

Die Rolle der Dilettanten (in) der Wissenschaft und für den wissenschaftlichen Fortschritt wäre aber wohl unterzeichnet, würde man sie allein im klar begrenzten Entstehungs- oder Entdeckungszusammenhang ansiedeln wollen. Denn der „Dilettant ist subversiv. Er tritt auf, sobald ästhetische oder wissenschaftliche Ordnungsgefüge sich zu konturieren beginnen, missbilligt und unterläuft sie" (Federhofer, 2001, S. 223). Insofern kann Dilettantismus mit Federhofer also auch als „eine Begleiterscheinung von Ausdifferenzierungsprozessen" betrachtet werden, „in deren Verlauf sich die Kunstrezeption von der Kunstproduktion ebenso schied wie die Kunst vom Handwerk, die wissenschaftlichen Einzeldisziplinen sich spezialisierten und Laienwissen marginalisiert wurde" (ebd.). Während der Spezialist in der Wissenschaft gewissermaßen das Gegenteil des Dilettanten verkörpert, sind Wissenschaftler im (mehr oder weniger) permanenten Spezialisierungsprozess dem Dilettantismus immer wieder nahe. Jedenfalls ist borniertes Spezialistentum kaum der geeignete Humus für Erneuerung und Transformation.

Organisierte Anarchien

Es ist wahrscheinlich nicht als Zufall zu werten, dass das organisationstheoretische ‚Mülleimer-Modell' von Cohen, March und Olson (1990), welches das Entscheidungsverhalten in Unternehmen thematisiert bzw. beschreiben soll, insbesondere von Universitäten und Schulen ausgegangen ist und dieselben als „organisierte Anarchien" bezeichnet hat (S. 331), die durch (1) problematische Präferenzen, (2) unklare Technologien und (3) fluktuierende Partizipation der Entscheidungsträger gekennzeichnet seien (S. 330).[32] Wird mit dem Modell ein Blick auf das Bildungssystem insgesamt und die zeitgenössischen Versuche der evidenzbasierten Bildungssteuerung geworfen, so kann eine schon fast systematische Affinität zum nicht-intendierten Dilettantismusproblem vermutet werden. So sind die Zielmehrdeutigkeiten der Schule und des Bildungssystems kaum abzuleugnen (worüber im Grunde jede Theorie der Schule Auskunft gibt). Die fokussierte Akzentsetzung, die beispielsweise mit dem zeitgenössischen Kompetenzdiskurs gewählt worden ist, erscheint wie das Bestreben, die für demokratische Bildungsinstitutionen typische Vielfalt, die mit ebenso vielfältigen – erwünschten und notwendigen – pädagogischen Identifikationen und Selbstbeschreibungen der Hauptakteure des Systems einhergeht, zu minimieren.

Problematische Präferenzen

Die Präferenzen der Entscheidungsträger, so suggeriert das Modell der organisierten Anarchien, werden erst mit dem Handeln aufgedeckt und ändern sich laufend. So werden Probleme behandelt, ohne dass rationale, präferenzgesteuerte Entscheidungen getroffen werden können: Vorhandene Lösungsinstrumente – z.B. Leistungsstanderhebungen – definieren mitunter das Problem und die Präferenz und fungieren nicht als Mittel von zuvor diagnostizierten Problemen. Dies stellt teilweise eigentümliche Anforderungen an zeitgenössische BildungsforscherInnen: Sie forschen mitunter auch dort, wo es kaum etwas zu erkennen gilt (außer flüchtigen olympiadisch-sportlichen Ranglisten, deren Bedeutung rätselhaft bleibt), sie führen Evaluationen durch, ohne ihre epistemische oder praktische Notwendigkeit zu kennen, manche scheinen gar unter dem Druck zu stehen, für politisches Handeln ‚Evidenzen' vorzufinden oder nötigenfalls zu erzeugen, ohne die-

32 Dieser Abschnitt ist – mit Kürzungen und Anpassungen – Reichenbach (2008b) entnommen.

se quere Erkenntnispolitik öffentlich hinterfragen zu können, z.B. dahingehend, was denn überhaupt als ‚Evidenz' zählen kann und was nicht, und immer wieder müssen sie Äpfel mit Birnen und Karotten mit Kartoffeln vergleichen, ohne über eine Theorie des Obstes oder des Gemüses zu verfügen (vgl. Bellmann & Müller, 2011). Die Erzeugung von Problemen, Präferenzen und Problempräferenzen durch Lösungsmittel mag dazu führen, dass teilweise kaum noch gefragt wird, welcher Gegenstand eigentlich und warum erforscht werden soll. Mit dieser fraglosen Wissenschaftlichkeit oder Wissenschaft der Fraglosigkeit – Themen, aber im Grunde keine Erkenntnisfragen – verwundert es auch wenig, dass sich Bildungspolitiker und Bildungsforscher in spontanen Ad-hoc-Interpretationen, Ex-post- und ‚Wie-es-möglich-war-dass'-Hypothesen üben. Hier haben wir die Situation einer fachlich spezialisierten Forschungsleistung mit anti-dilettantischen ‚Scheuklappen' vor uns, welche spätestens im Verwertungszusammenhang in umfänglichen Dilettantismus mündet, als ein im Grunde ironisches Resultat der Dilettantismus-Vermeidung.

Unklare Technologien

Das bekannte Technologiedefizit im Erziehungs- und Bildungsbereich entspricht dem Kriterium der ‚unklaren Technologien' des Modells von Cohen et al. (1990), die – nicht geplant und nicht rational gesteuert – grosso modo funktionieren, wiewohl die Entscheidungsträger dies kaum zu erklären vermögen. Zufallsentdeckungen, Notlösungen und Resultate von Trial-and-error-Verfahren lassen die organisierte Anarchie in nicht oder kaum nachvollziehbarer Weise am Leben erhalten. Hinzu tritt das Problem der individuellen Präferenzen: Während normative bzw. präskriptive Theorien des Wahl- und Entscheidungsverhaltens davon ausgehen müssen, dass Präferenzen absolut, relevant, stabil, konsistent, präzise und exogen sind, scheint auch auf der Ebene des Individuums deutlich zu werden, dass keine dieser „Eigenschaften von Vorlieben (...) mit Beobachtungen des Wahlverhaltens von Individuen (...) konsistent zu sein" scheinen (Cohen et al., 1990, S. 310).

Fluktuierende Partizipation

Auch das dritte Kriterium, die fluktuierende Partizipation, ist auf allen Ebenen des Bildungssystems, der interpersonalen, organisationalen und überorganisationalen Ebene, prägend. Die Entscheidungsträger und deren Politik bzw. ‚Subpolitik' wechseln häufig, und der Zeitaufwand, den sie tatsächlich aufbringen, um bestimmte Probleme zu lösen, variiert beträchtlich. Ob es gelingt, die Aufmerksamkeit der Entscheidungsträger zu wecken oder zu aktivieren, und ob dann auch bestimmte Personen mit bestimmten Kompetenzen bestimmte Probleme behandeln und nicht andere oder keine, oder die interessierenden auf nicht-intendierte Weise, ist mehr oder weniger zufällig.

Nun mag man einwenden, das Mülleimer-Modell sei allenfalls für dilettantische Entscheidungen in der Unternehmensführung bzw. Organisationssteuerung von Bedeutung, aber nicht für Dilettantismus in der Wissenschaft oder beispielsweise der Bildungsforschung. Wiewohl dieser Einwand sicher seine Berechtigung besitzt, müsste speziell die Situation der Bildungsforschung als *‚embedded science‘* kritischer betrachtet werden: Mit ausgefeilten Methoden sogenannte ‚harte Daten‘ zu produzieren, über deren (erkenntnis)theoretische Bedeutung sich nur spekulieren lässt, scheint aus einer wissenschaftstheoretischen Perspektive betrachtet nicht ganz dilettantismusfrei zu sein.

13.4 Dilettantische Bildung

Inkompetenz als Ermöglichungsbedingung von Freiheitspraxis

Das Universum der Inkompetenz ist *prinzipiell* viel größer als der Bereich der Kompetenz, um es in Anlehnung an Marquard (1981) zu sagen. Interessanterweise war das sich ja immer aufdrängende Thema der Inkompetenz in der bildungs-, identitäts- und subjekttheoretischen Diskussion lange wenig berücksichtigt, oder wenn, dann vor allem als Störvariable oder das zu Überwindende. Mit den philosophisch und pädagogisch bedeutsamen anthropologischen Perspektiven Helmuth Plessners, Eugen Finks oder auch Hannah Arendts könnte aber wohl illustriert werden, dass das Spezifikum menschlichen Lebens und Lebensveränderung weniger mit einem bestimmten, herausragenden Können verbunden ist, als vielmehr mit einer Lebenssituation, in welcher die eigene Existenzform als problematisch erkannt wird. Das bedingt zwar auch ein Können, welches sich aber ‚negativ‘ definiert, als Erkennen eigenen Unvermögens. Während die Schwächen eines starken Subjekts überzeugend analysiert und kritisiert worden sind, gilt es die Stärken des schwachen Subjekts (d.h. eines schwachen Subjektbegriffs) ins Auge zu fassen (vgl. Reichenbach, 2001). Damit könnte die Behauptung geprüft werden, wonach eine prinzipielle *Inkompetenz* des Menschen – und damit verbunden eben sein Dilettantismus – als *Ermöglichungsbedingung* von Freiheitspraxis fungiert, kurz: die Behauptung, wonach gewissermaßen nur Dilettanten frei sein können.

Zu viel wollen und zu viel sollen

An dieser Stelle seien nur zwei *bildungstheoretisch* interessierende Aspekte zu dieser reichlich kühnen Behauptung erwähnt und der erste erläutert: Das Vielinteresse (der Dilettanten) und die normative Überbestimmtheit des (modernen) Lebens. ‚Zu viel wollen' und ‚zu viel sollen' sind gute Bedingungen, um dem Dilettantismus nicht mehr entkommen zu können. Der oben schon erwähnte Dilettantismus-Kritiker Kassner (1910) hat besonders unsympathisch auf die Schwächen des dilettantischen Menschen hingewiesen. Dieser besitze keinen Einblick in tiefe Wahrheiten, habe keinen Begriff für das Ganze und sei letztlich der „die höchsten Zwecke leugnende Mensch" (S. 24). Dilettanten hielten sich für sensibel, seien es aber gerade nicht, vielmehr sei ihre Sensibilität gleichsam isoliert, pathologisch und könne darum nicht dem Ganzen dienen (S. 26-27); dem Dilettanten fehle das Ganze und dessen Zusammenhang in sich, weshalb er auch stets die Ziele und Absichten außer sich verfehle (S. 27). Dilettanten seien zwar nicht etwa „einfach oberflächliche Menschen", sondern vielmehr „untief, ohne Spürsinn, ohne Instinkt, ohne Witterung für die Gefahr, schlechte Schützen, möchte man sagen; sie haben eigentlich überhaupt keine Oberfläche, sondern sind zerstreut, verwischt, unreif, ziellos" (S. 58).

Claude Saulnier

Psychologisch differenzierter ist die Analyse von Claude Saulnier (1940). Saulnier zeigt, dass der Dilettantismus vor allem in vorangeschrittenen bzw. ausdifferenzierten Gesellschaften, in denen die dringendsten (Über)Lebensnotwendigkeiten – wenigstens für sehr weite Bevölkerungsanteile – sichergestellt sind, zum allgemeinen Phänomen werde (S. 14). Bedeutsam ist Saulniers Prämisse, weil mit ihr klar wird, dass Dilettantismus wie jede andere soziale Praxis kein Produkt des Individuums ist (S. 18). Die Dilettantismus konstituierenden Elemente, die nur in ihrem Zusammenspiel das Phänomen erhellen könnten, sind nach Saulnier (1) Multiplizität oder Polyvalenz, (2) Diskontinuität (Polymorphismus und Polyfinalismus), (3) Lust auf das Spektakuläre (Ästhetizismus), (4) Spielcharakter und (5) Egotismus (vgl. Reichenbach, 2001, S. 348-353). Die psychische Struktur des dilettantischen Menschen wird u.a. als *polymorph* und *polyfinal* beschrieben (Saulnier, 1940, S. 22): Er will und kann sich nicht festlegen, mag seinen ‚inneren Reichtum' (an Ichformen) nicht durch das Setzen von Prioritäten reduzieren, denn sich nicht festzulegen heißt potenziell: alles zu besitzen. Diesen Weltbezug bringt der Franzose Saulnier ohne Scheu mit der Deutschen Romantik in Verbindung. Ein extremer Polyfinalismus, weil er konsequentes Handeln verhindert, entpuppe sich schließlich als Afinalismus (S. 23), denn alles anzustreben heißt am Ende: nichts anzustreben. Im Unterschied zum beneideten Universalgenie mache die durch eine polymorphe und polyfinale psychische Struktur mitbedingte *Diskontinuität* des Tuns, Erlebens und Wünschens normalbegabte Menschen zu Dilettanten. Auch aus diesem Grund ist der pädagogisch beliebte Gedanke, demzufolge es „auf eine möglichst vielseitige Berührung mit den Bildungsgehalten“ ankomme, „damit sich das Subjekt nach allen Seiten hin entfalten kann“ (Bollnow, 1959, S. 121), möglicherweise problembehafteter als vielleicht angenommen.

Neugier und Diskontinuität gehörten zusammen, sie beziehen sich auf das *Einzigartige*, das – *weil* es einzigartig ist – (mehr oder weniger) spektakulär ist und Freude bereitet. Der Dilettant suche in der Begegnung mit dem Spektakulären das *Glücksgefühl*; sein ästhetischer Hedonismus (Saulnier, 1940, S. 35) mache ihn für seine Zeitgenossen moralisch suspekt (S. 37). Er binde sich an das Spektakuläre, ohne sich von Fragen beunruhigen zu lassen: ob es nützlich ist oder nicht, ob sein Unternehmen im Erfolg enden wird oder in einer Niederlage (ebd.). Er dürfe seinen Gefühlshaushalt, seine affektiven Bezüge nicht allzu ernst nehmen; das sei aber schwieriger als der spielerische Umgang mit dem Intellekt, mit Ideen und Plänen (S. 40). Aus diesem Grund könne man den Dilettantismus mit einem *genossenen* Skeptizismus in Verbindung bringen, mit einem „halben“ oder „falschen“ Skeptizismus (ebd.). Denn zur ordentlichen Skepsis fehle dem Dilettanten dann doch eine gute Dosis Pessimismus. Während die Metaphysik oder der Mystizismus des Moralisten seinem realen Leben Sinn verleihen soll, vollzieht der Dilettant eine Trennung von seinem Leben, um es – nicht ohne Lust und nicht ohne Virtuosität – zu betrachten. Er *spiele* sein Leben und er spiele es, im Unterschied zum Spiel des Kindes, mit *Ironie*, im Wissen, dass es bloß bestimmte *Formen* seien, die er ausfüllt und die auch anders sein könnten. Er versucht, das Leben zu genießen und ihm gleichzeitig möglichst viel zu entnehmen. Sein Spiel sei reflexiv, intellektuell, er lehne sich immer wieder zurück und liebe es, sich als Spieler zu analysieren (vgl. S. 41).

Drei Dilettantismustypen

Gefühlsdilettantismus

Saulnier unterscheidet drei Dilettantismustypen: den aktiven Dilettantismus (*dilettantisme actif*), den Gefühlsdilettantismus (*dilettantisme sentimental*) und den intellektuellen Dilettantismus (*dilettantisme intellectuel*). Der Träumer oder Verliebte ist für Saulnier (1940, S. 77) der Prototyp des *Gefühlsdilettanten* – er ist weniger von (s)einer Leidenschaft in Anspruch genommen („un véritable passionné“), vielmehr praktiziere er bloß einen ‚emotiven Impressionismus‘: „il aime les émotions pour leur variété et parce qu'il s'y contemple“ (ebd.). Seine Träumereien, die sich auf die Vergangenheit oder die Zukunft beziehen, kommen aber nicht immer ohne sentimentale Ironie und Melancholie aus (S. 79). Er unterliege der *Sehnsucht nach Gefühlen*, von denen er meint, einst ganz ergriffen gewesen zu sein, oder von denen er wiederum ergriffen werden möchte. Im Unterschied zum Gefühlsdilettanten sei der *aktive* Dilettant ‚intellektueller' und umtriebiger. Er müsse ständig in Bewegung bleiben, brauche Projekte, aber seine Impulsivität und sein Vielinteresse würden ihn kaum eines zu Ende bringen lassen. ‚Handeln' ist ihm alles (S. 80-81), nicht zu handeln, eine Qual. Die typischste Form des Dilettantismus bleibe aber die *intellektuelle* (S. 81). Der intellektuelle Dilettant treibt den Polymorphismus und den Polyfinalismus auf die Spitze.

Aktiver Dilettantismus

Intellektueller Dilettantismus

Den Gipfel des Dilettantismus lokalisiert Saulnier (1940, S. 82) im Zusammenspiel dieser drei Formen zum *metaphysischen Dilettantismus*, welchen er mit Religion und der Deutschen Romantik in Verbindung bringt, im Grunde mit der *Liebe zum Absoluten* (S. 81). Diese ist dem Autor zufolge die Quelle des Motivs, (möglichst) alles zu kennen, zu wissen und/oder zu besitzen. Dem Motiv entspricht die Idee eines befreiten, absoluten *Ich*, welches das Universum in sich berge (S. 104-105). In der Idee eines Kontakts mit dem Absoluten bzw. des Aufgehens des Ich im Absoluten offenbare sich jener großartige Dilettantismus, der zu oberflächlichen (religiösen, mystischen, philosophischen) Synthesen des Unvereinbaren neige (S. 176) und damit genau zu überwinden suche, was Denken überhaupt ermögliche. Die große Vereinigung könne aber nur dilettantisch sein.

Metaphysischer Dilettantismus

Diese und andere psychische Attribute des Dilettanten werden heute kaum noch so selbstgewiss negativ bewertet werden können wie vor hundert Jahren (Kassner, 1910; Faguet, 1911), wiewohl sie problematisch bleiben. Vielmehr scheinen sie mit zum ‚Standardinventar' der Möglichkeiten moderner Selbstbeschreibung zu gehören, erleben sich wohl nicht wenige Menschen als *vielfältig*, mitunter *fragmentiert* (in Bezug auf ihre sozialen Rollen, Wünsche, Bedürfnisse, Ideale, Moral) und zur *Diskontinuität* verdammt. Mit den psychischen Kennzeichnungen des Dilettanten wird einsichtig, dass ein dezidierter *Anti*-Dilettantismus heute in Probleme gerät und selber dilettantisch wird. Das *Elitäre* des Anti-Dilettantismus besteht primär darin, dass er im moralischen und ästhetischen Bereich, aber auch in Wahrheitsfragen, Einblicke in *objektive* Vernunft beanspruchen muss: *Kontingente* kulturelle bzw. moralische Standardkriterien können einen dezidierten Anti-Dilettantismus nicht legitimieren; denn was an diesem Ort und zu diesem Zeitpunkt als dilettantisch gilt, muss es an jenem

Anti-Dilettantismus

Ort und/oder zu einem anderen Zeitpunkt nicht sein. Dies ist eine Frage der Kontingenz, der glücklichen oder unglücklichen Umstände.

Dezidierter Anti-Dilettantismus hat die Kompetenz des übergreifenden Sprachspiels zu beanspruchen; damit erscheint er nicht nur elitär, sondern unter den kulturellen und wissenschaftlichen bzw. methodischen Perspektiven der Gegenwart als ein ironieloser Urteilspurismus, der einen privilegierten Zugang zum Absoluten behaupten muss, das nur noch als Fiktion interessieren kann. Anti-Dilettantismus überlebt aus diesem Grund nur (noch) *esoterisch*, nämlich im mehr oder weniger geschlossenen kulturellen oder akademischen Kreis, dessen Mitglieder eine jeweils bestimmte Autorität der Person oder des Wortes und korrespondierende Exklusionspraktiken auf devote Weise zu akzeptieren haben. Anti-Dilettantismus muss sich der Gültigkeit seiner Prinzipien sicher sein. Das kann er auf Dauer nur, wenn er sich den irritierenden Diskursen verschließt, in denen seine Kriterien als *ungültig* oder als *gleichgültig* gehandelt werden. Das Faktum der Pluralität der Menschen und ihres kulturellen Schaffens ist nicht nur eine Quelle von Nicht-Souveränität und, damit verbunden, Dilettantismus, sondern auch der Grund dafür, dass sich Anti-Dilettantismus mit dem demokratischen Ethos, welches dem Faktum menschlicher Inkompetenz und Unverbesserlichkeit auf eine besondere Art begegnet, nicht verträgt. Zwischen Demokratie und Dilettantismus gibt es intime Affinitäten (Reichenbach, 2001).

‚Die Biografie Goethes'

Um abschließend noch einmal auf Friedell bzw. Goethe zurückzukommen: In *Goethe – Groteske in 2 Bildern* schickt Friedell (1969) Goethe (incognito) in eine mündliche Prüfung zum Thema ‚Die Biografie Goethes'. Der prüfende Professor („(...) in bezug auf Goethe verstehe ich keinen Spaß, Goethe ist ein Heiligtum" [S. 181] – „In Goethes Leben ist nichts unwichtig. Merken Sie sich das, Sie Grünschnabel!" [S. 182]) ist zunehmend über das ungenaue und teilweise fehlende Wissen des Prüflings entsetzt. Die objektiven Daten seiner Biografie kennt der Professor besser als Goethe selber, die Bedeutung seines Werkes und Lebens ebenso. Goethe besteht die Prüfung nicht.

Fragen

1. Umschreiben Sie den Begriff des Dilettantismus. Weshalb ist er negativ konnotiert?
2. Inwiefern sind Schulen als ‚organisierte Anarchien' zu bezeichnen?
3. Inwiefern nahm die Dilettantismuskritik in der Geschichte auch anti-demokratische Züge an?

Weiterführende Literatur

Federhofer, Marie-Theres (2001): „Moi simple amateur". Johann Heinrich Merck und der naturwissenschaftliche Dilettantismus im 18. Jahrhundert. Hannover: Wehrhahn.

Reichenbach, Roland (2001): Demokratisches Selbst und dilettantisches Subjekt. Demokratische Bildung und Erziehung in der Spätmoderne. Münster: Waxmann.

Vaget, Hans R. (1971): Dilettantismus und Meisterschaft. Zum Problem des Dilettantismus bei Goethe. München: Winkler.

Abschließend: Erziehung zum Guten? Sieben Thesen

Abschließend seien holzschnittartig sieben Thesen formuliert, welche die in diesem Band diskutierten Perspektiven und Einsichten hinsichtlich zentraler Punkte verdichtet und insofern zusammenfassend wiedergeben mögen.

Schlussbemerkungen

These 1: Die These vom allgemeinen Wertezerfall ist ‚Humbug'

Es ist viel von Krise und von Wandel die Rede. Nichts, was nicht in der Krise steckt oder nicht einem permanenten Wandel unterworfen wäre – so scheint es. Man mag die Krisen – von der persönlichen Lebenskrise zur globalen Wirtschafts- und Ökokrise und zurück – schon gar nicht mehr aufzählen, denn alles ist ja krisenhaft. Und mit der Rhetorik des Wandels wird uns täglich eingehämmert, dass nichts bleiben wird, wie es ist, und dass wir uns dessen immer bewusst sein sollten, dass wir gleichzeitig nicht wüssten, wie es sein wird, dass alles offen und im Grunde nichts mehr wirklich klar, höchstens vorläufig sei, dass wir nur noch wüssten, dass wir unterwegs seien, aber nicht mehr, wohin eigentlich...

Krisenhaftigkeit und Wandel

‚Offene Zukunft', ‚Orientierungslosigkeit', ‚Beliebigkeit', ‚niemand weiß Bescheid'. Wer in einen Vortrag einführt mit der Behauptung, wonach viele oder sogar die meisten Menschen heute ‚orientierungslos' seien, ihr Leben als ‚beliebig' erfahren müssten, ohne übergeordnete Aufgabe, ohne Gesamtsinn, ohne Gemeinsinn etc., erntet oft spontane Zustimmung und allgemeines Kopfnicken. Doch solcherlei Kopfnicken ist vielleicht weniger ein Indiz für Nachdenken oder Nachdenklichkeit als für sein Gegenteil, eine unreflektierte Selbstinterpretation. In einer Welt, in welcher offenbar niemand mehr Bescheid weiß, bemüht man sich pädagogisch und didaktisch in Aus- und Weiterbildungen um die Förderung diverser Schlüsselkompetenzen, denn diese Schlüsselkompetenzen werden uns helfen, die unbekannten Probleme zu meistern, mit diesen Schlüsseln werden sich die unbekannten Türen ins ‚Unbekannte', ins ‚Offene' aufschließen lassen. Gesellschaften, die meinen, nicht mehr zu wissen, was sie wollen und

Der (behaupteten) Orientierungslosigkeit entgegenwirken

Schlüsselkompetenzen

wohin sie unterwegs sind, sind Schlüsselkompetenzgesellschaften geworden – in ihnen wird viel gelernt, aber man hat nicht den Eindruck, dass auch gewusst wird, auf welches Ziel hin, auf welches Ideal hin, im Dienst welcher Sache.

Doch die Rhetorik des Wandels und der permanenten Krise scheint eher einer höheren Form der Gedankenlosigkeit zu entsprechen, einer Gedankenlosigkeit, die viel Unfug produziert oder mitzuproduzieren hilft. Ein besonderer Unfug, den man auch Humbug oder mit dem renommierten Princeton-Philosophen Harry Frankfurt (2005b) ‚bullshit' nennen darf (vgl. Kapitel 2.4), besteht in der Art und Weise, wie immer wieder und an verschiedensten Orten betont wird, die sogenannte ‚Wertepluralisierung' oder auch der sogenannte ‚Wertezerfall' hätte(n) dazu geführt, dass die meisten Menschen in Bezug auf Wertfragen völlig verunsichert seien. Diese Interpretation und dieses Selbstverständnis der modernen und westlichen Welt seien hier als Humbug bezeichnet. Wir – sagen wir mal: die allermeisten von uns, oder sagen wir besser: die allermeisten, wenn sie ein wenig nachdenken – wissen sehr wohl, was im Leben und Zusammenleben wichtig ist, was nicht so wichtig oder weniger wichtig und was völlig unwichtig ist. Das ist ein eigenartiger Spleen, die basalen Einsichten des Lebens schon fast systematisch zu ignorieren. Gut, es soll jeder seine intellektuellen Luxusbedürfnisse befriedigen können, die sein Leben, wenn es denn gar keine Herausforderung darstellt, ein wenig spannender machen, aber aus einer pädagogischen Perspektive betrachtet ist dieses kulturell verbreitete Selbstmissverständnis bedenklich.

Wertezerfall

Menschliche Grundbedürfnisse

Es seien hier ein paar Grundbedürfnisse erwähnt, die weder hierarchisch noch sonst wie systematisiert werden müssen, und zu denen ‚wir' in der einen oder anderen Form immer ‚ja' sagen, genau wie jedes vernünftige und verletzliche Wesen: (1) *Sicherheit* (wir wollen ein sicheres Leben führen, nicht ein primär unsicheres), (2) *wirtschaftliches Auskommen* (wir wollen überleben, und, wenn es geht, gut leben können, also mehr als nur das Allernötigste haben), (3) *Zugehörigkeit* (wir wollen nicht einsam sein oder isoliert werden, sondern zumindest zu signifikanten anderen und Gruppen gehören), (4) *Anerkennung* (wir wollen anerkannt werden in unseren unterschiedlichen Rollen, seien sie bedingt durch Herkunft, sozialen Status, Geschlecht, Arbeit, Partnerschaft und Familie, Religionszugehörigkeit etc.) und (5) *Autonomie/Selbständigkeit* (wir wollen, wo es denn geht, möglichst unabhängig von den anderen entscheiden können). Wer in Bezug auf diese (oder andere) ‚basic needs', welche zugleich wesentliche *Grundwerte* darstellen, verunsichert ist, hat in der Tat ein Problem! Und wenn er unter uns lebt und arbeitet, vielleicht auch noch geliebt und geschätzt wird, aber trotzdem noch den Humbug vom allgemeinen Wertezerfall erzählt, dann hat er einfach noch zu wenig nachgedacht bzw. noch zu wenig persönliche Niederlagen einstecken, zu wenig Abhängigkeit erfahren, zu wenig Leid ansehen müssen. Das mag ihm gegönnt sein – aber er sollte dann nicht pädagogisch tätig sein.

Werte als Auffassungen von Wünschenswertem

Damit keine Missverständnisse auftauchen: Es sei hier nicht behauptet, dass alles klar und kein Problem sei, sondern, dass wir sehr wohl wissen, was uns wichtig ist, insbesondere wenn wir die Probleme des Lebens und Zusammenlebens erkennen und konkret erfahren müssen. Ein Wert ist das, was uns wichtig ist. Um es mit Lilge (1980) zu sagen: Werte sind Auffassungen von Wünschenswertem.[33]

These 2: Wissen, wer man ist = wissen, was wichtig ist

Orientierung und Identität

Über eine (personale) Identität zu ‚verfügen' heißt, zu wissen, was einem wichtig ist und was weniger oder nicht wichtig; wissen, was man anstrebt; wissen, was man achtet und was man verachtet; wissen, was man tolerieren kann und was man nicht tolerieren darf. Wissen wir etwas über die Wertungen eines Menschen, dann wissen wir, wer er ist. Wissen wir nichts über seine Werte, dann wissen wir auch nicht, wer er oder sie ist – auch wenn Sie diesen Menschen nun durch zig psychologische Persönlichkeitsinventare jagen, man muss wissen, was ihm wichtig ist, um ihn verstehen zu können.

Kulturell-adaptive Identitätsdiffusion

Ja, es gibt Orientierungslosigkeit! Moralisch orientierungslos zu sein heißt, in einer Art Identitätsdiffusion zu stecken. Diese mag eine Entwicklungsdiffusion (im Jugendalter) sein oder ein psychopathologisches Problem. Und natürlich gibt es auch die sogenannte störungsfreie Diffusion: Menschen, die nicht wissen, was sie wollen oder sollen, und sich daran auch nicht stören. In diesem Zustand verbleibt man aber in der Regel nicht sehr lange, zumindest nicht ein Leben lang. Man spricht heute auch von ‚kulturell-adaptiver Identitätsdiffusion': In einer Gesellschaft, die

33 Die Behandlung des Wertethemas in den sieben im vorliegenden Diskussionsbeitrag vorgestellten Thesen mag widersprüchlich erscheinen. Freilich müsste, wenn von Werten und Wertwandel die Rede ist, zwischen Wertwandel als gesamtgesellschaftlicher Tendenz, Wertwandel als Generationenkonflikt, Wertepluralisierung und Wertezerfall strikte differenziert werden.

offenbar meint, nicht mehr zu wissen, was zählt und was sie will, scheint es für manche funktional zu sein, auch selber nicht mehr so recht zu wissen, was zählt oder nicht (vgl. Kapitel 5.4) – man ist dann sozusagen multifunktional, polyvalent einsetzbar, ein menschliches Modul, flexibel eben, d.h. ganz ohne Charakter. Wer so flexibel geworden ist, dass er sich nicht mehr im Wege stehen kann, muss tatsächlich diffus geworden sein (vielleicht stellt er aber ein Bündel von Schlüsselkompetenzen dar). Nichtsdestotrotz: Der gänzlich diffuse, orientierungslose und/oder beliebige Mensch ist eine seltene Erscheinung, allenfalls eine Übergangserscheinung, und entspricht eher einem krankhaften Zustand (vgl. Taylor, 1996; vgl. Kapitel 5.4).

These 3: In der Erziehung geht es immer um das Gute (auch wenn man dies nicht weiß und das Gute nicht kennt)

Die Frage nach dem Guten

In der Erziehung geht es immer um das Gute, d.h. es geht immer um Fragen nach dem Guten, meistens implizit und ohne großartige philosophische Aspirationen. Am Familientisch wird vielleicht um Tischsitten gestritten, wie man sich dort zu benehmen habe, ob man überhaupt zu erscheinen habe, z.B. wenn man keinen Hunger hat etc., d.h. es geht um die Frage, was die Familienmitglieder voneinander erwarten, erwarten dürfen, mit anderen Worten, wie sie es sich *vorstellen*, konkret Familie zu sein. Darin verbirgt sich die Frage nach dem Guten. Im Sportunterricht geht es pädagogisch u.a. auch um Fairness, um den Umgang mit Niederlagen, um Teamgeist, um Kampfgeist, um die Frage, was wir wollen, was wir achten und verachten. Auch darin verbergen sich Fragen nach dem Guten. Auf dem Pausenhof geht es um den Umgang zwischen älteren und jüngeren Kindern, zwischen Jugendlichen und Kindern, d.h. um Fragen nach dem guten Umgang. Gut ist der Umgang, den wir uns alle – oder doch genügend viele – wünschen können, der Umgang, den wir in positiver Weise unterstellen können.

Gemeinsame Werte

Es ist absurd, zu behaupten, wir seien diesbezüglich völlig verunsichert, auch die Schülerinnen und Schüler sind es nicht. Beispielhaft sei eine kleine Umfrage aus dem Jahre 2005 in einer Hauptschule[34] herangezogen. Die Ergebnisse zeigen, dass sich in allen Jahrgangsklassen gemeinsame Werte finden lassen und dass die Schülerinnen und Schüler in Bezug auf richtiges Sozial-

[34] Hans-von-Raumer-Hauptschule in Dinkelsbühl.

verhalten sowohl auf Schülerseite wie auf Lehrerseite klare Vorstellungen haben. So schätzen sie Ehrlichkeit, Einsatz für andere, die Fähigkeit, sich zu entschuldigen, aber auch Pünktlichkeit oder Höflichkeit. Sie möchten, dass die Lehrpersonen ‚nicht ausrasten', dass sie sich gut auf den Unterricht vorbereiten, sinnvolle Hausaufgaben stellen, die Persönlichkeit der Schülerinnen und Schüler achten und deren Selbstbewusstsein stärken und generell hilfsbereit sind. Sie erwarten von sich selbst ein gewisses Pflichtbewusstsein, Hilfsbereitschaft, pfleglichen Umgang mit Materialien, Vermeiden von verbalen Entgleisungen etc.

Schülerinnen und Schüler, die merken, dass die Lehrperson im Grunde gar nicht an ihnen interessiert ist, wissen, dass dies nicht gut ist – und jede Lehrperson weiß, dass sie sich um die Person des Schülers, um seine Lernfortschritte und – in Grenzen – sein Wohlergehen zu kümmern hätte. Mit anderen Worten: Es sei hier behauptet, dass wir in der Regel und für die meisten pädagogischen, aber auch nicht-pädagogischen Situationen ziemlich gut wissen, was gut ist; zumindest, was angebracht ist oder wünschenswert wäre. Das Gute ist keine Chimäre, sondern ein Regulativ unserer Alltagsentscheidungen, und als solches ist es inkarniert in den alltäglichen Sozialpraxen. Das Gute bzw. die Frage nach dem Guten verkörpert unsere Wertgebundenheit, d.h. letztlich unsere Identität. Indem wir nach dem Guten fragen, fragen wir, was wir wollen, und das heißt, wer wir sind. Identität ist nicht primär eine psychologische, sondern vor allem eine ethische Frage.[35] Typischerweise hat die Psychologie wenig zu sagen, wenn es um die Fragen geht, wie ich weiß, was ich will, und wie ich weiß, was ich brauche, und wie ich weiß, ob das, was ich will, auch das ist, was ich brauche. Es ist kennzeichnend, dass diese Fragen – meistens implizit – in pädagogischen Kommunikationen behandelt werden, manchmal in unterstützender Weise, manchmal in herausfordernder oder gar verunsichernder Weise. In der Antike sprach man von der Selbstsorge – sie ist eine kommunikative Praxis (vgl. Kapitel 7.4).

Identität

Autonomiepädagogik strebt letztlich nur eines an: im jungen Menschen die Fähigkeit zu stärken, die Güte der eigenen Wünsche zu befragen. Harry Frankfurt (1971) sprach von *‚second order desires'*, also von der Fähigkeit, Wünsche zweiter Ordnung herauszubilden und sich die Frage stellen zu können: Wie wünschenswert ist das, was ich will bzw. wünsche? Mit anderen Worten, die Frage nach dem Guten zeigt sich meist als Frage oder Nachfrage

Wünsche zweiter Ordnung

[35] Also in erster Linie eine Frage nach dem guten Leben.

nach der Wünschenswertigkeit unserer Wünsche (vgl. Kapitel 1.3). Das ist das zentrale pädagogische Moment: diese Irritation zu unterstützen, diese Irritation manchmal zu bewirken, und – wenn sie zu stark ausfallen sollte – sie zu mildern. Wie wir mit Hannah Arendt wissen, haben nur gute Menschen ein schlechtes Gewissen, und schlechte Menschen haben kein schlechtes Gewissen (siehe oben). Menschen mit schlechtem Gewissen sind in Kontakt mit dem Guten, das ist ein gutes Zeichen, vielleicht sogar auch ein Indiz pädagogisch-ethischer Wirksamkeit (so viel pädagogische Illusion sei erlaubt).[36]

Moralische Dilemmata

Kinder und Jugendliche interessieren sich in der Regel für moralische Dilemmata: Handelt es sich um fiktive Dilemmata, so üben sie damit ihre Fähigkeit der ethischen Argumentation ein; stecken sie selbst in einer dilemmatischen Entscheidungssituation, z.B. in einem Freundschaftsdilemma, so zeigen sie damit, dass sie auf dem Weg zu einem moralischen Selbst sind. Das ist der Normalfall, zum Glück, und dieser Normalfall straft das ganze Gejammer über den Wertezerfall. Werteverunsicherung ist pädagogisch notwendig und produktiv.

Natürlich wirken die Jugendlichen sehr oft ganz anders, nämlich gelangweilt, demotiviert, strategisch ausgerichtet, aggressiv, minimal leistungsbereit und uneigentlich. Na und? Das ist normal: Haben wir etwa vergessen, wie langweilig die Schule und das Leben selbst sein können, wie ohne jeden Sinn diese schulischen Tätigkeiten erscheinen können und es sicher mitunter auch wirklich sind, und wie schrecklich fad und gleichzeitig bedrückend gerade die Jugendzeit sein kann, die ja nur im Rückblick wirklich schöngeredet werden kann?

These 4: Es wird mehr gedacht, als man denkt (und mehr geglaubt, als man glaubt)

Denken

Zu dieser These sei nur Folgendes festgehalten: Leicht wird wohl diese lautlose und unsichtbare Tätigkeit, nämlich das Denken der anderen, unterschätzt. Und leicht wird wohl der Zusammenhang von Denken und Intelligenz überschätzt, als ob gerade intelligente Personen besonders viel denken und wenig intelligente Menschen insgesamt wenig nachdenken würden. Doch Denken ist eine *Tätigkeit* – d.h. man kann es tun oder auch lassen –, jedenfalls

[36] Natürlich kann das ‚schlechte Gewissen' auch das Resultat eines moralischen Missbrauchs, z.B. einer prekären Erziehungsstrategie, darstellen.

verhindert geringe Intelligenz das Nachdenken so wenig wie hohe Intelligenz Nachdenken fördert. Mit anderen Worten: ‚Pädagogisch' – bzw. aus einer Werteperspektive betrachtet – kommt es vor allem darauf an, *dass* gedacht wird. Da das Denken meist ein Nach-Denken ist, taucht das Gute, das sich ja in den Werten versteckt, oftmals erst mit einer gewissen Verspätung auf; das ist bedauerlich, aber immer noch besser, als wenn es gar nicht auftaucht. Natürlich: Immer wieder wird das Gute vergessen (wir haben schließlich auch andere Dinge zu tun, als immer nur an das Gute zu denken), und so gehen die Dinge schief, die Versäumnisse häufen sich, es kommt zu vermeidbaren Verletzungen und Unglücken – im Kleinen oder aber im Großen –, und was richtig oder gut gewesen wäre, tritt zu spät ins Bewusstsein und wird jetzt erst thematisiert.

Glauben

Nun wird vielleicht nicht nur mehr gedacht, als man denkt, sondern auch mehr geglaubt, als man glaubt. Beides, Glauben und Denken, ist ja ohne Imagination nicht möglich, mit beiden Tätigkeiten entfernen wir uns von der bloßen Erscheinungswelt, und so steckt in beiden die Kraft, die Gegenwart, die miserabel sein kann, aushalten zu können, aber auch die Gefahr, die Welt ganz falsch zu sehen. Einbildungskraft – Imagination – ist das wichtigste Instrument des Guten, heißt es in John Deweys *Kunst als Erfahrung* (1998, S. 401) – das Gute ist immer ‚nur' ein Produkt unserer Einbildungskraft, es wird nicht einfach empirisch vorgefunden, es hat mit der Kraft zu tun, uns vorstellen zu können, wie wir leben wollen, mit unserem Glauben, zu wissen, was gut für uns ist – und mit dem Eingeständnis, dass wir es nur begrenzt wissen können.

Werteerziehung als Kultivierung der Einbildungskraft

Werteerziehung, insbesondere aber eine ‚Erziehung zum Guten', ist also auch als Kultivierung der Einbildungskraft zu sehen; ethische und religiöse Bildung hängt auch von der Kraft ab, sich etwas vorzustellen, was nicht in der Erscheinungswelt ist und vielleicht auch nie in dieselbe eintreten wird.

These 5: Wer nicht weiß, wo er moralisch steht, kann auch nicht wissen, wo er pädagogisch steht

Scheitern

Diese These klingt vielleicht altbacken und pathetisch, aber das spielt keine Rolle. Wer keine ethisch-moralischen Ziele hat, an denen er scheitern kann, kann auch nicht scheitern, und wer nicht scheitern kann und nicht auch tatsächlich scheitert, ist ja auch keine Pädagoge. Pädagogen sind Gestalten des Scheiterns: Ihre

Aufgabe ist es, ‚es' zu versuchen und ‚es' nicht zu können (vgl. Kapitel 1.6). Mit ‚es' ist gemeint: planvolles und zielgeleitetes Einwirken auf die Kinder und Jugendlichen. Diesem Einwirkungsversuch, ob er jetzt direkt, indirekt oder interaktiv gedacht oder gemeint ist, sind enge Grenzen gesetzt, das hieß einmal ‚Technologiedefizit'; dass diese Grenzen gegeben sein müssen, nannte Benner (1979) das ‚Technologieverbot' der Erziehung. Das Technologieverbot würde aber natürlich falsch verstanden, meinte man damit den Verzicht auf Vorgaben, Wertmaßstäbe und Erziehungsziele.

Technologiedefizit – Technologieverbot

Werteerziehung in der Schule

Es gibt viele Möglichkeiten und Ansätze der Werteerziehung in der Schule. Manche sind didaktisch ausgefeilt, manche betreffen vor allem das Schulleben, andere eher konkrete Fachinhalte. Doch so oder so, sie alle sind auch nur erfolgreich oder wirksam, wenn klar zum Ausdruck kommt und erkennbar ist, was den Lehrpersonen wichtig ist. Dieser Ausdruck gibt Verlässlichkeit und ermöglicht – psychologisch betrachtet – Kontrolle aufseiten der SchülerInnen: Sie wissen, woran sie sind. Das heißt noch lange nicht, dass sie das auch gut finden. Pädagogisch bedeutsam ist nicht primär dies, vielmehr, ob die Lehrperson weiß, was sie gut findet – darin gründet ihre moralische Autorität. Verliert sie diese, ist jede Didaktik und jedes gut gemeinte Schulentwicklungsprogramm umsonst.

Das größte Problem der Werteerziehung scheint die moralisch gleichgültige oder verunsicherte Lehrperson zu sein.[37] Man muss schon wissen, welche Werte einem ‚etwas wert' sind, um Werteerziehung betreiben zu können – das gilt ganz unabhängig vom Diskursethos der Lehrperson, von ihrer diskursiven oder weniger diskursiven Art, Werte zum Thema zu machen.

These 6: Die ethische Aufgabe der öffentlichen Schule besteht in der Stärkung des Gemeinsinns

Geteilter Sinn

Die ethisch vordringlichste pädagogische Aufgabe der öffentlichen Schule ist m.E. die Stärkung des Gemeinsinns. Der Sinn des Sinns ist, um es mit Habermas und ganz allgemein zu sagen, dass er *geteilter* Sinn ist (vgl. Kapitel 5.4). Privatsinn ist Unsinn – Privatsinn heißt, nicht verstanden werden zu können, sich zwar mitteilen zu wollen, aber den Sinn nicht teilen zu können. Den Sinn teilen heißt, mit anderen Worten, am Verstehen und an der ver-

[37] Eine Behauptung, die empirisch wohl nicht belegt werden kann.

standenen Deutung teilzuhaben. Gibt es eine größere Einsamkeit als jene des Unverstandenseins? Zwar müssen wir nicht von allen verstanden werden können, von *allen* verstanden werden zu *wollen*, ist sogar eine Seelenpest – aber wenigstens einer sollte dich verstehen, dann bist du nicht allein.

Die Teilhabe am Sinn ist nicht nur eine Sache der Lebenden, vielmehr vermag das Gespräch mit den Toten, die den Sinn schon vor uns teilten, manchmal sogar bedeutsamer zu sein als mit den Lebenden, vor allem dann, wenn dieselben meinen, den Sinn selber und in sich selbst finden zu können. Den Sinn teilen heißt auch, sowohl das Glück als auch das Unglück teilen. Doch das Glück des Verstehens ist etwas anderes als die „Wut des Verstehens" (vgl. Hörisch, 1988). Der angestrengte Zwang, etwas verstehen zu wollen, führt nicht zum Verstehen; der Einsatz mag groß sein, er darf nicht maximal sein. Verstehen ist nicht eine Leistung, und man versteht nicht mehr oder besser, wenn man schneller versteht. Wiewohl die Anstrengung des Willens nötig sein mag, eine gewisse Überwindung der eigenen Perspektive involviert sein mag, so ist Verstehen doch etwas von diesen Leistungen zu Unterscheidendes, eher Tugend als Kompetenz. Von anderen verstanden zu werden, ist gerade im Unglück vielleicht das Wichtigste.

Weltlichkeit

Der Gemeinsinn ist der Sinn für das geteilte Leben. Das, was wir mit den anderen teilen, ist die Welt. Die Form dieses Teilens können wir mit Arendt ‚Weltlichkeit' nennen. Weltlichkeit existiert nur zwischen und nur dank den Menschen. Deshalb kann eine Erziehung zum Gemeinsinn als eine Erziehung zur Weltlichkeit verstanden werden, d.h. als eine Erziehung zur Verständlichkeit und zum Verstehen.

Gesunder Menschenverstand

Worin besteht der Gemeinsinn, der sogenannte ‚gesunde Menschenverstand', auch *common sense* oder *sensus communis* genannt? Zunächst möchte man meinen, dass er einfach darin besteht, einen Sinn für das Richtige zu haben, ohne groß darüber nachdenken zu müssen, nachvollziehbare Urteile zu fällen. Kant nennt drei grundlegende Maximen des gesunden Menschenverstandes (vgl. Kapitel 4.3): (1) *Selbstdenken*, (2) *an der Stelle jedes andern denken*, (3) *jederzeit mit sich selbst einstimmig denken*. Die erste ist die Maxime der *vorurteilfreien* Denkungsart, die zweite ist die Maxime der *erweiterten*, die dritte jene der *konsequenten* Denkungsart (*Kritik der Urteilskraft* [Kant, 1790/1991, S. 214-215 [A 156]). Es deutet sich hier an, dass die Arbeit am gesunden Menschenverstand voraussetzungsreich ist. Mit dem ersten Kriterium (Selbstdenken, vorurteilfreie Denkungsart) wird ein Ideal gesetzt, das allgemeine

Drei Maximen des gesunden Menschenverstandes nach Kant

Selbstdenken

Akzeptanz gefunden hat – auch in Lehrplänen: Immer sollen die SchülerInnen fähig sein, sich eine ‚eigene Meinung' zu bilden und dieselbe ausdrücken und vertreten zu können. Das zweite Kriterium (an der Stelle jedes andern denken, erweiterte Denkungsart) würden wir heute als ‚soziale Perspektivenübernahme' verstehen (vgl. Kapitel 8.2). Obwohl wir gerade mit der strukturgenetischen Tradition sensu Jean Piaget und Lawrence Kohlberg viel darüber wissen, insbesondere auch pädagogisch, fand dieses Kriterium m.E. weniger Beachtung auf Ebene von Lehrplänen und Schulleben, wiewohl es bemerkenswerte Ausnahmen gibt. Das dritte Kriterium (konsequente Denkungsart, jederzeit mit sich selbst einstimmig denken) würden wir heute vielleicht als ‚Argumentationsintegrität' betrachten – ein Ideal, das kaum Eingang gefunden hat in pädagogische Theorie und Praxis. Kurz: Unterschätzen wir nicht den ‚Gemeinsinn' und den sogenannten ‚gesunden Menschenverstand' – hier geht es nicht um bloße Meinungen, auch wenn sie richtig sind, sondern um die Fähigkeit, dieselben mit guten Gründen zu vertreten oder zu verwerfen.

An der Stelle jedes andern denken

Jederzeit mit sich selbst einstimmig denken

Öffentliche Schule in demokratischen Gesellschaften steht also für die gemeinsame Auseinandersetzung mit Welt, sie hat den Gemeinsinn zu stärken und fördert dadurch ‚Weltlichkeit', was im ethischen Bereich etwa so viel wie das Gegenteil von Subjektivismus und Psychologismus darstellt (Arendt würde von ‚Weltlosigkeit' sprechen). Doch wie weit diese Weltlosigkeit in Praxis und Theorie scheinbar gediehen ist, zeigt sich schon daran, dass wir scheinbar wieder an die basale Einsicht erinnert werden müssen, dass wir nicht nur unabhängige Leben führen können, als ob wir frei flottierende Atome wären, sondern unser Leben vielmehr größtenteils in ‚unfreiwilligen Assoziationen' (Walzer) verbringen (Familie, Kultur, Staat, Wertegemeinschaften), in denen wir abhängig von anderen sind und andere von uns – und dies keineswegs in rein symmetrischer Weise. „Das Zusammenleben mit anderen Menschen *ist* eben ein moralisches Engagement. Es bindet uns auf unerwartete Art und Weise", erklärt uns Walzer (1999, S. 25, kursiv wie im Original), und bei MacIntyre (2001) heißt es: „Zwei Tugenden sind es, die den Menschen befähigen, ein gutes Leben zu führen: Die eine ist seine praktische Vernunft, die nach Unabhängigkeit strebt. Die andere aber liegt im Eingeständnis seiner fundamentalen Abhängigkeit."[38] Die einfachsten Erkenntnisse sind am schwersten zu erwerben, scheint es.

Weltlosigkeit

[38] Dieses Zitat ist dem Klappentext von MacIntyres Buch entnommen.

These 7: Wertekonflikte sind unvermeidbar – und unlösbar

Demokratie bedeutet Dissens

Konsenskompetenzen sind zu fördern, so gut es geht, natürlich auch schulisch. Entscheidend für das gesittete, d.h. u.a. gewaltfreie Zusammenleben ist aber die Dissenstauglichkeit: die Fähigkeit, aushalten zu können, dass schlechte Argumente eine Mehrheit gefunden haben. Das ist das emotionale Fundament des demokratischen Zusammenlebens.

Wertekonflikte

In demokratischen Gesellschaften wird man sich nie einig – sie ist die Staats- und Lebensform, in welcher anerkannt wird, dass es immer Wertekonflikte geben wird; nicht nur die Vielfalt, sondern auch die Konflikthaftigkeit der Güter wird ausdrücklich bejaht. Es mag Wertegemeinschaften geben – jede Gemeinschaft ist im Grunde eine Wertegemeinschaft; doch „Demokratie ist das, was die Gemeinschaft durcheinanderbringt" (so hatte es Rancière, 1994, formuliert) – das Gute an der Demokratie ist die Einsicht, dass das Gute nicht ein für alle Mal und für alle verbindlich bestimmt wird. Demokratisch ist es auch, über das Gute und Richtige zu streiten, Niederlagen einstecken zu können und weiterzustreiten. ‚Wirklich gut' ist in demokratischen Gesellschaften allein die Frage nach dem Guten, d.h. Wertekonflikte in Anstand austragen zu können. Die öffentliche Erziehung zum Guten ist deshalb nichts anderes, nicht mehr und nicht weniger als die Erziehung zum Fragen nach dem Guten. Demokratische Gesellschaften tradieren Fragezeichen, während anti-demokratische Gesellschaften letzte Antworten anstreben und als verbindlich ausformulieren. Pädagogisch geht es also darum, Fragen hervorzubringen und die Fraglichkeit eigener Antworten zu erkennen. Der Wertekonflikt verlangt ein bestimmtes Diskursethos – aber nicht immer sind die Werte im Konflikt, ja, meistens sind sie es nicht. Und so ist das Gute in der Regel für alle erkennbar, die es erkennen wollen, es zeigt sich – auch schon den Kindern – mit ein wenig Nachdenken.

Literaturverzeichnis

Alheit, Peter (2000): „Ziviles Wissen“: Fragile Hintergrundstrukturen der Zivilität. In: Literatur und Forschungsreport Weiterbildung 45/2000, 10-23.

Althof, Wolfgang (1990): Moralische Entwicklung, sozialkognitive Entwicklung, Ich-Entwicklung. Theorieelemente zur Ontogenese menschlicher Handlungsfähigkeit. Dissertation. Freiburg: Philosophische Fakultät der Universität Freiburg.

Althof, Wolfgang/Garz, Detlef (1988): Sind Frauen die besseren Menschen? In: Psychologie heute 9/1988, 58-65.

Anscombe, Gertrude E. M. (1981): Modern Moral Philosophy. In: dies.: The Collected Philosophical Papers (Bd. 3: Ethics, Religion and Politics). Oxford: Basil Blackwell, S. 26-42.

Apel, Karl-Otto (1988): Diskurs und Verantwortung. Das Problem des Übergangs zur postkonventionellen Moral. Frankfurt/Main: Suhrkamp.

Arendt, Hannah (1994): Die Krise in der Erziehung. In: dies.: Zwischen Vergangenheit und Zukunft. Übungen im politischen Denken I. Hrsg. von Ursula Ludz. München/Zürich: Piper, S. 255-276.

Arendt, Hannah (1996): Vita Activa oder Vom tätigen Leben. München/Zürich: Piper.

Arendt, Hannah (1998a): Das Urteilen. Texte zu Kants politischer Philosophie. München/Zürich: Piper.

Arendt, Hannah (1998b): Vom Leben des Geistes. Das Denken. Das Wollen. München/Zürich: Piper.

Arendt, Hannah (2003): Denktagebuch, 1950-1973 (2. Aufl., Bd. 1). München: Piper.

Arendt, Hannah (2006a): Über das Böse. Eine Vorlesung zu Fragen der Ethik. München: Piper.

Arendt, Hannah (2006b): Wahrheit und Politik. In: Arendt, Hannah/Nanz, Patrizia (Hrsg.): Wahrheit und Politik. Berlin: Wagenbach, S. 7-62.

Aristoteles (1972): Die Nikomachische Ethik. Übers. und hrsg. von Olof Gigon. München: dtv.

Arnold, Magda B. (1960): Emotion and Personality (Bd. 1: Psychological Aspects). New York: Columbia University Press.

Averill, James R. (1973): Personal Control over Aversive Stimuli and Its Relationship to Stress. In: Psychological Bulletin 4/1973, 286-303.

Baasner, Frank (1988): Der Begriff ‚sensibilité‘ im 18. Jahrhundert. Aufstieg und Niedergang eines Ideals. Heidelberg: Carl Winter Universitätsverlag.

Ballauff, Theodor/Schaller, Klaus (1973): Pädagogik. Eine Geschichte der Bildung und Erziehung (Bd. 3: 19./20. Jahrhundert). Freiburg/München: Verlag Karl Alber.

Barber, Benjamin R. (2003): Strong Democracy: Participatory Politics for a New Age. Berkeley: University of California Press.

Barkhausen, Jochen (1983): Die Vernunft des Sentimentalismus. Untersuchungen zur Entstehung der Empfindsamkeit und empfindsamen Komödie in England. Tübingen: Gunter Narr Verlag.

Barrett, Richard (1994): On Emotion as a Lapse from Rationality. In: Journal of Moral Education 2/1994, 135-143.

Baumert, Jürgen (2002): Deutschland im internationalen Bildungsvergleich. URL: http://www.edudoc.ch/static/xd/2004/26.pdf (Datum des letzten Abrufs: 28. Feburar 2017).

Bayertz, Kurt (1991): Wissenschaft, Technik und Verantwortung. Grundlagen der Wissenschafts- und Technikethik. In: ders. (Hrsg.): Praktische Philosophie. Grundorientierungen angewandter Ethik. Reinbek bei Hamburg: Rowohlt, S. 173-209.

Beck, Ulrich (1986): Risikogesellschaft. Auf dem Weg in eine andere Moderne. Frankfurt/Main: Suhrkamp.

Bellmann, Johannes/Müller, Thomas (Hrsg.) (2011): Wissen, was wirkt. Kritik evidenzbasierter Pädagogik. Wiesbaden: VS Verlag für Sozialwissenschaften.

Benner, Dietrich (1979): Lässt sich das Technologieproblem durch eine Technologieersatztechnologie lösen? Eine Auseinandersetzung mit den Thesen von Niklas Luhmann und Karl-Eberhardt Schorr. In: Zeitschrift für Pädagogik 3/1979, 367-377.

Benner, Dietrich (1991): Allgemeine Pädagogik (2. Aufl.). Weinheim: Juventa.

Benyoëtz, Elazar (2002): Finden macht das Suchen leichter. Berlin: Hanser.
Bernfeld, Siegfried (1994): Sisyphos oder die Grenzen der Erziehung. Frankfurt/Main: Suhrkamp [Original 1925].
Bernstein, Basil (1996): Pedagogy, Symbolic Control and Identity. London: Taylor & Francis.
Bernstein, Basil (2000): Pedagogy, Symbolic Control and Identity (2., überarb. Aufl.). Lanham: Rowman & Littlefield.
Bernstein, Basil/Solomon, Joseph (1999): ‚Pedagogy, Identity and the Construction of a Theory of Symbolic Control': Basil Bernstein Questioned by Joseph Solomon. In: British Journal of Sociology of Education 2/1999, 265-279.
Beutler, Kurt/Horster, Detlef (Hrsg.) (1996): Pädagogik und Ethik. Stuttgart: Reclam.
Blau, Peter (1964): Exchange and Power in Social Life. New York: Wiley.
Blumenberg, Hans (1999): Paradigmen zu einer Metaphorologie (2. Aufl.). Frankfurt/Main: Suhrkamp.
Blumenberg, Hans (2014): Beschreibung des Menschen. Frankfurt/Main: Suhrkamp.
Böhme, Gernot (1996): Selbstsein und derselbe sein. Über ethische und sozialtheoretische Voraussetzungen von Identität. In: Barkhaus, Annette/Mayer, Matthias/Roughly, Neil/Thürnau, Donatus (Hrsg.): Identität, Leiblichkeit, Normativität. Neue Horizonte anthropologischen Denkens. Frankfurt/Main: Suhrkamp, S. 322-340.
Bokelmann, Hans (1970): Pädagogik: Erziehung, Erziehungswissenschaft. In: Speck, Joseph/Wehle, Gerhard (Hrsg.): Handbuch pädagogischer Grundbegriffe. München: Kösel, S. 178-267.
Bollnow, Otto F. (1959): Existenzphilosophie und Pädagogik. Stuttgart: Kohlhammer.
Bollnow, Otto F. (1964): Die Pädagogische Atmosphäre. Heidelberg: Quelle & Meyer.
Bollnow, Otto F. (1983): Anthropologische Pädagogik (3. Aufl.). Bern: Haupt.
Bollnow, Otto F. (1995): Das Wesen der Stimmungen (8. Aufl.). Frankfurt/Main: Vittorio Klostermann.
Bonal, Xavier/Rambla, Xavier (2003): Captured by the Totally Pedagogised Society: Teachers and Teaching in the Knowledge Economy. In: Globalisation, Societies, Education 2/2003, 169-184.
Bourdieu, Pierre (1988): Die feinen Unterschiede. Zur Kritik der gesellschaftlichen Urteilskraft. Frankfurt/Main: Suhrkamp.
Bourdieu, Pierre (1992): Rede und Antwort. Frankfurt/Main: Suhrkamp.
Bourdieu, Pierre/Passeron, Jean-Claude (1976): Die Illusion der Chancengleichheit. Untersuchungen zur Soziologie des Bildungswesens am Beispiel Frankreichs. Stuttgart: Klett-Cotta.
Brehm, Jack W. (1966): A Theory of Social Reactance. New York: John Wiley & Sons.
Breinbauer, Ines Maria (2000): Einführung in die Allgemeine Pädagogik. Wien: WUV.
Breithaupt, Fritz (2012): Kultur der Ausrede. Frankfurt/Main: Suhrkamp.
Bruder, Klaus-Jürgen (1993): Subjektivität und Postmoderne. Der Diskurs der Psychologie. Frankfurt/Main: Suhrkamp.
Brumlik, Micha (2002): Bildung und Glück. Versuch einer Theorie der Tugenden. Berlin/Wien: Philo.
Brumlik, Micha (2004): Advokatorische Ethik. Zur Legitimation pädagogischer Eingriffe. Berlin/Wien: Philo.
Brunkhorst, Hauke (2000): Einführung in die Geschichte der politischen Ideen. München: Fink/UTB.
Buller, David B./Burgoon, Judee K. (1996): Interpersonal Deception Theory. In: Communication Theory 3/1996, 203-242.
Bullinger, Hans-Jörg/Mytzek, Ralf/Zeller, Beate (Hrsg.) (2004): Soft Skills. Überfachliche Qualifikationen für betriebliche Arbeitsprozesse. Bielefeld: Bertelsmann.
Butterwegge, Christoph (2006): Krise und Zukunft des Sozialstaates (3., erw. Aufl.). Wiesbaden: VS Verlag für Sozialwissenschaften.
Carr, David (1996): After Kohlberg. In: Studies in Philosophy and Education 4/1996, 353-370.
Carr, David (2000): Professionalism and Ethics in Teaching. London: Routledge.
Carter, Stephen L. (1998): Civility. Manners, Morals, and the Etiquette of Democracy. New York: Basic Books.
Casale, Rita (2005): Erziehung vor der Moralerziehung. Konversation gegen Kommunikation. In: Horster, Detlef/Oelkers, Jürgen (Hrsg.): Pädagogik und Ethik. Wiesbaden: VS Verlag für Sozialwissenschaften, S. 25-48.

Casale, Rita (2006): Die italienische Erziehung des bourgeois gentilhomme. In: Zeitschrift für Pädagogik 4/2006, 508-521.
Cohen, Michael D./March, James G./Olson, Johan P. (1990): Ein Papierkorb-Modell für organisiertes Wahlverhalten. In: March, James G. (Hrsg.): Entscheidung und Organisation. Kritische und konstruktive Entwicklungen und Perspektiven. Braunschweig: Gabler, S. 329-372.
Confucius (1979): The Analects (Lun yü). Translated with an Introduction by Din-cheuk Lau. London: Penguin.
Corsten, Michael/Lempert, Wolfgang (1992): Moralische Dimensionen der Arbeitssphäre. Literaturbericht, Fallstudien und Bedingungsanalysen zum betrieblichen und beruflichen Handeln und Lernen. Berlin: Max-Planck-Institut für Bildungsforschung.
Dahrendorf, Ralf (1959): Homo Sociologicus. Ein Versuch zur Geschichte, Bedeutung und Kritik der Kategorie der sozialen Rolle. Köln/Opladen: Westdeutscher Verlag.
Danner, Helmut (1985): Verantwortung und Pädagogik. Anthropologische und ethische Untersuchungen zu einer sinnorientierten Pädagogik. Königstein/Taunus: Forum Academicum.
de Tocqueville, Alexis (1987): Über die Demokratie in Amerika. Zürich: Manesse.
Derbolav, Josef (1985): Thesen zu einer pädagogischen Ethik. In: Pädagogische Rundschau 39/1985, 255-274.
Dewey, John (1998): Kunst als Erfahrung. Frankfurt/Main: Suhrkamp [Original 1934].
Dippold, Günter (2000): Peter Zillig (1855-1929). Lehrer und pädagogischer Schriftsteller. In: Dippold, Günter/Meixner, Alfred (Hrsg.): Staffelsteiner Lebensbilder (Bd. 11). Staffelstein: Verlag für Staffelsteiner Schriften, S. 165-172.
Döbler, Joachim (2000): Handout zum Kurzvortrag vor dem Präventionsrat der Stadt Braunschweig mit dem Titel „Propädeutische Überlegungen zur ‚Zivilcourage'". Rathaus Braunschweig, 06. März 2000.
Donath, Orna (2015): Regretting Motherhood: A Sociopolitical Analysis. In: Signs: Journal of Women in Culture and Society 2/2015, 343-367.
Ehrenberg, Alain (2008): Das erschöpfte Selbst. Depression und Gesellschaft in der Gegenwart. Frankfurt/Main: Suhrkamp.
Eilingsfeld, Herbert (1994): Ohnmacht der Moral. Kapitulation vor hoher Komplexität. In: Mitteilungen der Gesellschaft für Verantwortung in der Wissenschaft e.V. (GVW). Sonderausgabe zum Kongress in Dortmund 24.-26. Juni 1994, S. 28-38.
Elias, Norbert (1969): Über den Prozess der Zivilisation (2 Bde.). Frankfurt/Main: Suhrkamp.
Elwitz, Siegfried (1973): Civil und Civility. Eine wortgeschichtliche Untersuchung zweier Höflichkeitsbezeichnungen. Inaugural-Dissertation Bonn: Universität.
Faguet, Emile (1911): The Cult of the Incompetent. Aus dem Französischen übersetzt von Beatrice Barstow. London: Murray.
Federhofer, Marie-Theres (2001): „Moi simple amateur". Johann Heinrich Merck und der naturwissenschaftliche Dilettantismus im 18. Jahrhundert. Hannover: Wehrhahn.
Federhofer, Marie-Theres (2004): Dilettant, Dandy und Décadent: Einleitung. In: Barstad, Guri E./Federhofer, Marie-Theres (Hrsg.): Dilettant, Dandy und Décadent. Hannover: Wehrhahn, S. 7-15.
Fend, Helmut (1980): Theorie der Schule. München: Urban & Schwarzenberg.
Feyerabend, Paul (1993): Wider den Methodenzwang. Frankfurt/Main: Suhrkamp.
Fink, Eugen (1970): Erziehungswissenschaft und Lebenslehre. Freiburg im Breisgau: Rombach.
Fink, Eugen (1987): Existenz und Coexistenz. Grundprobleme der menschlichen Gemeinschaft. Würzburg: Königshausen & Neumann [Original, als Vorlesungstext, 1952/53 und 1968/69].
Finkielkraut, Alain (1999): L'ingratitude. Conversation sur notre temps. Avec A. Robitaille. Montréal: Édition Québec Amérique.
Fischer, Wolfgang (1998): Immanuel Kant I. In: Fischer, Wolfgang/Löwisch, Dieter-Jürgen (Hrsg.): Philosophen als Pädagogen. Darmstadt: Primus, S. 125-139.
Flam, Helena (2002): Soziologie der Emotionen. Konstanz: UVK Verlagsgesellschaft/UTB.
Foucault, Michel (1989): Die Sorge um sich. Sexualität und Wahrheit 3. Übers. von Ulrich Raulff und Walter Seitter. Frankfurt/Main: Suhrkamp.

Foucault, Michel (1993): Technologien des Selbst. In: Martin, Luther H./Gutman, Huck/Hutton, Partick H. (Hrsg.): Technologien des Selbst. Frankfurt/Main: Fischer, S. 24-62.

Foucault, Michel (1994): L'éthique du souci de soi comme pratique de la liberté. Interview mit H. Becker, R. Fornet-Brancourt und A. Gomez-Müller aus dem Jahre 1984. In: ders.: Dits et écrits. Paris: Gallimard, S. 708-729.

Foucault, Michel (1996): Der Mensch ist ein Erfahrungstier. Gespräch aus dem Jahre 1978 mit D. Trombadori. Übers. von Horst Brühmann. Frankfurt/Main: Suhrkamp.

Francke, August H. (1892): Kurzer und einfältiger Unterricht. Wie die Kinder zur wahren Gottseligkeit und christlichen Klugheit anzuführen sind. In: Richter, Albert (Hrsg.): Neudrucke pädagogischer Schriften (Bd. 10). Leipzig: Verlag von Richard Richter, S. 13-87.

Frankfurt, Harry (1971): Freedom of the Will and the Concept of a Person. In: Journal of Philosophy 1/1971, 5-20.

Frankfurt, Harry (2005a): Gründe der Liebe. Frankfurt/Main: Suhrkamp.

Frankfurt, Harry (2005b): On Bullshit. Frankfurt/Main: Suhrkamp.

Friedell, Egon (1969): Wozu das Theater. Essays, Satiren. Humoresken. Hrsg. und eingel. von Peter Haage. München: Deutscher Taschenbuch Verlag.

Friedell, Egon (1982): Abschaffung des Genies. Essays bis 1918. Hrsg. und mit einem Nachwort von Heribert Illig. Wien/München: Löcker.

Friedell, Egon (2007): Kulturgeschichte der Neuzeit. Die Krisis der europäischen Seele von der schwarzen Pest bis zum Ersten Weltkrieg. München: C. H. Beck [Original 1927-1931].

Fromm, Erich (1982): Über den Ungehorsam und andere Essays. München: DVA.

Fuhr, Thomas (1998): Ethik des Erziehens. Pädagogische Handlungsethik und ihre Grundlegung in der elterlichen Erziehung. Weinheim: Beltz/Deutscher Studien Verlag.

Fumat, Yveline (2000): La civilité peut-elle s'enseigner? In: Revue Française de Pédagogie 1/2000, 101-113.

Gardener, Daniel K. (2007): The Four Books. The Basic Teachings of the Later Confucian Tradition. Indianapolis/Cambridge: Hackett.

Garnier, Philippe (2002): Über die Lauheit. Essay. München: Liebeskind.

Garz, Detlef (1994): Sozialpsychologische Entwicklungstheorien. Von Mead, Piaget und Kohlberg bis zur Gegenwart (2. Aufl.). Opladen: Westdeutscher Verlag.

Gerhart, Volker (2007): Partizipation. Das Prinzip der Politik. München: C. H. Beck.

Giesecke, Hermann (1985): Das Ende der Erziehung. Neue Chancen für Familie und Schule. Stuttgart: Klett-Cotta.

Gilligan, Carol (1982): In a Different Voice. Psychological Theory and Women's Development. Cambridge: Harvard University Press.

Gilligan, Carol (1985): Die andere Stimme. Lebenskonflikte und Moral der Frau (2. Aufl.). München: Piper.

Gilligan, Carol/Attanucci, Jane (1988): Two Moral Orientations: Gender Differences and Similarities. In: Merrill-Palmer Quarterly 3/1988, 223-237.

Gracián, Baltasar (2004): Handorakel und Kunst der Weltklugheit. Stuttgart: Reclam [Original 1653].

Grob, Urs/Maag Merki, Katharina (2001): Überfachliche Kompetenzen. Theoretische Grundlegung und empirische Erprobung eines Indikatorensystems. Bern: Peter Lang.

Günzler, Claus/Kerstiens, Ludwig/Mauermann, Lutz (Hrsg.) (1988): Ethik und Erziehung. Stuttgart: Kohlhammer.

Gutmann, Amy (1987): Democratic Education. Princeton: Princeton University Press.

Gutmann, Amy/Thompson, Dennis (1997): Democracy and Disagreement. Cambridge/London: The Belknap Press of Harvard University Press.

Habermas, Jürgen (1982): Theorie der Gesellschaft oder Sozialtechnologie? Eine Auseinandersetzung mit Niklas Luhmann. In: Habermas, Jürgen/Luhmann, Niklas (Hrsg.): Theorie oder Sozialtechnologie. Frankfurt/Main: Suhrkamp, S. 142-290.

Habermas, Jürgen (1990): Strukturwandel der Öffentlichkeit. Untersuchungen zu einer Kategorie der bürgerlichen Gesellschaft. Frankfurt/Main: Suhrkamp.

Heid, Helmut (1988): Zur Paradoxie der bildungspolitischen Forderung nach Chancengleichheit. In: Zeitschrift für Pädagogik 1/1988, 1-17.

Heidegger, Martin (2006): Sein und Zeit. Tübingen: Niemeyer [Original 1927].

Heller, Agnes (1979): A Theory of Feelings. Assen: Van Gorcum.

Helsper, Werner (2010): Pädagogisches Handeln in den Antinomien der Moderne. In: Krüger, Heinz-Hermann/Helsper, Werner (Hrsg.): Einführung in Grundbegriffe und Grundfragen der Erziehungswissenschaft. Opladen: Leske + Budrich, S. 15-34.

Herzog, Walter (1991): Das moralische Subjekt. Pädagogische Intuition und psychologische Theorie. Bern: Huber.

Herzog, Walter (2002): Zeitgemäße Erziehung. Konstruktion pädagogischer Wirklichkeit. Weilerswist: Velbrück Wissenschaft.

Higgins, Ann (1989): Das Erziehungsprogramm der Gerechten Gemeinschaft: Die Entwicklung moralischer Sensibilität als Ausdruck von Gerechtigkeit und Fürsorge. In: Lind, Georg/Pollitt-Gerlach, Gundula (Hrsg.): Moral in ‚unmoralischer' Zeit. Zu einer partnerschaftlichen Ethik in Erziehung und Gesellschaft. Heidelberg: Asanger, S. 33-54.

Hochschild, Arlie (1983): The Managed Heart. Commercialization of Human Feeling. Berkeley: University of California Press.

Höffe, Otfried (1979): Ethik und Politik. Grundmodelle und -probleme der praktischen Philosophie. Frankfurt/Main: Suhrkamp.

Höffe, Otfried (1983): Immanuel Kant. München: C. H. Beck.

Höffe, Otfried (1984): Umrisse einer praktischen Philosophie der Erziehung. In: Benedikt, Erich, et al. (Hrsg.): Philosophische Aspekte im Unterricht der AHS. Wien: Österreichischer Bundesverlag, S. 23-45.

Höffe, Otfried (1986): Moral und Sitte. In: ders. (Hrsg.): Lexikon der Ethik (3., überarb. Aufl.). München: C. H. Beck, S. 170-172.

Höhne, Thomas (2004): Pädagogisierung sozialer Machtverhältnisse. In: Schulheft 116/2004, 30-44.

Hondrich, Karl O. (2002): Enthüllung und Entrüstung. Eine Phänomenologie des politischen Skandals. Frankfurt/Main: Suhrkamp.

Hörisch, Jochen (1988): Die Wut des Verstehens. Zur Kritik der Hermeneutik. Frankfurt/Main: Suhrkamp.

Horn, Christoph (1998): Antike Lebenskunst. Glück und Moral von Sokrates bis zu den Neu-platonikern. München: C. H. Beck.

Hu, Hong (2009): Worte Kennen. Zhiyan. Übers. und hrsg. von Hans van Ess. Frankfurt/Main: Verlag der Weltreligionen.

Hügli, Anton (1999): Philosophie und Pädagogik. Darmstadt: Wissenschaftliche Buchgesellschaft.

Illich, Ivan (2003): Entschuldung der Gesellschaft (5. Aufl.). München: C. H. Beck.

Illouz, Eva (2008): Gefühle in Zeiten des Kapitalismus. Frankfurt/Main: Suhrkamp.

Illouz, Eva (2009): Die Errettung der modernen Seele. Therapien, Gefühle und die Kultur der Selbsthilfe. Frankfurt/Main: Suhrkamp.

Ivanhoe, Philip J. (2010): Lu Xiangshan's Ethical Philosophy. In: Makeham, John (Hrsg.): Dao Companion to Neo-Confucian Philosophy. Dordrecht: Springer, S. 249-266.

Joas, Hans (2012): Die Sakralität der Person. Eine neue Genealogie der Menschenrechte. Frankfurt/Main: Suhrkamp.

Juranek, Natalie/Döbert, Rainer (2002): Eine andere Stimme. Universalien oder geschlechtsspezifische Differenzen in der Moral. Heidelberg: Asanger.

Kant, Immanuel (1783/1977): Beantwortung der Frage: Was ist Aufklärung? In: ders.: Werkausgabe (Bd. XI). Hrsg. von Wilhelm Weischedel. Frankfurt/Main: Suhrkamp, S. 53-61.

Kant, Immanuel (1784/1977): Idee zu einer allgemeinen Geschichte in weltbürgerlicher Absicht. In: ders.: Werkausgabe (Bd. XII). Hrsg. von Wilhelm Weischedel. Frankfurt/Main: Suhrkamp, S. 31-50.

Kant, Immanuel (1798/1977): Anthropologie in pragmatischer Hinsicht. In: ders.: Werkausgabe (Bd. XII). Hrsg. von Wilhelm Weischedel. Frankfurt/Main: Suhrkamp, S. 395-690.

Kant, Immanuel (1803/1977): Über Pädagogik. In: ders.: Werkausgabe (Bd. XII). Hrsg. von Wilhelm Weischedel. Frankfurt/Main: Suhrkamp, S. 691-761.

Kant, Immanuel (1797/1990): Die Metaphysik der Sitten. Stuttgart: Reclam.

Kant, Immanuel (1790/1991): Kritik der Urteilskraft. Stuttgart: Reclam.

Karl, Jacqueline (2014): Selbstbestimmung und Individualität bei Platon. Eine Interpretation zu frühen und mittleren Dialogen. Freiburg/München: Alber.

Kassner, Rudolf (1910): Der Dilettantismus. Frankfurt/Main: Literarische Anstalt Rütten & Loening.

Kerstiens, Ludwig (1988): Ethische Aspekte des Lehrens und Lernens. In: Günzler, Claus/Kerstiens, Ludwig/Mauermann, Lutz (Hrsg.): Ethik und Erziehung. Stuttgart: Kohlhammer, S. 110-140.

Keupp, Heiner (2000): Eigensinn und Selbstsorge: Subjektsein in der Zivilgesellschaft. Manuskript des gleichnamigen Vortrages beim Kongress für Klinische Psychologie und Psychotherapie „Psychotherapeutische und psychosoziale Zukunftsentwürfe", 25. Februar - 01. März 2000 in Berlin.

Kierkegaard, Sören (1995): Die Krankheit zum Tode. Hamburg: Europäische Verlagsanstalt [Original 1849].

Kilchsperger, Heiner (1985): Pädagogische Verantwortung. Bern: Haupt.

Kilpatrick, William (1992): Why Johnny Can't Tell Right from Wrong. New York: Simon & Schuster.

Kohlberg, Lawrence (1976): Moral Stages and Moralization. In: Lickona, Thomas (Hrsg.): Moral Development and Behavior. New York: Holt, Rinehart and Winston, S. 31-53.

Kohlberg, Lawrence (1981): Essays on Moral Development (Bd. 1: The Philosophy of Moral Development: Moral Stages and the Idea of Justice). New York: Harper & Row.

Kohlberg, Lawrence (1984): Essays on Moral Development (Bd. 2: The Psychology of Moral Development: The Nature and Validity of Moral Stages). San Francisco: Harper & Row.

Kohler, Georg (2009): Rolle, Maske, Person oder: echt falsch. Über den vieldeutigen Ausdruck ‚Authentizität'. In: Amrein, Ursula (Hrsg.): Das Authentische. Referenzen und Repräsentationen. Zürich: Chronos, S. 197-208.

Kojève, Alexandre (2004): La notion de l'autorité. Paris: Gallimard [Original 1942].

Kreckel, Reinhard (2008): Zwischen universeller Inklusion und neuer Exklusivität. Institutionelle Differenzierungen und Karrieremuster im akademischen Feld: Deutschland im internationalen Vergleich. In: Kehm, Barbara M. (Hrsg.): Hochschule im Wandel. Die Universität als Forschungsgegenstand. Festschrift für Ulrich Teichler. Frankfurt/Main: Campus, S. 181-194.

Krieck, Ernst (1930): Philosophie der Erziehung. Jena: Diederichs.

Kron, Friedrich W. (1999): Grundwissen Pädagogik. Basel: Reinhardt/UTB.

Kugler, Christine/Kurt, Ronald (2007): Inszenierungsformen von Glaubwürdigkeit im Medium Fernsehen. In: Fischer-Lichte, Erika/Horn, Christian/Pflug, Isabel/Warstatt, Matthias (Hrsg.): Inszenierung von Authentizität. Tübingen: Francke, S. 149-162.

Kultgen, John (1988): Ethics and Professionalism. Philadelphia: University of Pennsylvania Press.

Ladenthin, Volker/Schilmöller, Reinhard (Hrsg.) (1999): Ethik als pädagogisches Projekt. Grundfragen schulischer Werterziehung. Opladen: Leske + Budrich.

Lakoff, George/Johnson, Mark (2000): Leben in Metaphern. Konstruktion und Gebrauch von Sprachbildern (2., korr. Aufl.). Heidelberg: Carl-Auer-Systeme [amerik. Original 1980].

Lamszus, Wilhelm (1948): Pädagogische Dilettanten oder geborene Erzieher? Kulturreform durch Lehrerauslese. Hamburg: Hamburger Kulturverlag.

Lasch, Christopher (1979): The Culture of Narcissism. American Life in an Age of Diminishing Expectations. New York: Norton & Co.

Lazarus, Richard S. (1966): Psychological Stress and the Coping Process. New York: McGraw-Hill.

Lazarus, Richard S./Launier, Raymond (1978): Stress-Related Transactions between Person and Environment. In: Pervin, Lawrence A./Lewis, Michael (Hrsg.): Perspectives in Interactional Psychology. New York: Plenum Press, S. 287-327.

Lemke, Thomas (1997): Eine Kritik der politischen Vernunft. Foucaults Analyse der modernen Gouvernementalität. Berlin/Hamburg: Argument.

Lewis, Michael (1992): Shame. The Exposed Self. New York: Free Press.

Lickona, Thomas (1992): Educating for Character. How Our Schools Can Teach Respect and Responsibility. New York: Bantam.

Lilge, Hans-Georg (1980): Wertgrundlagen partizipativer Führung. In: Grunwald, Wolfgang/Lilge, Hans-Georg (Hrsg.): Partizipative Führung: Betriebswirtschaftliche und sozialpsychologische Aspekte. Bern: Huber, S. 50-72.

Lo, Yuet Keung (2014): Confucius and His Community. In: Olberding, Amy (Hrsg.): Dao Companion to the Analects. Dordrecht: Springer, S. 55-79.

Loch, Werner (1969): Die Struktur der Begegnung im Horizont der Erziehung. In: Gerner, Berthold (Hrsg.): Begegnung. Ein anthropologisch-pädagogisches Grundereignis. Darmstadt: Wissenschaftliche Buchgesellschaft, S. 295-405.

Löwisch, Dieter-Jürgen (1995): Einführung in die Pädagogische Ethik. Eine handlungsorientierte Anleitung für die Durchführung von Verantwortungsdiskursen. Darmstadt: Wissenschaftliche Buchgesellschaft.

Lübbe, Hermann (2004): Mehrheit statt Wahrheit. Über Demokratisierungszwänge. In: Kaiser, André/Zittel, Thomas (Hrsg.): Demokratietheorie und Demokratieentwicklung. Wiesbaden: VS Verlag für Sozialwissenschaften, S. 141-154.

Luhmann, Niklas (2002): Das Erziehungssystem der Gesellschaft. Frankfurt/Main: Suhrkamp.

Luhmann, Niklas/Schorr, Karl E. (1982): Das Technologiedefizit der Erziehung und die Pädagogik. In: dies. (Hrsg.): Zwischen Technologie und Selbstreferenz. Frankfurt/Main: Suhrkamp, S. 11-40.

Lyons, Nona P. (1983): Two Perspectives: on Self, Relationship, and Morality. In: Harvard Educational Review 2/1983, 125-145.

Lyotard, Jean-François (1993): Das postmoderne Wissen. Wien: Passagen.

MacIntyre, Alasdair (1981): After Virtue. Notre Dame: University of Notre Dame Press.

MacIntyre, Alasdair (2001): Die Anerkennung der Abhängigkeit. Über menschliche Tugenden. Hamburg: Rotbuch Verlag.

Marcia, James E. (1966): Development and Validation of Ego-Identity Status. In: Journal of Personality and Social Psychology 5/1966, 551-558.

Margalit, Avishai (2000): Ethik der Erinnerung. Max Horkheimer Vorlesungen. Frankfurt/Main: Fischer.

Marquard, Odo (1981): Abschied vom Prinzipiellen. Stuttgart: Reclam.

Marquard, Odo (2003): Apologie der Bürgerlichkeit. In: ders.: Zukunft braucht Herkunft. Philosophische Essays. Stuttgart: Reclam, S. 247-260.

Maxwell, Bruce/Reichenbach, Roland (2005): The Shame Corner: The Education of the Emotions as Moral Education. In: Journal for Moral Education 3/2005, 292-308.

Maxwell, Bruce/Reichenbach, Roland (2007): Educating Moral Emotions: A Praxiological Analysis. In: Studies in Philosophy and Education 2/2007, 147-163.

McKinnon, Christine (2005): Character Possession and Human Flourishing. In: Lapsley, Daniel K./Power, F. Clark (Hrsg.): Character Psychology and Character Education. Notre Dame: University of Notre Dame Press, S. 36-66.

Menke, Christoph (1993): Liberalismus im Konflikt. In: Brumlik, Micha/Brunkhorst, Hauke (Hrsg.): Gemeinschaft und Gerechtigkeit. Frankfurt/Main: Fischer, S. 218-243.

Menke, Christoph (1996): Tragödie im Sittlichen. Gerechtigkeit und Freiheit nach Hegel. Frankfurt/Main: Suhrkamp.

Menzius (2012): Menzius. Von der Freiheit des Menschen. Übers. von Richard Wilhelm. Wiesbaden: Marix.

Meyer, John W./Schofer, Evan (2005): Universität in der globalen Gesellschaft. Die Expansion des 20. Jahrhunderts. In: die hochschule 2/2005, 81-98.

Meyer, Petra M. (2007): Mediale Inszenierung von Authentizität und ihre Dekonstruktion im theatralen Spiel mit Spiegeln. In: Fischer-Lichte, Erika/Horn, Christian/Pflug, Isabel/Warstatt, Mathias (Hrsg.): Inszenierung von Authentizität. Tübingen/Basel: Francke, S. 71-91

Meyer-Drawe, Käte (2000): Illusionen von Autonomie. Diesseits von Ohnmacht und Allmacht des Ich (2. Aufl.). München: Kirchheim.

Meyer-Drawe, Käte/Peukert, Helmut/Ruhloff, Jörg (Hrsg.) (1992): Pädagogik und Ethik. Weinheim: Deutscher Studien Verlag.

Minsel, Beate/Roth, Wolfgang K. (Hrsg.): Soziale Interaktion in der Schule. München: Urban & Schwarzenberg.

Mittelstraß, Jürgen (Hrsg.) (1980): Enzyklopädie Philosophie und Wissenschaftstheorie (Bd. 1). Mannheim/Wien/Zürich: Wissenschaftsverlag.

Müller, Werner R./Hill, Wilhelm (1980): Die situative Führung. In: Grunwald, Wolfgang/Lilge, Hans-Georg (Hrsg.): Partizipative Führung: Betriebswirtschaftliche und sozialpsychologische Aspekte. Bern: Huber, S. 129-172.

Münch, Richard (2009): Globale Eliten – Lokale Autoritäten. Politik unter dem Regime von PISA, McKinsey & Co. Frankfurt/Main: Suhrkamp.

Mytzek, Ralf (2004): Überfachliche Qualifikationen – Konzepte und internationale Trends. In: Bullinger, Hans-Jörg/Mytzek, Ralf/Zeller, Beate (Hrsg.): Soft Skills. Überfachliche Qualifikationen für betriebliche Arbeitsprozesse. Bielefeld: Bertelsmann, S. 17-41.

Nanz, Patrizia (2006): „Die Gefahr ist, dass das Politische überhaupt aus der Welt verschwindet". In: Arendt, Hannah/Nanz, Patrizia (Hrsg.): Wahrheit und Politik. Berlin: Wagenbach, S. 63-87.

Nathanson, Donald L. (1992): Shame and Pride. Affect, Sex, and the Birth of the Self. New York/London: Norton.

Nawratil, Georg/Rabaioli-Fischer, Barbara (2010): Sozialpsychologie leicht gemacht. Einführung und Examenshilfe (6. Aufl.). Berlin: Ewald von Kleist.

Nelson, Leonard (1921): Erziehung zum Knechtsgeist. Leipzig: Verlag Der Neue Geist.

Nivat, Georges (2006): Introduction à la table ronde „La dissidence face à l'autorité". In: Steiner, George/Mottu, Henry/Garapon, Antoine/Meirieu, Philippe/Ehrenberg, Alain/Ebadi, Shirin/Pomian, Krzysztof/Revault d'Allonnes, Myriam (Hrsg.): Le futur de l'autorité. Lausanne: L'age d'homme, S. 205-238.

Noddings, Nel (1984): Caring: A Feminine Approach to Ethics and Moral Education. Berkeley: University of California Press.

Noddings, Nel (1992): The Challenge to Care in Schools. An Alternative Approach to Education. New York/London: Teachers College Press.

Noetzel, Thomas (1999): Authentizität als politisches Problem. Ein Beitrag zur Theoriegeschichte der Legitimation politischer Ordnung. Berlin: Akademie-Verlag.

Nohl, Herman (1970): Der pädagogische Bezug. In: Kron, Friedrich W. (Hrsg.): Das erzieherische Verhältnis. Bad Heilbrunn: Klinkhardt, S. 51-59.

Nucci, Larry P. (2001): Education in the Moral Domain. New York: Cambridge University Press.

Nunner-Winkler, Gertrud (1989a): Identität: Das Ich im Lebenslauf. In: Redaktion Psychologie Heute (Hrsg.): Das Ich im Lebenslauf. Thema: Lebens-Phasen. Weinheim/Basel: Beltz, S. 83-105.

Nunner-Winkler, Gertrud (1989b): Verantwortlichkeit für andere: Das Problem der ‚positiven' Pflichten. In: Lind, Georg/Pollitt-Gerlach, Gundula (Hrsg.): Moral in ‚unmoralischer' Zeit. Zu einer partnerschaftlichen Ethik in Erziehung und Gesellschaft. Heidelberg: Asanger, S. 33-54.

Nunner-Winkler, Gertrud (1994): Eine weibliche Moral? Differenz als Ressource im Verteilungskampf. In: Zeitschrift für Soziologie 6/1994, 417-433.

Nyberg, David (1996): Deception and Moral Decency. In: French, Peter A./Uehling, Theodore E., Jr./Wettstein, Howard K. (Hrsg.): Midwest Studies in Philosophy (Bd. XX: Moral Concepts). Notre Dame: University of Notre Dame Press, S. 186-203.

Oakley, Justin (1992): Morality and the Emotions. New York: Routledge.

Oelkers, Jürgen (1992): Pädagogische Ethik. Eine Einführung in Probleme, Paradoxien und Perspektiven. Weinheim/München: Juventa.

Oerter, Rolf/Dreher, Eva (2002): Identität: Das zentrale Thema des Jugendalters. In: Oerter, Rolf/Montada, Leo (Hrsg.): Entwicklungspsychologie. Weinheim: Beltz.

Oser, Fritz (1998): Ethos – die Vermenschlichung des Erfolgs. Zur Psychologie der Berufsmoral von Lehrpersonen. Wiesbaden: Springer VS.

Oser, Fritz/Althof, Wolfgang (1992): Moralische Selbstbestimmung. Modelle der Entwicklung und Erziehung im Wertebereich. Stuttgart: Klett-Cotta.

Oser, Fritz/Patry, Jean-Luc/Zutavern, Michael/Reichenbach, Roland/Klaghofer, Richard/Althof, Wolfgang/Rothbucher, Heinz (1991): Der Prozess der Verantwortung. Berufsethische Entscheidungen von Lehrerinnen und Lehrern. Bericht zum Forschungsprojekt 1.188-0.85 & 11.25470.88/2 des Schweizerischen Nationalfonds zur Förderung der wissenschaftlichen Forschung. Freiburg: Pädagogisches Institut der Universität Freiburg.

Pabst, Angela (2003): Die athenische Demokratie: München: C. H. Beck.

Pascal, Blaise (1994): Gedanken über die Religion und einige andere Gegenstände (Pensées) (9. Aufl.). Darmstadt: Wissenschaftliche Buchgesellschaft.

Pateman, Carole (1970): Participation and Democratic Theory. Cambridge: Cambridge University Press.

Pessoa, Fernando (1985): Das Buch der Unruhe des Hilfsbuchhalters Bernardo Soares. Zürich: Ammann.

Pessoa, Fernando (2004): Baron von Teive. Die Erziehung zum Stoiker. Zürich: Ammann.

Peters, Richard S. (1960): Authority, Responsibility and Education. London: George Allen & Unwin.

Peters, Richard S. (1966): Ethics and Education. London: Northumberland Press.

Peterson, Marilyn R. (1992): At Personal Risk. Boundary Violations in Professional-Client Relationships. New York/London: Norton.

Peyrat, Didier (2005): En manque de civilité. Paris: Textuel.

Piaget, Jean (1981): Intelligence and Affectivity: Their Relationship During Child Development. Übers. und hrsg. von T. Brown und C. Kaegi. Palo Alto: Annual Reviews Monographs.

Pleines, Jürgen-Eckhart (1987): Vom Allgemeinen der Bildung. In: Pleines, Jürgen-Eckhart (Hrsg.): Das Problem des Allgemeinen in der Bildungstheorie. Würzburg: Königshausen & Neumann, S. 27-43.

Plessner, Helmuth (1982): Der Mensch als Lebewesen. In: ders.: Mit anderen Augen. Stuttgart: Reclam, S. 9-62.

Popitz, Heinrich (2006): Soziale Normen. Hrsg. von Friedrich Pohlmann und Wolfgang Essbach. Frankfurt/Main: Suhrkamp.

Popper, Karl (1970): The Moral Responsibility of the Scientist. In: Weingartner, Paul/Zecha, Gerhard (Hrsg.): Induction, Physics, and Ethics. Dordrecht: Reidel, S. 329-336.

Prange, Klaus (1999): Plädoyer für Erziehung. Baltmannsweiler: Schneider Verlag Hohengehren.

Prange, Klaus (2005): Die Zeigestruktur der Erziehung. Grundriss der Operativen Pädagogik. Paderborn: Schöningh.

Rancière, Jacques (1994): Die Gemeinschaft der Gleichen. In: Vogl, Joseph (Hrsg.): Gemeinschaften. Positionen zu einer Philosophie des Politischen. Frankfurt/Main: Suhrkamp, S. 101-132.

Rancière, Jacques (2009): Der unwissende Lehrmeister. Fünf Lektionen über die intellektuelle Emanzipation. Wien: Passagen.

Reichenbach, Roland (2000): Die Tiefe der Oberfläche. Michel Foucault zur Selbstsorge und die Ethik der Transformation. In: Vierteljahresschrift für wissenschaftliche Pädagogik 2/2000, 177-189.

Reichenbach, Roland (2001): Demokratisches Selbst und dilettantisches Subjekt. Demokratische Bildung und Erziehung in der Spätmoderne. Münster: Waxmann.

Reichenbach, Roland (2002): Menschliche Untiefen: Ein Votum für exoterische Pädagogiken. In: Reichenbach, Roland/Oser, Fritz (Hrsg.): Die Psychologisierung der Pädagogik. Weinheim: Juventa, S. 173-188.

Reichenbach, Roland (2006): Soft skills. In: Dzierzbicka, Agnieszka/Schirlbauer, Alfred (Hrsg.): Pädagogisches Glossar der Gegenwart. Von Autonomie bis Wissensmanagement. Wien: Löcker, S. 254-253.

Reichenbach, Roland (2007a): Philosophie der Bildung und Erziehung. Eine Einführung. Stuttgart: Kohlhammer.

Reichenbach, Roland (2007b): Soft skills – destruktive Potentiale des Kompetenzdenkens. In: Pongratz, Ludwig/Reichenbach, Roland/Wimmer, Michael (Hrsg.): Bildung – Wissen – Kompetenz. Bildungsphilosophie in der Wissensgesellschaft. Bielefeld: Janus, S. 64-81.

Reichenbach, Roland (2008a): „Von dem erlaubten moralischen Schein“. Zur Bedeutung von Zivilität und Anstand. In: Plath, Ingrid/Graudenz, Ines/Breit, Heiko (Hrsg.): Kultur – Handlung – Demokratie. Dreiklang des Humanen. Wiesbaden: VS Research, S. 89-108.

Reichenbach, Roland (2008b): In der ‚Concorde-Falle'. Erfolgreiches Scheitern von Bildungsreformen. In: Schweizerische Zeitschrift für Bildungswissenschaften 1/2008, 53-63.

Reichenbach, Roland (2011): Pädagogische Autorität. Macht und Vertrauen in der Erziehung. Stuttgart: Kohlhammer.

Reichenbach, Roland (2012): Normalisierung und Normativität des therapeutischen Ethos. In: Vierteljahresschrift für wissenschaftliche Pädagogik 4/2012, 632-643.

Reichenbach, Roland (2013): Für die Schule lernen wir. Plädoyer für eine gewöhnliche Institution. Stuttgart: Klett/Kallmeyer.

Reichenbach, Roland (2014): Schulkritik. Eine metaphorologische Betrachtung. In: 60. Beiheft der Zeitschrift für Pädagogik, 226-240.

Reichenbach, Roland (im Druck): „When the Heart/Mind Is Lost…". The Metaphysics of Educational Theory. Erscheint in: Educational Philosophy and Theory.

Reichenbach, Roland/Breit, Heiko (Hrsg.) (2005): Skandal und politische Bildung. Aspekte zu einer Theorie des politischen Gefühls. Berlin: Logos.

Reichenbach, Roland/Oser, Fritz (Hrsg.) (2002): Die Psychologisierung der Pädagogik. Übel, Notwendigkeit oder Fehldiagnose. Weinheim: Juventa.

Reimer, Erich (1974): Kenner – Liebhaber – Dilettant. In: Riethmüller, Albrecht/Eggebrecht, Hans H. (Hrsg.): Handwörterbuch der musikalischen Terminologie. Wiesbaden: Franz Steiner Verlag [1972ff.], S. 17.

Reisenzein, Rainer/Meyer, Wulf-Uwe/Schützwohl, Achim (2003): Einführung in die Emotionspsychologie (Bd. 3: Kognitive Emotionstheorien). Bern: Huber.

Rest, James (1979): Development in Judging Moral Issues. Minneapolis: University of Minnesota Press.

Richter, Ingo (1990): Kein neues Berufsethos, sondern eine realistische Wende der Diskussion. In: Die Deutsche Schule 82/1990, 24-29.

Ricken, Norbert (2004): Die Ordnung der Bildung. Beiträge zu einer Genealogie der Bildung. Münster: Waxmann.

Rindermann, Heiner (2008): Relevance of Education and Intelligence for the Political Development of Nations: Democracy, Rule of Law and Political Liberty. In: Intelligence 4/2008, 306-322.

Rosa, Hartmut (2007): Beschleunigung. Die Veränderung der Zeitstrukturen in der Moderne. Frankfurt/Main: Suhrkamp.

Roth, Heinrich (1962): Die realistische Wendung in der pädagogischen Forschung. In: Neue Sammlung 2, 481-490.

Rousseau, Jean-Jacques (2012): Emile oder Über die Erziehung. Stuttgart: Reclam.

Rousseau, Jean-Jacques (2013): Du contrat social. Livres I et II. Hrsg. von Florence Khodoss. Paris: Hatier.

Rustemeyer, Dirk (2004): Unmöglich wirklich. In: Ricken, Norbert/Rieger-Ladich, Markus (Hrsg.): Michel Foucault: Pädagogische Lektüren. Wiesbaden: VS Verlag für Sozialwissenschaften, S. 77-94.

Sartre, Jean-Paul (1994): Les mains sales. Paris: Gallimard.

Saulnier, Claude (1940): Le dilettantism. Essai de psychologie, de morale et d'esthétique. Paris: Vrin.

Schaal, Gary S./Heidenreich, Felix (2006): Einführung in die Politischen Theorien der Moderne. Opladen/Farmington Hills: Barbara Budrich/UTB.

Schach, Bernhard (1987): Professionalisierung und Berufsethos. Berlin: Duncker & Humblot.

Schäfer, Alfred (2004): Einführung in die Erziehungsphilosophie. Weinheim: Beltz/UTB.

Schäfer, Arnold (1998): Identität im Widerspruch. Annäherungen an eine Anthropologie der Moderne. Weinheim: Deutscher Studien Verlag.

Schelsky, Helmut (1960): Einsamkeit und Freiheit. Zur sozialen Idee der deutschen Universität. Münster: Aschendorff.

Schleissheimer, Bernhard (1984): Die Verantwortung des Erziehers. In: Vierteljahresschrift für wissenschaftliche Pädagogik 1/1984, 1-17.

Schmid, Wilhelm (1992): Auf der Suche nach einer neuen Lebenskunst. Die Frage nach dem Grund und die Neubegründung der Ethik bei Foucault. Frankfurt/Main: Suhrkamp.

Schmid, Wilhelm (1995): Selbstsorge. In: Ritter, Joachim/Gründer, Karlfried (Hrsg.): Historisches Wörterbuch der Philosophie (Bd. 9). Basel: Schwabe, S. 528-535.
Schmid, Wilhelm (1998): Philosophie der Lebenskunst. Eine Grundlegung. Frankfurt/Main: Suhrkamp.
Schmidt, Susanne L./Dworschak, Bernd (2004): Früherkennung überfachlicher Qualifikationen in einer sich wandelnden Arbeitswelt. In: Bullinger, Hans-Jörg/Mytzek, Ralf/Zeller, Beate (Hrsg.): Soft Skills. Überfachliche Qualifikationen für betriebliche Arbeitsprozesse. Bielefeld: Bertelsmann, S. 7-16.
Schnädelbach, Herbert (1980): Against Feyerabend. In: Duerr, Hans P. (Hrsg.): Aufsätze zur Philosophie Paul Feyerabends (Bd. 1). Frankfurt/Main: Suhrkamp, S. 299-314.
Schneider, Günther (2005): Der „Gemeinsame europäische Referenzrahmen für Sprachen" als Grundlage von Bildungsstandards für die Fremdsprachen – Methodologische Probleme der Entwicklung und Adaptierung von Kompetenzbeschreibungen. In: Schweizerische Zeitschrift für Bildungswissenschaften 1/2005, 13-34.
Schneiders, Werner (1985): Der Verlust der guten Sitte. Auch ein Beitrag zur Geschichtlichkeit der Moral. In: Studia Philosophica 44/1985, 61-77.
Schobert, Alfred (1998): Foucaults Werkzeugkiste. Thomas Lemke hat sie sortiert. Welche politischen Eingriffsmöglichkeiten bleiben im Liberalismus? In: Jungle World 6/1998. URL: http://jungle-world.com/artikel/1998/05/37206.html (Datum des letzten Abrufs: 05. März 2017).
Schöpf, Alfred (1986): Liebe. In: Höffe, Otfried (Hrsg.): Lexikon der Ethik (3., überarb. Aufl.). München: C. H. Beck, S. 150-152.
Schwab, Andreas (2009): Monte Verità – Berg der Wahrheit. Auf der Suche nach dem authentischen Leben im Tessin. In: Amrein, Ursula (Hrsg.): Das Authentische. Referenzen und Repräsentationen. Zürich: Chronos, S. 307-319.
Seligman, Martin (2003): Der Glücks-Faktor. Bergisch Gladbach: Ehrenwirth.
Sennett, Richard (1977): The Fall of Public Man. New York: Knopf.
Sennett, Richard (1986): Verfall und Ende des öffentlichen Lebens. Die Tyrannei der Intimität. Frankfurt/Main: Fischer [Original: The Fall of Public Man, 1977].
Sennett, Richard (1994): Civitas. Die Großstadt und die Kultur des Unterschieds. Frankfurt/Main: Fischer.
Sennett, Richard (1998): Der flexible Mensch. Die Kultur des neuen Kapitalismus. Berlin: Berlin Verlag.
Sertl, Michael (2004): A Totally Pedagogised Society. Basil Bernstein zum Thema. In: Schulheft 116/2004, 17-29.
Sherman, Nancy (1990): The Place of Emotions in Kantian Morality. In: Flanagan, Owen/Rorty, Amélie (Hrsg.): Identity, Character and Morality. Cambridge: MIT Press, S. 149-179.
Shun Kwong-loi (2010): Zhu Xi's Moral Psychology. In: Makeham, John (Hrsg.): Dao Companion to Neo-Confucian Philosophy. Dordrecht: Springer, S. 177-196.
Slater, Philip (1975): The Pursuit of Loneliness: American Culture at the Breaking Point. Hars-mondworth: Penguin.
Sloterdijk, Peter (2009): Du musst dein Leben ändern. Über Anthropotechnik. Frankfurt/Main: Suhrkamp.
Smail, David (2001): The Nature of Unhappiness. London: Robinson.
Smith, Michael (1994): The Moral Problem. Oxford: Blackwell.
Steiner, George (2006): Autorité? In: Le future de l'autorité. Textes des conférences et des débats organisés par les Rencontres Internationales de Genève. Lausanne: L'Age d'Homme, Tome XI, S. 13-20.
Steutel, Jan/Spiecker, Ben (2004): Cultivating Sentimental Dispositions through Aristotelian Habituation. In: Journal of Philosophy of Education 4/2004, 531-549.
Stichweh, Rudolf (Hrsg.) (1994): Wissenschaft, Universität, Professionen. Soziologische Analysen. Frankfurt/Main: Suhrkamp.
Taylor, Charles (1989): Sources of the Self: The Making of the Modern Identity. Cambridge: Harvard University Press.

Taylor, Charles (1992): Negative Freiheit? Zur Kritik des neuzeitlichen Individuums. Frankfurt/Main: Suhrkamp.

Taylor, Charles (1995): Das Unbehagen an der Moderne. Frankfurt/Main: Suhrkamp.

Taylor, Charles (1996): Quellen des Selbst. Die Entstehung der neuzeitlichen Identität. Frankfurt/Main: Suhrkamp.

Taylor, Shelley E. (1993): Positive Illusionen. Produktive Selbsttäuschung und seelische Gesundheit. Reinbek bei Hamburg: Rowohlt.

Theodorsen, Cathrine (2006): Leopold Andrian, seine Erzählung Der Garten der Erkenntnis und der Dilettantismus in Wien um 1900. Hannover: Wehrhahn.

Thoma, Stephen J. (1986): Estimating Gender Differences in the Comprehension and Preference of Moral Issues. In: Developmental Review 2/1986, 165-180.

Touraine, Alain (1997): Pourrons-nous vivre ensemble? Egaux et différents? Paris: Fayard.

Vaget, Hans R. (1971): Dilettantismus und Meisterschaft. Zum Problem des Dilettantismus bei Goethe. München: Winkler.

Vanhanen, Tatu (2003): Democratization. A Comparative Analysis of 170 countries. London: Routlegde.

Vec, Milos (2004): Juristische Normen des Anstands. Zur Ausdifferenzierung und Konvergenz von Recht und Sitte bei Christian Thomasius. In: Schulze, Rainer (Hrsg.): Rechtssymbolik und Wertevermittlung. Berlin: Duncker & Humblot, S. 69-100.

Virilio, Paul (1998): Rasender Stillstand. Essay. Frankfurt/Main: Fischer.

Vogel, Peter (1994): Verpasste Gelegenheiten? Die Anschlussmöglichkeiten transzendentalkritischer Pädagogik an andere Konzepte. In: Fischer, Wolfgang (Hrsg.): Colloquium Paedagogicum. Studien zur Geschichte und Gegenwart transzendentalkritischer und skeptischer Pädagogik. Sankt Augustinus: Academia Verlag, S. 53-70.

von Hentig, Hartmut (1985): Die Menschen stärken, die Sache klären. Ein Plädoyer für die Wiederherstellung der Aufklärung. Stuttgart: Reclam.

Vossenkuhl, Wilhelm (1997): Über Sollen und Können im Prozess der Modernisierung. In: Amrein, Christine/Bless, Gérard (Hrsg.): Heilpädagogik und ihre Nachbargebiete im wissenschaftlichen Diskurs. Bern: Haupt, S. 70-88.

Walker, Lawrence J. (1984): Sex Differences in the Development of Moral Reasoning: A Critical Review. In: Child Development 3/1984, 677-691.

Walker, Lawrence J. (1989): A Longitudinal Study of Moral Reasoning. In: Child Development 1/1984, 157-166.

Walzer, Michael (1983): Spheres of Justice. New York: Basic Books.

Walzer, Michael (1999): Vernunft, Politik und Leidenschaft. Defizite liberaler Theorie. Frankfurt/Main: Fischer.

Weber, Max (1988): Politik als Beruf. In: ders.: Gesammelte Politische Schriften (5. Aufl.). Hrsg. von Johannes Winckelmann. Tübingen: Mohr Siebeck, S. 505-560 [Original 1919].

Weber, Max (1992): Wissenschaft als Beruf (9. Aufl.). Berlin: Duncker & Humblot [Original 1919].

Weiner, Bernhard (1995): Judgments of Responsibility: A Foundation for a Theory of Social Conduct. New York: Guilford Press.

Wellmer, Albrecht (1986): Ethik und Dialog. Elemente des moralischen Urteils bei Kant und in der Diskursethik. Frankfurt/Main: Suhrkamp.

Wernicke, Jens (2009): Hochschule im historischen Prozess. Zum Verhältnis von Universitätsentwicklung, Klassengesellschaft und Macht. Berlin: AStA der Freien Universität Berlin.

Whitehead, Alfred N. (2012): Die Ziele von Erziehung und Bildung und andere Essays. Hrsg. von Christoph Kann und Dennis Sölch. Frankfurt/Main: Suhrkamp.

Wilson, Eric G. (2009): Unglücklich glücklich. Von europäischer Melancholie und American Happiness. Stuttgart: Klett-Cotta.

Wittgenstein, Ludwig (1993): Tractatus logico-philosophicus. Werkausgabe, Bd. 1. Frankfurt/Main: Suhrkamp [Original 1918].

Wollheim, Richard (2001): Emotionen. Eine Philosophie der Gefühle. München: C. H. Beck.

Wurmser, Léon (1981): The Mask of Shame. Baltimore/London: John Hopkins University Press.

Zifreund, Walther (1964): Dilettantismus. In: Rombach, Heinrich (Hrsg.): Lexikon der Pädagogik. Freiburg: Herder, S. 772-773.

Zillig, Peter (1904): Dilettantismus in der Pädagogik. In: Rein, Wilhelm (Hrsg.): Encyklopädisches Handbuch der Pädagogik (Bd. 2). Langensalza: Hermann Beyer & Söhne, S. 230-249.

Zirfas, Jörg (1999): Die Lehre der Ethik. Zur moralischen Begründung pädagogischen Denkens und Handelns. Weinheim: Beltz/Deutscher Studien Verlag.

Antworten zu den Wiederholungsfragen

1. Erziehung als Einführung in das unvollkommene Leben

1. Erziehung wird häufig als *intentionale* – präskriptive, reflexiv begründete und normativ legitimierte – Einwirkung auf Kinder oder Jugendliche verstanden. Neben diesem bewussten Einwirken bestehen aber auch zahlreiche sozialisatorische (gleichsam unbeabsichtigte), von Ernst Krieck (1930) als *funktional* bezeichnete Einflüsse, welche das Lernen und die Entwicklung von Kindern und Jugendlichen in vielerlei Hinsicht prägen. In diesem Zusammenhang ist die Tatsache, dass Menschen immer auch Mitglieder von Generationen, Gruppen und Gemeinschaften sind, von großer Bedeutung.
2. *Päd-agogik* bezeichnet gemäß ihren beiden Wortteilen die *Führung* von *Kindern* (und Jugendlichen). Damit ist also die wesentliche Aufgabe von PädagogInnen umrissen. Diese Führungsaufgabe impliziert wiederum eine gewisse Abhängigkeit der PädagogInnen vom Glauben und der Folgsamkeit (oder des Gehorsams) der Geführten – also der Kinder und Jugendlichen –, die sich führen lassen wollen oder müssen: denn ohne Geführte keine Führung. Gerade im Bereich der Vermittlung von Wissen ist das Glauben der Geführten unabdingbar: Die jüngere muss der älteren Generation vertrauen und glauben können, damit Wissensvermittlung möglich ist.
3. Zwei wesentliche pädagogische Formen von Macht sind das *Belohnen* und das *Verzeihen*. Während sich das *Belohnen* – als eng verwandt mit dem Versprechen – auf die *Zukunft* bezieht, können Menschen im Modus des *Verzeihens* die Macht über die *Vergangenheit* (teilweise) wiedergewinnen. (Pädagogische) Autorität ist demnach verbunden mit der Möglichkeit, Macht über die Zukunft und die Vergangenheit zu erringen: Wem diese Macht des Belohnens und Verzeihens zugebilligt wird, der verfügt über *Autorität*.
4. Wünsche zweiter Ordnung beziehen sich gemäß Harry Frankfurt auf die *Wünschenswertigkeit der eigenen Wünsche* (erster Ordnung). Erziehung bezieht sich wiederum auf die Entwicklung dieser Wünsche zweiter Ordnung, indem Kinder und insbesondere Jugendliche befähigt werden sollen, nach der Wünschenswertigkeit ihres eigenen Verhaltens und Handelns zu fragen, also einen Zugang zu *Selbstbefragungen* zu entwickeln. Erziehung zielt damit auf das moralische Selbstverständnis und Selbstverhältnis des Individuums.
5. Erziehung kann als ein *intersubjektives Geschehen* niemals souverän sein. Diese Nicht-Souveränität von Erziehung ist verbunden mit Erfahrungen des Dilettantismus, der Inkompetenz und des (vermeintlichen) Versagens aufseiten der Erziehungsperson und findet ihren Ausdruck in entsprechenden Schamgefühlen. Das damit verbundene Aus-der-Rolle-Fallen der Erziehungsperson macht deren Schwächen für die Kinder oder Jugendlichen sichtbar und lässt die Erzie-

hungsperson somit ‚menschlich' (manchmal auch einfach ‚peinlich') erscheinen. Die Kinder oder Jugendlichen lernen dadurch einerseits, dass die Erziehungsperson nicht auf ihre Rolle reduzierbar ist, und andererseits, dass Wissen und Können der Erwachsenen begrenzt und jene Erwachsenen ebenso verletzlich sind wie sie selbst. Diese Einsicht in die Schwäche der anderen ist wesentlich für die Psychologie der Anerkennung und bedeutet gleichzeitig die Einsicht in die Unvollkommenheit und Fragilität des menschlichen Lebens und Zusammenlebens.

2. ‚Schöner Schein': Die Übernahme von Konventionen

1. Die zentrale These Richard Sennetts besteht darin, dass die politische Tyrannei und die Sehnsucht nach ‚individueller Authentizität' keine Gegensätze sind, sondern vielmehr Hand in Hand gehen. Die ‚Tyrannei der Intimität' bezieht sich auf Sennetts Feststellung, dass moderne Menschen einander unter Druck setzen, die Barrieren von Sitte, Regel und Gestik aus dem Weg zu räumen. ‚Wahre' zwischenmenschliche Beziehungen werden als ‚Enthüllungen' von ‚Persönlichkeit' zu ‚Persönlichkeit' verstanden – nur so scheint der moderne Mensch seinem Wunsch nach Authentizität in der Anonymität der Massengesellschaft nachkommen zu können. Mit der Intimität als Selbstenthüllungsaufforderung werden Sennett zufolge alle zwischenmenschlichen Beziehungen in eine bestimmte Perspektive gerückt und die Erwartung formuliert, zwischenmenschliche Beziehungen immer lokaler finden zu können. Damit verbunden ist wiederum die Erwartung, dass Nähe auch Wärme erzeuge. Diese Erwartungen der von der Intimität tyrannisierten Menschen würden jedoch enttäuscht: „Je näher die Menschen einander kommen, desto ungeselliger, schmerzhafter, destruktiver werden ihre Beziehungen zueinander" (Sennett, 1986, S. 425).
2. Yveline Fumat (2000) interpretiert Zivilität als die Kunst des richtigen Abstandes. Dies betrifft etwa die vorsätzliche Unaufmerksamkeit in zufälligen Begegnungen von Individuen: So vermeidet man beispielsweise bei Begegnungen mit Unbekannten auf der Straße den direkten Blick, jegliches Anstarren oder Überinteresse oder auch zu große Nähe (im physischen wie im übertragenen Sinn). Ebenso teilt man den anderen nicht alles mit, was man über sie weiß oder denkt. Diese *Diskretion* sorgt dafür, dass die anderen ihr Gesicht wahren können. Ein ‚anständiger' Mensch weiß also, dass die Wahrheit nicht nur aufklärt, sondern auch zerstört, und dass Letzteres manchmal besser vermieden werden sollte, da manche Illusionen das Leben durchaus ‚menschlicher' machen.
3. Der *Liberalismus* verweist insbesondere auf den Nutzen von *politischen und rechtlichen Institutionen*; der *Republikanismus* verweist insbesondere auf die *Tugendhaftigkeit* der Bürgerinnen und Bürger, die sich als Gemeinschaft verstehen; und die *Deliberation* verweist insbesondere auf *Prozeduren*, die im Dienste eines *ar-*

gumentativen Konsenses stehen. Hierzu ist festzuhalten, dass sich Institutionen, Tugenden und diskursive Verfahren keinesfalls ausschließen, es sich also lediglich um spezifische *Akzentuierungen* der einzelnen Paradigmen handelt.

4. Im Unterschied zum Liberalismus betonen republikanische und deliberative Positionen besonders die Bedeutung demokratischer Partizipationsformen. Unter politischer Partizipation kann dabei die Teilnahme, Herstellung und Aufrechterhaltung einer öffentlichen Sphäre verstanden werden – im Gegensatz zum Rückzug in die Sphäre des Privaten oder Intimen.

3. Lieber sich selbst sein? Das Ethos der Authentizität

1. Menke (1996) stellt fest, dass Authentizität nicht ohne Bezugnahme auf gemeinschaftliches anderes, genauer: ein ‚gemeinsames Gutes', denkbar ist. Mithilfe dieses ‚gemeinsamen Guten' versucht sich Authentizität als ein ‚individuelles Gutes' zu bestimmen. Hierin besteht eine gewisse ‚Ironie der Selbstverwirklichung' insofern, als das Individuum zum ‚gemeinsamen Guten' in Distanz treten muss, um seine Authentizität zu erfahren – was aber nur durch die konstitutive Bezogenheit auf das ‚gemeinsame Gute' möglich ist. Das Individuum kann den Inhalt des ‚eigenen Guten' also nur im ironischen Bezug zum ‚gemeinsamen Guten' gewinnen, nämlich dadurch, dass es in gewisser Weise das Gegenteil dessen artikuliert, was es ‚eigentlich' meint. Dies führt Menke (1996, S. 199) zu der Feststellung, dass Individualität offenbar „in einem (ironischen) Umweg zur (eigenen) Identität über (fremde) Formen" bestehe.
2. Die drei Modelle der Authentizität gemäß Menke (1996) sind: (1) *Übernahmemodell*, (2) *Überwindungsmodell*, (3) *Modell der permanenten Überschreitung*. Sie kennzeichnen ein je unterschiedliches Verhältnis des ‚eigenen (authentischen) Guten' zum ‚gemeinsamen Guten': Nach dem Übernahmemodell findet das Individuum Authentizität, indem es zur Einsicht gelangt, dass es immer schon durch herkömmliche und geteilte Deutungsmuster bestimmt ist, welche es bejaht. Nach dem Überwindungsmodell findet das Individuum Authentizität, indem es imstande ist, sich von der ‚natürlichen Identität' (der Kindheit) über die ‚soziale Identität' (der Adoleszenz und des jungen Erwachsenenalters) zur ‚Ich-Identität' zu entwickeln, respektive von der ‚Präkonventionalität' über die ‚Konventionalität' zur ‚Postkonventionalität'. Das Individuum ‚befreit' sich also aus seinen allgemeinen Formen und gelangt zur Einsicht in seine Eigentümlichkeit. Dieses Modell entspricht ‚modernen' Modellen der Individualität und ihrer Entwicklung. Nach dem Modell der permanenten Überschreitung schließlich ist „das Werden des Individuums zu sich" (Menke, 1996, S. 201) ein permanenter Prozess spielerischen Auflösens vorgegebener allgemeiner Formen, ohne dass jedoch die Möglichkeit gegeben wäre, „zu einer bestimmten Gestalt zu gelangen, die sich als die eigene auszeichnen lässt" (ebd.). Dieses Modell impliziert damit eine eher skeptische Sicht auf die Möglichkeit von (authenti-

scher) Individualität. Die drei Modelle der Authentizität unterscheiden sich also in der Beantwortung der Frage, worin Authentizität eigentlich besteht.

3. Als Ausgangspunkt des Diskurses um persönliche wie auch pädagogische Authentizität kann Jean-Jacques Rousseaus Erziehungsroman *Émile oder Über die Erziehung* (1762) gewertet werden. Von Bedeutung ist darüber hinaus Rousseaus *Contrat social* (ebenfalls 1762). Für beide Werke zentral ist der Gedanke eines (ursprünglichen) Menschen im Naturzustand, der erst durch den (falschen) Umgang mit der Natur sowie insbesondere mit der Gesellschaft und ihrer Kultur von sich und seiner Natur entfremdet wird. Die um die Wende zum 20. Jahrhundert aufkommende *Lebensreformbewegung* und die teilweise daraus hervorgehenden *Reformpädagogiken* greifen diese Bemühungen um Authentizität wieder auf, indem sie verschärfte Zivilisationskritik betreiben und eine durch kapitalistischen Leistungsdruck bewirkte Entfremdung des Menschen diagnostizieren. Die *‚realistische Wendung‘* (Roth, 1962), in deren Zuge sich die Pädagogik zu einer sozialwissenschaftlich orientierten und empirisch betriebenen Erziehungswissenschaft transformiert, befeuert abermals die Bemühungen um Authentizität. Die Bildungsreformen der späten 1960er- bzw. frühen 1970er-Jahre verlaufen parallel zu gesellschaftlichen Transformationen. Veränderte Vorstellungen bezüglich gesellschaftlicher Verhältnisse (Geschlecht, Generationen, Gesellschaftsschichten) ergänzen sich mit einer vermehrt um Authentizität bemühten und expressiv vollzogenen Lebensweise. Von Bedeutung sind in diesem Zusammenhang u.a. die Kritische Theorie sowie neomarxistische Studien zu Subjekt und Gesellschaft. Insgesamt wurde und wird der Authentizitätsdiskurs bis heute von einer Vielzahl unterschiedlicher Bewegungen und Veränderungen geprägt, wobei das Ideal der Authentizität in vielerlei Hinsicht zu einem Instrument der Macht und des strategischen Einsatzes geworden ist – auch in der Pädagogik.

4. Autonomie als regulative Idee

1. ‚Pädagogischer Optimismus‘ bezeichnet das große Vertrauen auf die *Wirksamkeit von Erziehung*, genauer: ein Vertrauen auf die gezielte Veränderung von Mentalitäten, Wertvorstellungen und Lebensperspektiven, um die gesellschaftlichen Krisen zu bewältigen. Dieser Glaube an die Möglichkeit der Förderung des Fortschritts, der Höherbildung und der Erziehung des Menschen hin zu einem ‚aufgeklärten Zeitalter‘ bildet die Grundlage jeder gesellschaftskritischen Pädagogik bis heute.
2. Der *Kategorische Imperativ* ist ein Gedankenexperiment, welches Immanuel Kant in seiner Moraltheorie vorgeschlagen hat. Die Menschen (bzw. „alle endlichen vernunftbegabten Wesen“) sollen ihre Handlungen darauf testen, ob sie einer für alle, jederzeit und ohne Ausnahme geltenden Maxime folgen. Dabei soll das Recht aller betroffenen Menschen, auch als Selbstzweck (nicht als bloßes Mittel

zu einem anderen Zweck) behandelt zu werden, berücksichtigt werden. Bedeutsam ist die Idee der *Maxime*. Sie betrifft im Grunde die Willensbestimmungen (Motive) des Handelns und meint *nicht* die konkreten Handlungsweisen! Der Kategorische Imperativ prüft *Maximen*. Diese Differenz wurde in der Rezeption häufig nicht beachtet und führte immer wieder zu Missverständnissen (vgl. Höffe, 1979, 1983).

3. Die vier Formen der Erziehung nach Kant sind die *Disziplinierung*, die *Kultivierung*, die *Zivilisierung* und die *Moralisierung*: Die *Disziplinierung* meint die Förderung der physischen Entwicklung. Ihre Funktion besteht im Schutz des Säuglings bzw. Kleinkindes. Die *Kultivierung* meint die Einführung in die Kulturtechniken (Sprechen, Verhalten, Lesen, Schreiben etc.), wobei diese einen persönlichen Wert-, Norm- und Kulturhorizont erschließen sollen. Die *Zivilisierung* meint den Erwerb von moralischen Haltungen, Werten, Normen und Regeln zur gesellschaftlichen Handlungsfähigkeit, was gleichzeitig individuell verantwortetes soziales und politisches Handeln ermöglicht. Die *Moralisierung* schließlich meint die Bildung der Persönlichkeit, insbesondere die Herausbildung der moralischen Urteilskraft. Hierin liegt das Ziel einer Ethik der Autonomie: *prinzipiengeleitetes* und *eigenverantwortetes* Handeln.
4. Die drei Maximen des gesunden Menschenverstandes nach Kant sind: *Selbstdenken* (vorurteilfreie Denkungsart), *An der Stelle jedes andern denken* (erweiterte Denkungsart) und *Jederzeit mit sich selbst einstimmig denken* (konsequente Denkungsart).

5. Verantwortung? Über das Verschwinden der Lebensfehler

1. Mit der Flexibilisierung und Destandardisierung des Lebenslaufs verlieren die Altersnormen, die Abfolge der (biografischen) Lebensereignisse und die gesellschaftlichen Rollendominanzen ihre Rigidität bzw. Festgeschriebenheit. Mit den erhöhten Freiheitsgraden erhöhen sich für das Individuum auch die Möglichkeit und die Häufigkeit von (subjektiv erlebten) Fehlentscheidungen. Diese sind vom Einzelmenschen umso schwerer zu verarbeiten, je geringer die Revidierbarkeit der einmal getroffenen Entscheidungen ist. Nunner-Winkler unterscheidet zwischen *Fehlentscheidungen, Nicht-Entscheidungen* und *Pseudo-Entscheidungen*. Die beiden letzten Formen können als Strategien der Abwehr von Verantwortung gedeutet werden. Das Individuum ist hier psychologisch betrachtet unfähig, für eine Entscheidung einzustehen, d.h. eine Wahl zu treffen, mit der es sein Leben tatsächlich verändert bzw. in einem Bereich festlegt.
2. Der therapeutische Optimismus und das damit verbundene Ethos bestehen im Versprechen, dass durch Introspektion Selbsterkenntnis möglich ist, dass Introspektion dem Individuum dabei hilft, seine soziale und emotionale Umgebung zu verstehen, zu kontrollieren und mit ihr zurechtzukommen, und dass schließlich die verbale Mitteilung der Schlüssel zu sozialen Beziehungen dar-

stellt. Damit würden – nach Eva Illouz – Individuen bzw. Selbste ,erzeugt', die sich gleichzeitig sowohl rationaler und strategischer als auch gefühlsorientierter zu verhalten wissen. Therapeutismus stellt das seelische Leid in den Mittelpunkt der modernen Selbstinszenierung. Verantwortlich bzw. mitverantwortlich ist das Individuum daher ,nur' für seine künftigen Veränderungsbemühungen, während es sich in Bezug auf seine Vergangenheit und Gewordenheit aus dieser Perspektive nicht verantwortlich fühlen muss. Das Selbstbild ist hier eher von der Metapher des ,Opfers' geprägt als von jener des ,Täters'; wofür man ,nichts kann', dafür kann und muss man auch keine Verantwortung übernehmen.

3. Eine flexible Lern- und Arbeitskultur verlangt, dass wir uns gegenüber dem Ort, an dem wir uns (räumlich, sozial, psychologisch...) befinden, quasi neutral verhalten. Die Bereitschaft und Fähigkeit, sich den Umständen anzupassen, drückt sich in der spätkapitalistischen Tugend (bzw. Kompetenz) der *Flexibilität* aus, d.h. der permanenten Lernbereitschaft sowie der damit verbundenen Disponibilität und Adaptivität. Je weniger das Individuum ,festgelegt' ist, desto polyvalenter sind seine Einsatzmöglichkeiten. Im Rahmen einer sich rapide verändernden Arbeits- und Lebenswelt ist die mehr oder weniger störungsfreie Identitätsdiffusion (Nicht-Festgelegtheit) für das Individuum selber und die Gesellschaft im Ganzen sozusagen ,funktional' bzw. passend. Damit geht ein Verlust an Identität und Charakter einher, wie manche Autoren argumentieren.

6. Das ungerechte Leben und die Praxis der Gleichheit

1. Gleichheit ist ein politisches und moralisches Ideal (auch von Institutionen und gesellschaftlichen Systemen). Auf der Ebene der menschlichen Interaktion kann Gleichheit aber auch als konkrete soziale Praxis verstanden werden. Die Menschen sind zwar immer mehr oder weniger ungleich in Bezug auf zentrale und weniger bedeutsame Aspekte, aber sie können sich als Gleiche und Gleichberechtigte adressieren. Gleichheit kann *praktiziert* werden; nach Jacques Rancière heißt dies, die Vernünftigkeit des anderen als gleich wie die eigene zu betrachten. Wird ein Kind von einem Erwachsenen als vernunftfähig angesprochen, so fokussiert er damit nicht auf den Unterschied zwischen den Personen, sondern auf ihre Gleichheit, auch wenn dieselbe faktisch nicht gegeben ist. Das Kind wird angesprochen, *als ob* es schon verstehen könnte.
2. Das Eindringen pädagogischen Denkens, Deutens und Handelns in (nahezu alle) Lebensbereiche (die traditionell nicht der Pädagogik zugeordnet wurden) kann als allgemeine Pädagogisierung der modernen Gesellschaften betrachtet werden. Pädagogisierung bezeichnet (nebst anderen, gleichzeitig wirkenden ,*Isierungen*' wie der Ökonom*isierung*, der Psycholog*isierung* oder der Moral*isierung*) die Expansion pädagogischer Semantik(en) in andere soziale Systeme. Zwar ist offensichtlich, dass in jeder Lebensphase und in jedem Lebensbereich gelernt werden kann. Von Pädagogisierung kann erst gesprochen werden, wenn

dieses Lernen intentional gefördert, gefordert, organisiert und vielleicht zusätzlich noch professionalisiert wird.

3. Mit der *,Verhochschulung'* der Gesellschaft (d.h. je mehr Menschen einen Hochschulabschluss anstreben) kommt es zur Notwendigkeit von Differenzierungsmechanismen im Wissenschaftssystem. Die Strategie der *kategorialen Segmentierung* besteht darin, zwischen Hochschultypen zu unterscheiden (z.B. Universität und Fachhochschule). *Institutionelle Externalisierung* ist die Strategie, außerhalb von Universität und Fachhochschule akademische Forschungs- und Bildungseinrichtungen zu gründen. Mit der *internen Funktionsdifferenzierung* wird innerhalb einer Hochschule zwischen unterschiedlichen Funktionen – z.B. Forschung und Lehre – auf Ebene des Personals unterschieden (z.B. Forschungsprofessuren und Dozierende ohne Forschungsauftrag). International ist vor allem die *vertikale Stratifizierung* von größter Bedeutung: Diese Strategie besteht darin, die einzelnen Hochschulen als sich in einem stetigen Wettkampf befindliche Institutionen zu verstehen, deren öffentliche Anerkennung durch Rankings (Ranglisten) geprägt wird, welche die unterschiedliche wissenschaftliche Leistungsfähigkeit und akademische Reputation ausdrücken sollen.

7. Zur Ethik der Fürsorge

1. Der Diskurs um die Fürsorge-Ethik und die damit einhergehenden empirischen Untersuchungen zeigten auf, dass Fragen der Sorge und der Fürsorge in ethisch relevanten Fragen und Situationen umso bedeutsamer werden, je mehr die Person selbst von diesen Fragen betroffen ist. Reine Prinzipienmoral und allgemeine, quasi abstrakte Regelsysteme verlieren in solchen Situationen für die Betroffenen an Bedeutung. Dieser Zusammenhang gilt unabhängig vom Geschlecht der befragten Personen. So argumentieren Frauen in Fragen der Abtreibung verstärkt mit Fürsorgeargumenten, weil sie lebensweltlich und persönlich direkter betroffen sind (oder sein können), während Männer sich in dieser Frage eher nach einer Prinzipienmoral orientieren (z.B. der Gerechtigkeit). Umgekehrt orientieren sich Männer in Fragen zum Thema Wehrdienstverweigerung in ihren Urteilen eher an Fürsorgegesichtspunkten, während es Frauen in dieser Frage leicht fällt, das Thema mit Prinzipienargumenten zu beurteilen, da sie ganz offensichtlich weniger betroffen sind.
2. Die Fürsorge-Ethik und die Pädagogik der Fürsorglichkeit entwickelten sich entlang der Intuition, wonach die Sorge um andere und anderes mit der Sorge des Selbst bzw. um sich selbst zusammenhängt. Die Überlegungen dieser Ethik und Pädagogik sind nicht primär politisch motiviert, sondern entstehen auf der Grundlage einer anthropologischen Perspektive, welche die vielfältigen Bindungen zwischen den Menschen und der Welt in den Mittelpunkt stellt.
3. Der Selbstsorgegedanke entstammt ursprünglich einem (elitär-exklusiven) politischen Kontext und erfuhr Wandlungen zunächst im (sozial verbreiteten) reli-

giösen und später psychologischen Kontext. In einem gewissen Sinne hat sich die Selbstsorge zunächst entpolitisiert und später entmoralisiert. Die ‚autonome Selbstsorge' der Antike erfährt vor dem so unterschiedlichen historischen, sozio-ökonomischen und vor allem politisch-ethischen Hintergrund der Moderne eine andere Ausgangsbasis, Bedeutung und Funktion. Die bewusste und selbst-reflexive Lebensführung bleibt dabei eine gemeinsame Orientierung. Die Ethik der Selbstsorge und die damit verbundenen Fragen nach dem guten Leben haben heute nicht eine unmittelbare, aber doch vermittelte politische Bedeutung.

8. Die Erziehung der Gefühle

1. In der Erziehung geht es immer mehr oder weniger bewusst um die Vermittlung von Einstellungen, Haltungen, Wissen und Verhaltensweisen, die als wünschenswert betrachtet werden. Werte sind Auffassungen von Wünschenswertem. Die Bindung an Werte (und die Ablehnung von Unwerten) hat eine auch emotionale bzw. affektive Basis. Gefühle sind Indikatoren dafür, was dem Menschen wichtig ist. In diesem Sinne kann Erziehung als moralische Erziehung bzw. Wertevermittlung verstanden werden, welche ohne affektive Basis sinnlos wäre. Was einem gleichgültig ist, kann auch nicht als vermittlungswürdig empfunden werden.
2. *Kontrollpädagogiken* zielen auf Verhaltensveränderungen, deren Wirksamkeit nicht vom Wollen und der Einsicht des Kindes abhängig gemacht wird. *Autonomiepädagogiken* dagegen stellen eine moderne Perspektive hinsichtlich der Legitimität erzieherischer Mittel und Ziele dar, insbesondere des Zieles der *moralischen Autonomie*: Die Erziehungsmittel haben sich an diesem Ziel zu orientieren und dürfen nicht im Gegensatz dazu stehen. Zwar *sind* die Kinder und Jugendlichen nicht autonom, aber sie werden als Personen angesprochen, die noch (moralisch) autonom *werden können* und *werden sollen*. Verhaltensveränderungen, die ohne dieses Ziel der Autonomie realisiert werden sollen, sind aus der Perspektive der Autonomiepädagogik nicht legitim, selbst wenn damit die Internalisierung der moralischen Regeln und Prinzipien erreicht wird. *Autonom* sind nur solche Personen, die sich auch *gegen* die Moral entscheiden *könnten*. Zwar geht es sowohl den Kontrollpädagogiken als auch den Autonomiepädagogiken letztlich um das erwünschte Verhalten. Allerdings unterscheiden sie sich hinsichtlich der Frage nach der Möglichkeit und Notwendigkeit der Einsicht in die Gründe für dieses Verhalten: So ist die *Fähigkeit, die Wünschenswertigkeit der eigenen Wünsche zu befragen* (Wünsche zweiter Ordnung; siehe Frankfurt, 1971), ein zentrales Ziel der Autonomiepädagogik. – Nichtsdestotrotz kann keine Erziehung – auch keine Autonomiepädagogik – *gänzlich* auf Kontrollstrategien verzichten.
3. Die Strategie der *Imagination* besteht in der mehr oder weniger direkten Aufforderung an das Kind oder den Jugendlichen, sich die Gefühle und Einstellungen vorzustellen, die mit seinem Handeln oder Nicht-Handeln bei den anderen

und ihm oder ihr selbst einhergehen (würden). Mit der Aufforderung zur *Imitation* wird das Ziel verfolgt, dass das Kind oder der/die Jugendliche seine/ihre Verhaltensweisen durch ein ‚als ob' einübt. Hier geht es um mehr oder weniger vorgefasste moralische Ideale über Charakterzüge und Verhaltensweisen, die entwickelt und gefördert werden sollen. Die Strategie der Aufforderung zur *Neubewertung* zielt auf Einsicht in die relevante Situation und die damit erhoffte Bereitschaft, eine bestimmte Gefühlsreaktion zu steigern oder zu unterlassen (unterbinden). Ethisch zentral ist dabei die Ansicht, dass es immer lediglich um ein *Auffordern* gehen soll (und kann), sodass die Selbsttätigkeit des Kindes oder Jugendlichen bewahrt wird. Bloße Verhaltensveränderung oder Manipulation wird aus autonomiepädagogischer Sicht als nicht legitim erachtet.

9. Sakralität in säkularer Zeit: Anti-sentimentale Pädagogik?

1. *Sakralisieren* meinte ursprünglich, einem heiligenden Akt einen religiösen Sinn und Zweck zuweisen. Die ‚Heiligsprechung' wird (metaphorisch) auch im nichtreligiösen Bereich benutzt. Die Heiligsprechung der Person motiviert uns nach Joas (2012) zur Empathie, doch Empathie allein bringe die Sakralisierung der Person nicht hervor. Nicht nur die Person wird sakralisiert. Vielmehr steht die Sakralisierung der Person ständig mit anderen Sakralisierungen in Konkurrenz (etwa der Nation oder der klassenlosen Gesellschaft). Die deutlichsten Gegenkräfte zur Sakralisierung der Person sind nach Joas im 20. Jahrhundert der Faschismus und der Nationalsozialismus gewesen.
2. Die Unterscheidung zwischen *religiös* und *säkular (weltlich)* fällt nicht mit der Unterscheidung zwischen *sakral (heilig)* und *profan (unheilig, nicht-religiös, gewöhnlich)* zusammen. In einer säkularen Welt verschwindet das Sakrale damit nicht automatisch. Vielmehr können nicht-religiöse Aspekte des Lebens und der Welt sakralisiert werden. Die Unterscheidung der beiden Dimensionen bzw. Gegensatzpaare hilft zu verstehen, dass (und manchmal: warum) auch in einer nicht religiösen Welt Bereiche des Lebens behandelt werden, als ob sie heilig wären.
3. Sentimentalismus ist eine Haltung, in deren Mittelpunkt der Mensch und die menschliche Natur stehen, wobei besonders auf die ungefälschten bzw. echten Gefühle fokussiert wird, die als Gegensatz zur Vernunft bzw. Vernünftigkeit gesehen werden. Sentimentalismus wird als unpraktisch und unvernünftig kritisiert. Ein dezidierter Anti-Sentimentalismus mag dem Unbehagen an der Welt der Gefühle entspringen.

10. Haben oder Sein? Tugend und Kompetenz

1. *Tugend* ist eine *Stärke des Willens,* das Gebotene oder Angemessene auch unter widrigen Umständen zu tun. Weil ‚Tugend' ein Wort und Konzept ist, das heu-

te für manche etwas suspekt geworden ist, wird auch von ‚Stärke' bzw. ‚starken' Personen gesprochen. *Kompetenz* dagegen meint die *Fähigkeit*, die als unabhängig von der Motivlage und Motivationslage betrachtet wird. Kompetenz ist vielmehr ein Instrument, welches in geeigneten Situationen zum Einsatz kommen kann, aber nicht muss. Tugendhaft kann auch ein vergleichsweise inkompetenter Mensch sein, und umgekehrt kompetent ein Mensch, bei dem das Tugendhafte möglicherweise nicht sehr ausgeprägt ist. Tugend und Kompetenz stehen nicht in einem Gegensatz zueinander, aber sie beleuchten teilweise unterschiedliche Aspekte des menschlichen Handelns.

2. ‚Starke' (tugendhafte) Personen sind nicht unbedingt oder automatisch auch kompetente Personen, und kompetente Personen nicht unbedingt stark. Es zeigt sich damit, dass nicht alles, was sich in der Sprache der Tugend ausdrücken lässt, auch kompetenztheoretisch ‚übersetzt' werden kann. Wer unter seinem Kompetenzniveau handelt (z.B. redet, argumentiert, versteht), verliert damit nicht auch das Attribut, dieses Kompetenzniveau (in Wahrheit) zu haben. Wenn jemand aber nicht entsprechend seiner Tugend (z.B. Ehrlichkeit) handelt (z.B. statt die Wahrheit zu sagen, vielmehr lügt), stellt sich die Frage, ob dieser Mensch diese Tugend (Ehrlichkeit) überhaupt besitzt. Übersetzungsverluste ergeben sich dann, wenn man meint, man könne auf die Tugendsprache ganz verzichten, da sich heute alles in der Sprache der Kompetenz sagen lasse.
3. Das Konzept der Kompetenz verspricht, die Bildung des Menschen auf umfassende Weise beschreiben zu können (z.B. als Zusammenspiel von deklarativem Wissen, prozeduralem Wissen, Einstellungen, Motivation, Lernfähigkeit,...). Neben dieser scheinbaren Ganzheitlichkeit liegt die Attraktivität des Kompetenzbegriffs auch in den anti-behavioristischen Wurzeln der Kompetenztheorien begründet. Der Mensch wird hier als Konstrukteur seiner Welt gesehen bzw. als ein Wesen, das sich in Interaktion mit der Umwelt konstruiert. Dieses Bild ist kompatibel mit beliebten (und auch wichtigen) Vorstellungen über Demokratie und Autonomie. Es ist sympathisch, das Subjekt als *aktiven* und *kreativen Konstrukteur* einer bedeutungsvollen Welt und die Entwicklung seiner Kompetenzen als *selbstregulierten* Ausdifferenzierungsprozess zu begreifen.

11. Über Herzensbildung

1. Die Geschichte der Herzmetaphorik und der Metapher der Herzensbildung ist alt und kulturell höchst vielfältig. Das Herz gilt und galt als Organ der Orientierung und Lebensführung, des (wahren) Fühlens und – vor allem in der ostasiatischen Tradition – auch des Wissens. Die Herzensbildung versteckt sich heute im Diskurs um die sogenannten *Soft Skills*, die manchmal (typischerweise) auch als ‚heart skills' bezeichnet werden.
2. In den Sozialwissenschaften werden heute kaum mehr metaphysische Fragen nach der *Grundstruktur* und den *Prinzipien der Wirklichkeit* aufgeworfen. Aller-

dings werden nicht selten unbewusst und unhinterfragt metaphysische Positionen bezogen: So etwa, wenn zentrale Konzepte der Pädagogik/Erziehungswissenschaft wie beispielsweise Bildung, Erziehung oder Kompetenz operationalisiert und empirisch verwendet werden (sollen). Die damit einhergehenden Behauptungen über das Sein der Dinge und der Ideen (*Ontologie*) werden dabei meist nicht explizit gemacht, geschweige denn begründet. Gleiches gilt für Fragen nach dem Wissen und der Erkenntnis (*Epistemologie*), welche der Metaphysik gewissermaßen vorgeschaltet sind. Eine Erziehungs- und Bildungstheorie, die überzeugend sein will, muss sich aber gerade auch solchen Fragen widmen: Dies hat insbesondere damit zu tun, dass zentrale Konzepte wie beispielsweise Lernen, Erziehung, Kultivierung, Moral, Charakter etc. *keine Beobachtungsbegriffe* sind, sondern immer erst *erschlossen bzw. gedeutet* werden müssen, was auf unterschiedliche Art und Weise geschehen kann. In jedem Fall bedarf es hierbei einer Reflexion der jeweils zugrunde liegenden *Erkenntnisprämissen.*

3. Nach Richard Wollheim (2001) spielen die Überzeugungen die Rolle, dem Lebewesen ein Bild seiner Welt zu geben, während Wünsche die Ziele vorgeben, die das Lebewesen in dieser Welt erreichen will. Emotionen würden dem Menschen schließlich eine Orientierung und Einstellung zur Welt vermitteln. Überzeugungen, Wünsche und Emotionen sind nach Wollheim allerdings nur analytisch (hypothetisch) zu trennen, tatsächlich aber auf komplexe, kaum nachvollziehbare Weise eng miteinander verbunden.

12. Professionsethik oder Berufsethos?

1. Pädagogische Beziehungen sind immer auch *Führungsbeziehungen.* Als *Führungspersonen* müssen Lehrpersonen einerseits dafür sorgen, dass im Hinblick auf zu erfüllende Aufgaben und zu lösende Probleme die richtigen Entscheide gefällt und diese Entscheide richtig implementiert werden (*Lokomotionsfunktionen*). Andererseits müssen sie auch dafür sorgen, dass die Gruppenmitglieder ihre Bedürfnisse befriedigen können, in der Gruppe verbleiben und sich darin weiterentwickeln (*Kohäsionsfunktionen*). Die Führungsfunktionen der Lokomotion und der Kohäsion befinden sich dabei nicht selten in einem Widerstreit, da nämlich die Führungsfunktionen der Lokomotion Kräfte hervorrufen können, welche die Kohäsion der Gruppe gefährden. Aus diesem Grund können die Lokomotions- und Kohäsionsfunktionen nicht beide gleichzeitig maximiert werden. Das dynamische Verhältnis von Lokomotion und Kohäsion ist kennzeichnend für jede Art von Führung und verantwortlich für die Reibung und tendenzielle Konflikthaftigkeit jeder Führungsbeziehung.
2. Wie Bayertz (1991) aufzeigt, ist der Verantwortungsbegriff eng mit dem Konzept der *Kausalität* verbunden. In der Regel bezeichnen wir jemanden als für die Folgen seines Handelns verantwortlich, wenn (1) die Folgen durch die Handlung kausal bewirkt worden sind, wenn (2) die Folgen voraussehbar gewesen sind

und wenn (3) die Handlung hätte vermieden werden können. Mit dieser Bestimmung gerät man im Bereich der Erziehung in Probleme, denn weder wissen wir meistens, durch welche Handlungen Folgen tatsächlich bewirkt worden sind, noch können die Folgen meistens oder häufig vorausgesehen werden. Auch sind die Handlungsmöglichkeiten häufig eingeschränkt.

3. *Ethos* bezeichnet ursprünglich eine Einheit von Moral und Sitte, des Guten, Geziemenden und Gerechten (Höffe, 1986), man kann sagen: die gelebte Moralität. Obwohl sich Moral und Konvention, die Vorstellungen des Guten und Gerechten, auseinanderdividiert haben, schwingt im Ethos-Begriff eine Ganzheitlichkeit mit, die sich nicht in ethischen Richtlinien oder berufstypischen Geboten und Verboten erschöpft. Im Unterschied dazu meint *Ethik* in der Regel die Theorie der Moral.

13. Pädagogischer Dilettantismus: Viel Sollen – wenig Können

1. Begriffsgeschichtlich betrachtet, erhielt der ‚Dilettant' erst vergleichsweise spät seine negative Konnotation. Das italienische ‚dilettare' meinte so viel wie ‚sich ergötzen' und bezog sich auf ‚nicht-berufsmäßig Kunstausübende'. Gebräuchliche Synonyme für Dilettant sind beispielsweise Anfänger, Nichtskönner, Unkundiger, Nichtfachmann, Laie, aber auch Pfuscher, Ignorant, Besserwisser, Banause. Dilettantismus bezeichnet die Betätigung in einem Feld, welches die betreffende Person nicht beherrscht und in welchem sie keine Souveränität besitzt. Das sind insgesamt natürlich wenig schmeichelhafte Beschreibungen.
2. Cohen, March und Olson (1990) bezeichneten Universitäten und Schulen als ‚organisierte Anarchien'. Dieselben seien durch drei Merkmale charakterisiert: durch (1) *problematische Präferenzen*, (2) *unklare Technologien* und (3) *fluktuierende Partizipation der Entscheidungsträger*. Mit diesen Merkmalen erscheinen Schulen und Universitäten nur begrenzt kontrollierbar, steuerbar, veränderbar und verbesserungsfähig; zumindest bleibt immer ein großes Stück Dilettantismus haften, mit dem zu leben ist. Auch wird der Versuch, diese (negativen) Merkmale auszumerzen, höchstwahrscheinlich scheitern. Praxis hat sich immer einer nicht-idealen Welt anzupassen, und das (richtige) Sollen steht gegenüber dem (faktischen) Können stets zurück.
3. Im frühen 20. Jahrhundert wurde der – damals nur negativ konnotierte – Dilettantismus von Kritikern als Folge der zunehmenden Demokratisierung betrachtet und diskutiert. Diese Kritik trug ausgeprägt elitäre Züge (z.B. Kassner, 1910). Heute ist die umgekehrt anti-demokratische Rede (glücklicherweise) diffamiert. Möglicherweise hat sich diese Kritik aber auch nur verlagert und subtilisiert, etwa wenn zwar nicht mehr von Banausen oder Dilettanten, dafür leicht verächtlich oder mitleidig von Kindern in ‚bildungsfernen' Milieus gesprochen wird.

Glossar[39]

Aporetisch, Aporie, Aporetik. *Aporetisch:* Die Situation der Unmöglichkeit, einen Weg oder Ausgang zu finden (altgr. Ursprung: ‚kein Durchgang'), Ratlosigkeit bzw. Ausweglosigkeit. *Aporie:* Unlösbarkeit eines Problems. *Aporetik:* Umgang mit schwierigen und/oder unlösbaren philosophischen Frage- und Problemstellungen.

Autonomie. ‚*Autonom*' ist, wer nach ‚eigenen Gesetzen' (altgr. *auto = selbst/Nomoi = Gesetze*) lebt. Selbstbestimmung, Selbstständigkeit, Unabhängigkeit. Ursprünglich ein politischer Begriff (ein freies Gemeinwesen, eine Polis, kann sich die Gesetze selber geben), später auch als Eigenschaft von Personen verstanden und auch als Erziehungsziel formuliert. Gegenbegriff zu Heteronomie (Fremdbestimmung).

Behaviorismus. Von ‚behavior' (engl.-amerik. für ‚Verhalten'). Wissenschaftstheoretische Position, wonach menschliches (aber auch tierisches) Verhalten mit naturwissenschaftlichen Methoden untersucht und erklärt werden kann, d.h. ohne auf Introspektion und Einfühlung zu rekurrieren. Der Behaviorismus ist ein bedeutsames lernpsychologisches Paradigma (Lernen wird als dauerhafte Verhaltensänderung verstanden), wenn auch unter ‚autonomiepädagogischen' Gesichtspunkten häufig kritisiert.

Ethik (deskriptive, normative, präskriptive Ethik), Ethos. Ethik wird heute häufig als Moraltheorie bzw. -philosophie verstanden, meinte ursprünglich das ‚sittliche Verständnis'. Die Ethik ist Teildisziplin der Philosophie (z.B. neben Erkenntnistheorie, Logik, Metaphysik,...) und beschäftigt sich mit der Bewertung und Begründung des Handelns.

Dahingegen meint *Ethos* die Gewohnheit(en), die Sitten und Bräuche.

Deskriptive Ethik geht ‚beschreibend' und nicht bewertend oder begründend vor und ist i.d.R. nicht philosophisch verankert (z.B. psychologische, ethnologische, soziologische o.a. Untersuchungen zu moralischem Handeln, Denken, Fühlen und Urteilen).

Im Gegensatz dazu bezeichnet die *normative* Ethik theoretische (philosophische oder auch z.B. theologische) Versuche, die Geltung und Richtigkeit von Handeln und Normen mit rationalen Argumenten zu begründen. Normative Ethik ist auf Sollen und Sollen-Sätze ausgerichtet.

Präskriptive Ethik betrifft die Setzung von vorschreibenden Norm- und Handlungsmaximen und/oder regeln.

---

39 Inhaltlich (und auch preislich) empfehlenswert: Höffe, Otfried (2008): Lexikon der Ethik (7. Aufl.). München: C. H. Beck.

Eudämonismus, Eudaimonie. Bezeichnung für das Ideal einer gelungenen Lebensführung, einen wünschenswerten Seelen- bzw. Gemütszustand, der sich mit dem richtigen Tun des Menschen einstellt (*eu-daimon:* der gute Geist). Das Glück oder die Glückseligkeit wird – insbesondere in der aristotelischen Ethik – als Wirkung des gelungenen, d.h. vor allem ethisch richtigen Lebens verstanden.

Goldene Regel. Grundsatz der praktischen Ethik (und vieler Religionen): „Behandle andere so, wie du von ihnen behandelt werden möchtest." Die Regel ist inhaltlich unbestimmt und wurde, historisch betrachtet, sehr unterschiedlich gedeutet (z.B. im Sinne der Fairness oder der Achtung der Menschenwürde). Seit der Neuzeit wird die Regel – aus Sicht der Moralphilosophie – als ethisch untauglich kritisiert.

Hedonismus. Aus dem Altgriechischen (*hēdonē*) für Freude, Lust, Genuss, Begierde. Philosophische Denkströmung, wonach die Vermeidung von Schmerz und Leid und die Förderung von Freude und Genuss anzustreben sind und dem Wesen des Menschen entsprechen. Hedonismus wird heute häufig kritisch als Zeichen von Egoismus und Dekadenz verhandelt.

Heteronomie. Gegenbegriff zu Autonomie: Fremdgesetzlichkeit, Fremdbestimmtheit, Abhängigkeit vom Tun und Wollen der anderen und von anderem.

Historismus. Einerseits eine *stilgeschichtliche* Bezeichnung (Architektur), andererseits ein *geschichtswissenschaftlicher* Begriff, mit welchem die Geschichtlichkeit des Menschen betont wird. Geschichte kann und soll nicht durch philosophische oder metaphysische Spekulation erklärt oder verstanden werden, sondern durch das Studium der Einzigartigkeit (und Gemeinsamkeiten) einzelner Geschehnisse und Epochen.

Humanismus. Überzeugung, Glaube oder Hoffnung, wonach dem Menschen und der Menschheit die Fähigkeit innewohnt, das Leben und Zusammenleben zu verbessern. Eine insgesamt optimistische Einschätzung der menschlichen Potenziale; mit unterschiedlichsten Ausrichtungen und Begründungsversuchen.

Konstruktivismus. Begriff mit unterschiedlichen Bedeutungen in diversen Disziplinen. In der Psychologie bezieht sich der Konstruktivismus auf die Fähigkeit des Menschen, sein Lernen durch Eigenaktivität zu gestalten oder mitzugestalten, im Gegensatz zu rein assoziationspsychologischen Vorstellungen, nach denen der menschliche Geist die Inhalte der Umwelt, die ihn prägt, relativ passiv aufnimmt. Die Entwicklung des Menschen wird im Konstruktivismus nicht oder nicht allein als Wirkung von Umwelteinflüssen betrachtet, sondern auch als Prozess und Produkt der aktiven (kognitiven) Konstruktion bzw. Selbsttätigkeit.

Kontraktualismus. Auch Gesellschaftstheorie/Vertragstheorie. Ein Gedankenexperiment, wonach die geltenden Normen bzw. die richtigen Normen und Rechtfertigungen von Rechtsordnungen (des Staates) im Sinne eines ‚Vertrags' verstanden werden können. Die Zustimmung aller Beteiligten, die von einer Norm oder Ordnung betroffen sind und dieselbe anerkennen sollen (Bürgerinnen und Bürger), z.B. eines (fiktiven oder realen) Staates, ist allerdings eine ,bloße' Vorstellung, eine Als-ob-Spekulation.

Kratologisch, kratisch. Die Macht bzw. Machtpraktiken betreffend. Wie in Demo*kratie,* der Macht des Volkes (*demos*).

Kulturalismus. Betonung der Dimension des Kulturellen im Unterschied zu anderen gesellschaftlichen Kräften und Perspektiven (z.B. Ökonomie, Geschichte). Dem Menschen als *Kultur*wesen (im Unterschied zu seinem *Natur*wesen oder dem rein physischen, sich ,bloß' verhaltenden Wesen) wird zentrale Bedeutung zugeschrieben, um Phänomene des Handelns, Herstellens, Denkens und der Geschichte sowie gesellschaftlicher Zielorientierungen zu verstehen und zu begründen.

Mäeutik. Altgriechisch meint *maieutik* eigentlich ,Hebammenkunst'. Metaphorischer Hinweis von Sokrates auf die Tätigkeit seiner Mutter, mit welchem er die Bildung des Menschen und den Lernprozess selbst als ,Gebärvorgang' vergleicht. Lernen – die Geburt des Guten – wird mithilfe der Einsichten und Erfahrungen der ,Hebamme' (der Lehrerin/des Lehrers) ermöglicht oder begünstigt. Die *mäeutische Methode* i.e.S. meint eine Dialog- und Fragepraxis, mit welcher der Lernende zu Einsichten (zunächst des eigenen Nichtwissens) geführt wird.

Metaethik. Subdisziplin der philosophischen Ethik, die sich v.a. der Analyse und Bedeutung der sprachlichen Form moralischer Urteile und Ansichten widmet. Die Metaethik enthält sich inhaltlicher Aussagen oder Bewertungen zu moralischen Handlungsnormen, vielmehr interessieren die (sprachlich-logischen) Voraussetzungen moralischer Urteile.

Moral. Von lat. *mores* = Sitte. Die Begriffe Moral, Sitte und Ethos werden nahezu identisch verwendet. Es handelt sich um konkrete wertgebundene Vorstellungen, Überzeugungen und Praktiken von Individuen, Gruppen oder Kulturen (,gelebte Moralität'). Die (theoretische) Reflexion, also Moral*theorie,* wird heute meist Ethik genannt.

Naturalismus. Naturalistische Perspektiven geben der Beobachtung der Natur (sowie des ,Natürlichen') und insbesondere den Naturwissenschaften den Vorrang vor kulturellen, religiösen und/oder metaphysischen (*physis* = Natur) Erklärungen und Spekulationen. Naturalistische Positionen setzen sich dem eigenen Anspruch nach von philosophischen, geisteswissenschaftlichen und/oder alltagstheoretischen Vorstellungen und Vorgehensweisen ab.

Paternalismus. Von lat. *pater* = Vater. Bezeichnung für eine auf Autorität beruhende, bevormundende bzw. vormundschaftliche Beziehung zwischen ,Herrscher' und ,Beherrschten'. Diese (asymmetrische) Beziehung kann auch von Fürsorge und Wechselseitigkeit geprägt sein. Mildere Varianten: Beziehung zwischen Vorgesetzten und Mitarbeitenden (Untergebenen), Eltern und Kindern, Lehrpersonen und Schülerinnen und Schülern.

Phronesis. Altgr. für Klugheit. ‚Klug' können Entscheidungen genannt werden (und sein), die in Situationen gefällt werden müssen, in denen das sichere Wissen (Gewissheiten) fehlt und daher auf Wahrheits- und Richtigkeitsansprüche weitgehend verzichtet werden muss. Kluge Entscheidungen setzen häufig eine gemeinsame Erwägungspraxis voraus, damit sie möglichst allen bedeutsamen Gesichtspunkten der nicht-idealen Entscheidungssituation gerecht werden können.

Pygmalion-Effekt. Auch *self-fulfilling prophecy* bzw. die sich selbst erfüllende Voraussage genannt. Ein psychologisches Phänomen, wonach die Erwartungshaltung dem Erwarteten selbst (wenigstens in einem gewissen Ausmaß) zur Erscheinung bzw. Realisierung verhilft. Je nach Färbung der Erwartungshaltung (und entsprechenden Adressierungen und Interaktionen) können die Wirkungen positiv oder negativ sein.

Rationalismus. Von *ratio*, lateinisch für Vernunft. Rationalismus meint eine philosophische Strömung und/oder Lebenshaltung, die dem logisch-analytischen Denken den Vorrang vor anderen Erkenntnisquellen, insbesondere sinnlichen, emotionalen, religiösen, spirituellen und/oder erfahrungsbasierten Weltzugängen, gibt. Die Letzteren werden von dezidierten Vertretern des rationalistischen Denkens mitunter als ungenügend, unseriös bzw. sogar ‚irrational' abgewertet. Die Betonung der Bedeutung der menschlichen Vernunft und des logischen Denkens im Rationalismus erfüllt aber ebenso eine elementare, aufklärerische und häufig antidogmatische Funktion, durch welche, historisch betrachtet, gerade auch die romantische Kritik am Kognitiven und Logischen überhaupt erst möglich geworden ist.

Reaktanz-Phänomen. Tendenz von Tier und Mensch, auf wahrgenommene Freiheitseinschränkung mit Widerstand zu reagieren. Mit dieser Motivation sucht der Organismus die ‚Kontrolle' über die Situation wiederzugewinnen.

Technologiedefizit. *Das Technologiedefizit der Erziehung und die Pädagogik* lautet ein Aufsatz von Niklas Luhmann und Eberhard Schorr (1982), in welchem der mangelnde direkte oder lineare Kausalzusammenhang zwischen Ursache und Wirkung im pädagogischen Handeln behauptet und diskutiert wird. Die Erfahrung wirksamer bzw. erfolgreicher ‚Techniken' des Erziehens impliziert nicht die (wissenschaftlich) nachvollziehbare ‚Logik' des Zusammenhangs.

Technologieverbot. Dietrich Benner (1979) problematisiert das behauptete Technologiedefizit dahingehend, dass dasselbe unter einer ethischen, subjekttheoretischen und autonomiepädagogischen Perspektive nicht zu beklagen, sondern gerade zu befürworten ist. Würde die bewusste pädagogische Gestaltung des Menschen auf souveräne technologische Weise verfügbar sein (wie in manchen behavioristischen Deutungen), so müsste sie aus den genannten Perspektiven ‚verboten' werden.

Utilitarismus. Von lat. *utilitas* = Nutzen oder Vorteil. Der Utilitarismus ist eine zweckgerichtete Form der Ethik, wonach eine Handlung oder Norm daran gemessen wird, ob sie dem Gesamtnutzen dienlich bzw. für alle Betroffenen vorteilhaft ist. Der *hedonistische* Utilitarismus stellt das größtmögliche Glück für die größtmögliche Zahl (Anzahl betroffener Menschen) in den Mittelpunkt ethischer Rechtfertigung. Insofern kann der Utilitarismus auch gefühlstheoretisch begründet werden.

Verfahrensgerechtigkeit. Eine Theorie der Verteilungsgerechtigkeit (insbesondere nach John Rawls), nach welcher die Verfahrensregeln zur Verteilung von Gütern – im Gedankenexperiment – so zu wählen sind, dass sie allen Betroffenen (letztlich) zum Vorteil gereichen.

Vertragsgerechtigkeit. Die Idee der Vertragsgerechtigkeit steht im Dienste der Erhaltung und Stärkung der *Rechtsordnung* in Situationen, in denen die Freiheit der einen Seite die Unfreiheit der anderen Seite bedeuten oder bewirken kann.